Fundamentos do Direito Contratual

Fundamentos do Direito Contratual

DOUTRINA, TEORIA E EMPIRIA

2022

Osny da Silva Filho

FUNDAMENTOS DO DIREITO CONTRATUAL
DOUTRINA, TEORIA E EMPIRIA
© Almedina, 2022
AUTOR: Osny da Silva Filho

DIRETOR ALMEDINA BRASIL: Rodrigo Mentz
EDITORA JURÍDICA: Manuella Santos de Castro
EDITOR DE DESENVOLVIMENTO: Aurélio Cesar Nogueira
ASSISTENTES EDITORIAIS: Isabela Leite e Larissa Nogueira

DIAGRAMAÇÃO: Almedina
DESIGN DE CAPA: Roberta Bassanetto

ISBN: 9786556274645
Março, 2022

Dados Internacionais de Catalogação na Publicação (CIP)
(Câmara Brasileira do Livro, SP, Brasil)

Silva Filho, Osny da
Fundamentos do direito contratual : doutrina,
teoria e empiria / Osny da Silva Filho. -- São Paulo,
SP : Almedina, 2022.

ISBN 978-65-5627-464-5

1. Contratos - Brasil I. Título.

21-95680
CDU-347.44

Índices para catálogo sistemático:

1. Direito contratual 347.44

Eliete Marques da Silva - Bibliotecária - CRB-8/9380

Coleção IDiP
Coordenador Científico: Francisco Paulo De Crescenzo Marino

Este livro segue as regras do novo Acordo Ortográfico da Língua Portuguesa (1990).

Todos os direitos reservados. Nenhuma parte deste livro, protegido por copyright, pode ser reproduzida, armazenada ou transmitida de alguma forma ou por algum meio, seja eletrônico ou mecânico, inclusive fotocópia, gravação ou qualquer sistema de armazenagem de informações, sem a permissão expressa e por escrito da editora.

EDITORA: Almedina Brasil
Rua José Maria Lisboa, 860, Conj.131 e 132, Jardim Paulista | 01423-001 São Paulo | Brasil
editora@almedina.com.br
www.almedina.com.br

NOTA DO AUTOR

Este livro reproduz, com alguns poucos ajustes, o texto da minha dissertação de mestrado, defendida na Faculdade de Direito da Universidade de São Paulo em maio de 2016. Passados alguns anos, percebi que os argumentos centrais do trabalho ainda me pareciam corretos, de modo que já não haveria motivo para adiar sua publicação. Apesar de ter avançado em várias frentes de estudo abertas pela pesquisa, decidi não trazer ideias novas para o texto, que preserva, assim, o caráter propedêutico da dissertação – como também sua estrutura, seu estilo, suas referências e suas omissões. Gostaria, por isso, de aproveitar esta nota para destacar três pontos que, hoje penso, poderiam receber mais atenção.

O primeiro deles diz respeito ao conceito de autonomia. Até o final do século 18, falar de autonomia era falar de uma característica de governos ou comunidades políticas, não de um atributo dos indivíduos. É a partir de Kant, em uma variação semântica que se consolida através do legalismo liberal oitocentista, que o conceito assume o sentido individual que até hoje lhe atribuímos. Porém, e diferentemente do que lemos nos manuais, a articulação jurídica da autonomia individual não se deve a Kant (que restringe suas referências ao campo da moralidade), tampouco aos juristas liberais (que jamais se reportaram ao conceito), mas a um grupo de professores de direito internacional que, na virada do século 19 para o século 20, passa a falar de autonomia para descrever um modo de produção do direito que então se esboçava como alternativa aos modelos de legislação e jurisdição nacionais. Ironicamente, esses mesmos professores seriam os responsáveis pela transposição desse conceito para o direito interno, a começar pelo direito civil francês – mudança que, hoje sabemos, esvaziava seu potencial universalista. Reconduzida ao poder do estado, a autonomia passa a se projetar sobre pretéritos que nunca frequentou. A partir daí, sua história dá lugar à mitologia. A transição da "velha" autonomia da vontade – antiquada, liberal e formalista – para a "nova" autonomia privada – moderna, social e pretensamente iluminada – é o enredo mais conhecido desse falseamento histórico.

O segundo ponto é um desdobramento do primeiro. Trata-se da confusão entre autonomia e liberdade contratual, que equivale, no campo dos contratos, a uma confusão em construção, que é a confusão entre autonomia e liberdade econômica. A história, aqui, também é reveladora. A ideia de liberdade contratual começa a circular nas universidades europeias muito antes da descoberta da autonomia individual. Suas primeiras referências podem ser traçadas ao século 16, quando civilistas e canonistas passam a falar de liberdade contratual para designar uma nova classe de regimes jurídicos, então concebida como alternativa aos regimes de tipicidade cerrada orientados pelas *obligationes contractae* romanas. Neste passo da história, a liberdade contratual ainda não é vista como princípio ou fundamento do direito dos contratos. Trata-se simplesmente de um rótulo, uma descrição de regimes jurídicos emergentes. A prescrição da liberdade como princípio ou fundamento do direito contratual é um fenômeno muito mais recente, que ganha força a partir de meados do século 20. É nesta época que a liberdade contratual, um conceito descritivo, passa a ser apresentada como sinônimo de autonomia, um conceito normativo. O problema, é bom dizer, não está na transformação de descrições em normas, mas na tentativa de sonegar deveres de prestação de contas trazidos por essa transformação. O apostolado contemporâneo da liberdade econômica é o caso mais recente dessa espécie de sonegação. Embora se valham de linguagem moralizante, dizendo, por exemplo, que a liberdade econômica é boa, que sua garantia é desejável, que ela deve ser respeitada e assim por diante – e tudo isso pode ser verdade –, seus prosélitos se recusam a justificá-la em termos morais. Pretendem que sua liberdade seja tutelada como um valor juridicamente relevante, mas não reconhecem (ou fingem não reconhecer) que nenhum valor pode ser subtraído do escrutínio da razão pública. Essa espécie de autoalienação ajuda a entender por que a liberdade contratual e a liberdade econômica serviram e continuam a servir de bandeira para regimes políticos tendencialmente autocráticos, oligárquicos ou teocráticos.

NOTA DO AUTOR

O terceiro ponto que mereceria mais atenção ao longo do texto diz respeito ao papel da imaginação – e da imaginação utópica em particular – como instrumento de promoção da justiça através do direito. Hoje entendo que refletir sobre a imaginação jurídica é mais do que um desafio intelectual: é uma forma de contestar a hegemonia de narrativas escatológicas segundo as quais a modernização do direito privado já teria se completado. Essa contestação ganha importância quando percebemos que essas narrativas continuam a se difundir, mesmo que pelas entrelinhas. Seus capítulos são familiares: o primeiro atesta que o triunfo do positivismo clássico, primeiro na Europa e nos Estados Unidos e depois em toda parte, teria condenado a imaginação jurídica ao exílio; o segundo informa que suas últimas réplicas, indistintamente agrupadas sob a rubrica de um pós-positivismo, não teriam sido capazes de alterar esse quadro; e o terceiro conclui que a história do direito, a reboque da história humana, já teria se encerrado, ainda que não tenhamos nos dado conta disso. O trabalho deixa entrever a relevância jurídica da imaginação ao mostrar que a elaboração da doutrina contratual moderna (outrora vista como projeção utópica sobre o futuro da prática contratual) antecede a modernização do direito dos contratos em pelo menos duzentos anos. Mas conviria evidenciar a importância desse tipo de antecipação, seja por razões negativas (como a persistência das narrativas escatológicas), seja por razões positivas (como a multiplicação de estruturas inovadoras de mobilização política, descentralização econômica e reorganização social baseadas na tecnologia *blockchain*)[1].

---

[1] Procurei desenvolver os pontos mencionados nesta nota em outros trabalhos, aos quais remeto: *Contract as Inequality*, in *Revista de direito civil contemporâneo* 12 (2017); *Liberdade econômica e autoajuda empresarial* (2019), disponível em www.jota.info/opiniao-e-analise/artigos/liberdade-economica-e-autoajuda-empresarial-03052019; *A moralidade da autonomia: estudo de teoria do direito privado* (2020), Tese de doutorado, São Paulo: Faculdade de Direito da Universidade de São Paulo; Contratos, in Andrea Slemian, Bruno Aidar e José Reinaldo de Lima Lopes (organização), *Dicionário histórico de conceitos jurídico-econômicos (Brasil, séculos XVIII-XIX)* (2021), São Paulo: Alameda (com José Reinaldo de Lima Lopes); *Presunção de boa-fé e interpretação em prol da autonomia: comentário ao artigo 3º, inciso V da Lei de Liberdade Econômica*, in Judith Martins-Costa e Guilherme Nitschke (organização), *Lei da Liberdade Econômica e Direito Privado: Comentários* (2022), São Paulo: Almedina, no prelo; *Arbitragem, blockchain e utopia* (2022), no prelo (com Bruno Meyerhof Salama).

Há alguns anos tenho tido o privilégio de aprender com excelentes professores, colegas e amigos, a quem não posso deixar de agradecer. No curso da pesquisa que deu origem a este livro, beneficiei-me particularmente do incentivo e do exemplo dos professores Celso Fernandes Campilongo, Eduardo Cesar Silveira Vita Marchi, Fábio Konder Comparato, José Reinaldo de Lima Lopes e Judith Martins-Costa; das lições de Aditi Bagchi, Bernardo Bissoto Queiroz de Moraes, Bruno Meyerhof Salama, Hanoch Dagan, João Alberto Schützer Del Nero, Martijn Hesselink e Otavio Luiz Rodrigues Junior; da crítica de Adriano Camargo Gomes, Henderson Fürst, Luiz Felipe Rosa Ramos, Pedro Marcos Nunes Barbosa e Sergio Tuthill Stanicia; da colaboração de Adriana Ancona, Catarina Barbieri, Emerson Fabiani, Fábio Durço, Mario Engler, Oscar Vilhena Vieira e Roberto Dias; e do diálogo com Robert Cooter e John Searle, meus tutores nas faculdades de direito e de filosofia da Universidade da Califórnia em Berkeley. O texto também pôde ser aprimorado graças às observações dos professores Fernando Campos Scaff, Marcus Faro de Castro e Rodrigo Octávio Broglia Mendes, que compuseram as bancas de qualificação e arguição final da dissertação ao lado do meu orientador, o professor Francisco Paulo De Crescenzo Marino. Quero reiterar meus agradecimentos aos professores Rodrigo e Marino, apoiadores de primeira hora desta publicação, e estendê-los, agora, à Marcele Lossio. O trabalho continua sendo dedicado aos meus pais, Leila e Osny.

5 de janeiro de 2022
OSNY DA SILVA FILHO

PREFÁCIO

É comum ler, em prefácios, que o texto a prefaciar a rigor o dispensaria, porém o prefácio segue realizado por dever de ofício ou insistência das partes envolvidas. Trata-se de recurso comum, destinado a laudar o texto e o seu autor. No que diz respeito à presente obra, essa afirmação tem uma carga de verdade. Se a função do prefácio é, também, apresentar sucintamente o conteúdo da obra, a utilíssima "Nota do Autor" se encarrega, em larga medida, desse mister. Resta, contudo, o que dizer sobre o autor e, naturalmente, alguns destaques pessoais sobre a obra.

Conheci Osny da Silva Filho há quase 15 anos. Defendi o doutoramento em abril de 2007 e, em setembro do mesmo ano, abriu-se concurso para Professor Doutor da Faculdade de Direito da USP. A rápida sucessão de eventos, motivada pela necessidade de auxiliar o Professor Antonio Junqueira de Azevedo – que havia assumido a direção do recém criado curso de Direito de Ribeirão Preto –, fez com que, aprovado no concurso, em outubro daquele ano eu já estivesse lecionando com o querido Mestre. Osny era um dos alunos da turma, então no primeiro ano do curso. Guardo com imenso carinho esse início de atividade docente, marcado não somente pela inesperada oportunidade de compor uma "dupla" com o Professor Junqueira, mas pela excepcional qualidade da turma de alunos. Naquela época, Osny já se destacava pela surpreendente maturidade e capacidade analítica (sem falar nos cadernos impecavelmente redigidos com uma letra digna de monges copistas).

Passados alguns anos, veio o projeto de Mestrado, sob minha orientação. O tema, para desespero do orientador, viria a ser alterado algumas vezes durante a pós-graduação. Mas a transformação se justificava: espírito inquieto, o mestrando ia paulatinamente galgando degraus mais abstratos, deixando os temas mais tradicionais, inicialmente contemplados, para alçar voos cada vez mais áridos e desafiadores. Apesar de uma certa apreensão pelo itinerário, nunca tive dúvida de que o ponto final seria alcançado com brilho, e isso menos pela orientação e muito mais pela gigantesca capacidade e pela vocação do autor para pensar o Direito de modo amplo, filosófico (marca de seu doutorado, concluído mais recentemente).

Tenho para mim que o livro Fundamentos do direito contratual: doutrina, teoria e empiria é uma contribuição ímpar a todos que se importem com o direito contratual. Trata-se de obra sui generis, como o seu autor, pois reúne reflexões históricas, metodológicas e críticas que bem poderiam, cada uma delas, ter se desdobrado em livros distintos, mas que se entretecem de modo hábil em uma síntese plena de sentido.

Destaco, nesse vasto panorama, a construção daquilo que o autor chamou de três "gêneros jurídico-literários", ou três "leituras do Direito". O primeiro, doutrinário (a doutrina), caracterizado pela índole pragmática e destinado sobretudo aos que atuam na prática jurídica, está presente nas origens medievais da literatura jurídica. A segunda leitura do Direito, de natureza teórica (a teoria), encontra o seu maior campo de ação nos trabalhos acadêmicos. Ela se consolida em meados do século XIX, sendo a teoria do negócio jurídico o seu ponto alto. O terceiro gênero corresponde aos trabalhos empíricos (a empiria), cujo surgimento no Brasil o autor situa nos anos 1970 e 1980 e que ainda são pouco comuns entre nós. Nesse percurso, o livro ora prefaciado ultrapassa os lindes do direito contratual, importando, a meu ver, a todos os que se interessem pelo Direito.

Como se vê, algo paradoxalmente, o livro de Osny da Silva Filho não é facilmente categorizável. Ao revés, ele se desdobra em várias camadas. Sem deixar de ser "meta-literário" – para usar expressão do próprio autor –, insere-se na literatura contratual, com grande maestria. O leitor (ou o candidato a leitor) tem em mãos um texto que não é singelo, ou de ser lido em uma sentada. Ao revés, é digno de ser lido, relido, meditado. Oxalá possa inspirar os juristas, sobretudo os contratualistas, a ter melhor consciência sobre o método e o próprio objeto do seu labor, "organizando o discurso acadêmico" e contribuindo para debelar a "crise de identidade" da doutrina contratualista, com a construção de uma literatura triádica ou pluralista.

São Paulo, 4 de fevereiro de 2022.

FRANCISCO PAULO DE CRESCENZO MARINO
Professor Associado da Faculdade de Direito da USP

SUMÁRIO

INTRODUÇÃO	15
Os sentidos da doutrina	21
História e epistemologia	24
Delimitação contratual	30
Ordem da exposição	36

I
A FORMAÇÃO DA DOUTRINA CONTRATUAL

1. ENSAIO: A *IURISPRUDENTIA* ROMANA	43
1.1. Organização social e modos de raciocínio	44
1.2. *Obligationes* e esquemas contratuais típicos	47
1.3. Encerramento: o caráter marginal do ensino	51
2. PRIMEIROS PASSOS: CIVILISTAS E CANONISTAS	57
2.1. Os textos civilistas: *vulgata*, glosas e comentários	61
2.2. Primeiro projeto: velhos textos para novos problemas	64
2.3. Segundo projeto: transformando as partes em um todo	67
2.4. Civilistas, canonistas e a composição do *ius commune*	75
2.5. Ensino universitário e difusão da cultura do texto	81
3. SÍNTESE: DOUTRINADORES DA ESCOLÁSTICA TARDIA	87
3.1. Caminhos e descaminhos: estrutura, fontes e métodos	89
3.2. A filosofia levada ao direito: comutação e liberalidade	92
3.3. *Contractus est pactum obligans ex iustitia commutativa*	95
3.4. *Déjà vu*: teoria e doutrina, consenso e responsabilidade	101

II
A FRAGMENTAÇÃO DA DOUTRINA CONTRATUAL

4. PREMISSA: *DE IURE IN ARTEM REDIGENDO* 109

5. EPÍLOGOS DA SÍNTESE: TEORIA E DOUTRINA EM FUGA............ 117
5.1. Jusnaturalismo: meios escolásticos, fins humanistas.................... 118
5.2. Consolidação pedagógico-doutrinária: Domat e Pothier 120
5.3. *L'École de l'Exegèse*: arrefecimento retórico da teoria.................... 125
5.4. Conversão dogmática: do *usus modernus* a Savigny...................... 130
5.5. Realinhamento: uma Escola da Exegese alemã 139

6. DAS QUESTÕES TEÓRICAS À EMANCIPAÇÃO DA TEORIA 143
6.1. Validade e normatividade: a vanguarda humanista..................... 144
6.2. A tomada do voluntarismo jurídico: da aporia à abstração 148
6.3. Consolidação teórica: voluntarismo jurídico em debate 155
6.4. Teorias do contrato desvinculadas do voluntarismo.................... 160

7. CIENTIFICISMO, REALISMO E EMPIRIA: ENTRE FORMAS E FATOS ... 169
7.1. Pretensões científicas na literatura jurídica (remissão) 170
7.2. Alternativas factuais: vertentes do sociologismo jurídico 173
7.3. Excurso: ciência, doutrina e teoria do direito comparado 183
7.4. Uma alternativa formal: análise econômica do direito.................. 188
7.5. Direito como ciência social e pesquisa empírica 195

III
TEORIA, DOUTRINA E EMPIRIA:
UMA PROPOSTA DE DESFRAGMENTAÇÃO

8. TRÊS LEITURAS DO DIREITO, TRÊS GÊNEROS JURÍDICO-LITERÁRIOS 205

9. TEORIA E PRÁTICA NA LITERATURA JURÍDICA 215
9.1. Um debate paradigmático: Edwards *vs.* Priest 216
9.2. Exclusivismo norte-americano e pluralismo europeu 219
9.3. Um panorama do debate meta-literário brasileiro 225

10.	IMPLICAÇÕES: ORGANIZANDO O DISCURSO ACADÊMICO	239
10.1.	Doutrina contratual como fonte do direito	240
10.2.	Abertura para o diálogo interdisciplinar	248
10.3.	Possibilidade de internacionalização	252
10.4.	Relevância da avaliação por pares	259
10.5.	Nível de tolerância a desacordos	261

CONCLUSÃO 271

REFERÊNCIAS 275

ÍNDICE REMISSIVO 317

INTRODUÇÃO

Pessoas que se dedicam academicamente ao direito não vêm expressando as melhores impressões a respeito da literatura produzida em seu campo. Censurada pelo seu alheamento prático e pelas suas fragilidades teóricas, pelas suas concessões interdisciplinares e pelas suas pretensões autonomistas,[2] a pesquisa em direito parece, de fato, enfrentar uma 'crise de identidade'.[3] No Brasil, autoras e autores de relevo têm sugerido que a literatura jurídica está em apuros, especialmente no que toca ao direito privado.[4] Um analista menos generoso associaria os textos jurídicos contemporâneos à expressão de uma "ortodoxia monolítica estreita, conservadora, antiliberal, irrealista e enfadonha."[5] E o cenário não parece ser diferente quando o que está em jogo são as impressões externas. Um trabalho famoso mostrou que quem se dedica à pesquisa em outras áreas das humanidades e das ciências sociais enxerga o direito como um campo

---

[2] Harry T. Edwards, *The Growing Disjunction Between Legal Education and the Legal Profession*, in *Michigan Law Review* (1992) 91; e, no mesmo volume, George L. Priest, T*he Growth of Interdisciplinary Research and the Industrial Structure of the Production of Legal Ideas: A Reply to Judge Edwards*.

[3] Jan M. Smits, *The Mind and Method of the Legal Academic* (2012), Cheltenham: Elgar, 149.

[4] *e.g.* Judith Hofmeister Martins-Costa, *Autoridade e utilidade da doutrina: a construção dos modelos doutrinários*, in Judith Hofmeister Martins-Costa (org.), *Modelos de Direito Privado* (2014), São Paulo: Marcial Pons; e antes, Otavio Luiz Rodrigues Junior, "Dogmática e crítica da jurisprudência (ou da vocação da doutrina em nosso tempo)," *Revista dos tribunais* (2010) 891.

[5] William Twining, *Blackstone's Tower: The English Law School* (1994), London: Stevens & Sons, 141.

"tedioso e pouco criativo, marcado por uma série de charadas intelectuais salpicadas ao longo de imensas planícies descritivas."[6-7]

Este é um texto sobre textos jurídicos. Mais especificamente, sobre textos doutrinários, e de modo ainda mais restrito, sobre a doutrina contratual: um texto sobre aquilo que os juristas pensam sobre a prática contratual de seu tempo. Seu propósito é revisitar os fundamentos do moderno direito dos contratos para, a partir deles, esboçar uma saída para a 'crise de identidade' da produção jurídica contemporânea. O desafio das próximas páginas será mapear a formação da doutrina contratual (Capítulo I) e sua posterior fragmentação (Capítulo II) para, na última parte do trabalho, discutir aquilo que vem sendo feito, exigido e esperado da literatura jurídica nesse campo (Capítulo III). Veremos que a literatura contratual não se esgota em um único gênero, mas se desdobra em três: a doutrina, a teoria e a empiria. Cada um desses gêneros, que também poderiam ser encarados como modalidades jurídicas do pensamento contratual, conta com métodos, propósitos e destinatários específicos. Faria pouco sentido discutir qual deles é o melhor, mais promissor ou adequado para este ou aquele fim. Suas tarefas são distintas e interdependentes. O livro propõe, nesse sentido, um *argumento pluralista*: se quisermos compreender os fundamentos do direito contratual, temos que lidar com diferentes gêneros jurídico-literários, diferentes modalidades jurídicas de pensamento contratual.

Aquilo que se faz, exige e espera dos textos doutrinários, teóricos e empíricos, entretanto, não apenas *pode*, mas *deve* ser discutido.

E deve ser discutido por pelo menos dois motivos. Primeiro, porque a doutrina contratual foi e continua sendo constitutiva daquilo que cha-

---

[6] Tony Becher, *Academic Tribes and Territories. Intellectual Enquiry and the Culture of Disciplines* (1989), Milton Keynes: Open University Press, 30. Essa referência seria omitida na segunda edição do livro: Tony Becher e Paul R. Trowler, *Academic Tribes and Territories. Intellectual Enquiry and the Culture of Disciplines*, 2. ed. (2001), Milton Keynes: Open University Press, *passim*.

[7] Essa impressão não é nova. Em 1848, o jurista e filósofo alemão Julius von Kirchmann (1802-1884) já causava espécie na comunidade jurídica ao negar o *status* científico da teoria jurídica em seu panfleto *Die Wertlosigkeit der Jurisprudenz als Wissenschaft* (ou *Da insignificância da jurisprudência como ciência*), como lembra Jan M. Smits, *The Mind and Method of the Legal Academic* (2012), 3.

INTRODUÇÃO

mamos de direito dos contratos. Segundo, porque a tarefa constitutiva da doutrina não pode ser desempenhada a contento sem o suporte da teoria e da empiria. Esses dois motivos se explicam em primeiro lugar pela história. Na Europa, a modernização do pensamento contratual antecede de modo bastante claro a modernização do direito dos contratos. A primeira começa a se desenhar no século 16; a segunda, no século 18. Essa história é menos nítida no Brasil. Primeiro porque entre nós toda espécie de modernização foi e continua sendo adiada pela hedionda persistência da mentalidade escravista, que se manifesta sobretudo (mas não apenas) através do racismo. Segundo porque o pensamento contratual brasileiro só começa a se modernizar na segunda década do século 19. Sua repercussão sobre o direito positivo é, sim, mais rápida que a repercussão europeia, mas não ganha forma antes do 20. O engavetamento intelectual decorrente dessa aceleração desequilibrada se reflete no sincretismo metodológico que marca a literatura jurídica brasileira, e a doutrina contratual brasileira em particular.[8] Como em boa parte da Europa, os fundamentos do direito contratual brasileiro são originariamente doutrinários. Mas aqui, e mais aqui do que na Europa, eles não se contêm apenas no interior da doutrina. É especialmente por isso que não podemos, sobretudo no Brasil, abrir mão de investigações teóricas e empíricas. O que não significa, por outro lado, que nossa singularidade possa servir de subterfúgio para a emulação de modelos teóricos estrangeiros ou para alguma espécie de exotismo empiricista. Doutrina, teoria e empiria não sobrevivem em cativeiro.[9]

---

[8] *v.* Virgílio Afonso da Silva, *Interpretação Constitucional* (2005), São Paulho: Malheiros; Otavio Luiz Rodrigues Junior, *Dogmática e crítica da jurisprudência (ou da vocação da doutrina em nosso tempo)*, in *Revista dos tribunais* 891 (2010); e Mariana Souza Pargendler, *Sincretismo jurídico na evolução do direito societário brasileiro*, in Judith Hofmeister Martins-Costa, *Modelos de direito privado* (2014), São Paulo: Marcial Pons.

[9] Esse argumento pode ser encarado como uma instância da discussão a respeito daquilo que Ricoeur chama de "preservação da integridade, da diversidade e da irredutibilidade de variados usos da linguagem." *v.* Paul Ricoeur, *On Interpretation* (1983), in *From Text to Action* (1991), Evanston: Northwestern University Press, 2: "*throughout the developments of cultures to which we are the heirs, the act of storytelling has never ceased to ramify into well increasingly well-determined* literary genres. [...] [¶] *In opposition to this endless fragmentation, I acknowledge the existence of a functional unity among the multiple narrative modes and genres.*" (Destaquei). Ricoeur deixa sua posição clara (ainda na página 2): "*I have affiliated myself with those analytical philosophers who resist the sort of reductionism according to which 'well-formed*

O desafio enfrentado neste livro, como se disse, é mapear a formação e a fragmentação da literatura contratual para esclarecer aquilo que se faz, exige e espera dela. Trata-se, como se tem sugerido, de um desafio histórico, mas também de um desafio epistêmico e, por que não, de um desafio normativo. O desafio do trabalho é histórico porque a distinção entre doutrina, teoria e empiria é fruto da história do pensamento contratual. Mas é também epistêmico porque embora textos doutrinários, teóricos e empíricos possam compartilhar um mesmo objeto, que é o direito enquanto prática social, esses mesmos textos lidam com seu objeto comum de maneiras diferentes. Para a investigação doutrinária, a prática representa um ponto de chegada; para a investigação teórica, a prática é um ponto de referência; e para a investigação empírica, a prática é um ponto de partida.[10] Essas diferenças, como se argumentará no último capítulo do livro, não podem ser negligenciadas na organização do discurso acadêmico. O argumento pluralista representa, nesse sentido, não apenas um achado histórico e uma constatação epistêmica, mas também um caminho para o aperfeiçoamento da literatura contratual, e da literatura contratual brasileira em particular.

Investigar a formação da doutrina contratual é investigar o nascimento de um gênero jurídico-literário dotado de métodos, propósitos e destinatários específicos. Para alguns, essa história teria começado entre os séculos XVI e XVII, tempo de assimilação das fontes do direito romano clássico à filosofia de Tomás de Aquino (1225-1274), que, por sua vez, recobrava o pensamento de Aristóteles (382-322 a.C.), autor então redescoberto na Europa.[11] Seus protagonistas seriam teólogos e juristas como Luis de Molina (1535-1600), Francisco Suárez (1548-1617), Leonard Lessius

---

languages' are alone capable of evaluating the meaning claims and truth claims of all non-'logical' uses of language."

[10] A proximidade dessa tricotomia com as categorias empregadas por Paul Ricoeur para identificar diferentes usos da narrativa – organização, esclarecimento e marcação da experiência temporal – é significativa. Seria possível dizer, a partir delas, que a *narrativa* (como literatura jurídica) pode *organizar* (como doutrina), *esclarecer* (como teoria) e *marcar* (como empiria) a experiência temporal (como prática jurídica). *On Interpretation* (1983), in *From Text to Action* (1991), 2-3.

[11] *e.g.* James R. Gordley, *The Philosophical Origins of Modern Contract Doctrine* (1991), Oxford: Oxford University Press; e no âmbito europeu, os textos reunidos em Paolo Grossi (orga-

INTRODUÇÃO

(1554-1623), Pedro de Oñate (1568-1646) e Juan de Lugo (1583-1660), representantes de um movimento conhecido como segunda escolástica ou escolástica tardia. Há quem prefira dar alguns passos atrás e situar a origem da doutrina contratual entre séculos XI e XII, período de desenvolvimento da universidade medieval e reorganização da literatura jurídica.[12] As figuras-chave, nesse caso, seriam Irnério (1050?-1130?) e Acúrsio (1182?-1263), seguidos, já no século XIV, por Bártolo de Saxoferrato (1313-1357) e Baldo degli Ubaldi (1327-1400), epígonos dos glosadores e dos comentadores, respectivamente. Um terceiro grupo de intérpretes, talvez o mais numeroso deles, prefere situar as origens da doutrina ainda antes, no curso do período clássico da *iurisprudentia* romana, isto é, nos séculos II a.C e III d.C.[13] Seus fautores, neste caso, seriam jurisconsultos como Papiniano, Paulo, Gaio, Ulpiano e Modestino.

Por razões que serão expostas ao longo do primeiro capítulo, podemos rejeitar esta última tese em favor de uma combinação das duas primeiras. Diante do caráter sistemático assumido pelos textos jurídicos a partir do final do século XI, parece razoável, de fato, situar o nascimento da doutrina contratual nesse ponto; uma orientação doutrinária estável, no entanto – ou uma *síntese teórico-doutrinária*, para usar uma expressão que será recuperada em outros pontos do texto –, só será estabelecida com a apropriação da filosofia aristotélico-tomista por um grupo de juristas e teólogos formados em Salamanca entre os séculos XVI e XVII. É aqui

---

nização), *La seconda scolastica nella formazione del diritto privato moderno* (1972), Milano: Giuffrè.

[12] *e.g.* Harold J. Berman, *Law and Revolution. The Formation of the Western Legal Tradition* (1983), Cambridge, Harvard University Press; e antes, Franz Wieacker, *Privatrechtsgeschichte der Neuzeit unter besonderer Berücksichtigung der deutschen Entwicklung* (1952), trad. (da 2ª ed., 1967) de António Manuel Botelho Hespanha, *História do direito privado moderno* (1980; 3ª ed., 2004), Lisboa, Calouste Gulbenkian. Wieacker associa a 'formação da ciência jurídica europeia' ao trabalho dos glosadores (38), mas reconduz "o início autêntico da doutrina ainda hoje viva" ao usus modernus pandectarum (238).

[13] *e.g.* Philippe Jestaz e Christophe Jamin, *La doctrine* (2004), Paris: Dalloz, 2-33; Tomás Rubio Garrido, *La doctrina de los autores. De fuente jurídica primaria a la vulgarización e irrelevancia* (2006), Granada: Comares, 5. No Brasil, por todos, Miguel Reale, *Concreção de fato, valor e norma no direito romano clássico (ensaio de interpretação à luz da teoria tridimensional do direito)*, in *Revista da Faculdade de Direito da Universidade de São Paulo* 49 (1954), reproduzido com pequenas alterações em *Horizontes do direito e da história* (1956), São Paulo: Saraiva.

que o contrato, já tomado como um conceito autônomo, será plenamente associado à noção aristotélico-tomista de justiça comutativa, que se torna seu primeiro fundamento. E é aqui que categorias familiares como consenso, erro, justo preço e causa ganham os contornos que as acompanhariam a partir de então. Neste ponto da história, falar de contrato é falar de justiça, e todos estão de acordo quanto a isso. Tratava-se, como se dizia desde o século XV, da *communis opinio doctorum*, a orientação compartilhada pelos sapientes.

Essa síntese, entretanto, duraria pouco. Ao longo do século XVIII, e na esteira de um movimento desencadeado ainda no século XVI, a justiça comutativa deixará de frequentar a literatura contratual. No século XIX, ela será definitivamente substituída pela ideia de vontade, que se torna, então, o principal fundamento do direito dos contratos.

Mas o abandono da justiça não é acompanhado por uma revisão das categorias construídas a partir dela. Ao invés, essas categorias, estabelecidas pela escolástica tardia, se preservam nas obras de jusnaturalistas como Hugo Grócio (1583-1645) e Samuel Pufendorf (1632-1694), e depois nos código civis e precedentes consolidados, e depois nas leituras desses códigos e precedentes. A gramática fica, mas suas razões se vão. Entre os séculos XVIII e XIX, a síntese teórico-doutrinária construída ao longo do que chamamos (um tanto impropriamente) de pré-modernidade encontra, seu epílogo, e também o estopim de sua fragmentação. Deste momento em diante, doutrina e teoria seguirão rumos diferentes: a primeira, enredada em discussões cada vez mais ensimesmadas e distantes da prática; a segunda, fragmentada em orientações filosoficamente frágeis, ora porque excessivamente paroquiais, ora porque indiferentes às categorias que deveriam tomar como referência. Desprovida de uma "imagem da sociedade" que outrora refletira sem dificuldade,[14] a literatura contratual encontrará, já no final do século XX, uma esperança de reaproximação com a realidade na pesquisa empírica. Neste ponto, entretanto, já não teremos clareza de onde estamos pisando.

---

[14] Franz Wieacker, *Privatrechtsgeschichte der Neuzeit unter besonderer Berücksichtigung der deutschen Entwicklung* (1952), tradução (da 2ª ed., 1967) de António Manuel Botelho Hespanha, *História do direito privado moderno* (1980; 3ª ed., 2004), 717.

INTRODUÇÃO

Os sentidos da doutrina

A doutrina se diz de vários modos. Ela significa, em primeiro lugar, o conjunto dos textos produzidos pelas pessoas que se dedicam ao direito fora de âmbitos oficiais, postulatórios ou negociais. Tomada nesse sentido, a doutrina se distingue, por exemplo, dos documentos legislativos, das certidões registrárias, das petições judiciais, dos instrumentos particulares e, a depender das circunstâncias, das decisões judiciais.[15] Esse primeiro sentido da doutrina, que é bastante amplo, será preferencialmente designado ao longo do trabalho pela expressão 'literatura jurídica'.[16-17] Recortando-o, encontraremos o segundo. Neste caso, a

---

[15] A depender das circunstâncias porque em um dos sentidos enunciados aqui (o de doutrina como algoritmo decisório ou modelo de comportamento), a doutrina pode ser localizada *nas* decisões judiciais. Esse parece ser um *locus* privilegiado para a doutrina no *common law*.

[16] Nos últimos trinta ou quarenta anos, aproximações entre direito e literatura ganharam corpo no pensamento jurídico. Essas aproximações parecem desdobrar-se em ao menos duas vertentes. A primeira, metódica, procura investigar afinidades teóricas ou metodológicas entre direito e literatura; a segunda, ensaística, busca iluminar questões jurídicas a partir de referências literárias. Não se pretende filiar a ideia de 'literatura jurídica' referida acima a nenhuma delas. Trata-se apenas de um atalho expressivo para referir determinado conjunto de textos, e não de um referencial teórico específico ou de uma metáfora para aproximações literárias. Para uma ilustração do debate jurídico-literário metódico, *v.* Michael Robertson, *Stanley Fish on Philosophy, Politics and Law: How Fish Works* (2014), Cambridge: Cambridge University Press, 251-286 (sobre a controvérsia travada entre Ronald Dworkin e Stanley Fish na década de 80 a respeito da ideia de direito como *chain novel*); para uma série de exemplos da vertente ensaística, *v.* os trabalhos reunidos em Judith Hofmeister Martins-Costa (organização), *Narração e normatividade. Ensaios de direito e literatura* (2013), Rio de Janeiro: GZ, e sobretudo o ensaio da organizadora, *O pacto no sertão roseano: os pactos, os contratos, o julgamento e a lei*. Para um exemplo de interseção entre as vertentes metódica e ensaística, *v.* Richard A. Posner, *Law and Literature* (1988; 3ª ed., 2009), Cambridge: Harvard University Press.

[17] O emprego da expressão 'literatura jurídica' é particularmente significativo no contexto brasileiro. Como notou Antônio Cândido, "[a]nte a impossibilidade de formar aqui pesquisadores, técnicos, filósofos, [a literatura] preencheu a seu modo a lacuna, criando mitos e padrões que serviram para orientar e dar forma ao pensamento. Veja-se, por exemplo, o significado e a voga do Indianismo romântico, que satisfazia tanto às exigências rudimentares do conhecimento (graças a uma etnografia intuitiva e fantasiosa), quanto às da sensibilidade e da consciência nacional, dando-lhes o índio cavalheiresco como alimento para o orgulho e superação das inferioridades sentidas. [¶] Uma consequência

doutrina diz respeito a um específico 'gênero' da literatura jurídica.[18] Ela se apresenta, então, ao lado da teoria e da empiria, delas se distinguindo por seus propósitos, seus destinatários e seus cânones metodológicos. A doutrina serve, aqui, para orientar decisões, guiar condutas e prevenir conflitos.[19] Neste livro, a palavra 'doutrina' será empregada sobretudo no segundo sentido.

Em um terceiro sentido, metonímia do segundo, a palavra 'doutrina' designa o conjunto de proposições normativas aventadas nos textos doutrinários. Trata-se, aqui, de proposições normativas, algoritmos decisórios ou modelos de comportamento voltados para a conformação da prática jurídica.[20] Este parece ser o sentido mais comum da palavra na tradição anglo-americana.[21] E por razões que voltarão a ser exploradas, ele surge antes em decisões judiciais (sobretudo de segundo grau) que no âmbito da literatura jurídica.[22] São proposições, algoritmos ou mode-

---

interessante foi a supremacia dos estudos de direito. [¶] Se lembrarmos que o discurso e o sermão (sobretudo este) foram os tipos mais frequentes e prezados de manifestação intelectual no tempo da Colônia, veremos quanto a sua fusão no corpo da jurisprudência importa em triunfo do espírito literário como elemento de continuidade cultural. [¶] Justamente devido a essa inflação literária, a literatura contribuiu com eficácia maior do que se supõe para formar uma consciência nacional e pesquisar a vida e os problemas brasileiros." Antônio Cândido, *Literatura e Sociedade* (1965; 9º ed., 2006), Rio de Janeiro: Ouro Sobre Azul, 121.

[18] A noção de 'gênero' jurídico-literário é plurívoca. José Reinaldo de Lima Lopes, por exemplo, prefere associá-la a diferentes modelos de exposição, e não propriamente a conjuntos de textos distintos por seus métodos, propósitos e destinatários. *e.g. O direito na história. Lições introdutórias* (2008; 4ª ed., 2012), 206 (observando que o gênero predominante a partir de Suárez é o tratado) e 212 (lembrando que o 'gênero' favorecido pela reforma pombalina foi o compêndio ou manual).

[19] *v.* José Reinaldo de Lima Lopes, *Entre a teoria da norma e a teoria da ação,* in Alfredo Storck e Wladimir Barreto Lisboa, *Norma, moralidade e interpretação: temas de filosofia política e do direito* (2009), Porto Alegre: Linus, 61.

[20] *v.* Marcus Faro de Castro, *Formas jurídicas e mudança social* (2012), São Paulo: Saraiva, 176, nota 39.

[21] *v.* Emerson H. Tiller e Frank B. Cross, *What Is Legal Doctrine?,* in *Northwestern University Law Review* 100 (2006), 517 (sugerindo que a doutrina representa aquilo que "estabelece os termos para a futura resolução de casos em uma determinada área.")

[22] Em países que admitem modelos judiciais de formação do direito positivo (como é o caso da Inglaterra e dos Estados Unidos), as *appellate judicial opinions* costumam ser um

INTRODUÇÃO

los de comportamento que estão em jogo quando falamos, por exemplo, de doutrina da violação positiva do contrato (*positiven Vertragsverletzungen*), de doutrina do terceiro cúmplice (*tortious interference*) ou de doutrina da *culpa in contrahendo*.[23]

manancial de algoritmos doutrinários mais rico que a literatura jurídica – que se concentra, então, sobre as razões (no âmbito teórico) ou as consequências (no âmbito empírico) desta ou daquela orientação judicial. Essa, aliás, é uma possível explicação para a escassez de textos doutrinários no âmbito do *common law*. Sobre essa percepção, v. Richard A. Posner, *Legal Scholarship Today*, in *Harvard Law Review* 115 (2002); e com referências empíricas, Reza Dibadj, *Fashions and Methodology*, in Rob van Gestel, Hans Micklitz e Edward L. Rubin (organização), *Rethinking Legal Scholarship: A Transatlantic Interchange* (2016), Cambridge: Cambridge University Press. Não surpreende, assim, que as decisões de segundo grau já tenham sido tomadas como um específico gênero jurídico-literário nos Estados Unidos. v. Robert Ferguson, *The Judicial Opinion as a Literary Genre*, in *Yale Journal of Law and Humanities* 2 (1990). Christophe Jamin oferece uma boa síntese dos diferentes olhares sobre o pensamento jurídico lançados no *civil law* e no *common law* no artigo *A construção do pensamento jurídico francês: interrogações sobre um modelo original à luz de seu antimodelo*, in *Revista de direito público da economia* 21 (2008), 75: "Há alguns anos, meu eminente colega e amigo Philippe Jestaz foi convidado para fazer uma palestra no âmbito das famosas Wainwright Lectures da Universidade McGill em Montreal. [...]. Philippe Jestaz trabalhou durante vários meses na preparação dessa palestra sobre um tema bastante amplo, o parentesco, elaborando até uma espécie de teoria geral. [¶] No dia seguinte ao da sua conferência, um dos nossos colegas da Universidade McGill, onde tive a oportunidade de ensinar há alguns anos, telefonou-me para dizer que a conferência fora um sucesso imenso, porém mais para os advogados militantes do que para os acadêmicos. Os primeiros ficaram muito impressionados pela força e clareza de uma construção jurídica que restituiu a coerência a uma questão complexa. Foi justamente este ponto que não entusiasmou tanto os acadêmicos. As maravilhosas catedrais doutrinárias que nossos colegas franceses constroem são deslumbrantes do ponto de vista formal, mas já faz certo tempo que não acreditamos mais na sua pertinência. [¶] Para tentar entender as razões que motivaram este julgamento do nosso colega norte-americano é que eu e Philippe Jestaz decidimos trabalhar juntos."

[23] Alguém poderia lembrar, ainda, um quarto sentido da palavra 'doutrina', empregado para designar um conjunto mais ou menos homogêneo de proposições a respeito de certa área do conhecimento jurídico. Essas proposições, sugere-se, representariam a essência, os fundamentos, os propósitos dessas áreas. A doutrina, nesse caso, não é propriamente paráfrase ou reorganização dos textos legislativos, pois pode antecedê-los ou mesmo existir independentemente deles; também não é discussão das regras aplicáveis a casos determinados, porque diz respeito, antes, à disciplina em que casos se inserem; tampouco é o próprio roteiro para a solução de casos específicos, pois representa, antes, os fundamentos empregados nesses percursos. Esse sentido parece estar mais próximo daquilo

Algumas pessoas dão outros nomes àquilo que este livro chama de doutrina. No século XIX, por exemplo, um grupo de autores alemães passou a falar de 'dogmática jurídica', expressão que ganhou força e se consolidou no nosso vocabulário, desprendendo-se de suas razões históricas e enucleando, em alguns casos, discussões teóricas em torno das noções de norma, ordenamento e argumentação jurídica.[24] É comum, ainda, encontrar quem se refira à doutrina por meio da palavra 'teoria' ou da expressão 'teoria geral'.[25] Procura-se, neste caso, distinguir aquilo que se produz *na* prática daquilo que se produz *sobre* a prática. Nesse sentido, qualquer texto da literatura jurídica – qualquer texto que, como se disse, não corresponda a documentos oficiais, postulatórios ou negociais –, será considerado teórico. Um terceiro grupo de pessoas refere-se à expressão 'ciência do direito', às vezes tomada em contraposição à dogmática, às vezes empregada como seu gênero próximo. Ao contrário da dogmática, entretanto, a 'ciência' logo ganharia outros conteúdos, do naturalismo jurídico tão em voga no Brasil do início do século XX à contemporânea empiria. A ela se reservará um sentido bastante restrito neste trabalho.

História e epistemologia

"O sinal mais claro de que uma sociedade se apropriou conscientemente de um conceito", sugeria Quentin Skinner, "está na geração de um novo vocabulário, um vocabulário em torno do qual esse conceito é então articulado e discutido."[26] Skinner referia-se ao conceito político de Estado,

que nesta obra será chamado de 'teoria'. Essa confusão é recorrente. As palavras 'doutrina' e 'teoria', aliás, encontram uma série de usos alternados nas línguas latinas. Enquanto em português a *Reine Rechtslehre* de Kelsen foi intitulada *Teoria pura do direito*, por exemplo, sua edição italiana contou com o título *Dottrina pura del diritto*.

[24] Esse uso é comum entre autores ligados ao pensamento jurídico alemão. *e.g.* Tercio Sampaio Ferraz Junior, *Introdução ao Estudo do Direito. Técnica, Decisão, Dominação* (1988; 6ª ed., 2011), São Paulo: Atlas, 47-51.

[25] *e.g.* Stephen Smith, *Contract Theory* (2004), Oxford: Oxford University Press, 4-37; e no Brasil, Renan Lotufo e Giovanni Ettore Nanni (organização), *Teoria geral dos contratos* (2011), São Paulo: Atlas.

[26] Quentin Skinner, *The Foundations of Modern Political Thought*, vol. I (1978), Cambridge: Cambridge University Press, x. Similarmente, António Manuel Hespanha, *Imbecillitas. As bem-aventuranças da inferioridade nas sociedades do Antigo Regime* (2010), São Paulo: Annablume, 15.

INTRODUÇÃO

mas não parece equivocado aplicar sua percepção também a conceitos especificamente jurídicos. Como o conceito político de Estado, os conceitos de pessoa, propriedade ou contrato foram socialmente apropriados ao longo da história, ensejando, assim, a criação de vocabulários específicos, paulatinamente devolvidos a grupos de especialistas neste ou naquele tema. Essa história, a história da apropriação social dos conceitos jurídicos, pode ser assimilada à história do desenvolvimento de diferentes vertentes daquilo que Paolo Grossi chamou de 'pensamento jurídico', um pensamento "autônomo em relação a outras aproximações da realidade."[27]

Há mais um traço comum entre as sugestões de Skinner e a história do pensamento jurídico. Da mesma forma que a teoria política, objeto primordial das preocupações do historiador inglês,[28] a doutrina jurídica corresponde à formalização de ideias que, conquanto dominadas por especialistas, orientam-se acima de tudo pela prática. Estudar a história da doutrina é, nesse sentido, estudar a história de um gênero jurídico-literário voltado para a orientação de comportamentos: um gênero que, por isso, não pode ser abstraído dos contextos em que se desenvolve. A orientação imediatamente prática da doutrina permite não apenas distingui-la dos gêneros que dela se desprenderam (em particular, da teoria e da empiria), como também ajuda a apartar, com algum grau de objetividade – e neste ponto reside, talvez, a novidade da leitura proposta neste livro –, a boa doutrina da má. Essa ancoragem prática não elimina, entretanto, o caráter essencialmente *conceitual* – e, por isso, *parcialmente indisponível* – das categorias manejadas nos textos

---

[27] Paolo Grossi, *Pensiero giuridico (Appunti per una 'voce' enciclopedica)*, in *Quaderni fiorentini per la storia del pensiero giuridico moderno* 17 (1988), 263.

[28] O emprego da palavra 'teoria', aqui, é enganoso. Tal como conformada a partir do século XVI, a teoria política comporta raciocínios similares àqueles que aqui serão chamados de 'teóricos'. Seu núcleo duro, todavia, da mesma forma que o núcleo duro da doutrina no campo jurídico, está em questões práticas. *v.* Quentin Skinner, *The Foundations of Modern Political Thought*, vol. i (1978), xi: "*I take it that political life itself sets the main problems for the political theorist, causing a certain range of issues to appear problematic, and a corresponding range of questions to become the leading subjects of debate.*"

doutrinários.[29] Tampouco garante imunidade contra requerimentos de 'proficiência formal', para usar a feliz expressão de Duncan Kennedy.[30]

Se a história da doutrina pode ser encarada como uma projeção da história deste ou daquele conceito jurídico, ela também pode ser tomada como uma história daquilo que se convencionou chamar 'direito dos juristas', uma noção-irmã do 'direito científico' de que falava Savigny em meados do século XIX.[31] Tal 'direito dos juristas', explica-nos Koschaker, é o produto da diferenciação social de um grupo de pessoas que fazem da pesquisa jurídica sua profissão, e assim procedendo, compõem um particular estamento, habilitando-se a produzir, reproduzir e organizar suas ideias a partir de cânones próprios.[32] Discutir o 'direito dos juristas', por isso, é discutir *epistemologia jurídica* – entendida, aqui, como disciplina dos modos pelos quais o direito é conhecido e constituído por uma comunidade de pesquisadores, especialmente a partir da academia.[33]

---

[29] *v.* Paul Ricoeur, *The Model of the Text: Meaningful Action Considered as a Text* (1971), in *From Text to Action* (1991), Evanston: Northwestern University Press, 160: *"That the meaning of human actions, of historical events, 160: "That the meaning of human actions, of historical events, and of social phenomena may be construed in several different ways is well known by all experts in the human sciences. What is less known and understood is that this methodological perplexity is founded in the nature of the object itself and, moreover, that it does not condemn the scientist to oscillate between dogmatism and skepticism. As the logic of text interpretation suggests, there is a specific plurivocity belonging to the meaning of human action. Human action, too, is a limited field of possible constructions."*

[30] Duncan Kennedy, *Form and Substance in Private Law Adjudication*, in *Harvard Law Review* 89 (1976), 1697 e *passim*.

[31] Friedrich Carl von Savigny, *System Des Heutigen Römischen Rechts* (1840-1849), tradução de Jacinto Mesía e Manuel Poley, *Sistema del derecho romano actual*, vol. I (1878; 2ª ed., 2004), Navarra: Anacleta, 87-89.

[32] Paul Koschaker, *Europa und das Römische Recht* (1947), tradução de José Santa Cruz Teijeiro, *Europa y el derecho romano* (1955), Madrid: Editorial Revista de Derecho Privado, 249 e 282 (observando que os jurisconsultos romanos nunca chegaram a constituir um 'direito dos juristas', embora o direito privado viesse a se tornar seu domínio elementar). Koschaker admite que a terminologia weberiana não é acidental.

[33] Esse não é o único sentido em que a ideia de epistemologia se apresenta na literatura jurídica. *cf.* Scott Brewer, *Scientific Expert Testimony and Intellectual Due Process*, in *Yale Law Journal* 107 (1998), 1538-1681 (empregando a ideia de epistemologia jurídica para referir-se às condições de justificação intersubjetiva de argumentos jurídicos). *v.* nota 43 *infra*. Ao que parece, esse domínio também poderia ser descrito por aquilo que Aristóteles chamava

INTRODUÇÃO

A importância dessa empreitada seria destacada por autores brasileiros como Miguel Reale e Antônio Luís Machado Neto,[34] e seu campo, organizado em um importante, mas já antigo livro de Christian Atias,[35] retomado há alguns anos por Philippe Jestaz e Christophe Jamin.[36] Dando continuidade às sugestões desses teóricos, e considerando que a longa duração histórica é um elemento fundamental para a conformação presente da epistemologia jurídica,[37] este trabalho procura traçar a gênese e

de poética. *v.* Paul Ricoeur, *On Interpretation* (1983), in *From Text to Action* (1991), 3: "*We can term* poetics – *after Aristotle – that discipline which deals with laws of composition that are added to discourse as such in order to form of it a text that can stand as narrative, a poem, or an essay.*"

[34] *e.g.* Miguel Reale, Miguel Reale, *Filosofia do direito* (1953; 11ª ed., 1986), São Paulo: Saraiva, 306; e do mesmo autor, *O direito como experiência* (1968; 1992), São Paulo: Saraiva, 124; bem como Antônio Luis Machado Neto, *Teoria da ciência jurídica* (1975), São Paulo: Saraiva, 186.

[35] Christian Atias, *Epistémologie juridique* (1985), Paris: PUF.

[36] Philippe Jestaz e Christophe Jamin, *La doctrine* (2004).

[37] A referência à 'longa duração' inevitavelmente nos remete a Fernand Braudel (1902-1985), figura-chave da nova história desencadeada no final do primeiro quartel do século XX por autores como Lucien Febvre (1878-1957) e Marc Bloch (1886-1944), fundadores da revista dos *Annales*. *v.* Peter Burke, *The French Historical Revolution: The Annales School, 1929-1989* (1990), tradução de Nilo Odalia, *A Escola dos Annales (1929-1989). A revolução francesa da historiografia* (1990; 2ª ed., 2010), São Paulo: Editora Unesp, 13 (destacando o papel de Braudel na transformação das ideias de Febvre e Bloch em uma verdadeira escola). Referências centrais, aqui, são o clássico *La Méditerranée et le monde méditerranéen à l'époque de Philippe II* (1949; 2ª ed., 1966), Paris: Armand Colin, bem como a síntese metodológica apresentada em *La longue durée*, in *Annales* 13 (1958). A 'longa duração' referida no texto e explorada ao longo do livro, contudo, não diz respeito às ideias de Braudel, em que pese sua influência sobre o pensamento brasileiro ou recente recuperação de suas ideias. Trata-se apenas de reconhecer que a formação de diferentes gêneros jurídico-literários é um fenômeno duradouro e cumulativo. Sobre a passagem de Braudel pela Universidade de São Paulo, *v.* Luís Corrêa Lima, *Fernand Braudel e o Brasil. Vivência e brasilianismo (1935-1945)* (2009), São Paulo: Edusp; e para um balanço da missão universitária francesa no Brasil, *v.* Paulo Eduardo Arantes, *Um departamento francês ultramar* (1994), São Paulo: Paz e Terra. Sobre a recuperação das ideias de Braudel, *v.* David Armitage e Jo Guldi, *Le retour de la longue durée: Une perspective anglo-américaine*, in *Annales* 70, 2 (2015), 318: "*Le retour de la longue durée est intimement lié à des mouvements d'échelle et de cadrage. À l'heure de l'explosion des inégalités, des crises de la gouvernance mondiale, du changement climatique, la moindre considération des facteurs qui régissent nos vies nécessite un changement d'échelle vers le haut. Cette nouvelle longue durée, quoique parée d'habits différents et tournée vers des objectifs renouvelés, requiert de revenir aux questions les plus fondamentales de la méthodologie historique: la sélection des problèmes, les limites qu'on assigne aux sujets, les outils qu'on utilise pour les étudier. La mémoire a le pouvoir de faire*

as implicações dos diferentes gêneros assumidos pela literatura jurídico-contratual entre os séculos XVI e XXI.

Não se trata, é verdade, de um propósito totalmente novo. Do ponto de vista histórico, percursos similares ao que será trilhado nos próximos capítulos já foram percorridos com muita acuidade por Tercio Sampaio Ferraz Junior no Brasil, Tomás Garrido Rubio na Espanha e James Gordley nos Estados Unidos,[38] para ficarmos com três exemplos apenas.[39] Cada um deles orientou-se por um propósito específico. O texto de Ferraz Junior concentrou-se sobre as relações existentes entre a sociedade e os processos de conhecimento do direito; o de Garrido Rubio, sobre as causas do desprestígio angariado pela doutrina nas últimas décadas; e o de Gordley, sobre a articulação de grupos de juristas em torno de sucessivos movimentos intelectuais na Europa e nos Estados Unidos. Quanto à epistemologia, já contamos com um vasto corpo de textos a respeito das

ressurgir le potentiel de persuasion, d'imagination et d'inspiration de la discipline historique. [...] Dans cette perspective, les nouveaux historiens de la longue durée devraient se servir de l'histoire afin de critiquer les institutions qui nous entourent, et la réconcilier ainsi avec son rôle de science sociale critique. L'histoire peut permettre de rejeter les anachronismes fondés sur la seule déférence envers la permanence des institutions. La pensée historique – de longue durée – doit nous aider à choisir lesquelles de nos institutions méritent d'être enterrées ou sauvegardées."

[38] Tercio Sampaio Ferraz Jr, *Função social da dogmática jurídica* (1980), São Paulo: Revista dos Tribunais; Tomás Rubio Garrido, *La doctrina de los autores* (2006); e James R. Gordley, *The Jurists* (2014), Oxford: Oxford University Press.

[39] Para além deles, duas publicações brasileiras recentes procuraram explorar especificamente a história do direito dos contratos. Luciano Timm recobrou a tradicional narrrativa da passagem de um 'modelo liberal' para um 'modelo social' de contrato para alcançar, a partir de Luhmann, um modelo 'sistêmico' ou 'complexo' de contrato, tomado como "interface entre todos os subsistemas sociais" – ideia abandonada em favor de uma reproposição convencional da análise econômica do direito na última edição do livro, publicada no início de 2015. Cristiano Zanetti, por sua vez, concentrou-se sobre a história da regulação luso-brasileira dos contratos para investigar o que chama de 'fragmentação da liberdade contratual', hoje exercida "de maneira marcadamente distinta nos contratos subordinados às restrições clássicas, nos contratos de consumo e nos contratos concluídos por adesão que não regulam as relações entre o fornecedor e o destinatário final de produtos ou serviços." *v.* Luciano Benetti Timm, *Direito contratual brasileiro. Críticas e alternativas ao solidarismo jurídico* (*O novo direito contratual brasileiro*, 2008; 2ª ed., 2015), São Paulo: Atlas, 151; e Cristiano de Souza Zanetti, *Direito contratual contemporâneo* (2008), São Paulo: Método, XXIX.

tensões entre teoria e prática na literatura jurídica,[40] geralmente articuladas em torno da ideia de 'crise da doutrina'.[41] Problemas epistêmicos pontuais também vêm chamando a atenção da academia. É o caso das discussões sobre a doutrina como fonte do direito, sobre o papel da interdisciplinaridade no campo jurídico, sobre os limites de sua internacionalização, sobre os critérios de avaliação de sua literatura ou sobre os níveis de tolerância a desacordos nos textos jurídicos, todas elas especificamente retomadas no último capítulo do texto.

Em que pese a qualidade desses trabalhos, este livro traz algo que, ao menos isoladamente, suas fontes secundárias não parecem oferecer. Por um lado, e ao contrário dos trabalhos de Ferraz Junior, Garrido Rubio ou Gordley, o texto não tomará a literatura jurídica de maneira monolítica, mas procurará, ao invés, traçar-lhe a história a partir da emergência (e da posterior coexistência) de diferentes gêneros jurídico-literários, reconhecendo-lhes, como já se disse, métodos, propósitos e destinatários específicos. Por outro, e diferentemente dos textos que vêm sendo dedicados a problemas epistêmicos do campo jurídico, este livro buscará enfrentar os problemas da literatura jurídica contemporânea a partir de sua posição histórica, perquirindo-lhes as origens não apenas pelo gosto da narrativa, mas para compreender sua conformação presente. E uma terceira particularidade deste trabalho será sua delimitação. Por concentrar-se sobre a história da literatura contratual, ele também percorrerá fragmentos da história da ideia de contrato, bem como algumas das vicissitudes da história de sua regulação. Ao fazê-lo, poderá contribuir para desfazer leituras historicamente insustentáveis do direito contratual,

---

[40] *e.g.* Harry T. Edwards, *The Growing Disjunction Between Legal Education and the Legal Profession*, in *Michigan Law Review* 91 (1992); Mark Van Hoecke (organização), *Methodologies of Legal Research: Which Kind of Method for What Kind of Discipline?* (2011), Oxford: Hart Publishing; e Jan M. Smits, *The Mind and Method of the Legal Academic* (2012).

[41] *e.g.* (apenas no Brasil) Otavio Luiz Rodrigues Junior, *Dogmática e crítica da jurisprudência (ou da vocação da doutrina em nosso tempo)*, in *Revista dos tribunais* 891 (2010); Humberto Bergmann Ávila, *A doutrina e o direito tributário*, in *Fundamentos do direito tributário* (2012), São Paulo: Marcial Pons; e Judith Hofmeister Martins-Costa, *Autoridade e utilidade da doutrina: a construção dos modelos doutrinários*, in Judith Hofmeister Martins-Costa (organização), *Modelos de Direito Privado* (2014).

tais como aquelas que Unger associa a uma 'história mítica dos direitos privados'.[42]

Delimitação contratual

Por que concentrar a pesquisa sobre o direito dos contratos? Essa pergunta comporta ao menos duas respostas. A primeira é pragmática. Delimitar um tema amplo como a história da doutrina a um segmento mais específico como o direito dos contratos pode ajudar a reduzir o número de omissões e equívocos da narrativa, além de torná-la mais adequada ao grau acadêmico originalmente perseguido pelo trabalho. A segunda resposta, mais intrincada, pode ser descrita como *ontológica*.[43] Ela diz res-

---

[42] Esse ponto é resumido por Zhiyuan Cui em seu prefácio a Roberto Mangabeira Unger, *Politics: The Central Texts* (1997), tradução de Paulo César Castanheira, *Política: os textos centrais* (2010), São Paulo: Boitempo, 16: "Outro exemplo importante do fetichismo institucional é o que Unger descreve como a 'história mítica dos direitos privados'. De acordo com esta história mítica, o atual sistema jurídico ocidental de propriedade e contrato incorpora a lógica inerente à economia de mercado. Contrário a esta visão, Unger insiste em que a economia de mercado não encerra um conteúdo jurídico e institucional predeterminado. O mercado pode ser institucionalmente reinventado. O regime vigente de propriedade e contrato é menos um reflexo de uma lógica profunda de necessidades econômicas e sociais do que o resultado incerto de lutas políticas, e poderia ter assumido outras formas institucionais. Os casos e tendências divergentes dentro do direito atual de propriedade e contrato, tais como as relações pré-contratuais ou extracontratuais juridicamente protegidas, já sugerem elementos de um ordenamento legal e institucional alternativo da economia de mercado. Unger dedica parte importante de sua teoria social construtiva ao desenvolvimento de sistemas alternativos de propriedade e contrato. Mostra como se pode atingir esse objetivo mediante o redirecionamento das tendências divergentes dentro do atual sistema de direitos privados."

[43] Sigo aqui e ao longo do texto a ideia de ontologia de John R. Searle. Por último, *v. Making the Social World* (2010), Oxford: Oxford University Press, 18. Para Searle, a ontologia diz respeito ao modo de ser das coisas. Ela é diferente da epistemologia, que diz respeito ao modo de conhecer essas mesmas coisas. Assim, quando falamos que algo é objetivo ou subjetivo, podemos estar nos referindo à ontologia ou à epistemologia desse objeto. Coisas ontologicamente objetivas são aquelas cuja existência não depende de experiências subjetivas. É o caso das montanhas, das bicicletas e dos micróbios. Coisas ontologicamente subjetivas, ao invés, só existem enquanto experimentadas pelas pessoas ou, em alguns casos, pelos animais. É o caso dos jogos de futebol, da Presidência da República e do contrato. Coisas ontologicamente subjetivas, não obstante, podem ser conhecidas de maneira objetiva – elas podem ser *epistemologicamente objetivas*.

INTRODUÇÃO

peito ao papel *constitutivo* assumido pela doutrina, ou ao menos por uma parte dela, no âmbito do direito dos contratos.[44]

Dizer que a doutrina tem um papel constitutivo é dizer que ela pode, mesmo sem a intervenção dos tribunais, e a mediação direta ou específica da lei, definir o sentido da prática contratual. Ao contrário do que ocorre em outros campos – digamos, no direito penal –, no direito dos contratos a prática extrajudicial ou extra-arbitral (tomando a ideia de arbitragem em sentido estrito)[45] tem um peso considerável.[46] Por

---

[44] Novamente John R. Searle, *Making the Social World* (2010), 17-18. Neste ponto, sua reflexão remonta a How to Derive "Ought" from "Is", in *The Philosophical Review* 73 (1964); e ao seu conhecido *Speech Acts. An Essay in the Philosophy of Language* (1969; 2011), Cambridge: Cambridge University Press. Para um panorama do desenvolvimento de suas ideias, v. Barry Smith, *John Searle: From Speech Acts to Social Reality*, in *John Searle* (2003), Cambridge: Cambridge University Press. No direito, apropriações das ideias de Searle podem ser encontradas nos textos de Andrei Marmor, *How Law Is Like Chess*, in *Legal Theory* 12 (2006); *Social Conventions:* From Language to Law (2009), Princeton: Princeton University Press (mais próximo, aqui, de David Lewis que de Searle); e *The Language of Law* (2014), Oxford: Oxford University Press (retomando temas clássicos de Searle, sem, contudo, referi-lo); nos artigos de Neil MacCormick, Legal *Obligation and the Imperative Fallacy*, in Alfred W. B. Simpson (organização), *Oxford Essays in Jurisprudence. Second Series* (1973), Oxford: Oxford University Press; *Voluntary Obligations and Normative Powers*, in *Aristotelian Society Supplementary Volume* 46 (1972); e *What is Wrong with Deceit*, in *Sydney Law Review* 10 (1983); bem como eu seu livro com Ota Weinberger, *An Institutional Theory of Law* (1986), Dordrecht: Reidel; na monografia de Carlos Ferreira de Almeida, *Texto e enunciado na teoria do negócio jurídico*, 2 vols. (1992), Coimbra: Almedina; nos artigos de Jaap Hage, *What is a legal transaction?*, in Maximilian del Mar and Zenon Bankowski (organização), *Law as Institutional Normative Order* (2009), Farnham: Ashgate; A Model of Juridical Acts: Part 1: The World of Law, in *Artificial Intelligence and Law* 19 (2011); e Juridical Acts and the Gap between Is and Ought, in *Netherlands Journal of Legal Philosophy* 42 (2013); e de modo pioneiro, nas monografias de Gaetano Carcaterra, *Le norme costitutive* (1974), Milano: Giuffrè; e *La forza costitutiva delle norme* (1979), Roma: Bulzoni (referindo-se especificamente a John L. Austin e a Searle).

[45] Trata-se, aqui, dos procedimentos de tribunais generalistas, constituídos sob a Lei 9.307/1996. Excluem-se dessa categoria os mecanismos de preenchimento *ad hoc* do conteúdo contratual, como ocorre, por exemplo, com a definição, por terceiros, do objeto de um contrato *per relationem*.

[46] Edward L. Rubin, *The Nonjudicial Life of Contract: Beyond the Shadow of the Law*, in *Northwestern Law Review* 90 (1995). Rubin alargaria o argumento em *Obstructing Law's Future with Conceptions from its Past*, in Sam Muller et alli (organização), *The Law of the Future and*

conta disso, parece correto dizer que seu modo de ser, ou de uma parte dele ao menos, independe de determinações judiciais ou arbitrais para conformar-se.[47] Essa hipótese é reforçada pela ideia de que contratos complexos só chegam ao Judiciário após sua estabilização pela prática.[48] Quando assistida pela advocacia consultiva – retome-se o argumento –, esse segmento da prática contratual pode encontrar na doutrina referências autoritativas para sua segurança e, esperançosamente, para sua igualdade.

O reconhecimento do papel da doutrina é muito mais recente que sua elaboração. Novos procedimentos, cláusulas e (no caso do *civil law*) tipos contratuais há muito vêm sendo forjados pela doutrina e incorporados pela prática antes mesmo de serem conhecidos pelos tribunais,[49] e

---

the Future of Law, vol. II (2012), The Hague: Torket Opsahl, 415: "*The law of the future has already arrived, but it still strikes us as a disconcerting potentiality because our concept of law is tied to the legal system that modernity has displaced. This system regarded law as a set of rules governing human behaviour that were promulgated in definitive form. The law that has already arrived, and will dominate our foreseeable future, will be concerned with producing real world results, rather than specifying decision-making procedures, it will be tailored to particular situations rather than being stated in general terms, and it will be seen as a means of administrative supervision, rather than a declaration of general principles.*" v. ainda, no campo dos contratos, Claire Hill, *Bargaining in the Shadow of the Lawsuit: A Social Norms Theory of Incomplete Contracts*, in *Delaware Journal of Corporate Law* 34 (2009), 220: "*the now-established recognition of the importance of extralegal forces in contracting needs to be better integrated into the scholarship of contracting; the analysis of statutory law and court-made law needs to take into account the limited and intricate role of law in parties' contracting behavior.*"

[47] Dizer que a ontologia ou o modo de ser de uma parte da prática contratual independe das determinações judiciais não significa afirmar a irrelevância da jurisprudência nesse âmbito. Significa apenas que essa parte da prática pode se desenvolver sem prejuízo do silêncio dos tribunais. É diferente do que ocorre, por exemplo, com a responsabilidade (ou ao menos com uma noção tradicional de responsabilidade), porque sua afirmação (ou confirmação) depende do Judiciário.

[48] *e.g.* Ronald J. Gilson, Charles F. Sabel e Robert E. Scott, *Contract and Innovation: The Limited Role of Generalist Courts in the Evolution of Novel Contractual Forms*, in *New York University Law Review* (2013). Para os autores, os principais responsáveis pela inovação no campo contratual seriam os contratantes, e não os tribunais, como acreditariam alguns. O que se sugere ao longo deste trabalho é que essa inovação pode ser radicalizada – e especialmente equalizada – pela intermediação da doutrina.

[49] Esta é a hipótese central do texto de Gilson, Sabel e Scott referido na nota anterior.

INTRODUÇÃO

mesmo antes de qualquer referência direta ou específica pela lei. Pense, por exemplo, nos já antigos contratos de franquia e *factoring*, ou nos mais recentes contratos de *swap* e EPC. Doutrina e prática estabeleceram, aqui, uma ontologia contínua,[50] porque alheia à mediação judicial, e apenas indiretamente referida à mediação legislativa. É o que ocorre, por exemplo, quando a atipicidade contratual (excluídos, para este efeito, os domínios societários) é legislativamente autorizada sob condição de aderência a 'normas gerais' estabelecidas pela lei ou 'interesses passíveis de tutela' pela ordem jurídica.'[51] Trata-se de um âmbito em que o 'direito fixado nos livros' e o 'direito realizado na prática', instâncias celebremente apartadas por Pound,[52] parecem convergir mutualisticamente.

Algumas pessoas podem considerar a delimitação contratual artificiosa. Quando pensamos em um 'direito dos contratos', geralmente partimos de uma matriz metodológica conforme a qual o que distingue as disciplinas jurídicas são os limites do conjunto de disposições legislativas que lhe dizem respeito. Em boa medida, nossas faculdades de direito ainda são organizadas assim. Estudamos direito civil em cinco semestres que refletem os cinco os livros do Código Civil. Partimos da ideia de pessoa porque o Código Civil começa com a disciplina da personalidade e da capacidade. Terminamos o curso discutindo questões sucessórias pois

---

[50] Rubin refere-se a uma coisa parecida quando fala da 'unidade discursiva' estabelecida entre doutrinadores e juízes. Edward L. Rubin, *The Practice and Discourse of Legal Scholarship*, in *Michigan Law Review* 86 (1988). Antes, Learned Hand referiu-se a juristas e juízes como "trabalhadores do mesmo vinhedo". Learned Hand, *Have the Bench and Bar Anything to Contribute to the Teaching of Law?*, in *Michigan Law Review* 24 (1926). Referindo-os, Jan M. Smits, *The Mind and Method of the Legal Academic* (2012), 20.

[51] *v.* Código Civil brasileiro de 2002, art. 425: "É lícito às partes estipular contratos atípicos, observadas as normas gerais fixadas neste Código." E Código Civil italiano de 1942, art. 1.322: "*Le parti possono liberamente determinare il contenuto del contratto nei limiti imposti dalla legge (e dalle norme corporative). [¶] Le parti possono anche concludere contratti che non appartengono ai tipi aventi una disciplina particolare, purché siano diretti a realizzare interessi meritevoli di tutela secondo l'ordinamento giuridico.*"

[52] Roscoe Pound, *Law in the Books and Law in Action*, in *American Law Review* 44 (1910). O sentido que Pound confere aos 'livros' é mais amplo do que o sugerido no texto, abarcando também a lei.

essa é a matéria do último livro do Código Civil.[53] E a perplexidade fica ainda maior quando nos permitimos ir além do direito civil. Aprendemos propriedade sem discutir questões urbanísticas porque estas últimas escapam aos domínios da legislação civil. Não estudamos as consequências tributárias dos contratos porque a tributação é objeto de leis específicas. Discutimos direito de família sem percorrer a disciplina do Estatuto da Criança e do Adolescente. E os exemplos poderiam multiplicar-se.

Essas não são, é verdade, divisões arbitrárias. Pelo contrário: na maioria dos casos, é possível justificar a ordem de estudos por razões teóricas e históricas bem sedimentadas e refletidas. Ainda assim, tais divisões fazem menos sentido na prática que nos códigos. Direito dos contratos, direito de família e direito das coisas, por exemplo, – para não falar de direito das relações domésticas, direito ambiental ou direito antitruste, – costumam ser claramente distintos nas leis, mas não na vida.[54] Dificilmente encontraremos um contrato que não envolva questões familiares, administrativas, concorrenciais ou mesmo processuais (especialmente diante dos acordos ou negócios jurídicos de direito processual referidos pelo novo Código de Processo Civil).[55] Apartar essas dimensões parece ser,

---

[53] Não quero sugerir que isso seja uma regra. No Código Civil de 1916, por exemplo, o direito de família antecedia o direito das obrigações, e uma boa amostra dos cursos oferecidos sob sua vigência (ou seja, até 2003) não seguia essa ordem. (Minha referência, aqui, são cursos oferecidos nos anos 80 e 90 nas Faculdades de Direito da Universidade Federal do Rio Grande do Sul, da Universidade de São Paulo, da Universidade Federal do Rio de Janeiro e da Universidade Federal de Pernambuco).

[54] O campo em que em que a artificialidade das delimitações disciplinares vem sendo denunciada de modo mais veemente parece ser o do direito antitruste. Pense, por exemplo, em temas de fronteira como a fixação de preços de revenda, a determinação de cláusulas de exclusividade ou o abuso de dependência econômica, para não falar da recente Resolução 10/2014 do Conselho Administrativo de Defesa Econômica (CADE) a respeito dos parâmetros para a notificação obrigatória de contratos associativos à autoridade antitruste. Para um panorama teórico, *v.* os textos reunidos em Gustavo Olivieri e Andrea Zoppini (organização), *Contratto e antitrust* (2008), Bari: Laterza.

[55] *v.* Lei 13.105/2015, art. 190: "Versando o processo sobre direitos que admitam autocomposição, é lícito às partes plenamente capazes estipular mudanças no procedimento para ajustá-lo às especificidades da causa e convencionar sobre os seus ônus, poderes, faculdades e deveres processuais, antes ou durante o processo. [¶] Parágrafo único. De ofício ou a requerimento, o juiz controlará a validade das convenções previstas neste

INTRODUÇÃO

afinal, um expediente justificado apenas na medida em que nosso ponto de partida for constituído por leituras 'legalistas' de teorias da norma e do ordenamento.[56]

Parece, mas, ao menos no campo contratual, não é. O direito dos contratos pode ser encarado como um específico conjunto de disposições jurídicas agrupadas neste ou naquele código, nesta ou naquela lei, mas também pode ser visto como uma trama de proposições voltadas para um objeto específico, qual seja, o *contrato como prática social distinta*.[57] E a diferença não é pequena. Em vez de alcançar o contrato a partir de disposições normativas reputadas contratuais, percorremos o caminho contrário: a partir de uma determinada prática social – e uma prática que representa "a forma central de associação humana na sociedade moderna," como diz Collins –,[58] alcançamos as proposições que compõem seu horizonte de sentidos. E alcançamo-las onde quer que elas estejam. No primeiro caso, fatalmente cairíamos em uma controvérsia a respeito de quais disposições podem ser legitimamente empregadas pelo agente ou intérprete. Aqui está, aliás, o velho debate sobre a teoria das fontes, conforme o qual apenas a legislação e os costumes (eventualmente acrescidos da jurisprudência e dos enigmáticos princípios gerais do direito) podem ser considerados fontes formais do direito. No segundo, isto é, quando tomamos o contrato como prática social distinta, o que está em jogo são os sentidos de um conjunto de comportamentos. Sentidos orientados por proposições que podem corresponder às velhas fontes formais do direito, mas que também podem ser buscadas, para usar o exemplo que aqui importa,

---

artigo, recusando-lhes aplicação somente nos casos de nulidade ou de inserção abusiva em contrato de adesão ou em que alguma parte se encontre em manifesta situação de vulnerabilidade." E art. 191, ainda do novo Código de Processo Civil: "De comum acordo, o juiz e as partes podem fixar calendário para a prática dos atos processuais, quando for o caso."

[56] Para uma alternativa, *v.* notas 661 e 662 *infra* e referências no texto.

[57] *v.* Herbert L. A. Hart, *The concept of law* (1961; 2ª ed., 1994), Oxford: Oxford University Press, 55-61.

[58] Hugh Collins, *Regulating Contracts* (1999), Oxford: Oxford University Press, 13. O contrato tornou-se uma forma de associação hipertrofiada, é verdade, mas ainda asssim segue sendo uma forma de associação diferente daquela estabelecida entre o Estado e seus contribuintes, entre um homicida e sua vítima, entre pessoas que compartilham a vida doméstica ou entre ascendentes e descendentes.

na doutrina. Observe que a razão ontológica da delimitação contratual deste trabalho ganha, neste ponto, ainda mais relevância. A doutrina deixa de ser uma fonte 'indireta'[59] para tornar-se um referencial normativo de primeira ordem, um atalho para a identificação de regras constitutivas e regulativas de determinada prática, ainda quando essa prática não tenha sido objeto de legislação, decisão judicial ou mesmo reiteração consuetudinária.[60]

Ordem da exposição

Além desta introdução, o texto conta com três capítulos, seguidos de uma breve conclusão. O primeiro deles trata da formação da doutrina contratual. Ele está dividido em três seções, cada uma delas subdividida em alguns itens. A primeira seção diz respeito à *iurisprudentia* romana. Trata-se, aqui, do período compreendido entre o século V a.C. e a segunda metade do século VI d.C., momento em que um imperador bizantino chamado Justiniano decide consolidar em um único documento, hoje chamado de *Corpus iuris civilis*, o pensamento jurídico produzido desde os tempos republicanos. De modo ainda fragmentário, e com propósitos eminentemente práticos, seus artífices vão estabelecer os alicerces daquilo que hoje chamamos de direito dos contratos. É sobre esses alicerces que trabalharão os autores apresentados na segunda seção do capítulo, que trata do pensamento jurídico medieval – mais especificamente, do pensamento jurídico desenvolvido entre os séculos XI e XV. Nessa empreitada, civilistas e canonistas buscarão conciliar os textos romanos e as escrituras sagradas com problemas que não foram figurados

---

[59] Caio Mário da Silva Pereira, *Instituições de direito civil*, vol. I, *Introdução ao direito civil. Teoria geral de direito civil* (1961; 20ª ed., 2004), Rio de Janeiro: Forense, 75.

[60] A dimensão normativa ou referencial da doutrina é historicamente negligenciada no Brasil. Até cinquenta ou sessenta anos atrás, essa negligência podia ser explicada pela incipiência da advocacia consultiva e da prática contratual no País. Hoje ela não se justifica. *e.g.* Orlando Gomes, *Introdução ao direito civil* (1957), Rio de Janeiro: Forense, 55: "Evidentemente, a *doutrina* não pode ser considerada fonte formal do Direito. [...] Mas, através das divergências que os autores mantêm, forma-se o pensamento jurídico, de larga influência na elaboração do direito. [...] A sua influência se manifesta em três sentidos: primeiro, pelo ensino ministrado nas Faculdades de Direito; segundo, sôbre o legislador; terceiro, sôbre o juiz."

por seus autores. Eles também tentarão articular esses textos a fim de conferir-lhes unidade. Para tanto, lançarão as bases de algumas técnicas hermenêuticas que permanecem em uso na prática jurídica contemporânea. Finalmente, a terceira seção do capítulo trata do pensamento de teólogos-juristas espanhóis que viveram entre os séculos XVI e XVII. Este é o ponto de chegada da formação apresentada neste capítulo. A partir daqui – e não a partir do século XIX, como sugerem autores importantes –,[61] a doutrina contratual se consolida, enveredando, em seguida, por um longo período de fragmentação que, ao que tudo indica, segue em curso.

Essa fragmentação é o objeto do segundo capítulo. Desta vez, as seções são quatro. Na primeira, que não conta com subitens, examina-se aquilo que está por trás da turbulência enfrentada pela doutrina a partir do século XVI: o humanismo jurídico. Recuperando uma leitura do direito figurada em Roma, mas abandonada por autores medievais e escolásticos, os humanistas abrirão caminho para o recrudescimento formal da literatura doutrinária e a emancipação literária da teoria. Quanto à doutrina, discutida na segunda seção do capítulo, uma sequência de movimentos iniciada com o jusnaturalismo dos séculos XVI e XVII e encerrada com as escolas de Savigny no curso do século XIX cuidará de depurar as categorias jurídicas dos fundamentos aristotélico-tomistas que as sustentavam, transformando, ao cabo, e já diante de razões positivistas, a velha síntese teórico-doutrinária salmantina naquilo que hoje chamamos de dogmática jurídica. Este será o momento de radicalização daquilo que Gorla chamou de "tendência à generalização e à abstração própria dos juristas de *civil law*."[62] O percurso da teoria, discutido na terceira seção, será parecido. No primeiro ensaio de emancipação, realizado ainda no século XVI, autores do humanismo protestante lançarão perguntas especificamente teóricas que, já diante do debate voluntarista desencadeado no século XIX, serão adaptadas ao campo contratual, compondo, a partir daí, um gênero jurídico-literário autônomo. O segundo capítulo se encerra com a discussão dos aportes científicos na literatura contratual. Além da ideia de ciência dogmática, sugerida na Alemanha pelo *usus modernus pandecta-*

---

[61] *v.* nota 784 *infra*.

[62] Gino Gorla, *Il contratto. Problemi fondamentali trattati con il metodo comparativo e casistico*, vol. I (1954), Milano: Giuffrè, 325.

rum e definitivamente abraçada no século XIX, serão discutidos aqui os movimentos de crítica ao pensamento jurídico clássico, tanto pela via factual quanto pela via formal, bem como, e especialmente, a ideia de direito como ciência social em sentido estrito, ideia que está por trás do desenvolvimento contemporâneo da literatura empírica. Esta seção conta também com um excurso a respeito das relações entre o pensamento teórico ou científico e o direito comparado.

Os itinerários históricos apresentados nos dois primeiros capítulos envolvem, inescapavelmente, uma série de omissões. Elas são menos drásticas no primeiro. Nele, como se disse, serão privilegiados três momentos formativos da doutrina contratual: o primeiro, localizado em Roma entre meados do século V a.C. e 565; o segundo, mais difuso, situado nas cidades universitárias da Europa ocidental entre os séculos XII e XV; e o terceiro, concentrado na Península Ibérica, e particularmente em Salamanca, entre os séculos XVI e XVII. Ao menos quinhentos anos ficam de fora desse recorte, o que não é pouco. Essa ausência, entretanto, se justifica pela dissolução do direito como prática social autônoma entre as últimas décadas do século vi e o início do século xi. Uma "era sem juristas", dirá Belluomo;[63] "sem escolas de direito, sem livros jurídicos, sem uma classe profissional de juízes e advogados", especificarão Berman e Reid.[64] Sem esses elementos – sem escolas, sem livros e sem juristas – não pode haver doutrina. As omissões do segundo capítulo serão mais significativas. Serão mais significativas, em primeiro lugar, porque entre os séculos XVI e XIX a literatura jurídica torna-se uma empreitada global. Seu mapeamento integral, por conseguinte, deixaria de ser impressionista para tornar-se (na melhor das hipóteses) um exercício de arte abstrata. As omissões do segundo capítulo também serão mais significativas do que as do primeiro por conta de um às vezes anacrônico e quase sempre metamórfico, conquanto adaptativo sin-

---

[63] Manlio Bellomo, *L'Europa del diritto comune* (1989), tradução de Lydia G. Cochrane, *The Common Legal Past of Europe* (1995), Washington: Catholic University of America Press, 34.
[64] Harold J. Berman e Charles J. Reid, Jr., *Roman Law in Europe and the Jus Commune: a Historical Overview with Emphasis on the New Legal Science of the Sixteenth Century*, in *Syracuse Journal of International Law and Commerce* 20 (1994), 4. Isso não significa, todavia, que o direito dos contratos não tenha avançado no período. *v.* Gino Gorla, Il contratto, vol. I (1954), 27-32.

INTRODUÇÃO

cretismo metodológico assumido pela literatura a partir de então, sobretudo na América Latina,[65] e particularmente no Brasil.

Um exemplo precoce desse sincretismo pode ser encontrado nas reflexões de uma figura proeminente no debate do início do século XIX como José Luís de Carvalho e Melo (1774-1826), o Visconde de Cachoeira, responsável pelos estatutos que orientariam as primeiras décadas de estudos jurídicos no País.[66] Escrevendo em 1825, o jurista criticava os usos do humanismo jurídico (um movimento do século XVI) no ensino jurídico português (que experimentara no final do século XVIII), propugnando, ainda que discretamente, por um modelo similar àquele avançado pelos comentadores (dos séculos XIV e XV), tudo isso a partir de um vocabulário cientificista que nos remete ao *usus modernus pandectarum* (localizado nos séculos XVI), e que ganharia sua formulação mais bem acabada no pensamento de seu contemporâneo Savigny (ainda na primeira metade do século XIX).[67]

---

[65] *v.* Diego Eduardo López Medina, *Teoría impura del derecho. La transformación de la cultura jurídica latino-americana* (2004), Bogotá: Legis, *passim* (discutindo as apropriações e adaptações latino-americanas, e sobretudo colombianas do direito social, especialmente quanto a François Geny); e Jorge L. Esquirol, *The 'Three Globalizations' in Latin America*, in *Comparative Law Review* 3 (2012), 10-11 (sugerindo que as duas primeiras 'globalizações do pensamento jurídico' de Duncan Kennedy – *v.* notas 357, 437 e 595 *infra* – teriam se transformado em uma linguagem híbrida nas recepções latino-americanas).

[66] Baiano formado em Coimbra, Carvalho e Melo havia sido dos responsáveis pelo texto da Constituição Imperial de 1824, elaborando, pouco depois, os estatutos de um curso de direito criado provisoriamente no Rio de Janeiro pelo Decreto de 9 de janeiro de 1825. Por força do art. 10º da Lei de 11 de agosto de 1827, esses estatutos seriam aproveitados nas Faculdades de Direito de São Paulo e de Olinda. *v.* Alberto Venâncio Filho, *Das Arcadas ao bacharelismo* (1977; 2ª ed., 2011), São Paulo: Perspectiva, 30-31.

[67] "Além do que fica dito" escrevia o Visconde em seus estatutos de 1925, "cumpre observar que a nimia erudição dos autores dos estatutos de Coimbra; a profusão com que a derramaram na sua obra, o muito e demasiado cuidado com que introduziram o estudo de antiguidades e as amiudadas cautelas que só deveriam servir para aclarar, e alcançar o sentido dos difficeis, fizeram que os estudantes sahissem da Universidade mal aproveitados na sciencia do direito patrio, e sobrecarregados de subtilezas, e antiguidades, que mui pouco uso prestaram na pratica dos empregados a que se destinaram. [¶] Os mesmos mestres e doutores, para se acreditarem de sabios perante seus companheiros e discipulos, faziam longos e profundos estudos de direito romano e antiguidade, e seguindo nelles a escola Cujaciana, philosophavam muito theoricamente sobre os principios de direito, e por fugirem o rumo da de Bartholo, Alciato, e mais glosadores e casuitas, ensinavam

Finalmente, o terceiro e último capítulo do livro tem quatro seções. Na primeira delas, procura-se organizar as noções de doutrina, teoria e empiria a partir de seus propósitos, métodos e destinatários, como se terá sugerido nos capítulos anteriores. Passa-se em seguida àquele que parece ser o dilema mais frequente nas discussões a respeito da literatura jurídica: a tensão entre teoria e prática. Neste ponto, um conhecido debate travado nos Estados Unidos no início da década de 90 servirá de paradigma para a contraposição de leituras polarizantes e conciliatórias. Trata-se do debate estabelecido entre Harry Edwards, para quem a literatura jurídica deveria orientar-se prioritariamente pela prática, e George Priest, um defensor da diluição do direito nos cânones metodológicos de outros campos do conhecimento. Ainda nesta segunda seção, as tensões entre teoria e prática serão exploradas no debate meta-literário brasileiro, um debate que, em sucessivas ondas de interesse, vem sendo construído desde a segunda metade do século XX por autores como Miguel Reale, Antonio Luis Machado Neto e Tercio Sampaio Ferraz Junior. A última seção do capítulo (e também do livro) cuida de algumas implicações da distinção entre doutrina, teoria e empiria sobre a organização do discurso acadêmico. Seu propósito é evidenciar que a relevância dessa tripartição não se esgota na história, mas, ao invés, pode trazer uma série de benefícios para a produção jurídico-literária contemporânea.

jurisprudencia mais polemica do que apropriada á pratica da sciencia de advogar, e de julgar. Não foi só nimio estudo de direito romano a causa principal de se não formarem verdadeiros jurisconsultos; foi tambem, como já dissemos, a falta de outras partes necessarias da jurisprudencia, e que, fundadas na razão, preparam os animos dos que aprendem para conseguirem aos menos os principios geraes de tudo, que constitue a sciencia da jurisprudencia em geral, e cujo conhecimento forma os homens para os diversos empregos da vida civil." Anexo à Lei de 11 de agosto de 1827, o texto integral dos estatutos está disponível em http://www.planalto.gov.br/ccivil_03/leis/LIM/LIM-11-08-1827.htm. Todas as referências a textos disponíveis *online* foram checadas dia 11.01.2016.

I

A FORMAÇÃO DA DOUTRINA CONTRATUAL

"O voi ch'avete li 'ntelletti sani,
mirate la dottrina che s'asconde
sotto 'l velame de li versi strani."

Dante, *Inferno* (1320) IX, 61-63

1.
ENSAIO: A *IURISPRUDENTIA* ROMANA

Essa seção cuida de um conjunto de modos de raciocínio, práticas e instituições comumente chamadas de 'direito romano'. Mas a expressão 'direito romano' pode significar muitas coisas, e por isso é bom esclarecer desde já o significado que ela vai assumir a partir daqui bom esclarecê--la desde já. O direito estabelecido no século V a.C. pelas regras das XII Tábuas ou o direito 'vulgar' praticado na Península Itálica após a queda do Império Romano do Ocidente também costumam ser chamados de 'direito romano'.[68] Nesses casos, entretanto, a designação está apenas vagamente relacionada com aquilo que hoje chamamos de direito. Em outros casos, o 'direito romano' pode ser legitimamente apontado como um antecessor do pensamento jurídico contemporâneo. Aqui está a *iurisprudentia*, o direito formalizado por jurisconsultos como Ulpiano, Paulo e Gaio nos três primeiros séculos da nossa era, retomado por Justiniano na segunda metade do século VI e, depois de um longo oblívio, redescoberto por professores universitários do século XI. Nesse primeiro passo da narrativa, o conceito central não será ainda o de contrato, mas o de *obligatio* – "uma conquista singular na história da civilização humana", como reconheceu um grande romanista do século passado.[69]

---

[68] *v.* Sílvio Meira, *A Lei das XII Tábuas. Fonte do Direito Público e Privado* (1961; 3ª ed., 1972), Rio de Janeiro: Forense; e Ernst Levy, *West Roman Vulgar Law: The Law of Property* (1951), Philadelphia: The [American Philosophical] Society (referindo-se a um direito 'vulgar' no sentido de 'popular').

[69] Fritz Schulz, *Classical Roman Law* (1951), Oxford: Clarendon, 463.

1.1. Organização social e modos de raciocínio

Ainda que seja comum associar o direito a toda forma de organização social humana, só parece possível falar de um pensamento jurídico propriamente dito – um modo particular de descrever e prescrever a ação humana por meio de categorias, generalizações e regras –,[70] a partir do entroncamento de um segmento da filosofia grega com as preocupações práticas emergentes na república romana a partir do século II a.C. Não se trata de um encontro inédito: em Atenas, a intersecção do pensamento filosófico com os problemas mundanos havia levado ao desenvolvimento da ética (uma teoria da conduta humana) e da filosofia política (uma teoria da convivência social). Este primeiro encontro não chegou a conduzir, contudo, às formas jurídicas construídas em Roma alguns séculos mais tarde.

Base do conjunto de instituições, práticas e modos de raciocínio que caracterizaria a chamada *iurisprudentia*,[71] essas formas seriam orientadas por um recorte específicos do pensamento grego, correspondente aos textos de Aristóteles e especialmente à filosofia estoica. Escola helenística fundada por Zenão de Cítio no século III a.C. e absorvida por pensadores romanos como Sêneca, Marco Aurélio e Cícero, o estoicismo veiculava uma lógica formal (voltada para a estrutura do raciocínio), uma física monista (integradora da inteligência à matéria) e uma ética naturalista (orientada por uma visão de mundo determinista). Integrando-as, sua dialética seria, a partir dos últimos anos do século II a.C., o principal catalisador da *iurisprudentia* desenvolvida em Roma. "A adoção do método dialético", observou Schulz, "levaria a um estudo sistemático de gêneros e espécies jurídicas."[72] Esse movimento seria traduzido pelas numerosas *divisiones*, *distinctiones* e *differentiationes* apresentadas nos textos romanos,

---

[70] Fernanda Pirie descreve esse fenômeno com a palavra "legalismo". *The Anthropology of Law* (2013), Oxford: Oxford University Press, 13.

[71] Marcus Faro de Castro, *Formas jurídicas e mudança social* (2012), 35.

[72] Fritz Schulz, *History of Roman Legal Science* (1946), 63. Segue o autor (67): "*The importation of dialetic was a matter of extreme significance in the history of Roman jurisprudence and therefore of jurisprudence generally. It introduced Roman jurisprudence into the circle of the Hellenistic professional sciences and turned it into a science in the sensi in which that term is used by Plato and Aristotle no less than by Kant. [...] It was only through dialetic that Roman jurisprudence became fully logical, achieved unitiy and cognoscibility, reached its full stature, and developed its refinement.*"

ENSAIO: A *IURISPRUDENTIA* ROMANA

formas de raciocínio aplicadas a regras já existentes (as xii Tábuas, por exemplo, haviam sido editadas há pelo menos duzentos anos) e a padrões estabelecidos a partir de práticas, diríamos hoje, socialmente típicas.

Também em Roma, como não poderia deixar de ser, a prática jurídica antecedeu a reflexão sobre o direito. Nascida com os antigos *sacerdotes publici* e desenvolvida nos quatro grandes colégios religiosos romanos – dos áugures, dos *decenviri sacris faciundis,* dos *fetiales* e sobretudo dos pontífices –,[73] a atividade dos *iuris consulti* pouco a pouco se laicizaria, até ser formalmente absorvida pelo imperador em meados do século i a.C. Os consultores jurídicos ou jurisconsultos participavam da vida jurídica romana de três maneiras.[74] Primeiro, auxiliando na realização de contratos, testamentos e outras práticas autônomas a fim de garantir sua perfeição e sua eficácia jurídica (*cavere*); segundo, indicando meios processuais adequados à postulação do que hoje chamaríamos de pretensões (*agere*); terceiro, e mais importante, orientando magistrados e particulares diante de casos concretos passíveis de solução jurídica (*respondere*). Antes estreitamente vinculados à jurisdição sacra, os *responsa* se expandiriam e ganhariam razoável autonomia ao longo do período clássico,[75] paralelamente à ascensão da plebe e à parificação política das ordens.

As idas e vindas da história romana não deixariam de repercutir, também, sobre a reputação política e a atividade dos jurisconsultos. Sua antiga *auctoritas*, construída socialmente mas logo absorvida pelo imperador ou *princeps*, seria parcialmente recuperada através do *ius respondendi ex auctoritate principis*, espécie de delegação jurisdicional conferida a alguns

---

[73] Fritz Schulz, *History of Roman Legal Science* (1946), 6. Antes que "mágicos, adivinhos, clarividentes, *rainmakers,* curandeiros ou homens de Deus" – a explicação ainda é de Schulz –, os pontífices eram magistrados, juristas que dominavam o que hoje chamamos de direito de família e direito das sucessões.

[74] Cícero, De oratore 1, 48, 212: "*Sin autem quaereretur quisnam iuris consultus vere nominaretur, eum dicerem qui legum et consuetudinis eius, qua privati in civitate uterentur, et ad respondendum et ad agendum et ad cavendum peritus esset.*" v. Guilherme Braga da Cruz, O «jurisconsultus» romano (1947), in *Obras esparsas,* vol. i, 1ª parte (1979), Coimbra: Universidade de Coimbra, 140-141.

[75] José Carlos Moreira Alves, *Direito romano*, vol. i (1965; 6ª ed., 1987), 44: "Sob Adriano, os *responsa prudentium* (respostas dos jurisconsultos) abrangem não só os pareceres dados sobre casos concretos (como na época de Augusto), mas também as opiniões em geral dos jurisconsultos".

aristocratas da *civitas* a partir de Augusto.[76] Sua atuação interpretativa, por outro lado, ganhará importância à medida que editos dos pretores urbanos (magistrados responsáveis pela administração da justiça em Roma) se tornam mais complexos, em um movimento que, alcançando seu auge nos primeiros anos do império, será definitivamente interrompido pelo *Edictum Perpetuum* do jurisconsulto Sálvio Juliano, sistematização solicitada por Adriano por volta de 130 d.C. Ao mesmo tempo, o *princeps* passa a assumir, ele próprio, por meio dos *rescripta* – constituições imperiais que, ao lado dos *edicta*, dos *mandata* e dos *decreta*, tinham o que hoje chamamos de "força de lei" –, parte da atividade jurídica consultiva antes desempenhada em nome próprio pelos jurisconsultos.[77]

Boa parte dos jurisconsultos romanos clássicos tinha, ao contrário do que se costuma sustentar, razoável consciência das premissas filosóficas e do papel político da sua atividade.[78] Alguns tinham mesmo, diríamos hoje, pretensões acadêmicas. Basta pensar, aqui, nos inovadores dezoito livros do *Ius civile* de Quinto Mucio Scaevola,[79] obra fundamental, mas

---

[76] Os romanistas controvertem a respeito da eficácia vinculante do *responsum* diante da *auctoritas principis*. Para alguns, como Talamanca, ela viria desde o tempo de Augusto; para outros, ela se estabeleceria apenas a partir da transformacão, por Tibério, do *respondere ex auctoritate principis* em *ius publice respondendi*; há ainda autores que sustentam que o caráter mandatório dos *responsum* teria surgido após o rescrito de Adriano mencionado em G. 1,7, bem como historiadores que defendem a espontaneidade social do caráter vinculante. *v.* Felipe Epprecht Douverny, *Agere, cavere, respondere: a atividade consultiva dos juristas romanos como fonte do direito* (2013), 231; *cf.* Mario Talamanca, *Istituzioni di diritto romano* (1990), 34.

[77] Felipe Epprecht Douverny, *Agere, cavere, respondere: a atividade consultiva dos juristas romanos como fonte do direito* (2013), 249.

[78] *v.* os textos reunidos em Okko Behrends, *Institut und Prinzip* (2004), Göttingen: Wallstein. Uma síntese das ideias de Behrends em língua inglesa pode ser encontrada em seu *The Natural Freedom of the Human Person and the Rule of Law in the Perspective of the Classical Roman Legal Theory*, in *The Tulane European & Civil Law Forum* 26 (2011). Para um caso específico, *v.* Tony Honoré, *Ulpian. Pioner of Human Rights* (1982; 2ª ed,, 2002), Oxford, Oxford University Press, ix: "*Human rights are not a product of the Enlightenment, still less of the twentieth century, as some otherwise well-educated people suppose. The values of equality, freedom, and dignity, to which human rights give effect, formed the basis of Ulpian's exposition of Roman law as the law of a cosmopolis.*"

[79] Os dezoito livros do *Ius civile* são considerados a obra mais importante do pensamento jurídico romano pré-clássico ou helenístico. Trata-se de uma obra de existência certa, mas desaparecida desde o século III. *v.* Fritz Schulz, *History of Roman Legal Science* (1946),

ENSAIO: A *IURISPRUDENTIA* ROMANA

desaparecida, ou nos quatro livros das *Institutiones* de Gaio, estas reencontradas no século xiv.[80] Roma não conheceu, contudo, um movimento ordenador equivalente àquele capitaneado por canonistas e glosadores a partir do século xi, tampouco um conjunto de razões jurídicas tão explícitas, abrangentes e compartilhadas quanto aquelas figuradas nos séculos XVI e XVII pelos teólogos salmantinos da escolástica tardia. A história do pensamento jurídico romano é, ainda – e ao contrário do que comumente se sugere em "excursos históricos" sobre o tema –,[81] a pré-história da doutrina.

1.2. *Obligationes* e esquemas contratuais típicos

Os jurisconsultos romanos não chegaram a figurar um direito *do contrato*, no singular: sua reflexão se concentrava, como sintetizou Barry Nicholas,[82] em um direito *dos contratos*, no plural; e seu elemento unificador, ao contrário do que um primeiro percurso pela literatura propedêutica poderia sugerir,[83] não era o ato ou o negócio jurídico, tampouco a manifestação

---

94 (dando notícia de que comentários ao texto de Quinto Mucio seriam publicados por Gaio e Pompônio no final do século II d.C.; que a obra possivelmente teria circulado no século seguinte; e que depois disso, como evidenciado pela sua omissão no *Digesto*, ele desapareceria).

[80] As *Institutas* seriam recuperadas a partir de um palimpsesto localizado por Barthold Georg Niebuhr em 1816 na cidade de Verona. Já então um prestigiado historiador, Niebuhr, considerado um dos pais da historiografia moderna, daria notícia de seu achado ao amigo Savigny, que, por sua vez, cuidaria de editar o texto de Gaio. Sobre sua importância, não é demais lembrar Donald Kelley, *Gaius noster: Substructure of Western Social Thought*, in *The American Historical Review* 84 (1979), 648 (qualificando-as como "a mais influente introdução ao pensamento social do Ocidente").

[81] *e.g.* Adaucto Fernandes, *O contrato no direito brasileiro*, vol. I (1945), Rio de Janeiro: Coelho Branco, 1-45 (apresentando uma história do pensamento contratual que, passando por curiosidades do direito dos contratos na Índia, na Pérsia e na Grécia, se encerra no direito romano clássico).

[82] Barry Nicholas, *An Introduction to Roman Law* (1962; 2010), Oxford: Oxford University Press, 165.

[83] *e.g.* Vincenzo Arangio-Ruiz, *Istituzioni di diritto romano* (1921-192; 14ª ed., 1960), Napoli: Jovene, 296-297; Max Kaser, *Römisches Privatrecht (Studienbuch)* (1960), tradução (da edição de 1992) de Samuel Rodrigues e Ferdinand Hämmerle, *Direito privado romano* (1999), Lisboa: Calouste Gulbenkian, 60-93; e por último, já destacando a historicidade da categoria, Mario Talamanca, *Istituzioni di diritto romano* (1990), Milano: Giuffrè, 185-272.

de vontade ou a declaração jurídico-negocial,[84] e muito menos a ideia de autonomia privada,[85] mas sim o esquema jurídico da *obligatio*.[86]

Atribui-se ao já citado Quinto Mucio Scevola, pretor em 215 a.C. e filho de Publio Mucio Scevola, um dos *fondatores* do *ius civile*, a primeira formulação da *obligatio* como categoria abrangente, compreensiva de consequências até então tomadas a partir de diferentes modelos jurídicos. O jurista, entretanto, não desenvolveu suas ideias no vácuo.[87] Até o tempo das Guerras Púnicas, conflito travado entre Roma e Cartago ao longo dos séculos III e II a.C., as noções mais próximas daquilo que hoje associamos aos contratos – e que seriam tomadas por Quinto Mucio em sua abstração da *obligatio* – poderiam ser encontradas em duas figuras pré-decenvirais: o *oportere*, estrutura presente em várias dimensões da vida social romana, e correspondente, no *ius civile*, a um vínculo *ex sponsione* garantido pelas antigas *actiones de lege agere sacramento in rem* e *in persona*;[88] e o *nexum*, um vínculo desproporcionalmente sancionado pela *manus iniectio*, espécie de responsabilidade pessoal que sujeitava os devedores inadimplentes ao senhorio dos credores – leia-se: os devedores poderiam ser aprisionados e vendidos como escravos.[89]

Com a multiplicação das relações entre *cives* e *peregrini*, acompanhada pela pressão (um verdadeiro movimento social, para manter os anacronismos entre parêntesis) dos combatentes plebeus, heróis de guerra escravizados em tempos de paz, o velho *nexum* é abolido pela *lex Poetelia*

---

[84] *v.* nota 423 *infra*.

[85] *v.* Judith Hofmeister Martins-Costa, *Contratos. Conceito e evolução*, in Renan Lotufo e Giovanni Ettore Nanni (organização), *Teoria geral dos contratos* (2011), São Paulo: Atlas, 29: "lentamente, passou-se a identificar a palavra *contractus* ao próprio ato de contrair obrigações, muito embora ainda não se deva falar – pena de imperdoável anacronismo – em uma noção abstrata de contrato ou de sua significação como 'ato de autonomia privada.'"

[86] Por último, I. 3, 13: "*obligatio est iuris vinculum, quo necessitate adstringimur alicuius solvendae rei, secundum nostrae civitatis iura.*"

[87] Dois textos atestariam seu pioneirismo: Aulus Gellius, *Noctes Atticae* 6, 15, 2 (a respeito da obrigação decorrente do *furtum usus*) e Pomp. 4 *ad Q. Muc.*, D. 46, 3, 80 (sobre as *obligationes contractae*, provavelmente o primeiro recurso substantivo à ideia genérica de obrigação). Devo esta e boa parte das referências seguintes às notas do curso de direito romano oferecido pelo professor Riccardo Cardilli na Universidade de Roma II entre 2009 e 2010.

[88] G. 4, 17.

[89] G. 4, 21; Varro, *De lingua latina* 7, 105.

ENSAIO: A *IURISPRUDENTIA* ROMANA

de 326 a.C.,[90] e em seu lugar uma rudimentar forma de mútuo passa a se desenhar na prática jurídica.[91] Isso não implicou, é bom que se assinale, qualquer espécie de democratização da aristocrática *iurisprudentia* romana.[92] Os juristas, e particularmente os jurisconsultos portadores do *ius respondendi ex auctoritate principis* (esse ponto será retomado adiante), seguiam atendendo às demandas das classes mais abastadas de Roma, ora aconselhando os *patresfamilias* em suas disposições negociais e testamentárias, ora contribuindo com pretores e juízes na composição de conflitos. Neste ponto da história – correspondente à transição do período arcaico para o período clássico do direito romano, e qualificado por Fritz Schulz como um interregno helenístico da *iurisprudentia* –,[93] o principal motor de desenvolvimento de formas jurídicas igualitárias no âmbito do direito privado não é a produção dos juristas, mas a lei.

Nesse sentido, a liberação dos *nexi* pela *lex Poetelia* contribuiria, ainda que de modo indireto, para o alargamento das situações abarcadas pela *sponsio* – que passa a contemplar, já transfigurada na *stipulatio*, também as relações (diríamos hoje) internacionais. Encontramos aqui os primeiros vestígios das figuras contratuais agrupadas pelos jurisconsultos do período clássico e preservadas na cultura jurídica continental: os con-

---

[90] O sucesso da lei rogada pelo plebeu C. Poetelio Libone é narrado em uma bonita passagem de Tito Livio, lembrada por Feliciano Serrao, *Diritto privato, economia e società nella storia di Roma*, vol. 1, *Dalla società gentilizia alle origini dell'economia schiavistica* (2006), 352: "Aquele ano representou, para a plebe romana, como que um novo despertar para a liberdade, porque os plebeus deixam se submeter à servidão [...]. Ordenou-se aos cônsules que propusessem ao povo [...] que pelo dinheiro emprestado respondessem os devedores com seus bens, e não com seu corpo. Os *nexi* foram, assim, libertados, e se estabeleceu que no futuro nenhum outro plebeu seria reduzido a *nexus*."

[91] Estabelece-se assim um modelo de responsabilidade patrimonial que se preservaria na disciplina das obrigações *ex contractu*. No Brasil, o último obstáculo à sua generalização seria definitivamente superado pelo Recurso Extraordinário 466.343-1/SP, e em seguida pela Súmula Vinculante 25, que assentaram, a partir do Pacto de San José da Costa Rica, a ilicitude da prisão civil do depositário infiel. Essa orientação já compunha entendimentos sumulados do Superior Tribunal de Justiça, tanto em hipóteses específicas (Súmulas 304 e 305) quanto em termos gerais (Súmula 419).

[92] José Reinaldo de Lima Lopes, *O direito na história. Lições introdutórias* (2008; 4ª ed., 2012), São Paulo: Atlas, 42.

[93] Fritz Schulz, *History of Roman Legal Science* (1946), 87-88.

tratos (a rigor, as obrigações *ex contractu*) formados pelo consenso das partes (*emptio venditio, locatio conductio, societas* e *mandatum*) e os contratos formados pela entrega de uma coisa (*commodatum, mutuum, pignus* e *depositum*). Essas figuras surgem em momentos diferentes, por razões diversas e sob formas variadas. Ao reportar-se aos contratos formados pela entrega de uma coisa, por exemplo – hoje falaríamos de contratos *reais* –, Gaio menciona apenas o *mutum*,[94] uma transfiguração do velho *nexum*, embora adiante se reporte também ao depósito, ao comodato e ao penhor.[95] Ao lado dos contratos consensuais e reais, a *stipulatio*, cada vez mais abrangente, segue sendo a principal forma de assentamento de vínculos obrigacionais.[96]

Contratos que não se adequassem aos esquemas típicos *consensu* e *re* ou que não fossem cobertos por *stipulationes* eram chamados de *innominate* – na conhecida tipologia de Paulo, *dou para que dês, dou para que faças, faço para que dês* e *faço para que faças* (*do ut des, do ut facias, facio ut des* e *facio ut facias*).[97] Ao contrário obrigações de origem consensual, real e solene, as obrigações decorrentes de contratos inominados não eram exigíveis. Se uma das partes chegasse a executar sua prestação (particularmente nas obrigações de dar), ela poderia exigir a coisa dada de volta da parte que se recusasse a cumprir o acordo; a parte adimplente não poderia, porém, demandar o que hoje chamamos de execução específica, ou seja, o adim-

---

[94] G. 3, 90.

[95] *e.g.* G. 4, 27, 28, 47 e outros. *v.* Andrew Lewis, *Roman Law: 753-27 b.c.e.*, in Stanley N. Katz (organização), *The Oxford International Encyclopedia of Legal History*, vol. 5 (2009), Oxford: Oxford University Press, 143. Mas *v.* Fritz Schulz, *History of Roman Legal Science* (1946), 162-163 (aventando a hipótese de que as *Institutiones* tenham sido compiladas por um discípulo após a morte de Gaio, e que sua restrição ao *mutuum* tenha decorrido antes de um equívoco desse compilador que de uma disposição proposta do jurista): "*the supposed authentic text, perfect in expression, absolutely correct in law, and conformint to the strict classical standars, is pure fantasy.*"

[96] Em sua conhecida classificação das obrigações *ex contractu*, Gaio refere também as relações literais e verbais (G. 3, 89). Quase sempre referidas nas famigeradas introduções históricas de manuais e monografias doutrinárias do campo contatual, elas são categorias natimortas: pouco se sabe sobre os obrigações de origem literal além do fato de terem desaparecido no período clássico; quanto às obrigações *verbis contractae*, sua espécie sobrevivente – a *stipulatio* – é, em si, muito mais relevante que a categoria em que se insere.

[97] Paul. 5 *quaest.*, D. 19, 5, 5 pr.

ENSAIO: A *IURISPRUDENTIA* ROMANA

plemento da obrigação da contraparte. Mais tarde, a execução específica passou a ser admitida, mas apenas depois do cumprimento de um dos contratantes.[98] Sem embargo dessa organização, ainda estamos diante de um direito orientado por esquemas contratuais específicos, insulados, e unificado (se é que podemos usar essa palavra) pela ideia de obrigação e pela responsabilidade patrimonial, e não por características comuns aos diferentes modelos tipos contratuais.

Isso não significa que noções características do direito dos contratos como *consensu, iustum pretium* ou *causa* não estivessem presentes nos textos produzidos no âmbito da *iurisprudentia*. Elas estavam. O *consensu*, como sugerido acima, era a rubrica sob a qual se reuniam algumas espécies de contrato.[99] O *iustum pretium*, por sua vez, era tomado como critério para a defesa de vendedores espoliados.[100] E a *causa* servia de gatilho para a exigibilidade de uma obrigação.[101] Essas referências, no entanto, eram pontuais. As ideias de consenso como elemento geral dos contratos, de preço justo como critério de juridicidade e de *causa* como contrapartida genérica de uma prestação só seriam desenvolvidas mais tarde. Se havia um conceito organizador do direito dos contratos em Roma – e essa organização, é bom que se diga, não ia além de consequências que também eram (e são) atribuídas a comportamentos não-contratuais –, esse conceito foi a *obligatio*.

1.3. Encerramento: o caráter marginal do ensino

A inexistência de um direito contratual singular e abrangente na Antiguidade Romana não autoriza a conclusão de que a *iurisprudentia* não tenha ensaiado algo próximo daquilo que hoje chamamos de doutrina. Com efeito, quem percorrer a literatura jurídica produzida nos três últimos séculos do Império notará uma crescente tendência à formulação de juízos abstratos e, com algum desconto, sistemáticos. Chamados por

---

[98] James R. Gordley e Arthur von Mehren, *An Introduction to the Comparative Study of Private Law* (2006), Oxford: Oxford University Press, 413-414.
[99] Ulp. 4 *ad ed.*, D. 2, 14, 1, 3.
[100] C. 4, 44, 2.
[101] Ulp. 4 *ad ed.*, D. 2, 14, 7, 1.

Schulz de 'burocráticos',[102] esses anos são marcados por três grupos de textos. O primeiro é composto por obras que compilavam ou retomavam textos mais antigos, verdadeiras gramáticas do pensamento jurídico acumulado até então.[103] Aqui estão, por exemplo, as epítomes didáticas, os comentários aos textos de jurisconsultos clássicos e as compilações de *regulae*. O segundo grupo é formado por obras de divulgação, como livros de casos e coleções de constituições privadas e oficiais.[104] Também estão neste segundo grupo sínteses do direito vigente.[105] O terceiro grupo é, na verdade, um desdobramento do segundo. Ele se destaca pela relevância do único texto que o compõe: o *Digesto* de Justiniano, compilação interpolada de textos do direito romano clássico comissionada ao advogado Triboniano em 530 e sancionada pelo Imperador em 534.[106]

Sua elaboração seguiu diretrizes bem definidas. "Desejamos," estipulava-se no documento que formalizou a encomenda da obra, "se encontrardes nos antigos livros algo que deva ser eliminado, por ser supérfluo ou imperfeito, que tenhais o cuidado, depois de haverdes suprimido as inutilidades e suprido as lacunas, de apresentar a obra como um conjunto harmonioso e perfeito."[107] Preservava-se a autoridade dos textos clássicos, mas não seu conteúdo, alterado ao sabor das necessidades sis-

---

[102] *v.* Fritz Schulz, *History of Roman Legal Science* (1946), 324.

[103] José Maria Othon Sidou, *A literatura jurídica através dos tempos* (1990), Recife, [edição privada], 13.

[104] *e.g. a Collatio legum Mosaicarum et Romanarum*, o *Codex Gregorianus e o Codex Hermogenianus* (coleções privadas), o *Codex Theodosianus e o Novus Iustinianus Codex* (coleção oficial).

[105] *e.g.* o *Liber Syro-Romanus iuris*, exposição sistemática do direito civil romano e do *ius novum* extraído das constituições imperiais.

[106] Ao lado do *Digesto*, Justiniano editaria o *Codex*, as *Institutiones* (texto propedêutico que emulava a obra homônima de Gaio) e as inacabadas *Novellae* (conjunto de constituições imperiais editadas após a *sanctio* do Digesto). Fora dos limites de Roma, encontramos textos como a *Lex Romana Visigothorum* (506), também chamada de *Breviário de Alarico*, uma compilação de leis romanas em vigor no reino visigodo de Tolosa, e a *Paráfrase de Teófilo* (534?), reproposição grega das *Institutas* de Justiniano. *v.* Fritz Schulz, *History of Roman Legal Science* (1946), 300-329.

[107] *Const. Deo Auctore (De conceptione digestorum)* (530). No original: "*Sed et hoc studiosum uobis esse uolumus, ut, si quid in ueteribus non bene positum libris inueniatis uel aliquod superfluum uel minus perfectum, superuacua longitudine semota et quod imperfectum est repleatis et omne opus moderatum et quam pulcherrimum ostendatis.*"

temáticas. Sem alvoroço, as tendências metodológicas pós-clássicas invadiam o pensamento jurídico clássico. Neste ponto da história, "harmonia e perfeição" eram mais importantes que fidelidade literária, e os estudos romanísticos não deixariam de detectar esse fato em sua incessante busca por interpolações justinianeias. De todo modo, depois de três anos de trabalho – sete a menos do que o prazo estipulado por Justiniano –, o *Digesto* é concluído e encaminhado para sanção imperial. Composto por 50 livros, ele daria conta de todas as dimensões do direito privado romano, do senhorio às relações familiares, do matrimônio às *obligationes contractae*.

As mudanças processuais ocorridas a partir dos últimos anos do século III d.C. ajudam a entender o desenvolvimento da pretensão de completude de que se reveste o Digesto e os textos que o precederam.[108] Marcada, em sua origem, pelas rigorosas *legis actiones*, a composição de litígios em Roma ganharia mais flexibilidade com difusão do processo *per formulas*, introduzido pela *lex Aebutia* em meados do séculos II a.C. Ao tempo de Diocleciano, no entanto – seu império começa em 284 d.C. –, a *cognitio extraordinaria* toma o protagonismo do processo formulário, ensejando uma nova forma de pensar a prática jurídica. Temos, então, um terceiro modelo processual, já bastante próximo daquilo que hoje chamamos de processo. "A adoção da *cognitio*", explica Boudewijn Sirks, "trouxe aos juristas a necessidade de desenvolver conceitos gerais, na medida em que as demandas deixavam de se basear em *formulae* para sustentar-se em direitos."[109] No caso específico do *Digesto* e de algumas outras compilações, podemos acrescentar as pretensões de posteridade de seus autores ou comitentes. Mesmo assim, ainda não é possível identificar aqui a espécie de reflexão que encontraremos em Bolonha a partir do século XI.

---

[108] Para um panorama em língua portuguesa, *v.* José Rogério Cruz e Tucci e Luís Carlos de Azevedo, *Lições de história do processo civil romano* (2001), São Paulo: Revista dos Tribunais.
[109] Boudewijn Sirks, *Roman Law: 250-527 c.e.*, in Stanley N. Katz (organização), *The Oxford International Encyclopedia of Legal History*, vol. 5 (2009), Oxford: Oxford University Press, 151. Mas *v.* José Carlos Moreira Alves, *Direito romano*, vol. i (1965; 6ª ed., 1987), Rio de Janeiro, Forense, 251 (qualificando os três modelos processuais romanos como mecanismos de tutela de direitos subjetivos).

Insista-se: descontados casos incipientes e acidentais, a *iurisprudentia* não chegou a constituir expressões doutrinárias equivalentes àquelas elaboradas a partir dos séculos XVI e XVII.[110] O que havia, para usar a terminologia de Antônio Candido, eram 'manifestações literárias', algo diferente de uma literatura propriamente dita.[111] E o mais significativo obstáculo ao seu desenvolvimento não parece ter sido alguma limitação intrínseca aos textos romanos, mas sim a estrutura de sua difusão. O ensino, tal qual o entendemos hoje, foi uma atividade marginalizada em Roma até o século VI.[112] *"Docere dignitatem non habet"*, dirá Cícero.[113] Antes professores que jurisconsultos, tanto mais porque carentes da *auctoritas principis* trazida pelo *ius respondendi*, autores como Florentino, Marciano e Gaio eram, sintomaticamente, muito menos prestigiados na hierarquia jurídica romana que figuras como Paulo ou Ulpiano.[114] Seus textos jamais

---

[110] Similarmente, Marcus Faro de Castro, *Formas jurídicas e mudança social* (2012), 22 (referindo-se a Miguel Reale): "Essa sugestão, segundo a qual o desenvolvimento do direito (*jurisprudentia*) entre os romanos teria dado origem, quase milagrosamente, a uma 'ciência', não pode ser considerada sem reservas. Ao olhar mais atento, a tese oferecida aí mostra-se quase uma fantasia."

[111] Antônio Cândido, *Literatura e Sociedade* (1965; 9º ed., 2006), 147.

[112] *v.* Edson Kiyoshi Nacata Junior, *O programa de estudos de justiniano para as escolas de direito do Império Bizantino – A constituição Omnem, a reorganização dos cursos e o "novo método" de ensino jurídico no "período dos antecessores"*, in *Revista da Faculdade de Direito da Universidade de São Paulo* 105 (2010), 677-719.

[113] Cícero, *De oratore*, 42, 144. Em sentido contrário, mas sem nenhum fundamento seguro, Rena van den Bergh, *Roman Law. 27 B.C.E.-250 C.E.*, in Stanley N. Katz (organização), *The Oxford International Encyclopedia of Legal History*, vol. 5 (2009), Oxford: Oxford University Press, 147: "*The first duty of a good jurist* [no período clássico do direito romano] *was to instruct.*"

[114] O desprestígio de Gaio talvez surpreenda a leitora ou o leitor contemporâneo que, com justiça, associa sua obra ao auge do pensamento jurídico romano. Consultor e professor, Gaio permaneceria esquecido até o início do século XIX, quando suas *Institutiones* são redescobertas por Niebuhr (*v.* nota 80 acima). Acrescente-se a isso o fato de sua origem ser, provavelmente, provinciana, como sugeriu Mommsen em um texto de 1859, *Gaius ein Provinzialjurist*. Sua biografia, de resto, permanece altamente controvertida. Há mesmo quem tenha colocado em dúvida sua existência (Pugsley, *Gaio e Pomponio, una ricostruzione radicale*), seu classicismo (Kaser, *Gaius und die Klassiker*) ou até seu sexo (Samter, *War Gaius das männliche Pseudonym einer Frau?*), como relata Obrad Stanojević, *Gaius and Pomponius: Notes on David Pugsley*, in *Revue Internationale des Droits de l'Antiquite* 44 (1997), 336. As

ENSAIO: A *IURISPRUDENTIA* ROMANA

eram citados por seus pares: apenas no período pós-clássico da *iurispru-dentia* suas obras seriam retomadas e repropostas (outrora ignorado, Gaio chegaria a ser incluído no seleto grupo de juristas contemplados pela Lei das Citações). Somada à prevalência das formas orais até os séculos II e III d.C. – os contratos literais, por exemplo, seriam uma invenção tardia na história do direito romano,[115] e mesmos os textos de jurisconsultos do período clássico (em particular, de Ulpiano) foram, muito provavel-mente, ditados[116] –, essa disposição social seria decisiva para esmaecer o desenvolvimento de uma literatura propriamente pedagógica no direito romano clássico.

Isso não significa que o ensino público do direito não tenha sido levado a cabo sob os domínios imperiais, sobretudo no Oriente. Tem-se notícia, por exemplo, de escolas de direito estabelecidas em Beirute, Ale-xandria, Atenas, Antioquia, Cesárea e Constantinopla.[117] Iniciada pelas *Institutas* de Gaio, a formação dos juristas era complementada por análi-ses e comentários aos textos de juristas do período clássico. Essa prática, pouco explorada pela literatura romanística, parece ter sido fundamen-tal para a rápida composição do *Digesto*. Como lembra Sirks, "Justiniano

---

qualidades acadêmicas do jurista também são objeto de discussão. Alguns, como Tony Honoré e Donald Kelley, as tem em alta conta; outros, como Arangio-Ruiz, o consideram um jurista *"notevolmente in ritardo quanto alla conoscenza dello sviluppo dottrinale"*. *cf.* Tony Honoré, *Gaius* (1962), Oxford: Oxford University Press, 1; Donald Kelley, *Gaius noster: Substructure of Western Social Thought*, in *The American Historical Review* 84 (1979), 609-648; e Vincenzo Arangio-Ruiz, *Storia del diritto romano* (1936; 7ª ed., 1957), Milano, Giuffrè, 287. De qualquer forma, não deixa de ser notável que em Gaio o método dialético tenha sido preservado e expandido em ruptura com monismo e o determinismo que caracterizavam o pensamento estoico.

[115] Fritz Schulz, History of Roman Legal Science (1946), 25.

[116] É o que sustenta Tony Honoré, *Ulpian. Pioner of Human Rights* (1982; 2ª ed,, 2002), viii: *"Ulpian dictated the whole of his survey of Roman law. [...] In the ancient world dictation was important to the Roman government and to Christian writers but was not confined to them. Dictation accounts for the linking of sentences, the conversational flow, the sense of debate, and the superficial egocentricity of an author who, though self-confident, often expressed his opinion in a tentative way. Oral composition fits the many examples he gives by way of illustration and his recourse to argument by analogy"*.

[117] Manlio Bellomo, *L'Europa del diritto comune* (1989), tradução de Lydia G. Cochrane, *The Common Legal Past of Europe* (1995), 37.

não poderia ter completado sua compilação em apenas cinco anos se a educação jurídica no Oriente – seja nas escolas de direito, seja no ensino particular – não tivesse alcançado um alto padrão no século anterior."[118] E as relações entre os propósitos de Justiniano e a educação jurídica não param por aqui. Solicitadas a Triboniano logo após a conclusão do *Digesto*, as *Institutas*, baseadas na obra homônima de Gaio, são um sinal claro das preocupações do imperador com o ensino do direito – preocupações que, no entanto, não faziam parte da tradição jurídica romana, e seriam deixadas de lado nos séculos seguintes.[119]

---

[118] Boudewijn Sirks, *Roman Law: 250-527 c.e.*, in Stanley N. Katz (organização), *The Oxford International Encyclopedia of Legal History*, vol. 5 (2009), 151. Os membros da compilação de Justiniano vinham das escolas citadas no texto (Doroteu, de Beirute; Teófilo e Crátino, de Constantinopla, e assim por diante).

[119] Paul du Plessis, *The Age of Justinian*, in Stanley N. Katz (organização), *The Oxford International Encyclopedia of Legal History*, vol. 5 (2009), Oxford: Oxford University Press, 153.

2.
PRIMEIROS PASSOS: CIVILISTAS E CANONISTAS

Entre os séculos V e XI, a Europa experimentaria um período pouco auspicioso para o pensamento jurídico. Marcado pela queda de Flávio Rômulo Augusto (ou Augústulo, como ficou depreciativamente conhecido) em 476 e pelo consequente fim do Império Romano do Ocidente, esse período seria marcado pela ausência de um corpo organizado de juristas, e consequentemente, por um eclipse no pensamento jurídico europeu.[120] Seu estertor já contava algumas décadas. Em 438, por exemplo, o imperador Teodósio II lamentava a carência de pessoas que tivessem um conhecimento "sólido e completo" do direito.[121] A despeito de tentativas bárbaras de consolidação do direito vigente (como a *Lex*

---

[120] Manlio Bellomo, *L'Europa del diritto comune* (1989), tradução de Lydia G. Cochrane, *The Common Legal Past of Europe* (1995), 34. Já no século XXI, alguns autores procuraram apresentar "experimentos mentais" para estipular as consequências presentes de um fato como esse. *v.* Mathias Siems, *A World Without Law Professors*, in Mark Van Hoecke (organização), *Methodologies of Legal Research: Which Kind of Method for What Kind of Discipline?* (2011), Oxford: Hart Publishing; e Graham C. Lilly, *Law Schools Without Lawyers? Winds of Change in Legal Education*, in *Virginia Law Review* 81 (1995). Nos últimos anos, a historiografia tem sugerido que a narrativa da queda do Império Romano do Ocidente foi antes de tudo uma construção artificiosa de historiadores vinculados ao poder político estabelecido no Império Romano do Oriente. Isso não será discutido no texto, mas convém ter esse questionamento em mente.

[121] Theodosio, Const. *De auctoritate Codicis* (438): "*Saepe nostra clementia dubitavit, quae causa faceret, ut tantis propositis praemiis, quibus artes et studia nutriuntur, tam pauci rarique extiterint, qui plene iuris civilis scientia ditarentur, et in tanto lucubrationum tristi pallore vix unus aut alter receperit soliditatem perfectae doctrinae.*"

Romana Visigothorum de Alarico)[122] e de uma série de compilações jurídicas privadas (como a *Lex Romana Burgundionum*, a *Epitome Sancti Galli* e o *Edictum Theoderici*), a Europa Ocidental não conheceria nada parecido com o *Digesto* de Justiniano pelos próximos quinhentos ou seiscentos anos.[123] "Se pudéssemos falar de 'juristas' na Europa Ocidental", continuemos com Bellomo, "estaríamos designando pessoas que sabiam, quando muito, ler e compreender algo do que liam, sem nenhum preocupação com aquilo que não chegavam a entender."[124] Embora o Oriente tenha vivido um breve período de esplendor até meados do século VII, o destino do seu pensamento jurídico não seria diferente. Em 740, os textos de Justiniano, inescapavelmente estranhos aos costumes locais, seriam oficialmente substituídos por uma coleção de 144 preceitos editada por Leão III.

Esse cenário passaria por mudanças significativas a partir do século xi, inaugurando uma longa sequência de revoluções na cultura jurídica ocidental.[125] Duas seriam as instituições promotoras do estopim: a Igreja e a Universidade.[126] No primeiro caso, com Gregório VII e seu *Dicta-*

---

[122] A *Lex Romana Visigothorum* ou Breviário de Alarico é uma espécie de *Corpus iuris civilis* que poderia ter sido e não foi. Ela contava mesmo com uma compilação didática similar às *Institutiones*, a *Epitome Gai. v.* Manlio Bellomo, *L'Europa del diritto comune* (1989), tradução de Lydia G. Cochrane, *The Common Legal Past of Europe* (1995), 38.

[123] Uma tentativa de aplicar a compilação de Justiniano em Roma seria levada a cabo com a *Pragmatica Sanctio pro petitione Vegilii*, que, todavia, não resistiria ao tumulto causado pelas invasões lombardas. *v.* Manlio Bellomo, *L'Europa del diritto comune* (1989), tradução de Lydia G. Cochrane, *The Common Legal Past of Europe* (1995), 38-39.

[124] Manlio Bellomo, *L'Europa del diritto comune* (1989), tradução de Lydia G. Cochrane, *The Common Legal Past of Europe* (1995), 36.

[125] Esse é o eixo em torno do qual se desenvolve o trabalho de Harold J. Berman, *Law and Revolution* (1983). *v.* ainda Jacques Le Goff, *Pour un autre Moyen Âge* (1977), in *Un autre Moyen Age* (1999), Paris: Gallimard, 16: "*Elle* [a 'longa Idade Média'] *a créé la ville, la nation, l'État, l'universitè, le moulin et la machine, l'heure et la montre, le livre, la fourchette, le linge, la personne, la conscience et finalment la révolution.*" *cf.*, Bartolomé Clavero Salvador, *Historia del derecho común* (1979; 1994), Salamanca: Universidad de Salamanca, 13 (sustentando que a 'tarefa' ou 'função social' do *ius commune* foi "*la de fundar un orden donde puedan integrar-setanto el mercado como ele poder politico sin subvertirse las instituciones señoriales anteriores, sin revolucionar el orden social precedente.*")

[126] *v.* Brian Tierney, *Liberty & Law. The Idea of Permissive Natural Law*, 1100-1800 (2014), 15.

tus Papae, uma rígida compilação de 27 axiomas a respeito das relações entre os poderes temporal e espiritual, a Igreja empreenderia um movimento de centralização política e administrativa que também se refletiria sobre a cultura canônica da Baixa Idade Média. Esse movimento criaria o ambiente intelectual para a elaboração do *Decretum* de Graciano, documento que, ao lado da compilação de *decretais* de Raimundo de Penaforte, formaria o que ainda hoje chamamos de *Corpus iuris canonici*,[127] marco inicial do que a partir de então passaria a ser chamado de *jus novum*.

No âmbito civilista, a fundação da Universidade de Bolonha, em 1088, seguida de perto pelas escolas de Pádua, Pavia, Perugia e Siena, e depois pelas Universidades de Paris e Oxford,[128] contribuiria para a retomada dos textos romanos a partir de métodos rigorosos e, veremos adiante, incrementais. Essa retomada, em torno da qual se concentra esta seção, teria um impacto profundo e duradouro na cultura jurídica Ocidental. Na maioria dos casos, esse impacto seria apenas indireto, graças ao emprego dos textos medievais por acadêmicos, legisladores e juízes dos séculos XVI, XVII e XVIII.[129] Teríamos aqui, como sugerem Berman e Reid, um impacto "essencialmente pedagógico" do direito romano.[130] Ainda de modo indireto, o direito romano marcaria nossa cultura por conta da atuação de juristas recém formados no aconselhamento de príncipes e na

---

[127] A formação do *Corpus iuris canonici* é objeto do conhecido estudo de Walter Ullmann, *The Growth of Papal Government in the Middle Ages* (1955), London: Methuen.

[128] Em Paris, por determinação da bula *Super Specula* de Honório III, o ensino concentrou-se, incialmente, sobre o direito canônico. Em Oxford o direito canônico também ganhou, por razões locais, mais espaço que o direito civil, embora ali houvesse faculdades específicas para cada uma dessas vertentes. *v.* Antonio García y García, *The Faculties of Law*, in Hilde de Ridder-Symoens (organização), *A History of the University in Europe* (1992), Cambridge: Cambridge University Press, 389.

[129] Esse emprego seria mapeado por James R. Gordley em uma sequência de importantes trabalhos: *The Philosophical Origins of Modern Contract Doctrine* (1991); *Contract Law in the Aristotelian Tradition*, in Peter Benson (organização), *The Theory of Contract Law: New Essays* (2001), Cambridge: Cambridge University Press; *Foundations of Private Law. Property, Tort, Contract, Unjust Enrichment* (2006), Oxford: Oxford University Press; e por último, *The Jurists* (2014).

[130] Harold J. Berman e Charles J. Reid, Jr., *Roman Law in Europe and the Jus Commune: a Historical Overview with Emphasis on the New Legal Science of the Sixteenth Century*, in *Syracuse Journal of International Law and Commerce* 20 (1994), 6.

FUNDAMENTOS DO DIREITO CONTRATUAL

redação de corpos legislativos locais, em maior ou menor medida aproveitados em codificações moderna. Nesse caso, o impacto dos estudos universitários foi efetivamente prático, ainda que o direito romano não tenha sido tomado como *Recht* ou *droit*, mas sim como *ratio scripta*.[131] E em ao menos um caso, o impacto da retomada medieval do direito romano seria direto: em Portugal, e por conseguinte no Brasil, as glosas de Acúrsio e os comentários de Bártolo serviriam de fonte subsidiária às *Ordenações* até a edição da Lei da Boa Razão, em 1769.[132] O único caso similar de que se tem notícia é o da aplicação subsidiária das glosas de Acúrsio – e somente das glosas de Acúrsio – na cidade de Verona, por força de seus estatutos comunais.[133]

Ao lado do direito canônico e do direito civil medieval, novas ordens jurídicas passariam a ocupar espaços antes tomados por costumes bárbaros ou pelo direito romano 'vulgar'.[134] Surgem aqui os já citados corpos legislativos reais, tais quais aqueles estabelecidos pelos reinos da Sicília, da Inglaterra, da Normandia, da França, do Império Germânico, dos *Länder*

---

[131] Harold J. Berman e Charles J. Reid, Jr., *Roman Law in Europe and the Jus Commune: a Historical Overview with Emphasis on the New Legal Science of the Sixteenth Century*, in Syracuse *Journal of International Law and Commerce* 20 (1994), 6: *"To cite one famous example: in 1158 the Emperor Frederick I recruited the greatest scholars of Roman law of the University of Bologna–'the four doctors', Martinus, Bulgarus, Jacobus, and Hugo–to draft legislation for the Diet of Roncaglia, defining in detail the jurisdiction and legal powers of the emperor in the cities of northern Italy. The law that they drafted was not the Roman law of Justinian, but it drew heavily on the Romanist legal concepts and doctrines which they expounded in their glosses of the Digest and in their university courses."*

[132] Clóvis do Couto e Silva, *O direito civil brasileiro em perspectiva histórica e visão de futuro*, in *Revista de informação legislativa* 97 (1988), 166-167. A Lei da Boa Razão refletia o espírito do seu tempo. Duas décadas antes, Verney, um declarado combatente da pedagogia jesuíta, já propunha o abandono dos textos de Justiniano, "coisa digna de rizo", em favor dos tratadistas do seu tempo, "que só buscaram descobrir a verdade". *v.* Luis Antonio Verney, *Verdadeiro método de estudar para ser útil à República, e à Igreja. Proporcionado ao estilo, e necesidade de Portugal*, vol. II (1746), Valensa: Oficina de Antonio Valle, 143.

[133] Guilherme Braga da Cruz, *O direito subsidiário na história do direito português*, in *Revista portuguesa de história* XIV (1975), 221, nota 56, citado também por Clóvis do Couto e Silva, *O direito civil brasileiro em perspectiva histórica e visão de futuro*, in *Revista de informação legislativa* 97 (1988), 166-167.

[134] *v.* Ernst Levy, *West Roman Vulgar Law: The Law of Property* (1951), Philadelphia: The Society.

Germânicos, da Espanha, de Flandres, da Hungria, da Polônia e da Dinamarca. Também aqui encontramos tentativas de sistematização do direito feudal, paulatinamente transformado em direito urbano (não confundir com o moderno direito urbanístico), como é o caso dos também referidos estatutos comunais de Verona. Ainda neste ponto, e também sob forte influência da retomada universitária do direito romano, encontramos os primeiros usos da chamada *lex mercatoria*,[135] um conjunto de regras aplicadas por tribunais estabelecidos nas feiras internacionais a partir do século XII,[136] bem com um incipiente direito intergovernamental, equivalente ao que hoje chamaríamos de direito internacional privado.[137]

2.1. Os textos civilistas: *vulgata*, glosas e comentários

Os juristas medievais – e com essa expressão refiro-me, a partir daqui, aos civilistas dos séculos XII, XIII, XIV e XV – tinham dois projetos em mente. O primeiro era aplicar os textos do *Corpus iuris civilis* a situações que originalmente não haviam sido cobertas por eles. O segundo era compreender esses mesmos textos em função uns dos outros, ou seja, como uma unidade de sentido.[138] Esses projetos demandavam um passo preliminar, que era estabelecer uma versão definitiva dos textos romanos então disponíveis. Isso foi feito em etapas: retomaram-se, em primeiro lugar, os 24 primeiros livros do *Digesto*, que passaram a ser referidos como *Digestum vetus*; reuniram-se em seguida os fragmentos situados entre os livros 39 e 50, constituindo-se o *Digestum novum*; e finalmente, a esses dois blocos foi acrescida a parte intermediária do texto, chamada de *Digestum infortiarum*. Ao lado do *Codex*, das *Institutas* (de Justiniano) e das *Novelas* – mas também de uma compilação feudal conhecida como *Lombarda* –,

---

[135] Para uma investigação a respeito das conformações contemporâneas da *lex mercatoria*, v. Rodrigo Octávio Broglia Mendes *Arbitragem, lex mercatoria e direito estatal: uma análise dos conflitos ortogonais no direito* (2010), São Paulo: Quartier Latin.

[136] Harold J. Berman e Charles J. Reid, Jr., *Roman Law in Europe and the Jus Commune: a Historical Overview with Emphasis on the New Legal Science of the Sixteenth Century*, in *Syracuse Journal of International Law and Commerce* 20 (1994), 5.

[137] Harold J. Berman e Charles J. Reid, Jr., *Roman Law in Europe and the Jus Commune: a Historical Overview with Emphasis on the New Legal Science of the Sixteenth Century*, in *Syracuse Journal of International Law and Commerce* 20 (1994), 11.

[138] James R. Gordley, *The Jurists* (2014), 32.

os três blocos do *Digesto* passariam a compor a *vulgata*, base das glosas e comentários civilistas medievais.

Em alguns pontos, os textos que compunham a *vulgata* não foram apenas transcritos, mas também corrigidos, tanto ortográfica quanto gramaticalmente; e em casos excepcionais, eles chegaram a ser alterados em sua substância (afastando-se, assim, do texto contido no único manuscrito completo do *Digesto* que chegou até nós, a *Pisana*, também chamada de *Littera Florentina*, porque levada de Pisa a Florença em 1406).[139] Esse trabalho de transcrição, correção e eventual alteração dos textos jurídicos romanos costuma ser atribuído a Irnério, o mítico fundador da escola dos glosadores,[140] embora a data de conclusão da *vulgata*, situada em torno de 1085, pareça incompatível com essa hipótese (referido como Wernerius ou Guarnerius em documentos registrados entre 1112 e 1125, Irnério teria de ter organizado a *vulgata* com menos de vinte anos de idade, feito que nem os mais otimistas historiadores chegam a reconhecer).[141]

Em um primeiro momento, os juristas medievais cuidaram de acrescentar notas interlineares ou marginais aos textos coligidos na *vulgata*. Essas notas ficaram conhecidas como *glosas*, e seus autores, a partir de Irnério, *glosadores*.[142] Vistas à distância, as glosas assemelham-se aos destaques, indicações e referências que ainda hoje fazemos em nossos Códigos ou manuais; e essa semelhança é acentuada quando consideramos os principais usos desse velho método acadêmico.[143] Encontramos, em

---

[139] Não por acaso, a *Pisana* seria adotada pelos humanistas em substituição à *vulgata*. *v.* Paul Koschaker, *Europa und das Römische Recht* (1947), tradução de José Santa Cruz Teijeiro, *Europa y el Derecho Romano* (1955), 168.

[140] Irnério, tido como fundador da escola dos glosadores, seria chamado de *lucerna iuris* por Odofredus, um jurista do século XIII. Esse apelido é frequentemente lembrado nas referências ao jurista medieval. *v.* James R. Gordley, *The Jurists* (2014), 28. Um amplo panorama bio-bibliográfico dos juristas medievais, de Irnério ao obscuro Nicolaus Everardi, pode ser encontrado no último tomo da síntese de Friedrich Carl von Savigny, *Geschichte des römischen Rechts im Mittelalter* (1815-1831), tradução de Charles Genoux, *Histoire du droit romain au Moyen-Age*, tomo IV (1839), Paris: Charles Hingray, 9-260.

[141] Anders Winroth, *The Making of Gratian's Decretum* (2000), Cambridge: Cambridge University Press, 162.

[142] James R. Gordley, *The Jurists* (2014), 29. Em grego, *glôssa* que dizer "língua".

[143] Sigo neste ponto a tripartição sugerida por Gero Dolazelek, *Repertorium manuscriptorum veterum Codicis Iustiniani* (1985), 471, citado por James R. Gordley, *The Jurists* (2014), 29.

primeiro lugar, *notações*, empregadas para chamar a atenção do leitor para alguma passagem específica, como fazemos hoje ao grifar um texto. As glosas também se apresentavam como *alegações*, quando adotadas para relacionar textos que não estivessem originalmente relacionados: uma espécie de *hiperlink* medieval. Uma terceira categoria eram as *explicações*, usadas para esclarecer uma palavra ou expressão dúbia (*transactum, id est, pactum*, por exemplo). Acumuladas ao longo de pouco mais de um século, essas notações, alegações e explicações encontrariam sua versão definitiva na chamada *Glossa ordinaria*, obra em que o bolonhês Acúrsio, representante da quarta geração de glosadores, compilaria de aproximadamente cem mil glosas singulares, a maioria delas extraída de trabalhos publicados anteriormente.

Os primeiros juristas medievais também elaborariam textos autônomos, geralmente escritos a partir da prática docente, ou então em favor dela. O melhor exemplo, aqui, é o das *quaestiones disputatae*, diálogos sobre dúvidas jurídicas que reproduziam exercícios parecidos com aquilo que hoje chamamos de *moot courts*, e que então se chamavam *disputationes*.[144] Especialmente usuais em Oxford e Cambridge, as *disputationes* não se limitavam ao direito. Exercícios similares também eram empregados por professores de artes, teologia e medicina. A depender de seu caráter, as *quaestiones* extraídas das *disputationes* recebiam títulos específicos. Aqui estão, por exemplo, as chamadas *sabbatinae*, assim designadas porque elaboradas a partir de *disputationes* realizadas nas tardes de sábado (deixamos de frequentar a academia aos sábados, mas seguimos empregando a palavra *sabatina* para designar certos testes a que se submetem estudantes e candidatos a postos importantes no Estado e no mercado). Ainda entre os séculos XII e XIII, mas desta vez apenas no direito, encontramos as chamadas *questiones legitimae*, gênero caracterizado por debates em torno de contradições diretas entre *leges*. As primeiras gerações glosadores também nos legariam textos intitulados *brocarda* ou *procarda* (novamente, uma palavra ainda comum), possível corruptela – a hipótese

---

[144] *v.* Hermann Kantorowicz, *The Quaestiones Disputatae of the Glossators*, in *Tijdschrift voor Rechtsgeschiedenis* 16 (1939), 1 (referindo a semelhança com as *moot courts* inglesas, naquele tempo pouco difundidas na Europa).

é de Kantorowicz – de *pro et contra*, uma das várias expressões empregadas para designar o método dialógico das *quaestiones*.[145]

Com a divulgação da *Glossa* de Acúrsio, as notações, alegações e explicações são paulatinamente abandonadas em favor de comentários mais extensos e significativamente mais interventivos. Os *glosadores* dão lugar, assim, aos *comentadores*. No lugar de reproduções anotadas do *Corpus iuris*, passamos a encontrar textos autônomos que tomam os fragmentos romanos como referência para exposições autonomamente orientadas, já de modo similar ao dos textos doutrinários elaborados nos próximos séculos. Caminha-se aqui, como sugere Wieacker, "cada vez mais para uma atividade de consulta, de cuja experiência resultou em geral uma impregnação e aperfeiçoamento científicos dos direitos estatutários, e mesmo das ordens jurídicas italiana e europeia."[146] Os juristas referenciais, aqui, seriam Bártolo de Saxoferrato (1313-1357), autor dos *Commentaria Corpus iuris civilis*, e seu discípulo Baldo degli Ubaldi (1327-1400).

Sem prejuízo do novo estilo, os comentadores manteriam os dois propósitos centrais fixados pelos glosadores: a resolução de problemas contemporâneos por meio do recurso aos textos da *Vulgata* e a explicação de seus textos em razão uns dos outros. Tratava-se de um método já muito diferente daquele estabelecido pelos jurisconsultos romanos. Os textos, aqui, eram o ponto de partida, e não mais de chegada. Dizer o direito era, neste ponto da história, explicar o que este ou aquele texto romano quer dizer. Mais tarde, esse antigo traço seria associado ao que hoje chamamos de positivismo jurídico.

2.2. Primeiro projeto: velhos textos para novos problemas

Os juristas medievais procuraram aplicar o *Corpus iuris* a questões de seu tempo de maneiras que nos são familiares. Uma delas era ampliar o sentido de uma regra para abarcar hipóteses que não estivessem contempladas em sua literalidade. Outra, oposta, era restringir o sentido de

---

[145] Hermann Kantorowicz, *The Quaestiones Disputatae of the Glossators*, in *Tijdschrift voor Rechtsgeschiedenis* 16 (1939), 4.
[146] Franz Wieacker, *Privatrechtsgeschichte der Neuzeit unter besonderer Berücksichtigung der deutschen Entwicklung* (1952), tradução (da 2ª ed., 1967) de António Manuel Botelho Hespanha, *História do direito privado moderno* (1980; 3ª ed., 2004), 80.

determinado texto a fim de excluir de seu escopo casos abrangidos por disposições correlatas. Um terceiro expediente empregado pelos juristas medievais era aplicar o raciocínio adotado em um caso a hipóteses seme-lhantes, mas não equivalentes àquela que serviu de base para o raciocí-nio. Os juristas medievais tinham um mesmo ponto de partida: os textos romanos coligidos no *Corpus iuris* e fixados na *vulgata*. Sobre essa base, sugere Gordley, podiam ir 'para cima', 'para baixo' ou 'para os lados'.[147] Ainda é assim que procedemos quando interpretamos e aplicamos uma regra de modo extensivo, restritivo ou, tomando o caso amparado pela regra, analógico.

Esses três procedimentos foram usados, por exemplo, para estabele-cer uma regra geral a respeito da ideia de *preço justo*. O primeiro passo, aqui, foi generalizar uma conhecida passagem do *Codex* a respeito de um caso de compra e venda de imóvel:

> "Se você ou seu pai vendem um terreno por um preço inferior àquele que ele vale, é equitativo que você devolva o preço para o comprador e retome o imóvel judicialmente, ou, se assim preferir o comprador, que você recupere a diferença do preço justo. O preço é considerado muito baixo se correspon-der a menos da metade do que for devido.[148]

Originalmente relativo à proteção de vendedores e aplicável apenas à aquisição de *fundi*, esse texto passou a ser empregado pelos juristas medievais também na proteção de compradores, e independentemente da espécie de bem contratado. Aqui está a origem da lesão contratual, a *laesio enormis*,[149] uma das mais controvertidas figuras do direito pri-vado moderno. Para alargar a passagem do *Codex*, no entanto, foi preciso restringir um outro fragmento. Em um de seus comentários *ad edictum*, Ulpiano dá notícia de que para Pompônio as partes de um contrato de compra e venda poderiam "tirar vantagem um da outra" no que diz res-

---

[147] James R. Gordley, *The Jurists* (2014), 32.

[148] C. 4, 44, 2. Tradução baseada em Giovanni Vignali, *Corpo del diritto*, vol. viii (*Codice*, vol. i) (1860), Napoli: Achille Morelli, 921-923.

[149] James R. Gordley, *The Jurists* (2014), 35 (referindo o *Brachylogus* e a *Glossa ordinaria* de Acúrsio).

peito ao preço.[150] Acúrsio completaria: "a não ser que se receba menos que a metade do preço justo."[151] Era preciso, ainda, definir com clareza quando um preço é *justo*. Desta vez, o recurso empregado foi a analogia. Partindo de casos similares, o mesmo Acúrsio concluiu que o preço seria justo quando refletisse o valor prevalecente no tempo e no lugar em que o contrato fosse celebrado. Em um caso-base, o que estava em jogo era o preço pago na manumissão de um escravo;[152] no outro, a reparação dos prejuízos causados ao *dominus* pela morte de um de seus escravos.[153]

Argumentos conceituais e funcionais tinham algum espaço entre glosadores e comentadores. Tratava-se, no entanto, de expedientes residuais, que não chegaram a se transformar em uma empreitada metodológica como aquela lançada pela *Begriffsjurisprudenz* no século XIX ou pela análise econômica do direito na segunda metade do século XX. A fidelidade dos medievais aos textos é notável, sobretudo quando consideramos duas dificuldades que já não precisamos enfrentar. A primeira é a distância entre a produção dos textos autoritativos e sua aplicação. No Brasil, por exemplo, aplicamos um Código Civil editado em 2002. Códigos vigentes por mais de 100 anos são raros. O *Code* francês é um exemplo excepcional. Contudo, mesmo a distância estabelecida entre os redatores e os aplicadores contemporâneos do *Code Napoléon* – pouco mais de 200 anos – não se compara com aquela verificada entre os jurisconsultos romanos e os juristas medievais. Os textos usados por glosadores e comentadores tinham, em média, 1000 anos. A segunda dificuldade que não precisamos enfrentar é a impossibilidade de inovação legislativa. Os juristas medievais lidavam com um corpo fechado de textos. Inovações pontuais foram sim produzidas em âmbito local, mas não chegaram a transformar-se em *ius commune*.[154]

---

[150] Ulp. 11 *ad ed.*, D. 4, 4, 16, 4: "*Idem Pomponius ait in pretio emptionis et venditionis naturaliter licere contrahentibus se circumvenire.*" *v.* também D. 19, 2, 22, 3.

[151] *Glossa ordinaria* a D. 44, 16, 4, *naturaliter licere*, referido por James R. Gordley, *The Jurists* (2014), 35.

[152] Paul. 2 *ad leg. Iul. et Pap.*, D. 35, 2, 63.

[153] Paul. 5 *ep. Alfeni dig.*, D. 8, 2, 33.

[154] Manlio Bellomo, *L'Europa del diritto comune* (1989), tradução de Lydia G. Cochrane, *The Common Legal Past of Europe* (1995), 67-68.

2.3. Segundo projeto: transformando as partes em um todo

Além de aplicar os textos romanos a problemas do seu tempo, os juristas medievais abraçaram um segundo projeto: transformar o conjunto desses textos em uma *unidade de sentido*, atribuindo-lhes relações que não poderiam ser detectadas *prima facie*.[155] Os juristas romanos, discutiu-se na primeira seção do capítulo, testavam seus conceitos aplicando-os a casos particulares. Os juristas medievais procediam de outro modo. Eles buscavam uma unidade de sentido *nos* textos, *a partir* dos textos e *para* os textos. Para tanto, glosadores e comentadores lançaram mão de diferentes técnicas. Em alguns casos, eles procuravam justapor fragmentos, lições e *leges* que empregassem uma mesma palavra ou expressão. Em outros casos, a unidade era buscada a partir do emprego deste ou daquele termo como elemento nuclear ou explicativo de um conjunto de textos. Um terceiro procedimento empregado pelos juristas medievais era estabelecer esquemas classificatórios que harmonizassem passagens incoerentes ou incompatíveis de diferentes fragmentos.[156]

No que toca ao tema deste livro, o mais significativo exemplo de justaposição de textos a partir de termos comuns pode ser encontrado na generalização da ideia de consenso como elemento constitutivo dos contratos. No direito romano clássico, vimos antes, a ideia de consenso correspondia a uma rubrica abaixo da qual eram reunidos quatro esquemas contratuais específicos: o da compra e venda, o da locação, o do mandato e o da *societas*. Não se figurava, entretanto, um elemento definidor, essencial ou constitutivo que estivesse presente em todos eles. Seu único traço comum, e ainda assim eventual, era uma específica consequência, a *obligatio*. Seria a partir dela, e mais especificamente a partir da definição levada às *Institutas* de Justiniano – *"obligatio est iuris vinculum, quo necessitate adstringimur alicuius solvendae rei, secundum nostrae civitatis iura"*[157] –, que Acúrsio assentaria um dos mais difundidos elementos das definições modernas de contrato:

---

[155] Guido Fassò, *Storia della filosofia del diritto*, vol. 1 (1966), Bologna: Il Mulino, 225.
[156] James R. Gordley, *The Jurists* (2014), 46.
[157] I. 3, 13.

"Há duas raízes para uma efetiva obrigação. Uma é natural. A raiz natural decorre do consenso, que pode ser dado por todos os homens, mesmo escravos. D. 2, 14, 1, 3. [...] Contudo, essa raiz natural não tem força para compelir à execução de uma obrigação. Ela evita [por outro lado] que uma pessoa que já tenha executado desfaça sua execução. D. 46, 1, 16, 3. A essa raiz natural é às vezes somada uma raiz civil, a fim de dar eficácia, forma ou vestimenta à raiz natural, de modo que ela possa produzir uma obrigação.[158]

Acúrsio justapõe dois textos. No primeiro deles, Ulpiano afirma que o consenso está presente "na entrega de algo ou no uso de certas palavras".[159] O segundo texto trata da conhecida disciplina romana das obrigações naturais, ainda aplicável a algumas figuras contemporâneas como a dívida de jogo e aposta.[160] Inexigível, seu adimplemento também não poderia, já então, ser recuperado: *cum soluta pecunia repeti non potest*", dirá Juliano.[161] Para Acúrsio, o consenso explicaria o surgimento das obrigações naturais, que poderiam ser *vestidas* – e aqui está uma das mais célebres metáforas do direito dos contratos no Ocidente, a ideia de 'veste' ou 'vestimenta' dos pactos – pela entrega de uma coisa ou por uma formalidade específica.[162] A entrega ou a formalidade, por sua vez, dariam causa a uma obrigação civil. O passo decisivo, neste ponto, é a transformação

---

[158] Franciscus Accursius, *Glossa ordinaria* a I. 3, 13, *necessitate*; tradução baseada em James R. Gordley, *The Jurists* (2014), 47 (glosa equivocadamente associada ao § 14).

[159] Ulp. 4 *ad ed.*, D. 2, 14, 1, 3.

[160] Código Civil brasileiro de 2002, art. 814, *caput*: "As dívidas de jogo ou de aposta não obrigam a pagamento; mas não se pode recobrar a quantia, que voluntariamente se pagou, salvo se foi ganha por dolo, ou se o perdente é menor ou interdito."

[161] Iul. 53 *dig.*, D. 46, 1, 16, 3-4.

[162] Popularizada por Acúrsio, a metáfora da vestimenta seria retomada de tempos em tempos na cultura jurídica ocidental. *e.g.* Gino Gorla, *Il contratto*, vol. I (1954), 199 (caracterizando os *vestimenta* como os "requisitos de forma, de *cause suffisante*, *saisonnable*, *juste* ou similares, postos pela lei para vários e concomitantes fins: estabelecer de modo objetivo a intenção de contrair um vínculo de caráter jurídico; proteger o promitente e sua família contra deliberações imponderadas; obedecer à exigência de uma certa justiça paritativa na sanção da promessa, isto é, na condenação do promitente"); e Enzo Roppo *Il contratto* (1977), tradução de Ana Coimbra e Manuel Januário da Costa Gomes, *O contrato* (2008), Coimbra: Almedina, 11 (qualificando o contrato como "veste jurídico-formal de uma operação econômica"). Uma pormenorizada narrativa dos desenlaces da metáfora

de uma noção antes tomada como rótulo ordenador de certas espécies contratuais em elemento comum aos contratos em geral.

A redefinição do consenso como elemento constitutivo dos contratos, todavia, pode parecer mais significativa em retrospecto do que realmente foi para os juristas medievais. Essa "petição de princípio", sugeria Guido Astuti em 1957, "não está ligada a nenhum desenvolvimento *teórico* concreto no sentido de conferir alguma extensão ao caráter vinculante dos acordos."[163] Poucos anos depois, o mesmo autor observaria que as construções medievais no campo contratual representam "antes inovações de forma que de conteúdo".[164] Ainda que não nos rendamos ao inveterado romanismo de Astuti,[165] parece inevitável reconhece que uma ideia genérica de consenso já havia, de fato, sido levantada por Ulpiano. Acúrsio vai além na medida em que explica de que modo uma rápida indicação extraída de um fragmento isolado pode ser aplicada à distinção entre obrigações naturais e civis, muito mais difundida nos textos da *iurisprudentia*.[166] Uma efetiva *teorização* do direito dos contratos, no entanto, ainda terá que esperar quatro ou cinco séculos. E uma legítima *teoria do contrato*, um gênero específica e reconhecidamente teórico do pensamento jurídico contratual, levará ainda mais tempo para ganhar autonomia.[167]

Voltemos aos civilistas medievais. Seu método, preservado em seus traços fundamentais ao longo dos séculos XIII e XIV, também foi aplicado a um tema que seria, a partir de então, objeto de infindáveis controvérsias.

---

da vestimenta a partir de Acúrsio é apresentada em Raffaele Volante, *Il sistema contrattuale del diritto comune classico* (2001), Milano: Giuffrè, 99-144.

[163] Guido Astuti, *I principi fondamentali dei contratti nella storia del diritto italiano*, in *Annali di storia del diritto* I (1957), 30 (destaquei).

[164] Guido Astuti, *Contratto (diritto intermedio)*, in *Enciclopedia del diritto*, vol. IX (1961), Milano: Giuffrè, 760.

[165] *v.* Paolo Grossi, *L'ordine giuridico medioevale* (1995; 6ª ed., 2011), Bari: Laterza, 244 (contrapondo o 'antecipacionismo' de Calasso ao 'romanismo' de Astuti).

[166] James R. Gordley, *The Philosophical Origins of Modern Contract Doctrine* (1991), 45: "*The medieval jurists seem to be clearer about the role of consent in contract formation, less because they thought differently from the Romans than because they put all the Roman texts together.*"

[167] Italo Birocchi, *La questione dei patti nella dottrina tedesca dell'usus modernus*, in *Saggi sulla formazione storica della categoria generale di contratto* (1988), Cagliari: Cuec, 33.

FUNDAMENTOS DO DIREITO CONTRATUAL

Nesse caso, os juristas concentraram-se sobre três textos romanos. Um deles explicava que nem todos os contratos eram passíveis de execução: os *nuda pacta* ensejariam apenas *exceptiones*, e não *actiones*.[168] Os outros dois textos davam conta de um elemento necessário à exigibilidade de *stipulationes*.[169] Nos três textos, o que estava em jogo era a noção de *causa*, figura que ocuparia um papel central em várias discussões medievais.[170] Bártolo iria mais longe que Acúrsio, para quem a *causa* seria, no campo das obrigações contratuais, uma coisa (*re*) ou uma expectativa (*spe*).[171] Para o comentador, estaríamos diante de duas espécies de *causa*. Mesmo os *nuda pacta*, explica ele, seriam feitos *em razão* de uma *causa*, ainda que no primeiro texto essa *causa* não houvesse sido *satisfeita*. Nesse caso, a *causa* corresponderia a *algo dado em troca* – um entendimento que, mais tarde, seria aproveitado por Blackstone em sua discussão a respeito da centralidade da *consideration* no direito dos contratos.[172] No caso das *stipulationes*, também teríamos uma *causa* em sentido técnico, ainda que a 'promessa' fosse feita a título gratuito. Aqui, sustenta Bártolo, a *causa* seria uma *liberalidade*.[173]

[168] Ulp. 4 *ad ed.*, D. 2, 14, 7, 1.

[169] Ulp. 4 *ad ed.*, D. 12, 7, 1; Ulp. 76 *ad ed.*, D. 44, 4, 2, 3.

[170] A esse respeito, as melhores referências a que tive acesso são Gino Gorla, *Il contratto*, vol. I (1954); Ennio Cortese, *La norma giuridica*, vol. I (1962; 1995), Milano, Giuffrè, 143-292; e, de modo mais específico, Italo Birocchi, *Causa e categoria generale del Contratto. Un problema dogmatico nella cultura privatistica dell'età moderna. I. Il cinquecento* (1997). Torino: Giappichelli. No Brasil, *v.* Clóvis do Couto e Silva, *A teoria da causa no direito privado*, in Vera Maria Jacob de Fradera (organização), *O direito privado brasileiro na visão de Clóvis do Couto e Silva* (1997), Porto Alegre: Livraria do Advogado; e muito próximo de Gorla, Antônio Junqueira de Azevedo, *Negócio jurídico e declaração negocial (Noções gerais e formação da declaração negocial)* (1986), Tese de Titularidade apresentada à Faculdade de Direito da Universidade de São Paulo, 121-129.

[171] Franciscus Accursius, *Glossa ordinaria* (44, 4, 2, 3), *idoneum*.

[172] *v.* nota 182 *infra*.

[173] Bártolo de Saxoferrato, *Commentaria Corpus iuris civilis* (D. 12, 4, 7, 2 [?]), citado por Gordley, *The Jurists* (2014), 49. A exigibilidade de promessas realizadas a título gratuito se tornaria um problema central no direito dos contratos. Rejeitada pelo *Code Napoléon* (art. 894), ela seria retomada pelo BGB (§ 516), restando ambígua nos Códigos Civis brasileiros de 1916 e 2002. A discussão seria pormenorizada na literatura jurídica. *v.*, em primeiro lugar, os comentários pioneiros apresentados no último capítulo de Gino Gorla, *Il contratto*, vol. I (1954); seguidos dos importantes textos de John P. Dawson, *Gifts and Promises*

Repare que o que estava em jogo aqui não era simplesmente uma forma de organizar as obrigações a partir de suas fontes – um objetivo que, muito antes, já havia sido perseguido por Gaio.[174] O ponto dos juristas medievais também não era formular juízos analíticos a respeito daquilo que hoje chamamos de causa de atribuição patrimonial, distinguindo, a partir daí, contratos, atos ou negócios causais e abstratos.[175] Tampouco lhes importava a diferença entre causa, motivo, fim e função, um problema fundamental, mas que só ganharia relevo na literatura jurídica a partir do século XIX. O ponto dos juristas medievais era compreender por que certos comportamentos obrigam e outros não.

Para Gordley, por trás da bipartição da *causa* proposta por Bártolo e aproveitada por Baldo estaria a distinção aristotélico-tomista entre atos de comutação e atos de liberalidade.[176] De fato, Tomás de Aquino havia retomado a discussão aristotélica a respeito das virtudes envolvidas na circulação de bens, sugerindo que essas transferências podem se dar por atos de justiça comutativa (dar algo em troca de algo) ou de liberalidade (dar algo sem receber nada em troca). Herdeiros jusnaturalistas da escolástica tardia, Grócio e Pufendorf completariam esse percurso, inserindo as distinções romanas no quadro sugerido por Aristóteles e Tomás de Aquino, e reiterando que os contratos, já tomados como categoria autô-

---

(1980), New Haven: Yale University Press; Jean-François Montredon, *La désolennisation des libéralités* (1989), Paris: LGDJ; Lorenzo Pellegrini, *La donazione costitutiva di obbligazione* (2004) Milano: Giuffrè; e, por último, Richard Hyland, *Gifts. A Study in Comparative Law* (2009; 2011), Oxford: Oxford University Press. No Brasil, *v.* Décio Antonio Erpen, *Da promessa de doar nas separações judiciais*, in *Revista dos Tribunais* 77 (1988); João Baptista Villela, *Contrato de doação: pouca luz e muita sombra*, in Antonio Jorge Pereira Júnior e Gilberto Haddad Jabur (organização), *Direito dos contratos* (2006), São Paulo: Quartier Latin; e por último, apresentando um amplo panorama da literatura brasileira e estrangeira sobre o tema, Sergio Tuthill Stanicia, *Liberalidade e gratuidade no âmbito da doação* (2016), Tese de doutorado apresentada ao Departamento de Direito Civil da Faculdade de Direito da Universidade de São Paulo.

[174] Gai. 3, 88; Gai 2 *aur.*, D. 44, 7, 1.

[175] *v.* Antônio Junqueira de Azevedo, *Negócio jurídico e declaração negocial (Noções gerais e formação da declaração negocial)* (1986), 125: "Um ato é dito *causal* ou *abstrato* conforme a falta desta causa de atribuição patrimonial tenha, ou não, influência na sua eficácia." Antes, Gino Gorla, *Il contratto*, vol. I (1954), 283-293.

[176] James R. Gordley, *The Philosophical Origins of Modern Contract Doctrine* (1991), 49-57.

noma e abrangente,[177] poderiam ser onerosos (traduzindo atos de justiça comutativa) ou gratuitos (traduzindo atos de liberalidade). No início do século XVIII – veremos nas próximas seções –, Domat e Pothier caracterizariam as noções de comutação e liberalidade como as *causes* do caráter vinculante de determinadas promessas, redefinindo, uma vez mais, a velha *causa* romana.[178] Hoje, quando falamos de causa, temos em conta ainda outro conceito, figurado na metade do século XX: o conceito de causa como 'função econômico-social' do contrato.[179]

Esse debate também atravessaria a tradição insular. Até o século XIX, o pensamento dos juristas do *common law* não era organizado em torno das noções de contrato e ato ilícito, mas sim em torno de formas de ação, de modo similar ao antigo sistema romano das *legis actiones*.[180] No campo hoje definido como contratual, um promissário frustrado poderia buscar tutela jurídica por meio de uma ação de *covenant*, aplicável às promessas solenemente levadas a termo, ou através da ação de *assumpsit*, aplicável às promessas dotadas de *consideration*. Esta última modalidade, como era de se esperar, pouco a pouco se tornaria a protagonista da prática

---

[177] Franz Wieacker, *Contractus und Obligatio im Naturrecht zwischen Spätscholastik und Aufklärung*, in Paolo Grossi (organização), *La seconda scolastica nella formazione del diritto privato moderno* (1972), Milano: Giuffrè, 226.

[178] James R. Gordley e Arthur von Mehren, *An Introduction to the Comparative Study of Private Law* (2006), 415-416. Alguns autores viriam a confundir as leituras francesas com o sentido original dos textos romanos. *e.g.* Adaucto Fernandes, *O contrato no direito brasileiro*, vol. I (1945), 43-44 (citando Domat para explicar fragmentos de Ulpiano). *v.* ainda Darcy Bessone, *Aspectos da evolução da teoria dos contratos* (1949), São Paulo: Saraiva, 11 (sugerindo que Domat e Pothier teriam se apropriado diretamente dos textos do *Digesto*).

[179] Emilio Betti, *Teoria generale del negozio giuridico* (1943; 2ª ed., 1950; 1994), Napoli: Edizioni Scientifiche Italiane, 181: "*Considerata sotto l'aspetto sociale, astrazione fatta dalla sanzione del diritto, la causa del negozio giuridico è propriamente la funzione economico-sociale che caratterizza il tipo di esso negozio quale fatto di autonomia privata (tipica, in questo senso) e ne determina il contenuto minimo necessario.*" Sobre a noção bettiana de causa, v. José Luis De Los Mozos, *La renovación dogmática del concepto de "causa" del negocio en Emilio Betti y su recepción en la doctrina española*, in *Quaderni fiorentini per la storia del pensiero giuridico moderno* 7 (1978).

[180] *v.* Marcus Faro de Castro, *Formas jurídicas e mudança social* (2012), 20: "nem a *jurisprudentia* dos romanos, nem o *common law* da inglaterra medieval foram projetos que pretenderam dar às 'formas' do direito um fundamento metafísico, guardando, por isso, um caráter essencialmente pragmático."

contratual.[181] Seu fundamento, a *consideration*, inicialmente entendida como uma versão local da ideia de *causa*, traria às primeiras abstrações a respeito da ideia de contrato uma forma muito similar àquela veiculada no *civil law*. Definido nos *Commentaries on the Laws of England* de Blackstone como uma espécie de acordo, o contrato se tornaria vinculante na medida em que estivesse coberto por uma *consideration*, "seu preço ou motivo."[182] De modo similar ao percurso da *causa* na tradição continental, a *consideration* pouco a pouco perderia espaço na reflexão jurídica do *common law*, sendo modernamente substituída pelas noções de *unconscionability* e *promissory estoppel*.[183] A ideia de promessa, entretanto, permaneceria no centro da reflexão anglo-americana. No Restatement (Second) of Contracts de 1981, por exemplo, o contrato seria definido como uma "promessa ou conjunto de promessas para cuja quebra o direito confere um remédio, ou o adimplemento daquilo que o direito de algum modo reconhece como um dever."[184]

Mas voltemos uma vez mais ao século XIII e ao direito continental. As distinções figuradas pelos juristas medievais, como vimos, frequentemente se orientavam por bipartições. Às vezes, no entanto, iam além delas. Ao discutir as espécies de erro que podem viciar um contrato de compra e venda, por exemplo, Acúrsio arrolaria seis modalidades: (i) erro quanto à existência de uma compra e venda, (ii) erro quanto ao preço, (iii) erro quando ao objeto da obrigação (*error in corpore*), (iv) erro quanto

---

[181] *v.* David Ibbetson, *A Historical Introduction to the Law of Obligations* (1999), Oxford: Oxford University Press, 135-147.

[182] William Blackstone, *Commentaries on the Laws of England*, tomo 2 (1765-1769/1893), Philadelphia: Lippincot, 444-445: "*A consideration of some sort or other is so absolutely necessary to the forming of a contract, that a nudum pactum, or agreement to do or pay any thing on one side, without any compensation on the other, is totally void in law; and a man cannot be compelled to perform it.*"

[183] James R. Gordley e Arthur von Mehren, *An Introduction to the Comparative Study of Private Law* (2006), 421-424.

[184] Restatement (Second) of Contracts (1981), § 1: "*promise or set of promises for the breach of which the law gives a remedy, or the performance of which the law in some way recognizes as a duty.*" Mas v. Dori Kimel, *From Promise to Contract. Towards a Liberal Theory of Contract* (2003), Oxford: Hart; Seana Valentine Shiffrin, *The Divergence of Contract and Promise*, in *Harvard Law Review* 120 (2007); e Aditi Bagchi, *Separating Contract and Promise*, in *Florida State University Law Review* 38 (2011).

à sua substância (tratada como equivalente daquilo que os clássicos chamavam de *essência*),[185] (v) erro quanto à sua matéria e (vi) erro quanto ao sexo.[186] O comentador também procuraria distinguir três modalidades de culpa: (i) a culpa que antecede o ato relevante, (ii) a culpa que caracteriza o ato relevante, e (iii) a culpa que sucede ao ato relevante.[187] Certas classificações seriam empregadas, ainda, para apartar diferentes regimes jurídicos. É o caso da distinção entre a fraude na razão de contratar (sem a qual não haveria contrato) e a fraude nos termos da contratação (sem a qual o contrato seria celebrado em termos diferentes). Esta última modalidade, por sua vez, pode verificar-se de modo intencional (*ex proposito*) ou acidental (*in re ipsa*). Na fraude incidental *ex proposito*, a parte prejudicada sempre terá direito àquilo que deixou de obter por conta da fraude; na fraude incidental *in re ipsa*, a ação de *laesio enormis* só terá lugar se o prejuízo exceder a metade do *iustum pretium*.[188]

Mais tarde, e a partir de glosadores como Acúrsio e Azo, mas também comentadores como Pedro de Bellapertica e Bártolo, Baldo distinguiria de modo pormenorizado três espécies de termos contratuais: (i) termos essenciais (ou *essentialia negotii*, como mais tarde seriam chamados), como preço, objeto e consenso; (ii) termos naturais (ou *naturalia negotii*), como a garantia contra evicção ou vícios redibitórios; e (iii) termos acidentais (ou *accidentalia negotii*), como a condição, o termo e o encargo. Os termos naturais decorreriam dos termos essenciais, de modo que as partes poderiam sujeitar-se a eles mesmo sem tê-los previsto. Os termos acidentais, ao contrário, demandariam previsão específica.[189] Uma vez mais, ideias aristotélico-tomistas, aprofundadas nos próximos séculos e, em alguns casos, ressignificadas ao tempo de Pothier – o caso exemplar, aqui, é o da comutação –,[190] serviriam de base para a organização de categorias jurí-

---

[185] James R. Gordley, *The Philosophical Origins of Modern Contract Doctrine* (1991), 58
[186] Francisco Acúrsio, *Glossa ordinaria* (D. 18, 1, 9), *aliquo alio*.
[187] Francisco Acúrsio, *Glossa ordinaria* (D. 9, 2, 8 pr.), *sed culpa reus*.
[188] James R. Gordley, *The Jurists* (2014), 50-51 (dando notícia de que essa classificação teria sido originalmente proposta por Vacarius, e dele teria chegado a Azo e Acúrsio).
[189] Baldo degli Ubaldi, *Commentaria* [?] (D. 18, 1, 72, 1), discutido em James R. Gordley, *The Philosophical Origins of Modern Contract Doctrine* (1991), 63-64.
[190] A comutação deixa de ser contraposta à distribuição ou à liberalidade para tornar-se o tormo oposto da aleatoriedade. Seu conteúdo, assim, afasta-se da ideia de justiça para

PRIMEIROS PASSOS: CIVILISTAS E CANONISTAS

dicas. E contribuiriam, especialmente após o influxo do positivismo jurídico, para a definição dos temas-chave da doutrina contratual: quando não contemplados pelo direito posto (seja o direito fixado na *vulgata*, seja, mais tarde, o *statute law* ou o direito codificado), os elementos acidentais dificilmente seriam objeto de reflexão doutrinária. Pense, por exemplo, nas estipulações de *best efforts*, nas garantias pessoais atípicas ou nas *hardship clauses*.[191]

2.4. Civilistas, canonistas e a composição do *ius commune*

Costuma-se associar a origem do direito canônico medieval, componente elementar da primeira conformação do então chamado *jus commune*,[192] ao

---

incorporar uma vaga noção de certeza. *v.* Robert-Joseph Pothier, *Traité des obligations* (1761), tradução de Adrian Sotero De Witt Batista e Douglas Dias Ferreira, *Tratado das obrigações* (2001), Campinas: Servanda, 41 (contrapondo contratos comutativos e aleatórios, e não mais relações orientadas pela comutação e pela distribuição ou pela liberalidade). Um exemplo mais recente desse uso pode ser encontrado em Francisco Cavalcanti Pontes de Miranda, *Tratado de direito privado*, tomo XXXVIII (1962), São Paulo: Revista dos Tribunais, 371. Talvez estejamos, aqui, diante de uma entre tantas mutações conceituais verificadas ao longo daquilo que, em um contexto restrito ao pensamento alemão, Reinhart Koselleck chamou de *Sattelzeit*. cf. Melvin Richter, *The History of Political and Social Concepts: A Critical Introduction* (1995), Oxford, Oxford University Press, 36: "*The* Geschichtliche Grundbegriffe*'s project tests the hypothesis that the concepts central to the political and social language of German-speaking* Alt Europa *were transformed during the period Koselleck calls the* Sattelzeit, *between approximately 1750 and 1850.*"

[191] Entre os poucos trabalhos publicados no Brasil sobre esses temas, *v.* Luís Gastão Paes de Barros Leães, *A obrigação de melhores esforços (best efforts)*, in *Revista de direito mercantil* 134 (2004); José Carlos Moreira Alves, *Notas sobre a carta de conforto*, in Marcelo Vieira von Adamek (organização), *Temas de direito societário e empresarial contemporâneos. Liber amicorum Prof. Dr. Erasmo Valladão Azevedo e Novaes França* (2011), São Paulo: Malheiros; e Judith Hofmeister Martins-Costa, *A cláusula de hardship e a obrigação de renegociar os contratos de longa duração*, in Maurício Jorge Pereira da Mota and Gustavo Kloh Müller Neves (organização), *Transformações contemporâneas do direito das obrigações* (2010), Rio de Janeiro: Elsevier.

[192] Distinguindo essa primeira conformação, primordialmente religiosa, da conformação romana e canônica que lhe sobreveio, Harold J. Berman e Charles J. Reid, Jr., *Roman Law in Europe and the* Jus Commune: *a Historical Overview with Emphasis on the New Legal Science of the Sixteenth Century*, in *Syracuse Journal of International Law and Commerce* 20 (1994), 7, nota 11: "*The canonists used the term* jus commune *to refer to those major parts of the canon law that were common to all jurisdictions within the Church. A special law or custom of a particular diocese was called* lex terrae, *'a law of the land.' This usage has not been noticed by historians of*

Decretum, uma coleção de excertos de concílios católicos, decretos papais e textos autorais dos padres da Igreja, todos ligados por comentários críticos, organizada por Graciano por volta de 1140. Ao contrário do *Corpus iuris civilis*, compilação não-comentada cuja integridade seria mantida ao longo dos séculos XII, XIII e XIV, o *Decretum* contaria não apenas com os comentários de seu autor, mas com complementos e suplementos editados pelos Papas. Esses textos, lançados com alguma frequência, ficariam conhecidos como *decretais*. No século XIII, o canonista Raimundo de Penaforte organizaria, sob os auspícios de Gregório IX, uma compilação das *decretais* editadas desde o século anterior. Juntos, o *Decretum* de Graciano e a compilação de Penaforte – que com Bracton alcançaria também a prática inglesa[193] – passariam a compor o que chamamos de *Corpus iuris canonici*.

Professor de teologia em Bolonha de cuja biografia pouco se sabe, Graciano se tornaria uma lenda da intelectualidade medieval. Significativamente, ele é o único jurista figurado por Dante no Paraíso – Dante, é verdade, era muito menos benévolo que Jhering, um representante da classe.[194] A honraria dantesca, contudo, viria acompanhada de um *caveat*: Graciano teria superado o Monte Purgatório como um profissional "das duas cortes", ou seja, da corte mundana, especificamente jurídica, e da corte sublime, confessional.[195] Essa ponte metafórica seria concretamente preservada por referências recíprocas de canonistas e civilistas,

---

English law, although it may be relevant to the provision of the Magna Carta that requires trial 'by judgment of peers or by the law of the land (lex terrae)'."

[193] Fritz Schulz, Bracton and Raymond de Penafort, in Law Quarterly Review 61 (1945), 286; Charles Donahue, Jr., *Jus Commune, Canon Law, and Common Law In England*, in Tulane Law Review 66 (1992), 1752.

[194] Rudolf von Jhering, *Im juristischen Begriffshimmel*, in *Scherz und Ernst in der Jurisprudenz*, tradução de Giuseppe Lavaggi, in *Serio e faceto nella giurisprudenza* (1954), Firenze: Sansoni, 271-338 (referindo, entre os poucos acadêmicos admitidos no paraíso dos conceitos, Savigny, Puchta, Arndts e Wächter – estes dois últimos, no entanto, expulsos do etéreo por conta de sua preocupação com a prática jurídica). Dante Alighieri, *Paradiso* (1320) x, 103.

[195] Dante Alighieri, *Paradiso* (1320) x, 104-105. Não se tratava de licença poética. A "dupla graduação" era, de fato, uma possibilidade para os estudantes de direito dos século XII e XIII. Eles podiam tornar-se, a depender de seu curso de estudos, *doctores utriusque iuris*, isto é, doutores em direito romano e em direito canônico, podendo então lecionar em qualquer território cristão. *v.* Bartolomé Clavero Salvador, *Historia del derecho común* (1979; 1994), 23.

consolidando uma segunda conformação *ius commune*. A aproximação entre os projetos de civilistas e canonistas, aliás, não é acidental. Como os glosadores e comentadores do *Corpus iuris civilis*, Graciano e seus leitores também buscavam forjar uma unidade de sentido nos textos da Igreja. Graciano respondia, muito provavelmente, ao conhecido *Sic et non* de Abelardo, publicado em 1122. Abelardo procurou, da mesma forma que Graciano, apresentar uma compilação dos textos sacros. Ao contrário do autor do *Decretum*, contudo, ele não enfrentou o desafio de conciliá-los. Não por acaso, o título original do texto de Graciano é *Concordia discordantium canonum*.[196]

As questões canônicas e civilistas seriam frequentemente sobrepostas.[197] Em alguns casos, os canonistas levariam as propostas dos glosadores e comentadores ainda mais longe. Para os doutores da Igreja, por exemplo, as promessas seriam vinculantes por uma questão de consciência moral, independentemente de sua *causa*, como sugeria Bártolo. Aqui está a matriz da ideia de *pacta sunt servanda*: antes que uma regra voltada para a segurança jurídica ou para a higidez econômica, como hoje sugerem seus prosélitos,[198] a manutenção dos pactos se justificaria pelo dever moral de manutenção de promessas conscientemente formuladas.[199] Procurando escapar ao subjetivismo voluntarista, discutido no próximo capítulo, a doutrina contratual contemporânea aprofundaria a leitura dos canonistas por meio do recurso à ideologia do reconhecimento ou recepção estatal das relações privadas. No Código Civil brasileiro de 2002, por

---

[196] Isso ajuda a entender por que para Gordley a "inovação dos canonistas não reside em seu método, mas nas autoridades a que esse método foi aplicado". *The Jurists* (2014), 53.

[197] Não por acaso, Santi Romano identificaria aqui a expressão mais nítida de uma *pluralità degli ordinamenti giuridici*. Assim no clássico *L'ordinamento giuridico* (1917-1918; 2ª ed., 1945), Firenze: Sansoni, 89.

[198] *e.g.* Luciano Benetti Timm, *Direito, economia e a função social do contrato*, in Luciano Benetti Timm e Rafael Bicca Machado (organização), *Função Social do direito* (2009), São Paulo: Quartier Latin. *cf.* Sina Akbari, *Against the Reductionism of an Economic Analysis of Contract Law*, in *Canadian Journal of Law and Jurisprudence* 28 (2015), 245-264.

[199] Harold J. Berman, *Law and Revolution* (1983), 247. Essa é a explicação ortodoxa. Muitos outros sentidos convergiram para a formação do *pacta sunt servanda*, assim como tantos outros foram derivados dessa mesma máxima. Um vasto percurso sobre esses sentidos convergentes e derivados é apresentado em Richard Hyland, *Pacta Sunt Servanda: A Meditation*, in *Virginia Journal of International Law* 34 (1994).

exemplo, lemos que um contrato deve seguir uma forma determinada se houver prescrição em lei (ou seja, se o Estado lhe determinar uma solenidade específica); se não houver, a forma é livre, e o contrato válido independentemente da solenidade com que tiver sido concluído.[200]

Como a ideia de *causa*, a noção de *iustum pretium* também seria revista pelos canonistas. Inicialmente, a regra discutida pelos glosadores – originada, como vimos acima,[201] de uma passagem do *Codex* de Justiniano – seria reproduzida em um *decretal* de Alexandre III, alargando-se até sua conversão do que hoje chamamos de requisito de validade dos contratos em geral.[202] Também como os comentadores, os canonistas procurariam pormenorizar hipóteses extraídas das fontes romanas. Assim, ao lado da exigência do *pretium iustum*, os doutores da Igreja estipulariam, por exemplo, restrições ao *turpe lucrum*, ou o excesso de proveito de uma das partes de um contrato. Suas preocupações não diriam respeito a toda espécie de lucro – práticas como o sobrepreço no comércio internacional, por exemplo, eram tranquilamente admitidas –,[203] mas sim ao lucro considerado extraordinário para práticas especificamente determinadas. A usura também seria objeto de reflexão dos canonistas, que, todavia, cuidariam antes de exceções às antigas proibições (figuradas desde o

---

[200] Código Civil brasileiro de 2002, art. 104: "A validade do negócio jurídico requer: III - forma prescrita ou não defesa em lei." A mais evidente especificação dessa hipótese está prevista no art. 108 do diploma: "Não dispondo a lei em contrário, a escritura pública é essencial à validade dos negócios jurídicos que visem à constituição, transferência, modificação ou renúncia de direitos reais sobre imóveis de valor superior a trinta vezes o maior salário mínimo vigente no País."

[201] *v.* nota 148 *supra* e referências no texto.

[202] Harold J. Berman, *Law and Revolution* (1983), 247.

[203] Harold J. Berman, *Law and Revolution* (1983), 247.

Velho Testamento)[204] que de seu combate.[205] Na prática, contratos de censo consignatório (antepassados das nossas constituições de renda) e contratos de câmbio seriam largamente empregados à sombra das restrições gerais à figura.[206]

Nem todas as discussões medievais sobre o direito dos contratos partiriam das fontes romanas. Em alguns casos, os textos da *iurisprudentia* serviriam apenas de suporte ou ilustração para regras construídas fora da tradição civilista. Uma das mais duradouras contribuições medievais para a cultura contratual do Ocidente, por exemplo, seria figurada a partir de uma passagem de Santo Agostinho referida no *Decretum*. Agostinho discutia, a partir de uma questão levantada por Cícero, se um louco que houvesse emprestado sua espada antes de enlouquecer poderia reavê-la com o explícito propósito de ferir alguém. Como Cícero, Agostinho – que não era um jurista – entendia que não.[207] Iohannes Teutonicus concluiria que assim deveria ser se *rebus sic stantibus*, ou seja, se tudo permanecesse como estava.[208] Essa conclusão seria amparada por um texto de Africano segundo o qual uma promessa formal de entregar dinheiro só deveria

---

[204] Uma passagem do Deuteronômio, por exemplo, permitia que os judeus obtivessem vantagens de seus inimigos, mas não uns dos outros (23:19-20). O Salmo 15:5, por sua vez, sugere uma proibição mais ampla ao colocar "aquele que não dá o seu dinheiro com usura" entre os que habitarão o "santo monte do senhor". No Novo Testamento, uma conhecida passagem de Jesus a Lucas – "Amem, porém, os seus inimigos, façam-lhes o bem e emprestem a eles, sem esperar receber nada de volta" (6:35) – abriria margem a uma interpretação proibitiva da usura. De resto, o tema seria objeto de uma série de concílios da Igreja. *v.* Brian Tierney, *Liberty & Law. The Idea of Permissive Natural Law, 1100-1800* (2014), 143.

[205] Este é, possivelmente, o tema mais explorado do pensamento jurídico medieval, e também um dos mais controvertidos. *e.g.* John T. Noonan, *The Scholastic Analysis of Usury* (1957); Odd Langholm, *Price and Value in Aristotelian Tradition. A Study in Scholastic Economic Sources* (1979); Dieter Medicus, *Id quod interest. Studien zum romischen Recht des Schadenersatzes* (1962); Bartolomé Clavero Salvador, *Antidora. Antropologia catolica de la economia moderna* (1991); e ainda Giovanni Ceccarelli, *Il gioco e il peccato. Economia e rischio nel tardo Medioevo* (2003).

[206] Bartolomé Clavero Salvador, *Historia del derecho común* (1979; 1994), 65.

[207] C. 22 q. 2 c. 14 [*Confissões*], conforme James R. Gordley, *The Jurists* (2014), 61.

[208] *Glossa ordinaria* (C. 22 q. 2 c. 14), *furens*, conforme James R. Gordley, *The Jurists* (2014), 61.

ser mantida se o promitente "permanecesse na mesma posição em que estava quando a *stipulatio* foi feita."[209] Recuperada por Baldo, o *rebus sic stantibus* seria incorporado também à tradição civilista, servindo de base para o desenvolvimento da doutrina francesa imprevisão, das doutrinas alemãs da pressuposição e da base do negócio, e ainda da doutrina italiana – parcialmente assimilada pelo Código Civil brasileiro de 2002[210] – da onerosidade excessiva superveniente.[211]

E a abertura epistêmica operada entre os séculos XIII e XIV não se limitaria às referências filosóficas. Uma mudança importante dos comentadores em relação aos glosadores diria respeito ao emprego de fontes jurídicas locais. "Em virtude do seu monopólio intelectual e do prestígio do direito romano," explica Wieacker, "os juristas deviam sentir-se vocacionados para árbitros das grandes controvérsias políticas, sociais e econômicas da época. Os comentadores", segue o historiador alemão,

"realizaram estas tarefas não sem oportunismo e mesquinhez; mas, de qualquer modo, com um *ethos* prático – que não teve medo das interpretações artificiosas e das conclusões ousadas – dirigido à atenuação do rigor do direito estatutário ou a impedir a injustiça dos poderosos. No entanto, eles estavam, ainda aqui, obrigados a interpretar cientificamente os estatutos locais paralelamente ao *jus commune*, já trabalhado pelos glosadores, e ao direito local e feudal longobardo. No momento em que eles submetem também estas últimas fontes à sua técnica científica, sem perderem de vista a

[209] Afric. 7 *quaest.*, D. 46, 3, 38 pr., sempre de acordo com James R. Gordley, *The Jurists* (2014), 62.

[210] Código Civil brasileiro, art. 478: "Nos contratos de execução continuada ou diferida, se a prestação de uma das partes se tornar excessivamente onerosa, com extrema vantagem para a outra, em virtude de acontecimentos extraordinários e imprevisíveis, poderá o devedor pedir a resolução do contrato. Os efeitos da sentença que a decretar retroagirão à data da citação."

[211] Para um panorama, *v*. Otavio Luiz Rodrigues Junior, *Revisão judicial dos contratos. Autonomia da vontade e teoria da imprevisão* (2002; 2ª ed., 2006), São Paulo: Atlas. Sobre a base do negócio, *v*. nota 444 *infra* e referências no texto.

unidade do direito comum, todo o direito vivo do seu tempo se transforma no seu lugar de trabalho."[212]

2.5. Ensino universitário e difusão da cultura do texto

Para um estudante de direito do século XIV ou XV, aprender direito era aprender a manipular textos jurídicos romanos (ou canônicos) a partir de glosas e comentários. Mesmo os exercícios práticos, então restritos às *disputationes*, convertiam-se em textos de apoio, como as *quaestiones disputatae*. Essa 'cultura do texto' também dominou a reflexão acadêmica.[213] Antes empregados de maneira dispersa, os fragmentos da *iurisprudentia* reunidos na *vulgata* passaram a ser tomados como unidade – uma unidade que deveria, no entanto, ser revelada a partir da *interpretatio*.[214] Esse seria o primeiro passo da construção de uma ideia que se preserva em nossa cultura, talvez despida de seu velho conteúdo: a ideia de sistema jurídico.[215-216] Os juristas medievais não chegariam, contudo, a estabelecer marcos intelectuais suficientemente robustos para o desenvolvimento de um doutrina contratual que fosse além de paráfrases, justaposições e referências cruzadas, mesmo nos tratados pós-acursianos.[217] Naquele tempo – a síntese é de Gordley –, "ser doutor em direito era ser um *expert* em textos romanos, não em filosofia ou teologia."[218] Ainda hoje,

---

[212] Franz Wieacker, *Privatrechtsgeschichte der Neuzeit unter besonderer Berücksichtigung der deutschen Entwicklung* (1952), tradução (da 2ª ed., 1967) de António Manuel Botelho Hespanha, *História do direito privado moderno* (1980; 3ª ed., 2004), 81-82.

[213] A expressão 'cultura do texto' é sugerida por James R. Gordley, *The Jurists* (2014), 63.

[214] Paolo Grossi, *L'ordine giuridico medioevale* (1995; 6ª ed., 2011), 162.

[215] *v.* Tercio Sampaio Ferraz Junior, *Conceito de sistema no direito* (1976), São Paulo: Revista dos Tribunais; e especialmente Mario G. Losano, *Sistema e struttura nel diritto*, 2 vols. (2002), Milano: Giuffrè.

[216] Para Rodolfo Sacco, a 'perda do sistema' explicaria a onipresença da ideia de crise no pensamento jurídico contemporâneo. *Metodo del diritto civile e scontri di generazionali*, in Cesare Massimo Bianca et alii (organização), *La civilistica italiana dagli anni '50 ad oggi tra crisi dogmatica e riforme legislative* (1991), Padova: Cedam, 1003: "*Il giovane vede crisi dappertutto. Ma quando un soggetto vede crisi dappertutto, la realtà è un'altra: la verità è che quel soggetto è un insicuro. E perché questa nuova ge- nerazione è insicura? Perché ha perduto il sistema, che era la bussola dei vecchi.*"

[217] Ennio Cortese, *Il rinascimento giuridico medievale* (1996), Roma: Bulzoni, 71.

[218] James R. Gordley, *The Philosophical Origins of Modern Contract Doctrine* (1991), 68.

doutores em direito não são *experts* em filosofia ou teologia, mas é certo que sua formação vai além (ou ao menos deve ir além) da manipulação de textos jurídicos autoritativos.

A cultura do texto alcançaria Portugal ainda na Baixa Idade Média, graças sobretudo a traduções de textos medievais comissionadas a partir da segunda metade século xiv. No campo do direito canônico, as *Decretais* de Gregório ix seriam vertidas logo em 1359; no campo do direito civil, tanto a *vulgata* quanto as glosas de Acúrsio e os comentários de Bártolo seriam traduzidos por ordem de D. João I – e muito provavelmente a partir de sugestão do mítico chanceler João das Regras – por volta de 1425.[219] Esse quadro não seria alterado pela edição das Ordenações Afonsinas (1446-1447). Ao invés, procurou-se assentar, ali, a prevalência da *Glosa* e do *Comentário*, nesta ordem, sobre as obras castelhanas até então consagradas pela prática.[220] Mantida pelas Ordenações Manuelinas (1512, versão revista em 1521) e pelas Ordenações Filipinas (1603), essa resolução constituiu, ao que parece, um caso singular no direito europeu.[221] Guilherme Braga da Cruz dá notícia de que uma determinação similar teria sido exarada na Cidade de Verona, mas apenas quanto à *Glossa* de Acúrsio.[222] Isso não significa que os textos jurídicos medievais tenham

---

[219] Por muito tempo se acreditou que João das Regras fora o autor dessas traduções, hipótese desmentida pela descoberta da data da morte do jurista, localizada entre os cinco primeiros anos do século xv. *v.* Guilherme Braga da Cruz, *O direito subsidiário na história do direito português*, in *Revista portuguesa de história* xiv (1975), 208: "Não é natural, portanto, que João das Regras tenha sido o *autor* da tradução [das traduções], embora possa ter sido ele quem remotamente tomou a *iniciativa* de aconselhar o monarca a ordenar que ela se fizesse." Esse não é o único mito a respeito de João das Regras. Até meados do século XX, acreditava-se que ele teria sido discípulo de Bártolo em Bolonha – hipótese desmentida já há algumas décadas.

[220] Ordenações Afonsinas de 1446-1447, Livro II, Título VIII, § 2º, 2.

[221] Essa "manutenção" deve ser sopesada com o fato de as Ordenações Manoelinas restringirem a aplicação dos textos de Bártolo à ausência de controvérsias posteriores – *verbis*, "salvo de a comum opiniam dos Doutores, que despois delle escreveram, for contraira" (Livro II, tit. v, § 1º). *v.* Nuno J. Espinosa Gomes da Silva, *Humanismo e direito em Portugal no século XVI* (1964), Dissertação de doutoramento em Ciências Histórico-Jurídicas na Faculdade de Direito da Universidade de Lisboa, 193.

[222] Guilherme Braga da Cruz, *O direito subsidiário na história do direito português*, in *Revista portuguesa de história* xiv (1975), 221, nota 56.

sido deixados de lado em outros lugares; pelo contrário, Acúrsio e Bártolo tornaram-se autoridades *de fato* em praticamente todos os tribunais latinos ao longo dos séculos XIV e XV. Apenas em Portugal, no entanto, seus textos gozariam de reconhecimento real.

Reconhecimento não significava *prevalência*. A *Glossa* e o *Comentário* foram acatadas como fontes *subsidiárias*, e subsidiárias do direito romano – que, por sua vez, era fonte subsidiária do direito português.[223] Assim, as leis, os 'estilos da Corte' (expressão usada para designar algo próximo do que hoje chamamos de procedimentos) e os costumes do Reino deveriam ser colocados acima das '*Leyx Imperiaes*',[224] como eram chamados os textos da antiga *iurisprudentia* (os Assentos da Casa de Suplicação, por sua vez, seriam reconhecidos a partir das Ordenações Manuelinas, assim como os demais Assentos de Relação).[225] As relações entre as fontes subsidiárias do direito temporal e do direito canônico eram reguladas logo em seguida. Havia, para tanto, uma regra razoavelmente simples: nos problemas jurídicos de ordem temporal, prevaleceria o direito romano, exceto se de sua aplicação resultasse pecado; neste caso, tinha lugar o direito canônico. O exemplo dado nas Ordenações era o da usucapião (então chamada de prescrição aquisitiva) do possuidor de má fé, reconhecida pelo direito romano, mas repudiada pelos '*Santos Canones*'. "[S]*e em tal caso se guardassem as Leyx Imperiaes, guardando-as, necessariamente trazeria pecado ao possuidor, o que nom devemos a consentir.*"[226] Finalmente, caso as leis do Reino, o direito romano e mesmo os textos de Bártolo e Acúrsio não dessem conta de determinado problema, o assunto deveria ser levado à apreciação pessoal do monarca.[227]

---

[223] Guilherme Braga da Cruz dá notícia de que essa orientação levaria alguns praxistas a afirmar que em Portugal o direito comum não era composto pelo direito romano, como se sustentava em outros lugares, mas pelo direito pátrio. *v. O direito subsidiário na história do direito português*, in *Revista portuguesa de história* xiv (1975), 253.

[224] Ordenações Afonsinas de 1446-1447, Livro II, Título VIII, proêmio.

[225] Os Assentos, estabelecidos a partir do século XVI, eram uma espécie de interpretação autêntica vinculante, oferecida quando houvesse dúvida a respeito do sentido de determinada ordenação.

[226] Ordenações Afonsinas de 1446-1447, Livro II, Título 9, § 1º.

[227] Ordenações Afonsinas de 1446-1447, Livro II, Título 9, § 2º.

Na prática, como mostra Hespanha, o *ius commune* adquiria – avancemos por um segundo, aqui, para a prática jurídica desenvolvida a partir do século XVI – uma "geometria variável", conformada caso a caso. "Nesta constelação," explica o historiador, "cada ordem normativa (com as suas soluções ou seus princípios gerais: *instituta, dogmata, rationes*) era apenas um tópico heurístico (ou perspectiva) cuja eficiência (na construção do consenso comunitário) havia de ser posta à prova."[228] Não surpreende que a organização de fontes estabelecidas nas Ordenações (e mais tarde na Lei da Boa Razão) encontrasse, na prática, uma série de exceções, tanto mais quando consideramos o emprego de atos de graça do príncipe em questões tão diversas quanto a revogação de leis, a modificação de situações jurídicas subjetivas ou a concessão de prêmios ou mercês.[229]

Curiosamente, as fontes subsidiárias seguiriam protagonizando os estudos jurídicos conduzidos na Universidade de Coimbra mesmo após a edição das primeiras Ordenações.[230] Os textos jurídicos, como observa Grossi, permanecem sendo as 'fontes primárias' da mentalidade jurídica da Baixa Idade Média mesmo após as primeiras consolidações legislativas

---

[228] António Manoel Hespanha, *Direito comum e direito colonial*, in *Panóptica* 3 (2006), 105.

[229] António Manoel Hespanha, *Direito comum e direito colonial*, in *Panóptica* 3 (2006), 106: "Passava-se com o direito o que se passava com a natureza. Tal como a lei que Deus imprimira na natureza (*causae secundae* [causas segundas], *natura rerum* [natureza das coisas]) para os seres não humanos, também o direito positivado (nas instituições, nos costumes, na lei, na doutrina comum) instituíra uma ordem razoavelmente boa e justa para as coisas humanas. No entanto, acima da lei da natureza, tal como acima do direito positivo, existia a suprema, embora frequentemente misteriosa e inexprimível, ordem da Graça, intimamente ligada à própria divindade (*causa prima, causa incausata*). [¶] No nível político-constitucional, os actos incausados (como as leis ou os actos de graça do príncipe), alterando a ordem estabelecida, são, por isso, prerrogativas extraordinárias e muito exclusivas dos vigários de Deus na Terra – os príncipes. Usando este poder extraordinário (*extraordinaria potestas*), eles imitam a Graça de Deus, fazendo como que milagres. Como fontes dessa graça terrena, introduzem uma flexibilidade quase divina na ordem humana." Hespanha lembra o exemplo de Borba Gato: acusado de matar o governador do Rio de Janeiro, fora perdoado em troca da indicação de novas minas nas Gerais (108).

[230] A Universidade "de Coimbra" foi, na verdade, fundada em Lisboa entre 1288 e 1290, e ali permaneceria entre 1377 e 1537, quando foi definitivamente transferida para Coimbra. *v.* Nuno J. Espinosa Gomes da Silva, *História do direito português*, vol. I (1985), Lisboa, Calouste Gulbenkian, 259.

locais.[231] Ainda que isso se explique pela pretensão universal dos centros de ensino medievais – chamados, não por acaso, de *universidades* –, não deixa de surpreender o fato de a centralização empreendida pela Coroa portuguesa a partir do século xiv não ter alcançado os programas universitários. Esse quadro, como se sugeriu antes, só se reverteria com as reformas pombalinas empreendidas nas últimas décadas do século XVIII.

[231] Paolo Grossi, *L'ordine giuridico medioevale* (1995; 6ª ed., 2011), 245.

3.
SÍNTESE: DOUTRINADORES DA ESCOLÁSTICA TARDIA

Entre os séculos XVI e XVII, um grupo de teólogos interessados em direito e filosofia daria um passo definitivo para a formação da doutrina contratual moderna.[232] Essa história, como costuma acontecer, começa com uma conversão intelectual.[233] Em 1503, Pierre Crockaert (1450-1514), um professor da Universidade de Paris, abandona o nominalismo de Guilherme de Ockham e passa a professar a ortodoxia filosófica de Tomás de Aquino. Depois de ingressar na ordem dominicana, a mesma a que pertencera seu novo mentor, e com a ajuda de um discípulo espanhol, Crockaert publica, em 1512, um conjunto de comentários à última parte da *Suma Teológica*. Esse discípulo, chamado Francisco de Vitória (1485-1546), logo retornaria à terra natal, tornando-se professor de teologia na Universidade de Salamanca. Embora não tenha deixado nenhum livro (todos seus textos correspondem a notas de antigos alunos), Vitória formaria um importante grupo de alunos, entre os quais o canonista Diego Covarrubias y Leyva (1512-1577) e o teólogo Domingo de Soto (1494-1560), seu sucessor em Salamanca.[234]

---

[232] *v.* Paolo Cappellini, *Sulla formazione del moderno concetto di 'dottrina generale del diritto'*, in *Quaderni fiorentini per la storia del pensiero giuridico moderno* 10 (1981); James R. Gordley, *The Philosophical Origins of Modern Contract Doctrine* (1991).

[233] James R. Gordley, *The Philosophical Origins of Modern Contract Doctrine* (1991), 69 (tomando de Skinner a referência à "conversão intelectual" de Crockaert).

[234] Quentin Skinner, *The Foundations of Modern Political Thought*, vol. II (1978), Cambridge: Cambridge University Press, 135. Conhecido como o 'Bártolo espanhol', Covarrubias seria, em Salamanca, um dos estudantes do linguista Martinho de Azpicuelta (1492-1586), integrante das primeiras entradas no sertão brasileiro. *v.* Win Decock, *Theologians and*

Escrevendo em reação ao nominalismo na filosofia, ao protestantismo na religião e ao absolutismo na política,[235] Covarrubias e de Soto recobrariam a tradição aristotélico-tomista para estabelecer princípios que fossem capazes de explicar integralmente cada uma das grandes categorias do direito privado. Em meados do século XVI, um grupo de jesuítas se juntaria a eles nessa empreitada, consolidando o modelo literário lançado pelos pioneiros (e rivais) dominicanos. Suas expressões mais bem acabadas seriam desenvolvidas nos textos de autores como Luis de Molina (1535-1600), Francisco Suárez (1548-1617), Leonard Lessius (1554-1623), Pedro de Oñate (1568-1646) e Juan de Lugo (1583-1660), representantes de uma 'segunda escolástica' ou, como é mais usual na literatura sobre o período, 'escolástica tardia'.[236] Escrevendo sob o domínio na União Ibérica (1580-1640), muitos desses autores desempenhariam papeis relevantes no desenvolvimento do pensamento jurídico e teológico luso-brasileiro. Suárez, por exemplo, assumiria a cadeira de teologia da Universidade de Coimbra em 1593, iniciando, pouco depois de seu ingresso, e sob os auspícios do reitor coimbrão, uma sequência de conferências sobre o conceito de direito, publicadas em 1612 sob o título *Tractatus de legibus ac Deo legislatore*.[237]

Contract Law. The Moral Transformation of the Ius Commune *(ca. 1500-1650)* (2013), Leiden: Martinus Nijhoff, 41.

[235] James R. Gordley, *The Philosophical Origins of Modern Contract Doctrine* (1991), 69.

[236] *v.* Paolo Grossi (organização), *La seconda scolastica nella formazione del diritto privato moderno* (1972), Milano: Giuffrè; James R. Gordley, *The Philosophical Origins of Modern Contract Doctrine* (1991) (referindo-se à 'escolástica tardia'); e Joseph Bordat, *Late Scholasticism*, in Stanley N. Katz (organização), *The Oxford International Encyclopedia of Legal History*, vol. 4 (2009), Oxford: Oxford University Press.

[237] Francisco Suárez, *Tractatus de legibus ac Deo legislatore in decem libros distribuius* (1612). A influência de Suárez não se restringiria à Península Ibérica, tampouco à teologia ou ao direito. Sua obra mais conhecida, *Disputationes Metaphysicae* (1597), seria retomada por filósofos tão díspares quanto Leibniz, Schopenhauer e Heidegger. Grócio, referido em seguida, invocaria Suárez como "o grande mestre da escolástica". Luciano Pereña, *Génesis del Tratado de las leyes* [estudo preliminar], in Francisco Suárez, *De legibus*, edição bilíngue de Luciano Pereña (1971), Madrid: Consejo Superior de Investigaciones Cientificas, LV. *v.* ainda Michel Villey, *La formation de la pensée juridique moderne* (1968), Paris [edição privada], 379-392.

Dos dominicanos e jesuítas salmantinos, a síntese aristotélico-tomista do direito romano chegaria ao pensamento de Hugo Grócio (1583-1645), o fundador do jusnaturalismo moderno,[238] e por meio dele alcançaria Samuel Pufendorf (1632-1694) e Jean Barbeyrac (1674-1744). As ideias de autores como Molina, Suárez e Lessius influenciariam, ainda, os trabalhos Jean Domat (1625-1695) e Robert-Joseph Pothier (1699-1772), deles chegando ao *Code civil* francês,[239] discutido no próximo capítulo.

3.1. Caminhos e descaminhos: estrutura, fontes e métodos

Do ponto de vista formal, muito pouco da estrutura proposta pelos glosadores preservou-se na literatura jurídica contemporânea. Obras com títulos, notas marginais ou excursos interlineares (refiro-me a trechos em tipo diminuto empregados entre os parágrafos principais de alguns manuais e monografias)[240] talvez sejam o que há de mais próximo das glosas na literatura jurídica contemporânea. O modelo proposto pelos comentadores, por outro lado, talvez ainda encontre sobrevida em livros de legislação e casos comentados. Algo efetivamente próximo do que hoje chamamos de doutrina só surgirá, entretanto, entre os séculos XVI e XVII. Aqui, as discussões deixam de ser organizadas a partir da estrutura conferida por Justiniano aos textos do *Corpus iuris*. Em textos de autores como Molina, Suárez ou Lessius, a ordem da exposição passa a ser temática: no lugar deste ou daquele fragmento em torno do qual se teciam glosas ou a partir do qual eram apresentados comentários, encontramos textos orientados por perguntas a respeito de categorias abrangentes como contrato, propriedade ou direito.

---

[238] *v.* Robert Feenstra, *L'influence de la Scolastique espagnole sur Grotius en droit privé: quelques expériences dans des questions de fond et de forme, concernant notamment les doctrines de l'erreur et de l'enrichissement sans cause*, in Paolo Grossi (organização), *La seconda scolastica nella formazione del diritto privato moderno* (1972), Milano, Giuffrè.

[239] *v.* André-Jean Arnaud, *Les origines doctrinales du code civil français* (1969), Paris: LGDJ.

[240] Trata-se de um expediente ainda comum em textos alemães ou inspirados pela literatura jurídica alemã. *e.g.* Werner Flume, *Das Rechtsgeschäft* (1964), tradução (da 4ª ed., 1992) de José María Miquel Gonzávez e Esther Gómez Calle, *El negocio jurídico* (1998), Madrid: Fundación Cultural del Notariado; António Manuel da Rocha e Menezes Cordeiro, *Da boa fé no direito civil* (1983; 2007), Coimbra: Almedina; e mesmo Jan M. Smits, *The Mind and Method of the Legal Academic* (2012).

A diferença, aqui, não está nas palavras, mas em seu significado. Referências a *contractus*, *proprietas* ou *lex* são comuns nos textos da *iurisprudentia* romana. Porém, aquilo que Gaio, Ulpiano ou Paulo chamavam de contrato não era, ainda, uma categoria abrangente: tratava-se, isto sim, de um rótulo aplicado a modelos ou esquemas contratuais específicos (contratos consensuais, contratos inominados, contratos verbais e assim por diante).[241] A novidade da escolástica tardia reside precisamente na transformação de rótulos em categorias. Contrato, propriedade e lei deixam de ser designações ancoradas em hipóteses organizadas por características materiais mais ou menos equivalentes passam a indicar conjuntos de práticas orientados por razões comuns. À inovação formal dos salmantinos corresponde, assim, uma inovação intelectual ou metodológica. Noções apenas esboçadas pelos juristas medievais ganharão, aqui, contornos muito mais precisos. E esses contornos virão de fontes até então pouco exploradas pela literatura jurídica.

Contemporâneos sensíveis àquilo que hoje chamamos de sincretismo metodológico possivelmente se chocariam com a miscelânea de fontes empregadas pelos representantes escolástica tardia. Encontramos aqui, em primeiro lugar, referências típicas da tradição católica romana: passagens bíblicas (salmos, provérbios, cartas de apóstolos), livros dos padres da Igreja e textos de teólogos moralistas (como Silvestre Prierias, Antonino de Florença ou Juan de Medina), além de comentários às *Sentenças* Pedro Lombardo e à *Summa* de Tomás de Aquino. Em segundo lugar, mas não em segundo plano, encontramos também novas fontes filosóficas – novas, neste caso, porque explícitas, já que boa parte delas não era estranha aos juristas medievais. Aqui estão os textos de Aristóteles, sobretudo o Aristóteles de Tomás de Aquino, mas também as menções (desta vez apenas ocasionais) a Cícero, Platão, Plutarco, Sêneca, Quintiliano e outros autores das tradições grega e romana.[242] Juristas medievais e pioneiros salmantinos também integram a bibliografia de autores como Lessius e Molina, que, entretanto, continuam primordialmente orientados pelos fragmentos coligidos na *vulgata*. Ainda aqui surgem, embora de

---

[241] G. 3, 88.
[242] Luciano Pereña, *Génesis del Tratado de las leyes* [estudo preliminar], in Francisco Suárez, *De legibus*, edição bilíngue de Luciano Pereña (1971), XXXVIII.

SÍNTESE: DOUTRINADORES DA ESCOLÁSTICA TARDIA

maneira muito menos recorrente, referências a leis nacionais, como os diplomas de *Toro* e das *Siete Partidas*, quase sempre tomadas a partir das edições de Antonio Gómez (*Ad Leges Tauri commentarium absolutissimum*, 1555) e Gregorio López (*Las Siete Partidas*, 1555).

O traço metodológico mais significativo da escolástica tardia não foi, todavia, seu sincretismo, mas sim a seletividade de suas propostas. Autores como Suárez, Lessius e Molina não tentaram compreender *todas* as regras jurídicas disponíveis em seu tempo a partir da religião e da filosofia. Apenas uma parte do direito privado foi compreendida dessa forma. Essa parte correspondia, em seus textos, ao *direito natural*. A outra parte correspondia ao *direito positivo*. Fruto do artifício humano, o direito positivo nem sempre poderia ser reconduzido às categorias aristotélico-tomistas. Consequentemente, regras que antes gozavam do mesmo nível de autoridade não mais precisariam ser conciliadas. As disposições jurídicas conformes aos princípios figurados por Aristóteles e Tomás de Aquino, explicaria Suárez, estariam acima das disposições que não se amoldassem a eles.[243] Retrospectivamente artificial, e possivelmente menos efetiva do que sugerem os textos,[244] essa orientação daria aos autores salmantinos muito mais espaço para o exercício de pretensões sistemáticas. Desse exercício resultará o 'núcleo duro' da doutrina contratual moderna; e em sua base estará um critério de inteligibilidade que apenas recentemente seria redescoberto pela literatura jurídica: a justiça comutativa.[245]

---

[243] James R. Gordley, *The Jurists* (2014), 83-84. Mas *v.* Quentin Skinner, *The Foundations of Modern Political Thought*, vol. II (1978), 149 (lembrando que essa concepção de direito natural, já bem acabada em Suárez, ainda não estava clara para os primeiros representantes da escolástica tardia).

[244] Michel Villey, *La formation de la pensée juridique moderne* (1968), Paris [edição privada], 391.

[245] *v.* Michel Villey, *La formation de la pensée juridique moderne* (1968), 338-379; Anthony T. Kronman, *Contract Law and Distributive Justice*, in *Yale Law Journal* 89 (1980); Ernest J. Weinrib, *Legal Formalism: On the Immanent Rationality of Law*, in *The Yale Law Journal* 97 (1988); e Claus-Wilhelm Canaris, *Die Bedeutung der iustitia distributiva im deutschen Vertragsrecht* (1997), München: Bayerischen Akademie der Wissenschaften. Referências a ideias de justiça eram razoavelmente comuns nas introduções de manuais brasileiros de direito civil publicados nas primeiras décadas do século XX. Não se tratava, contudo, de um critério de inteligibilidade para as categorias apresentadas nas páginas seguintes. *e.g.* Antônio Joaquim Ribas, *Curso de direito civil brasileiro* (1865; 2ª ed., 1880; 1977), Rio de

3.2. A filosofia levada ao direito: comutação e liberalidade

As noções de justiça dos juristas do século XVI e XVIII eram menos complicadas que as categorias jurídicas às quais se aplicavam. Em sentido *geral* ou *universal*, a ideia aristotélica de justiça compreende todas as virtudes, da temperança à bravura, da paciência à irresignação. Para o direito privado, importa um sentido menos amplo de justiça, caracterizado pela virtude de atribuir a cada um o que é seu, fórmula já empregada por Platão,[246] e geralmente referida pelos juristas a partir de um conhecido fragmento de Ulpiano.[247] Essa justiça, aplicável às constituições políticas, à legislação e à judicatura, é a *justiça particular*. Ela se apresenta, explica Aristóteles, em duas modalidades elementares. A primeira delas é *justiça distributiva*. A justiça distributiva diz respeito a relações de igualdade geométrica: as honrarias que concedemos a dois músicos, para usar o exemplo da *Ética*, devem ser proporcionais à qualidade de suas composições.[248] Em sua segunda modalidade, a justiça particular zela pela retidão das trocas: trata-se de corrigir ou retificar desequilíbrios emer-

---

Janeiro: Editora Rio, 19-20. mais tarde, noções sincréticas de justiça serão retomadas pela primeira geração de civilistas do século XX. *e.g.* Orlando Gomes, *O tetragrama da justiça* (1936), in *A crise do direito* (1945), 61-62 (lembrando a sugestão de Picard de uma ideia de justiça que, pautada por determinados princípios alegadamente genéricos, vá além dos interesses de uma ou outra parcela da sociedade).

[246] Plato (Platão), *Republic* (331e), tradução de Robin Waterfield (1993; 2008), Oxford: Oxford University Press, 9 (atribuindo ao poeta Simonides a afirmação de que fazer justiça é dar a cada um o que lhe seja devi- do).

[247] Ulp. 1 *reg.*, D. 1, 1, 10 pr.: "*Iustitia est constans et perpetua voluntas ius suum cuique tribuendi*"; e no mesmo fragmento, D. 1, 1, 10, 1: "*Iuris praecepta sunt haec: honeste vivere, alterum non laedere, suum cui que tribuere*". Em uma tradução livre, "Justiça é a vontade constante e perpetua de dar a cada um o que é seu. Os preceitos jurídicos são estes: viver honestamente, não causar dano a outrem, dar a cada um o que é seu."

[248] Para Aristóteles, a realização da justiça distributiva dependeria de uma específica virtude chamada de *prudência*. *v.* Aristóteles, *Ética a Nicômaco* (VI, 5, especificamente 1140b 20), 151. Não se trata de uma virtude moral, interna, *dianoética*, mas de uma disposição prática, de uma qualidade externamente apreciável, de uma virtude *ética*. Alguém pode ser justo sem ter consciência disso, e isso talvez explique porque certos legisladores e juízes continuam realizando a justiça mesmo quando deixam de se importar com ela. Sobre esse ponto, *v.* Pierre Aubenque, *La prudence chez Aristot* (1963), tradução de Marisa Lopes, *A prudência em Aristóteles* (2003), São Paulo, Discurso, 61-76.

sos daquilo que Aristóteles chamava de *synallagmata*, uma palavra ainda familiar. Aqui está a *justiça corretiva*, mais tarde denominada *comutativa*.[249]

Aristóteles distingue duas maneiras por meio das quais a justiça comutativa pode se apresentar. A primeira, associada aos delitos (ou, mais propriamente, ao tratamento dos danos injustamente causados), é chamada de *involuntária*. A retificação, aqui, decorre de atos alheios às intenções da pessoa prejudicada. A segunda modalidade de justiça comutativa, associada às trocas ou intercâmbios nogociais, é chamada de *voluntária*. Neste caso, a retificação é resultado de condutas deliberadas.[250] Em Aristóteles, a noção de *synallagma* dizia respeito tanto à justiça comutativa voluntária quanto à justiça comutativa involuntária.[251] Hoje, em uma tradição que que pode ser reconduzida a Labeão,[252] falamos de sinalagma apenas no âmbito dos contratos (e, portanto, da justiça comutativa voluntária). Para os autores da escolástica tardia, esse seria o domínio do direito dos contratos. Em linha de princípio, quem prestasse voluntariamente deveria receber uma prestação equivalente em contrapartida; e se essa prestação não fosse realizada, a parte prejudicada poderia recorrer aos tribunais, sem embargo da existência de uma *actio* apropriada. Para definir o que seria uma prestação voluntária, autores como Lessius e Molina recorreram à ideia de consenso, retomada em seguida, bem como ao elenco de hipóteses nas quais o consenso estaria viciado.[253] Por outro lado, os pormenorizados requisitos para a execução das diferentes espécies de *obligatio* estabelecidos nos textos romanos seriam tomados pelos juristas

---

[249] Para um itinerário dessas ideias no pensamento filosófico ocidental, *v.* Samuel Fleischacker, *A Short History of Distributive Justice* (2004), Cambridge: Harvard University Press; e Izhak Englard, *Corrective and Distributive Justice: From Aristotle to Modern Times* (2009), Oxford, Oxford University Press.

[250] Aristóteles, *Ética a Nicômaco* (1130^b), tradução de António de Castro Caeiro (2004; 3ª ed., 2009), Lisboa: Quetzal, 122.

[251] John Finnis, *Natural Law and Natural Rights* (1980; 2ª ed., 2011), Oxford: Oxford University Press, 178.

[252] Ulp. 11 *ad ed.*, D. 50, 16, 19 (reportando que Labeão definia o contrato como *synallagma*). *v.* Win Decock, *Theologians and Contract Law* (2013), 174.

[253] Leonard Lessius, *De iustitia et iure, cetersque virtutibus cardinalis libri quatuor* (1628), lib. 2, cap. 17, dub. 5; Luis de Molina, *De iustitia et iure tractatus* (1614) disps. 340-342; citados por Gordley, *The Jurists* (2014), 94. *v.* nota 186 acima.

de Salamanca como questões de direito positivo – podendo ser, por isso, impunemente ignoradas.[254]

Nem todos os contratos, entretanto, seriam orientados pela justiça comutativa. Alguns deles encontrariam fundamento em outra virtude aristotélica, a *liberalidade*. Para Aristóteles, a liberalidade não corresponderia a qualquer espécie daquilo que hoje chamaríamos prestação a título gratuito. Mais do que isso, ela indicaria a entrega "de quantia certa, à pessoa certa, no momento certo, e com todas as outras qualificações que devem acompanhar uma oferta correta."[255] Referência imediata de Lessius e Molina, Tomás de Aquino explicaria que "se um homem simplesmente transfere [algo seu para outra pessoa], sem constituir com isso um débito do recipiente, não estaremos diante de um ato de justiça [comutativa], mas de liberalidade."[256] Para ele, "uma transferência voluntária [somente] pertenceria ao campo da justiça na medida em que incluísse a noção de débito." E isso, segue Tomás de Aquino, poderia ocorrer de várias formas:

"Primeiro, alguém pode simplesmente transferir algo para alguém em troca de outra coisa, como ocorre na venda. Segundo, alguém pode transferir algo para outra pessoa de modo que esta, usando a coisa transferida, obrigue-se a devolvê-la para seu dono. Se alguém concede o uso gratuitamente, a transação de chama usufruto, em caos que envolvem frutos, ou simplesmente mútuo, em casos que não dizem respeito a frutos, mas a dinheiro, cerâmica e assim por diante. No entanto, se nem mesmo o uso é concedido gratuitamente, a transação se chama locação. Terceiro, alguém pode transferir algo para receber essa coisa de volta, não propriamente para que ela seja usada por quem a receber, mas para que seja mantida a salvo, como ocorre no depósito, ou por conta de uma obrigação, como quando alguém assume uma obrigação empenhando um objeto, ou afiançando outra pessoa."[257]

---

[254] James R. Gordley, *The Jurists* (2014), 86.

[255] Aristóteles, *Ética a Nicômaco* (1119^b-1120^a), tradução de António de Castro Caeiro (2004; 3ª ed., 2009), 120.

[256] Tomás de Aquino, *Summa theologiae*, II-II, Q. 61, a. 3. Apoio-me aqui na tradução dirigida por Gabriel C. Galache e Danilo Mondoni, *Suma teológica*, vol. v (2004; 4ª ed., 2014), São Paulo: Loyola.

[257] Tomás de Aquino, *Summa theologiae*, II-II, Q. 61, a. 3.

A apropriação escolástico-tardia das noções de justiça comutativa e liberalidade foi facilitada pela distinção medieval entre duas espécies de *causa*.[258] A filosofia de Aristóteles e Tomás de Aquino, vimos acima, era familiar a Bártolo e Baldo, que possivelmente lançaram mão dela para distinguir causas correspondentes a contrapartidas (como a causa do contrato de compra e venda) e causas correspondentes a liberalidades (como a causa da doação). Seu propósito, particularmente no que tange à justiça comutativa, era compreender por que certos comportamentos obrigam e outros não.[259] Trata-se de um objetivo diferente daquele que seria abraçado pelos escolásticos. Bártolo, Baldo e outros juristas medievais queriam conferir unidade ao conjunto de textos romanos reunidos na *vulgata*, aplicando-os, quando necessário, a hipóteses que não eram explicitamente contempladas em sua literalidade. Compreender esses textos a partir de um princípio ou fundamento comum, como procuraram fazer autores como de Soto, Molina e Suárez, escapava aos limites dos seus projetos metodológicos.

3.3. *Contractus est pactum obligans ex iustitia commutativa*

Com a escolástica tardia, e especialmente com seus representantes jesuítas, o conceito de contrato ganhará autonomia, servindo de base, retomemos a passagem de Skinner, para a consolidação de "um novo vocabulário, um vocabulário em torno do qual esse conceito é então articulado e discutido."[260] Autores como Lessius, Molina, Lugo e Oñate dedicarão capítulos específicos de seus tratados a um 'direito dos contratos em geral' – *de contractibus in genere*, como eles diziam –, capítulos orientados por uma ideia bastante ampla de consenso, como já haviam sinalizado os juristas medievais, e pela noção de justiça comutativa, antes tomada de modo fragmentário ou implícito.[261] "Falemos em primeiro lugar dos contratos em geral, empregando a palavra 'contrato' em seu mais largo sentido", escrevia Molina no segundo tomo de seu *De iustitia et iure*, "para

---

[258] Gordley, *The Jurists* (2014), 95.
[259] *v.* nota 173 acima.
[260] Quentin Skinner, *The Foundations of Modern Political Thought*, vol. I (1978), x. Similarmente, António Manuel Hespanha, *Imbecillitas* (2010), 15.
[261] Win Decock, *Theologians and Contract Law* (2013), 171.

depois descer aos contratos específicos."[262] Em Pedro de Oñate, as discussões sobre os contratos *in genere* já ocuparão mais de setecentas páginas de um textos dedicado integralmente ao direito dos contratos.[263] Será dele a elegante definição que serve de título para este item.[264]

Para Oñate e seus colegas, o caráter genericamente vinculante das promessas dependeria de três requisitos. O primeiro seria o *animus obligandi*. Lessius deixaria claro que a força das promessas decorreria da intenção: "*omnis vis obligandi promissionis est ab intentione*."[265] Essa ideia seria vinculada por Lugo à noção de contrato como *lex privata*,[266] uma referência romana já explorada por juristas medievais,[267] apropriada por Domat e positivada no art. 1.134 do Código Napoleão.[268] O *animus* deveria, aqui, ser qualificado pela intenção de vincular-se em razão da justiça comutativa, traço que distinguia as promessas juridicamente exigíveis das ofertas de amizade, das liberalidades ou das expressões de desejo, por exemplo. "*Simplex assertio futuri non est semper promissio*, esclarecia de Soto.[269] O segundo requisito para a atribuição de caráter vinculante às promessas era o que os representantes da escolástica tardia chamavam de *promissio externa*. Entendia-se que as promessas voltadas para a constituição de contratos deveriam ser declaradas, porque dirigidas a outras pessoas, ao

---

[262] Luis de Molina, *De iustitia et iure*, tom. 2 (*De contractibus*), trac. 2, disp. 252, col. 1, num. 1, citado por Win Decock, *Theologians and Contract Law* (2013), 171.

[263] Win Decock, *Theologians and Contract Law* (2013), 172.

[264] "Contrato é o acordo vinculante em razão da justiça comutativa." Pedro de Oñate, *De contractibus*, tom. 1, tract. 1, disp. 1, sec. 3, num. 26, citado por Win Decock, *Theologians and Contract Law* (2013), 173.

[265] Lessius, *De iustitia et iure*, lib. 2, cap. 18, dub. 1, num. 6, p. 216, citado por Win Decock, *Theologians and Contract Law* (2013), 178.

[266] Lugo, *De iustitia et iure*, tom. 2, disp. 23, sec. 1, num. 4, p. 103, citado por Win Decock, *Theologians and Contract Law* (2013), 178.

[267] Ulp. 29 ad sab., D. 50, 17, 23. v. Italo Birocchi, *Notazioni sul contratto*, in *Quaderni fiorentini per la storia del pensiero giuridico moderno* 19 (1990).

[268] Código Civil Francês de 1804, art. 1.134: "*Les conventions légalement formées tiennent lieu de loi à ceux qui les ont faites. [¶] Elles ne peuvent être révoquées que de leur consentement mutuel, ou pour les causes que la loi autorise. [¶] Elles doivent être exécutées de bonne foi.*"

[269] Soto, *De iustitia et iure*, lib. 7, quaest. 2, p. 631, citado por Win Decock, *Theologians and Contract Law* (2013), 179.

SÍNTESE: DOUTRINADORES DA ESCOLÁSTICA TARDIA

contrário, por exemplo, das promessas feitas a Deus.[270] Molina discordaria, lançando mão de analogias com a disciplina romana da propriedade, mas sua opinião permaneceria isolada.[271] O terceiro requisito identificado pelos juristas salmantinos era *promissio acceptata*. A intenção de prometer e sua declaração não bastariam: seria preciso identificar a aceitação daquilo que foi prometido. Como dizia Lessius, *"obligatio non nascitur nisi mutuo duorum consensu."*[272] Por conseguinte, as promessas poderia ser revogadas – de *re vocare*, desdizer o que foi dito – até o momento em que não tivessem sido aceitas.[273]

Note que esses requisitos – a intenção de obrigar-se, sua exteriorização e seu reconhecimento pela pessoa coobrigada – não correspondem apenas aos rudimentos da disciplina daquilo que hoje chamamos de oferta e aceitação. Eles também estão na base de discussões teóricas a respeito das relações entre vontade e declaração desenvolvidas a partir das últimas décadas do século XIX, como veremos no próximo capítulo.[274]

A proto-disciplina da oferta e da aceitação também fornecerá o ponto de partida para uma associação radicalizada entre os séculos XIX e XX, já sob o signo do positivismo jurídico de matriz hobbesiana: a associação entre contrato e liberdade.[275] Essa associação envolve duas noções complementares. A primeira diz respeito à possibilidade de escolher se e com quem celebramos nossos contratos. Sou livre para contratar com você ou com seu concorrente, ainda que minha escolha seja arbitrária, irracional ou mesmo ineficiente. Também sou livre – esta é a segunda noção – para definir o conteúdo do nosso contrato sem interferências do Estado ou de

---

[270] Win Decock, *Theologians and Contract Law* (2013), 183-184.

[271] Molina teria sido a voz dissidente neste ponto. Win Decock, *Theologians and Contract Law* (2013), 185.

[272] Lessius, *De iustitia et iure*, lib. 2, cap. 18, dub. 6. num. 34, p. 220, citado por Win Decock, *Theologians and Contract Law* (2013), 188.

[273] Molina, *De iustitia et iure*, tom. 2, tract. 2, disp. 266, col. 63, num. 7, citado por Win Decock, *Theologians and Contract Law* (2013), 184. Este elemento é posto em cheque por autores contemporâneos que tentam afimar a existência de contratos entre pessoas e coisas inanimadas. *e.g.* Natalino Irti, *Scambi senza accordo*, in *Norma e luoghi. Problemi di geo-diritto* (1998; 2001), Bari: Laterza.

[274] *v.* página 155 *infra*.

[275] *v.* página 240 e seguintes *infra*.

FUNDAMENTOS DO DIREITO CONTRATUAL

terceiros. Desde que atendamos a um conjunto minimalista de exigências – basicamente, enquanto eu e você dispusermos de níveis razoáveis de informação e na medida em que não estivermos sujeitos a nenhuma espécie de constrição externa –, nosso contrato será exigível. Essas duas noções correspondem, respectivamente àquilo que chamamos de liberdade *de contratar* e liberdade *contratual* – ou, conjuntamente, liberdade de contratar *lato sensu*.

Ao longo do século XX, a liberdade de contratar *lato sensu* foi vinculada a duas justificações. A primeira delas é a ideia de autonomia. Neste caso, figura é encarada como expressão da nossa capacidade de ditar regras para nós mesmos. Ela representa uma projeção da nossa razão prática, um dado que não pode ser separado daquilo que nos identifica como seres humanos. A segunda ideia associada à liberdade de contratar (a partir daqui, sempre *lato sensu*) é a ideia de desenvolvimento.[276] A noção ganha, aqui, razões exteriores, explicando-se antes pela higidez dos mercados que por razões intrínsecas ao seu exercício.[277] Essas duas justificações contam com uma literatura vastíssima. A ideia de liberdade de contratar como expressão da autonomia foi responsável por um significativo sopro de vitalidade na literatura contratual a partir da década de 1940.[278] A ideia de liberdade de contratar como matriz para o desenvolvimento,

---

[276] Trata-se aqui da ideia de desenvolvimento como *crescimento econômico*, uma ideia que atravessa o pensamento de autores tão diferentes quanto Malthus, Ricardo, Keynes, Schumpeter, Solow e Vishny. Não se trata, assim, de uma ideia de desenvolvimento orientada por razões emancipatórias, tal qual a ideia de desenvovimento como promoção de *capabilities* defendida por Amartya K. Sen, *Development as Freedom* (1999), New York: Anchor. Para um mapa das apropriações jurídicas do tema desde os anos 70, *v*. David M. Trubek e Alvaro Santos, *Introduction: The Third Moment in Law and Development Theory and the Emergence of a New Critical Practice*, in David M. Trubek e Alvaro Santos (organização), *The New Law and Economic Development: A Critical Appraisal* (2006), Cambridge: Cambridge University Press.
[277] A associação entre a higidez dos mercados as noções de liberdade de contratar e liberdade contratual fica nítida nas fronteiras entre o direito dos contratos e o direito antitruste. *v*. nota 54 *supra*.
[278] *e.g.* Luigi Ferri, *L'autonomia privata* (1959), Milano, Giuffrè; Werner Flume, *Das Rechtsgeschäft* (1964), tradução (da 4ª ed., 1992) de José María Miquel Gonzávez e Esther Gómez Calle, *El negocio jurídico* (1998), Madrid: Fundación Cultural del Notariado; e ainda antes, Emilio Betti, *Teoria generale del negozio giuridico* (1943; 2ª ed., 1950; 1994), Napoli: Edizioni Scientifiche Italiane. Quanto aos Estados Unidos, *v*. Lon L. Fuller, *Consideration and Form*,

por sua vez, ganharia atenção nos meios acadêmicos especialmente nos últimos trinta ou quarenta anos, sobretudo por conta do triunfo político do neoliberalismo no final do século XX (a recente crise econômica desencadeada nos Estados Unidos em 2008 colocaria essa justificação em xeque).[279]

Em sua origem, entretanto – uma origem que antecede em pelo menos duzentos anos as ideias liberais que orientam o *mainstream* da filosofia política contemporânea –, a liberdade de contratar *lato sensu* não estava associada nem à autonomia, nem ao desenvolvimento. Suas referências eram, ao invés, a salvação e a justiça comutativa. Pensar em salvação e justiça como base, e não como limite da liberdade no campo contratual exige um significativo esforço de transposição. Pense que juristas como Lessius, Molina e Oñate não viviam em uma sociedade secularizada, tampouco em uma democracia. Como praticamente todo intelectual do seu tempo, eles acreditavam que sua existência era composta não apenas por seus corpos, mas também por suas almas. Seu raciocínio jurídico não envolvia cidadãos, mas senhores, colonos, escravos, reis e hereges. Eles não tinham diante de si uma única jurisdição, acompanhada de uma específica hierarquia judicial e por uma repartição clara de competências, mas uma plêiade de tribunais e mecanismos de execução forçada, alguns deles privados. Sua referência institucional elementar, enfim, não era Estado, mas a Igreja. Nesse contexto, não surpreende que salvação e justiça representassem os horizontes de sentido das relações entre contrato e liberdade.

Os fundamentos teológicos e éticos da liberdade de contratar figurados nos séculos XVI e XVII se perderam, mas seus limites, em boa medida já estipulados por glosadores e comentadores (a inovação escolástico-tardia seria mais modesta neste ponto), não parecem ter mudado substancialmente desde então. Em linha com o pensamento de Hobbes,

---

in *Columbia Law Review* 41 (1941). Contextualizando-o, Duncan Kennedy, *From the Will Theory to the Principle of Private Autonomy*, in *Columbia Law Review* 100 (2000).

[279] *v.* Olha O. Cherednychenko, *Freedom of Contract in the Post-Crisis Era: Quo Vadis?*, in *European Review of Contract Law* 10 (2014); Hans-W. Micklitz, *On the Intellectual History of Freedom of Contract and Regulation*, in *Penn State International Law Review* 33 (2015); e nota 205 supra.

tal qual interpretado por Skinner,[280] prevalece a ideia de que o papel do direito dos contratos, e por conseguinte da doutrina contratual, é limitar, e não propriamente conformar – *constituir*, poderíamos dizer – a liberdade de contratar. Isso ajuda a entender por que uma disposição como a do art. 421 do Código Civil Brasileiro causa, ainda hoje, surpresa a que pretende interpretá-la.[281] E também ajuda a entender o fascínio doutrinário por temas relacionados com as limitações legislativas da prática contratual. Aqui estão, no mapa conceitual proposto por Stephen Smith e adotado por Win Decock, os vícios da vontade ou do consentimento, as solenidades requeridas pela autoridade disponível e as demandas de equilíbrio contratual.[282] Os primeiros, correspondentes ao que o Código Civil brasileiro chama de 'defeitos do negócio jurídico': erro, dolo, coação, estado de perigo, fraude contra credores e outras hipóteses de invalidade como a incapacidade absoluta, a fraude à lei e a simulação (referidas entre os arts. 138 e 184 do diploma); as segundas (as solenidades requeridas pela autoridade disponível), exemplificadas pela exigência de escritura pública para os negócios que digam respeito à circulação de "direitos reais sobre imóveis de valor superior a trinta vezes o maior salário mínimo vigente no País" (assim no art. 108, sempre do Código Civil brasileiro); e as últimas (as demandas de equilíbrio contratual), traduzidas por figuras como a lesão, a desproporção manifesta ou a onerosidade

---

[280] Quentin Skinner, *Thomas Hobbes et le vrai sens du mot liberté*, in *Archives de philosophie du droit* 36 [Droit et science] (1991).

[281] Mais do que sujeitar a liberdade de contratar *lato sensu* à função social do contrato, o texto do art. 421 define-a *em razão* desta última: "A liberdade de contratar será exercida em razão e nos limites da função social do contrato." Nesse sentido, mesmo autores que reconhecem o componente definicional da figura parecem concentrar-se sobre a ideia de função social como *limite* da prática contratual. *e.g.* Calixto Salomão Filho, *Função social do contrato: primeiras anotações*, in *Teoria crítico-estruturalista do direito comercial* (2015), São Paulo: Marcial Pons, 178-202, e excepcionalmente 183 (reconhecendo, neste ponto, a necessidade de "dar ao princípio [da função social do contrato] aspecto específico, pois dele depende a própria nova feição dos contratos", mas dedicando a maior parte da análise à identificação das hipóteses sugeridas pela ideia de função social como limite da liberdade de contratar *lato sensu*).

[282] Stephen Smith, *Contract Theory* (2004); e Win Decock, *Theologians and Contract Law* (2013), 9. O tratamento escolástico-tardio desses limites é pormenorizadamente discutido por Wincock ao longo do livro.

excessiva superveniente (reguladas nos arts. 157, 317 e 478 do Código Civil, respectivamente).

3.4. *Déjà vu*: teoria e doutrina, consenso e responsabilidade

As discussões salmantinas a respeito da formação dos contratos não se limitariam a afirmar, diríamos hoje, sua relevância jurídica.[283] Mais do que isso, importava-lhes esclarecer as relações entre contrato e obrigação. Lessius esclareceria que "prometer não é simplesmente afirmar que alguém dará ou fará algo; mais do que isso, prometer é obrigar-se diante de outra pessoa, e, por conseguinte, conceder a essa pessoa o direito de exigir aquilo que foi prometido."[284] Nesse caso, o consenso – a intenção de obrigar-se, sua declaração e sua recepção – não apenas explicaria a origem dos contratos; mais do que isso, ele justificaria sua exigibilidade. Consenso e responsabilidade contratual tornam-se, assim, elementos imbricados. A responsabilidade contratual passa a ser disciplinada pela ideia de consenso, e o consenso passa a ser encarado como razão justificativa da responsabilidade.

Não se tratava de um entendimento pacífico. Antes dos salmantinos, o frade dominicano Tomás de Vio, mais conhecido como Tomás Caetano, argumentara que o destinatário de uma promessa doação não poderia demandá-la legitimamente sem provar que sua falta lhe trouxera prejuízos. O consenso, aqui, não seria suficiente para sua exigência. Para Caetano – seguido, neste ponto, por alguns contemporâneos de Lessius e Molina –, apenas promessas que tivessem alterado o curso ordinário da vida do promissário poderiam ser especificamente demandadas.[285] Note que neste caso o consenso não deixava de ser relevante, mas tinha um papel secundário na definição da responsabilidade contratual.

---

[283] *v.* Angelo Falzea, *Rilevanza giuridica*, in *Enciclopedia del diritto*, vol. xl (1989), Milano: Giuffrè (distinguindo a relevância, destinada a fatos que podem ou não ter consequências jurídicas, da eficácia).

[284] Leonard Lessius, *De iustitia et iure*, l. 2, c. 18., d. 8, n. 52, citado por James R. Gordley, *Foundations of Private Law* (2007), 293, nota 29.

[285] James R. Gordley, *Foundations of Private Law* (2007), 293

Esse debate continua. Recobrado por Jhering em sua pioneira discussão sobre a *culpa in contrahendo*,[286] o problema discutido por Caetano, Lessius e Molina seria organizado em torno das noções de 'interesse contratual negativo' e 'interesse contratual positivo',[287] desdobrando-se, já no início dos anos 70, na conhecida tese de Canaris a respeito da 'responsabilidade pela confiança'.[288] No caso do interesse negativo, o que está em jogo é a posição em que o credor estaria se o contrato jamais tivesse existido; no caso do interesse positivo, importa posição em que ele estaria se o contrato fosse regularmente cumprido. Consequentemente, diante do interesse negativo as perdas e danos devem restituir o credor ao *status quo ante*, isto é, ao estado patrimonial em que se encontrava antes da formação do contrato, ao passo que na hipótese do interesse positivo elas devem conduzi-lo a uma situação patrimonial equivalente àquela que seria conformada pelo cumprimento.

Em um plano menos abstrato, e por isso mais próximo daquele em que se colocavam Caetano, Molina e Lessius, ganham relevo as discussões a respeito da possibilidade de cumulação de medidas resolutórias e restitutórias, isto é, a respeito da possibilidade de, ao mesmo tempo, resolver o contrato e cobrar-lhe o equivalente da execução. Embora a orientação tradicional fosse no sentido de que a resolução não poderia ser cumulada com a reparação pelo interesse positivo,[289] textos e decisões mais recentes têm admitido essa possibilidade.[290] Trata-se, aqui, de encarar as medidas resolutórias como hipóteses de *transformação* das

---

[286] v. Rudolf von Jhering, *Culpa in contrahendo, oder Schadensersatz bei nichtigen Oder nicht zur Perfection gelangten Vertragen* (1861), tradução de Paulo Mota Pinto, *Culpa in contrahendo ou indemnização em contratos nulos ou não chegados a perfeição* (2008), Coimbra: Almedina.

[287] Para um panorama, *v.* Paulo Mota Pinto, *Interesse contratual negativo e interesse contratual positivo*, vol. 1 (2008), Coimbra: Coimbra Editora, 1-8.

[288] Claus-Wilhelm Canaris, *Die Vertrauenschaftung im deutschen Privatrecht* (1971), München: Beck.

[289] *e.g.* João de Matos Antunes Varela, *Das obrigações em geral*, vol. II (1974; 2ª ed., 1997), Coimbra: Almedina, 104: "Desde que o credor opte pela resolução do contrato, não faria sentido que pudesse exigir do devedor o ressarcimento que normalmente lhe traria a execução do negócio"; e no Brasil, Araken de Assis, *Dano positivo e negativo na dissolução do contrato*, in *Revista do Advogado* 40 (1994), 22-23.

[290] *e.g.* Paulo Mota Pinto, *Interesse contratual negativo e interesse contratual positivo*, vol. 2 (2008), Coimbra: Coimbra Editora, 1627-1628 (reportando-se à doutrina alemã); e no

SÍNTESE: DOUTRINADORES DA ESCOLÁSTICA TARDIA

relações contratuais *em relações de liquidação*, e não propriamente *ruptura do contrato*,[291] eliminando, assim, a aparente contradição entre a racionalidade da resolução, ancorada em um juízo negativo a respeito da relação contratual, e da reparação pelo interesse positivo, ancorada em um juízo positivo a seu respeito.

O debate norte-americano é, neste ponto, muito similar ao europeu, embora suas referências dificilmente cruzem o Atlântico.[292] Em *The Reliance Interest in Contract Damages*, publicado em 1936 no *Yale Law Journal*, Lon Fuller e William Perdue discutiriam a racionalidade da reparação pelo descumprimento de contratos a partir do que chamavam '*reliance damages*' e '*expectation damages*' (os autores davam conta, ainda, de uma terceira categoria, os '*restitution damages*', equivalentes aos prejuízos decorrentes do cumprimento unilateral).[293] Sua terminologia logo se tornaria o centro de gravidade das discussões sobre o assunto, mesmo entre aqueles que procuraram criticá-la.[294] Como Caetano, Fuller e Purdue reconheceriam que o descumprimento de uma promessa traz ao promissário uma inconveniente "sensação de prejuízo", uma sensação correspondente à "expectativa de receber o que lhe é devido".[295] A frustração dessa expectativa, contudo, não poderia ser confundida com os prejuízos decorrentes da *confiança* depositada no cumprimento – ou, mais especificamente, com os prejuízos decorrentes de condutas levadas a efeito por conta dessa confiança. "Na verdade", esclareciam Fuller e Purdue,

---

Brasil, Ruy Rosado de Aguiar Júnior, *Extinção dos contratos por incumprimento do devedor* (1991; 2ª ed., 2004), Rio de Janeiro: Aide, 269.

[291] Essa percepção já estava presente em Clóvis do Couto e Silva, *A obrigação como processo* (1964; 2006), Rio de Janeiro, FGV.

[292] Uma exceção pode ser encontrada em Friedrich Kessler e Edith Fine, *Culpa in Contrahendo, Bargaining in Good Faith, and Freedom of Contract: A Comparative Study*, in *Harvard Law Review* 77 (1964).

[293] Lon L. Fuller e William R. Perdue, Jr., *The Reliance Interest in Contract Damages* [partes I e II], in *Yale Law Journal* 46 (1936).

[294] e.g. Claire Dalton, *An Essay in the Deconstruction of Contract Doctrine*, in *Yale Law Journal* 94 (1985).

[295] Lon L. Fuller e William R. Perdue, Jr., *The Reliance Interest in Contract Damages* [parte I], in *Yale Law Journal* 46 (1936), 56.

"a perda que um autor sofre pela privação da expectativa não é um dado da natureza, mas sim o reflexo de uma ordem normativa. Essa perda só corresponde a um efetivo prejuízo [tal qual aquele decorrente de condutas levadas a cabo por conta da confiança no cumprimento do contrato] na medida em que estiver coberto por um dever. Consequentemente, quando o direito autoriza a reparação do valor atribuído ao comportamento prometido [a reparação da expectativa], ele não está simplesmente quantificando um prejuízo; mais do que isso, ele está buscando um fim, por mais vago que ele seja."[296]

Lessius e Molina discordariam,[297] da mesma forma que autores contemporâneos como Thomas Scanlon e Stephen Smith. Para Scanlon, um promitente estaria vinculado na medida em que houvesse 'assegurado' a execução de seu comportamento ao promissário,[298] um entendimento que, na prática, tornaria inexigíveis apenas figuras limiares como contratos *jocandi causa*, *gentleman's agreements* (que podem ser, não obstante, extremamente relevantes para o direito da concorrência), bem como pequenos atos de favor.[299] Stephen Smith chegaria a um resultado parecido a partir de razões um pouco diferentes. Para ele, a assunção voluntária de obrigações seria algo "intrinsecamente valoroso", devendo, por isso, encontrar suporte no direito estatal.[300] Seu valor decorreria da criação de uma relação "especial" entre promitentes e promissários, uma relação que ensejaria, em seu vocabulário raziano, "razões exclusionárias de agir"[301] – no caso, razões aptas a eliminar razões de agir que não este-

---

[296] Lon L. Fuller e William R. Perdue, Jr., *The Reliance Interest in Contract Damages* [parte I], in *Yale Law Journal* 46 (1936), 53.

[297] James R. Gordley, *Foundations of Private Law* (2007), 294.

[298] Thomas Scanlon, *Promises and Contracts*, in Peter Benson (organização), *The Theory of Contract Law: New Essays* (2001), Cambridge: Cambridge University Press.

[299] Essas figuras são discutidas em Antônio Junqueira de Azevedo, *Negócio jurídico e declaração negocial (Noções gerais e formação da declaração negocial)* (1986), 41-44.

[300] Stephen A. Smith, *Towards a Theory of Contract*, in Jeremy Horder (organização), *Oxford Essays in Jurisprudence* [4th series] (2000), Oxford: Oxford University Press, 127

[301] *v.* Joseph Raz, *Promises in Morality and Law*, in *Harvard Law Review* 95 (1982), 934. Raz distingue razões de agir de primeira ordem de razões de agir de segunda ordem. Razões de agir de primeira ordem são razões para levar a cabo uma determinada ação ou abster-

SÍNTESE: DOUTRINADORES DA ESCOLÁSTICA TARDIA

jam ligadas à existência de uma promessa.[302] Essas leituras são mais sutis do que parecem. Sua consequência não seria a proibição do descumprimento de promessas, algo que, no fim das contas, não passaria de letra morta. As propostas de Scanlon e Smith – mas também de Molina e Lessius – dizem respeito ao regime da responsabilidade contratual: trata-se de admitir, por via de regra, a reparação dos *expectation damages* discutidos por Fuller e Perdue.

Teoria e doutrina encontram-se fundidas nessa discussão. A divergência estabelecida entre Caetano e os juristas salmantinos é, sim, caracteristicamente teórica, e por isso pode ser confrontada com discussões contemporâneas; porém, ela só emerge na medida em que traduz, também, um problema prático.[303] Por isso é correto dizer que se trata de uma divergência teórico-doutrinária.[304] Nos textos humanistas, discutidos no próximo capítulo, a teoria do contrato dará os primeiros passos em direção à autonomia (outros segmentos da teoria no campo jurídico, e nomeadamente a teoria do direito, já encontram razoável desenvolvimento neste ponto, bastando lembrar, aqui, o *Tractatus de legibus* de

---

se de praticá-la. Razões de agir de segunda ordem são razões para agir ou deixar de agir por conta de determinada razão. Nesse quadro, uma "razão exclusionária" é uma razão de agir de segunda ordem. Para Raz, regras jurídicas são, ao mesmo tempo, razões de agir de primeira ordem e razões exclusionárias de agir, na medida em que também servem para excluir razões que poderiam entrar em conflito com suas prescrições. Uma esclarecedora leitura da noção raziana de razão exclusionária pode ser encontrada em Rubens Eduardo Glezer, *O positivismo de Joseph Raz: autoridade e razão prática sem prática social* (2015), Tese de doutorado apresentada à Faculdade de Direito da Universidade de São Paulo, 30-33.

[302] Stephen A. Smith, *Towards a Theory of Contract*, in Jeremy Horder (organização), *Oxford Essays in Jurisprudence* [4th series] (2000), 128.

[303] Para uma ilustração muito conhecida desse espírito, v. Wesley N. Hohfeld, *Some Fundamental Legal Conceptions as Applied in Judicial Reasoning*, in *Yale Law Journal* 23 (1913), 20: *"If, therefore, the title of this article suggests a merely philosophical inquiry as to the nature of law and legal relations,–a discussion regarded more or less as an end in itself,–the writer may be pardoned for repudiating such a connotation in advance. On the contrary, in response to the invitation of the editor of this journal, the main purpose of the writer is to emphasize certain oft-neglected matters that may aid in the understanding and in the solution of practical, every-day problems of the law."*

[304] v. Joseph Bordat, *Late Scholasticism*, in Stanley N. Katz (organização), *The Oxford International Encyclopedia of Legal History*, vol. 4 (2009), 15 (qualificando a escolástica tardia como *"the link between medieval and modern legal philosophy"*, mas reconhecendo que ela *"provided an authoritative stimulus for juridical practice."*)

Suárez, assim como os trabalhos maduros de Covarrubias ou Vitória). No século XIX, o aprofundamento de discussões a respeito do papel da vontade na conformação do conteúdo e dos efeitos do contrato (ou do negócio jurídico), seguido por uma reação agressiva e plurívoca a esse arcabouço conceitual, será o passo definitivo desse movimento.

Pouco a pouco, as consequências concretas dos debates acadêmicos deixarão de preocupar os juristas, mesmo no âmbito mais restrito do direito dos contratos. Importará, em primeiro lugar, identificar os argumentos que mais se aproximam deste ou daquele cânone intelectual, e em que medida esses argumentos são legitimados por uma comunidade de acadêmicos. No plano literário, esse desencargo levará à especificação de duas espécies de textos: aqueles que se concentram sobre problemas teóricos independentemente de sua relevância prática e aqueles que avançam proposições práticas sem embargo de desacordos teóricos. Neste ponto, doutrina e teoria estarão plenamente apartadas.

II

A FRAGMENTAÇÃO DA DOUTRINA CONTRATUAL

"All art is quite useless."

Oscar Wilde, *The Picture of Dorian Gray* (1891)

4.
PREMISSA: *DE IURE IN ARTEM REDIGENDO*[305]

Os doutrinadores da escolástica tardia procuraram conciliar três tradições intelectuais bem sedimentadas na cultura erudita europeia dos séculos XVI e XVII: o direito romano, o cristianismo e a filosofia aristotélica. Cada uma dessas tradições foi absorvida a parir de uma interface específica. O direito romano, a partir da interpretação de glosadores e comentadores; o cristianismo, a partir dos cânones e *decretais* religiosas; e a filosofia aristotélica, a partir de suas reproposições tomistas. Uma quarta tradição intelectual, no entanto, também ela forjada na cultura romana, havia sido deixada de lado. Sua retomada traria ao menos três implicações de longo prazo para a cultura jurídica europeia: (i) a neutralização teórica da doutrina, (ii) a emancipação da teoria como gênero jurídico-literário autônomo e (iii) a ideia de codificações nacionais que deixassem para trás o direito romano.

Para Cícero (106-43 a.C.), o direito não seria apenas uma técnica ou uma forma de organização social orientada pela lei positiva.[306] Mais do que isso, ele seria uma *ars*, noção literalmente traduzida como *arte* ou, como têm preferido alguns, *ciência*.[307] E como *ars*, argumentariam seus

---

[305] *De iure civile in artem redigendo* é o título de uma obra inconclusa de Cícero, publicada postumamente. Dela chegaram-nos apenas dois fragmentos, preservados nos escritos de Quintiliano. A expressão é lembrada por Hugo Donellus, *Commentariorum de iure civili libri viginti octo* (1840-1847), I.i.1, referido por James R. Gordley, *The Jurists* (2014), 120.

[306] Guido Fassò, *Storia della filosofia del diritto*, vol. I (1966), Bologna: Il Mulino, 134.

[307] *e.g.* Filippo Gallo, *Sulla definizione celsina del diritto*, in *Studia et documenta historiae et iuris* 53 (1987) (sugerindo o emprego da palavra 'ciência' para designar a concepção de direito de Celso). A partir deste ponto, as noções de 'arte' e 'ciência' serão apropriadas

leitores renascentistas, ele deveria compor o quadro elementar de uma *educação liberal* voltada para a formação de homens públicos. Para tanto, seu veículo não seria a rigidez dos sistemas filosóficos de Aristóteles ou Tomás de Aquino,[308] mas o arrebatamento retórico da eloquência latina. Partindo das bases metodológicas figuradas por Petrarca (1304-1374), um grupo bastante heterogêneo de autores constituiria o que a partir do século XIX se convencionou chamar de *humanismo jurídico*.[309] Aqui estão literatos como Lorenzo Valla (1407-1457) e Angelo Poliziano (1454-1494), seguidos de perto pelos juristas Guillaume Budé (1467-1540) e Jacques Cujas (ou, como costumamos dizer no Brasil, Cujácio) (1522-1590) na França, Andrea Alciato (1492-1550) na Itália e Ulrich Zazius (1461-1536) na Alemanha – estes dois, autores de importantes tratados sobre o direito dos contratos –,[310] e finalmente por Franciscus Connanus (1508-1551) e Hugo Donellus (1527-1591). Como boa parte desses autores residia na França, seus trabalhos passaram a ser reunidos sob a rubrica

---

pelas mais diferentes orientações do pensamento jurídico. A ideia de arte, por exemplo, seria virada ao avesso, passando a indicar atividades eminentemente práticas. *e.g.* Pedro Lessa, *Estudos de filosofia do direito* (1912; 2ª ed., 1916), Rio de Janeiro: Francisco Alves, 66-67 (sugerindo, a partir de Stuart Mill, que a arte do direito seria "tudo o que se exprime por meio de regras, ou normas, formuladas para a realização de actos com um fim pratico", ao passo que a ciência corresponderia a "tudo o que se exprime por meio de asserções geraes acerca dos factos, de proposições em que se enunciam as relações necessarias de successão, de coexistencia, ou de semelhança entre os phenomenos.") Sobre os sentidos da ideia de ciência no direito, *v.* o item 7 *infra*.

[308] Aristóteles, no entanto, ainda dominava as universidades entre os séculos XVI e XVII, e muito daquilo que viria a ser produzido em reação às incipientes apropriações filosóficas medievais decorreria de suas ideias. *v.* James R. Gordley, *The Jurists* (2014), 121 (a respeito do uso de Aristóteles por Connanus).

[309] Nuno J. Espinosa Gomes da Silva, *Humanismo e direito em Portugal no século XVI* (1964), Dissertação de doutoramento em Ciências Histórico-Jurídicas na Faculdade de Direito da Universidade de Lisboa, 25. No Brasil, é frequente o uso da expressão 'humanismo jurídico' em sentido bem mais amplo. *e.g.* Antonio Carlos Wolkmer (organização), *Fundamentos do humanismo jurídico no Ocidente* (2005), Barueri: Manole, XII (reconduzido ao 'ideário filosófico do humanismo jurídico' autores como Platão, Santo Agostinho, Grócio, Montesquieu, Hegel, Jhering, Del Vecchio e Alceu Amoroso Lima).

[310] Harold J. Berman e Charles J. Reid, Jr., *Roman Law in Europe and the Jus Commune: a Historical Overview with Emphasis on the New Legal Science of the Sixteenth Century*, in *Syracuse Journal of International Law and Commerce* 20 (1994), 12, nota 19.

do *mos gallicus*, em franco contraste com o *mos italicus* retrospectivamente atribuído a Bártolo e seus discípulos.[311]

A primeira tarefa levada a cabo pelos humanistas foi depurar os textos romanos de equívocos de transcrição ou explicação dos juristas medievais. Nesse aspecto, sua empreitada não era muito diferente daquela levada a cabo na elaboração da *vulgata*. Como os medievais, os humanistas também procuravam reconstruir os textos romanos de modo que seu resultado se aproximasse das versões originais na maior medida possível. A diferença, aqui, estava no domínio de técnicas que eram desconhecidas pela primeira geração de glosadores. Valendo-se de métodos filológicos, os humanistas foram capazes de detectar uma série de erros e imprecisões nas propostas de reconstrução textual e interpretação apresentadas pelas gerações anteriores. No lugar de intermináveis sequências de opiniões, esses autores lançavam mão do que chamavam *explication de texte*, uma espécie de decomposição linguística orientada por fontes às vezes estranhas aos fragmentos jurídicos. Desse procedimento resultaria uma paráfrase elegantemente apresentada – *elegantia iuris*, dizia-se, e aqui está a origem de outro epíteto usado para indicar os humanistas, Escola elegante. Seu latim, não por acaso, seria muito diferente daquele empregado pelos juristas medievais. E se essa diferença contribuiu para a lapidação de um campo tão restrito quanto o dos estudos clássicos, ela também impulsionou o desenvolvimento das línguas nacionais modernas, definitivamente incorporadas à alta cultura a partir de então.[312]

Esse fato, aliás, trouxe à doutrina um caráter que ainda a acompanha, qual seja, o isolamento nacional. Como se voltará a discutir, esse isolamento não começa com os comentários exegéticos dos séculos XIX e

---

[311] Koschaker lembra, aqui, uma conhecida alegoria de Rabelais, que fora estudante de direito romano na juventude. Segundo o escritor renascentista, a obra de Justiniano seria um tecido rico e precioso, coberto, todavia, por *imundices* – que seriam, em sua opinião, as glosas de Acúrsio. O *mos italicus* também encontraria defensores seiscentistas, dos quais o mais famoso seria Alberico Gentili. Paul Koschaker, *Europa und das Römische Recht* (1947), tradução de José Santa Cruz Teijeiro, *Europa y el Derecho Romano* (1955), Madrid: Editorial Revista de Derecho Privado, 172.

[312] Jacques Le Goff, *Pour un autre Moyen Âge* (1977), in *Un autre Moyen Age* (1999), 218.

XX,[313] tampouco com a consolidação das categorias doutrinárias entre os séculos XVI e XVII, mas com a substituição do latim pelas línguas nacionais nos textos doutrinários produzidos entre os séculos XVII e XVIII.

O projeto intelectual humanista não se esgotava na qualidade estilística de suas reproposições. Mais do que parafrasear elegantemente os fragmentos reunidos no *Corpus iuris*, os humanistas pretendiam reconstruir os significados originalmente atribuídos pelos jurisconsultos aos seus textos,[314] privilegiando, como lembram Harold Berman e Charles Reid,[315] as sínteses apresentadas nas *Institutas* de Justiniano. Para eles, caminhar "para cima, para baixo ou para os lados",[316] como propunham os medievais, estaria, em alguns casos, simplesmente errado. Os humanistas rompem, com isso, a continuidade estabelecida por glosadores e comentadores entre direito presente e passado. O direito passa a ser encarado – e este ponto é da maior importância para a formação da doutrina contratual – como um *produto do tempo*. Sua apreensão, por outro lado, não poderia limitar-se à técnica jurídica. Daí, observava Guido Astuti já há muitas décadas, a exigência humanista de conhecimentos verdadeiramente enciclopédicos por parte dos cultores do direito.[317]

Isso não significa que o ideal perseguido pelos humanistas fosse intelectualmente superior à tarefa empreendida pelos juristas medievais. O propósito aplicativo de glosadores e comentadores, aliás, era muito parecido com aquele abraçado por doutrinadoras e doutrinadores contemporâneos. Hoje compreendemos, no entanto, que o horizonte de sentidos de que dispõe o legislador pode não dar conta de toda a prática jurídica, especialmente quando o que está em jogo é a prática consultivo-constitutiva. Uma das tarefas mais importantes da doutrina contratual contemporânea é, precisamente, mapear disjunções entre a lei e os fatos, figurando

---

[313] Como sugere Reinhard Zimmermann, *Roman Law, Contemporary Law, European Law* (2001; 2004), 1 (em termos gerais) e 9 (quanto à Alemanha).

[314] James R. Gordley, *The Jurists* (2014), 113-114.

[315] Harold J. Berman e Charles J. Reid, Jr., *Roman Law in Europe and the Jus Commune: a Historical Overview with Emphasis on the New Legal Science of the Sixteenth Century*, in Syracuse *Journal of International Law and Commerce* 20 (1994), 12.

[316] *v.* página 64 *supra*.

[317] Guido Astuti, Mos Italicus *e* Mos Gallicus *nei dialoghi "De iuris interpretibus" di Alberico Gentili* (1937), Bologna: Zanichelli, 50

PREMISSA: *DE IURE IN ARTEM REDIGENDO*

aquilo que Miguel Reale chamava de *modelos jurídicos*, complementados por *modelos hermenêuticos*.[318] Muitas das críticas à "desatualização" deste ou daquele diploma normativo passam ao largo dessa percepção.[319] Tivesse a lei que dar conta, em sua literalidade,[320] de todas as hipóteses a ela reconduzidas, poderíamos aposentar boa parte da doutrina – ou, talvez, removê-la para o Legislativo.

Não se pode negar, por outro lado, que o humanismo tenha tido uma contribuição significativa para a difusão de uma ideia 'totalizante' de codificação, ideia que seria reafirmada entre os séculos XVIII e XIX. François Hotman (1524-1590), por exemplo, concluiria seu *Anti-Tribonian*, escrito em 1567 e publicado postumamente em 1603, com a defesa de uma intervenção legislativa que, como relata Pio Carone, "tornasse o recurso ao direito romano definitivamente supérfluo, seja como fonte subsidiária, seja como modelo pedagógico."[321] Hotman, continua o historiador italiano, "pensava em uma compilação total, que resumisse todo o direito vigente, tanto público quanto privado, que fosse redigida em língua vulgar, e na qual confluíssem materiais de diversas origens, todos preliminarmente adaptados 'à idade e à forma da república francesa'."[322]

Para além dos manifestos metodológicos, a tarefa proposta pela escola elegante não iria longe. "A vasta e elaborada bibliografia de Connanus e Donellus", compara Gordley, "influenciou os juristas posteriores da mesma forma que um experimento fracassado na física. Provou-se impossível oferecer um tratamento sistemático e unitário do direito romano que fosse, ao mesmo tempo, fiel aos textos, acessível e livre de princípios

---

[318] Miguel Reale, *O direito como experiência* (1968; 1992); e mais tarde, *Fontes e modelos do direito* (1994) São Paulo: Saraiva.

[319] Refiro-me aqui às críticas que dizem respeito à abrangência da lei, e não à sua inadequação. *e.g.* Antônio Junqueira de Azevedo, *Insuficiências, deficiências e desatualização do projeto de código civil na questão da boa-fé objetiva nos contratos*, in *Revista dos Tribunais* 89 (2000).

[320] *cf.* Riccardo Guastini, *Dalle fonti alle norme* (1990), Torino: Giappichelli; e a partir de outras razões, Fábio P. Schecaira, *Sources of Law Are not Legal Norms*, in *Ratio Juris* 28 (2015).

[321] Pio Carone, *Saggi sulla storia della codificazione* (1998), Milano: Giuffrè, 15.

[322] Pio Carone, *Saggi sulla storia della codificazione* (1998), 15. *v.* ainda Donald Kelley, *François Hotman. A Revolutionary's ordeal* (1973), Princeton: Princeton University Press, 192 (destacando o caráter reformista do livro de Hotman).

técnicos ou abstratos."[323] José Reinaldo de Lima Lopes apresenta uma leitura similar. "Embora rejeitando os medievais, pelo seu pouco conhecimento das fontes originais – na linha do que Lorenzo Valla havia feito –, [esses juristas] não propuseram uma filosofia completa, nem recriaram os institutos jurídicos."[324] Para além da crítica ao que poderia ter sido e não foi, os humanistas também seriam censurados pelo seu alheamento prático. No Brasil, o Visconde de Cachoeira deixaria esse ponto bastante claro: os autores da "escola Cujaciana", criticava o jurista nos prolegômenos de seus estatutos, "philosophavam muito theoricamente sobre os principios de direito, e por fugirem o rumo da de Bartholo, Alciato, e mais glosadores e casui[s]tas, ensinavam jurisprudencia mais polemica do que appropriada á pratica da sciencia de advogar, e de julgar."[325]

Claro nem todas as proposições do humanismo francês soçobrariam. O didatismo de autores como Connanus e Donellus, por exemplo, influenciaria profundamente alguns movimentos posteriores – que o diga, como veremos, Pothier. Os representantes do *mos gallicus* cuidariam, ainda, de demonstrar que é possível dissociar a literatura contratual da prática jurídica, seja no plano das proposições – algo que já havia sido

---

[323] James R. Gordley, *The Jurists* (2014), 120. Gordley dá dois exemplos para demonstrar a fragilidade do pensamento humanista. O primeiro diz respeito à distinção traçada por Connano entre contratos e delitos a partir das noções aristotélicas de comutação voluntária e de comutação involuntária. Embora Connano defina as noções de contrato e delito a partir delas (como fizeram, vimos antes, os autores salmantinos), ele não explica de que fora essa dicotomia poderia afetar a exigibilidade de obrigações contratuais e delituais. O segundo exemplo, novamente de Connano, diz respeito ao que desde Ulpiano era chamado de *error in substantia*. Neste caso, o problema está na adequação de seus exemplos às definições aristotélicas. *"The problem was not that Connanus was a poor philospher"*, explica Gordley. *"One problem was that he was not writing for philosophers, and so he did not define his principles precisely and work out their implications. [...] His other problem was that he was trying to explain all of Roman law by means of higher principles, and not only those features of it that supposedly belonged to natural law. He found himself in difficulty giving a principled explanation of which contracts Roman law would enforce or why it mattered how wine had changed to vinegar."* (122-123). Se Connanus abriria mão do rigor filosófico, o prejuízo escolhido por Donelus diria respeito à fidelidade aos textos romanos. Sua distinção entre pessoas, coisas e ações, por exemplo, era reconhecimente diferente daquela apresentada por Gaio nas *Institutas* (125).
[324] José Reinaldo de Lima Lopes, *As palavras e a lei* (2004), São Paulo, Editora 34, 48.
[325] Disponível em http://www.planalto.gov.br/ccivil_03/leis/LIM/LIM-11-08-1827.htm.

sinalizado pela distinção escolástico-tardia entre direito positivo e direito natural –, seja no plano dos destinatários (uma possibilidade tomada normativamente por autores contemporâneos como Meir Dan-Cohen, para quem a literatura jurídica não apenas poderia, como deveria alienar-se da prática).[326] Quanto a este último ponto, aliás, é possível vislumbrar uma característica que ainda se preserva na organização de boa parte da literatura jurídica, e que será retomado no terceiro capítulo: a legitimação de certos textos pelo mesmo grupo de pessoas que os produz.[327] O humanismo católico francês serviria, finalmente, de ponto de partida para um movimento que, este sim, seria o responsável pela primeira tentativa de emancipação literária da teoria, como veremos adiante, além de lançar o gérmen da ideia de codificação, uma ideia recobrada e levada à prática entre os séculos XIX e XX.

---

[326] Meir Dan-Cohen, *Listeners and Eavesdroppers: Substantive Legal Theory and Its Audience*, in *University of Colorado Law Review* 63 (1992).

[327] Pufendorf, veremos adiante, explicitaria esse propósito em sua mais importante obra. *v.* nota 334 *infra*.

5.
EPÍLOGOS DA SÍNTESE: TEORIA E DOUTRINA EM FUGA

Doutrina e teoria encontravam-se fundidas nos textos escolástico-tardios. Desafiada pelo humanismo, essa fusão se dissolverá entre o jusnaturalismo flamengo do século XVII, o racionalismo francês do século XVIII e o dogmatismo alemão do século XIX. Esse não será, entretanto, um movimento contínuo, tampouco geograficamente alinhado. Os primeiros jusnaturalistas ainda recorrerão às referências aristotélico-tomistas lançadas pelos juristas salmantinos, mas esse recurso deixará de ser orgânico: mais do que uma crença no papel fundante da teoria, seus representantes tomarão as referências teóricas como um compromisso com a tradição. Domat, por outro lado, não abandonará a teoria, mas procurará substituí-la: no lugar das velhas proposições aristotélico-tomistas, seu texto será construído a partir de uma combinação entre premissas do racionalismo de matriz cartesiana e noções teológicas vinculadas ao jansenismo.[328] Mesmo essa orientação, todavia, será colocada em segundo plano por Pothier, até restar definitivamente eclipsada pelo *Code* de 1804.

Entre os autores ligados à Escola da Exegese e à Escola Histórica, por outro lado, tentativas incipientes de substituição da teoria – desta vez pela ideia de vontade, discutida na próxima seção – logo serão abandonadas em favor de proposições doutrinárias ensimesmadas ou debates

---

[328] Inspirado nas ideias de Cornelius Jansen (1585-1638), bispo francês condenado como herege pela Igreja Católica, o jansenismo contrapõe-se aos preceitos aristotélico-tomistas ao enfatizar a ideia de predestinação, negar o livre-arbítrio e sustentar que a natureza humana não é orientada pelo bem. *v.* Franco Todescan, *Le radici teologiche del giusnaturalismo laico. II. Il problema della secolarizzazione nel pensiero giuridico di Jean Domat* (1987), Milano: Giuffrè, 3-19.

FUNDAMENTOS DO DIREITO CONTRATUAL

teóricos autônomos. Ao mesmo tempo em que a doutrina contratual se consolida nos códigos e na cultura jurídica ocidental, suas premissas teóricas são definitivamente abandonadas. O movimento contrapontista, polifônico e emulativo assumido pela doutrina e pela teoria chega, assim, ao seu derradeiro epílogo.

5.1. Jusnaturalismo: meios escolásticos, fins humanistas

Jusnaturalistas como Hugo Grócio (1583-1645), Samuel Pufendorf (1632-1694) e Jean Barbeyrac (1674-1744) procurariam conciliar o projeto humanista de Connanus e Donellus com os achados da escolástica tardia, produzindo uma síntese que marcaria profundamente o pensamento jurídico a partir de então.[329] Como seus colegas dos séculos XVI e XVII, os jusnaturalistas procuraram organizar seus trabalhos em torno de categorias abrangentes como contrato, propriedade e enriquecimento injustificado. Também como os escolásticos, Grócio e seus seguidores procurariam apartar o direito natural das disposições jurídicas apreendidas *ex constituto*, do direito posto. Ao contrário dos teólogos espanhóis, entretanto, eles não recorreriam diretamente aos textos de Aristóteles e Tomás de Aquino, que se tornam referências implícitas e às vezes até mesmo rejeitadas em seus textos.[330] Se essa abdicação os privou do rigor filosófico de autores como Lessius ou Molina, ela também lhes permitiu alcançar a concisão, a clareza e a objetividade que marcarão a disciplina contratual do Código Civil austríaco (o *Allgemeines bürgerliches Gesetzbuch*, ou ABGB) de 1811 e especialmente do Código Civil francês de 1804.[331]

Se fosse preciso estabelecer um marco inicial para o jusnaturalismo moderno, esse marco poderia ser fixado em 1625. Nesse ano, Hugo Grócio publica seu *De iure belli ac pacis libri tres*, uma obra que revolucionaria o estudo do direito na Europa. O autor tinha, então, 42 anos, e seu traba-

---

[329] v. Robert Feenstra, *L'influence de la Scolastique espagnole sur Grotius en droit privé: quelques expériences dans des questions de fond et de forme, concernant notamment les doctrines de l'erreur et de l'enrichissement sans cause*, in Paolo Grossi (organização), *La seconda scolastica nella formazione del diritto privato moderno* (1972).

[330] James R. Gordley, *The Jurists* (2014), 128.

[331] O ABGB, aliás, faria exlícita menção aos 'princípios fundamentais do direito natural' em seu § 7º.

lho representava a coroação de uma carreira prodigiosa, infatigável e precoce. Com apenas onze anos de idade, Grócio ingressa na Universidade de Leida, produzindo ali edições de clássicos romanos e gregos, até completar seu curso de direito em Orleans, cinco anos depois. Em 1599, com apenas dezesseis anos, torna-se advogado em Haia, granjeando o título de historiador oficial da Holanda em 1601. Em linha com o ideal humanista, Grócio vê o estudo do direito como passo elementar na formação do *homo nobilis*.[332] Em contraste com os trabalhos de Lessius e Molina, entretanto, seus textos eram direcionados a pessoas educadas que não necessariamente teriam formação jurídica.

Essa orientação seria seguida por Pufendorf e Barbeyrac. Como Grócio, estes autores pretendiam educar "os jovens vocacionados para a política e para as carreiras eclesiásticas".[333] Pufendorf, que também era ligado ao racionalismo, seria ainda mais específico: embora o direito natural pudesse ser apreendido "por todos os homens capazes de valer-se de sua razão" – e aqui estão os homens públicos a quem já os humanistas se dirigiam –, somente alguns deles seriam capazes de "demonstrar metodicamente suas máximas."[334] Estes seriam seus mais apropriados destinatários. Corroborando o elitismo dos textos jusnaturalistas, Barbeyrac reconheceria em Pufendorf um autor livre das "futilidades da prática jurídica."[335] O direito romano, aqui, torna-se um obstáculo. Para os jusnaturalistas, a *ars* buscada pelos humanistas deveria transcender os textos do *Digesto*, ainda que permanecesse neles ancorada. Nesse sentido, como sugere Gordley, o trabalho do jusnaturalismo pode ser descrito como um "humanismo ao avesso".[336] Mas o próprio Barbeyrac levaria essa virada ainda mais longe ao traduzir os textos latinos de seus antecessores para

---

[332] James R. Gordley, *The Jurists* (2014), 129 (em referência às *Epistolae ad Gallos* de 1684). A passagem das cartas que faz referência aos *homo nobilis* seria usada na epígrafe de Reinhard Zimmermann, *The Law of Obligations. Roman Foundations of the Civilian Tradition* (1990; 1996), Oxford: Clarendon, v ("[N]ihil es[t] homine nobili dignius quam cognitio [...] juris."

[333] James R. Gordley, *The Jurists* (2014), 129.

[334] Assim em Samuel Pufendorf, *De iure naturae et gentium libri octo* (1688), II.ii.13, citado em Gordley (2014), 129-130, nota 9.

[335] Novamente Barbeyrac, *Le droit de la nature e des gens* (1734), XII, citado por James R. Gordley, *The Jurists* (2014), 129.

[336] James R. Gordley, *The Jurists* (2014), 131.

FUNDAMENTOS DO DIREITO CONTRATUAL

sua língua nacional. A doutrina, aqui, torna-se um gênero prioritariamente local – antes, portanto, da emergência das grandes codificações, que, nada obstante, virão a reforçar esse seu aspecto.[337]

5.2. Consolidação pedagógico-doutrinária: Domat e Pothier

Na França, leitores de Grócio, Pufendorf e Barbeyrac dariam mais alguns passos em direção à ruptura da síntese teórico-doutrinária. Os antecedentes desse movimento, entretanto, pareciam conduzir ao caminho oposto. Ao longo dos séculos XV e XVI, juristas vinculados às faculdades de direito e doutrinadores dos costumes tornam-se espécies claramente distintas. Os primeiros, humanistas de formação e pretensão, viam-se imbuídos de um propósito bem diferente daquele desempenhado pelos últimos, praxistas orientados pelo direito municipal assentado nos *livres coutumiers*. A despeito da vasta erudição alcançada por alguns desses juristas práticos – Charles Dumoulin (1500-1566), reformador dos Costumes de Paris, segue sendo o melhor exemplo dessa estirpe –,[338] suas atividades permaneciam claramente apartadas daquelas levadas a cabo pelos professores universitários.

As primeiras tentativas de cruzamento das propostas de professores e doutrinadores dos costumes – e nesse sentido, de síntese teórico-

---

[337] *cf.* Reinhard Zimmermann, *Roman Law, Contemporary Law, European Law. The Civilian Tradition Today* (2001; 2004), Oxford: Oxford University Press, 1 (reconduzindo o que chama de "fragmentação nacional da tradição jurídica europeia" às grandes codificações); e especificamente quanto à Alemanha, pouco adiante, na página 9: *"Academic legal writers confined their attention, and their intellectual horizon, to the BGB and led German private law scholarship into a national isolation."*

[338] Advogado convertido à literatura jurídica por conta de um problema de dicção, Dumoulin foi o primeiro e mais agudo dos doutrinadores eruditos dos costumes. Sucederam-lhe figuras como Bertrand d'Argentré, Guy Coquille e Antoine Loysel. Herdeiros de Philippe de Beaumanoir (1247-1296), autor dos vanguardistas *Coutumes du Beauvois* (1283), juristas como Dumoulin, Coquille, Loysel e d'Argentré valiam-se de métodos similares àqueles empregados pelos glosadores para sistematizar os costumes detectados em seu tempo. *v.* Philippe Jestaz e Christophe Jamin, *La doctrine* (2004), 52-53; John P. Dawson, *The Oracles of The Law* (1968; 1986), New York: William S. Hein, 343-344; e John Gilissen, *Introduction historique au droit* (1979), tradução de António Manuel Botelho Hespanha e Luís Manuel Macaísta Malheiros, *Introdução histórica ao direito* (1986; 3ª ed., 2001), Lisboa, Calouste Gulbenkian, 357-360.

-doutrinária – seriam levadas a cabo apenas a partir do início do século XVII. Seus fautores seriam advogados versados em direito romano (que de modo geral não fora reconhecido como direito vigente na França)[339] e nas artes liberais humanistas; e os títulos de suas obras, escritas em língua nacional (da mesma forma que os textos de Barbeyrac), não esconderiam o propósito conciliador: *Alliance du droit romain avec le droit français, Conférence du droit français avec le droit romain, Institutes de Justinien conférées avec le droit français* ou *Institutes de droit français suivant l'ordre de celles de Justinien*.[340] Em princípio restrita aos círculos práticos, essa síntese ganharia eco na obra daqueles que são hoje considerados os pais do moderno direito civil francês: Jean Domat (1625-1696) e Robert-Joseph Pothier (1699-1772).

Fundador de um *mos geometricus* que, no campo teórico, encontraria em Gottfried Wilhelm Leibniz (1646-1716) seu mais conhecido epígono – o mais conhecido, mas não o último deles –,[341] Domat aproximaria a literatura prática do rigor acadêmico sustentado pelos seus colegas humanistas, recobrando a indistinção entre teoria e doutrina que marcara, pouco antes, os textos da escolástica tardia. Depois de passar pela advocacia pública (como *advocat du roi*, uma espécie de Advogado da União) no Tribunal de Clermont-Ferrand, e amparado por uma generosa pensão do Rei Sol Luís XIV, o jurista traçaria em sua grande obra, *Les loix civiles dans leur ordre naturel* (1694) – na verdade, a introdução a uma obra sistemática inconclusa –, as bases doutrinárias do moderno direito civil francês. As *loix civiles*, aqui, correspondiam ao direito romano; e a *ordre naturel*, à racionalização de suas fontes, racionalização assimilada a uma ideia de direito natural que, neste ponto, combinava preceitos racionalistas e teológico-jansenistas.[342] Como Donellus ou Connanus, Domat

---

[339] Na opinião da maioria dos juristas franceses, lembra Gordley, a França jamais teria composto o Império Romano. Por conseguinte, os textos compilados no *Digesto* só teriam força de lei no país na medida em que recepcionados pela legislação local. James R. Gordley, *The Jurists* (2014), 142.

[340] Philippe Jestaz e Christophe Jamin, *La doctrine* (2004), 59.

[341] *v.* Michael H. Hoeflich, *Law & Geometry: Legal Science from Leibniz to Langdell*, in *American Journal of Legal History* 30 (1986).

[342] Franco Todescan, *Le radici teologiche del giusnaturalismo laico. II. Il problema della secolarizzazione nel pensiero giuridico di Jean Domat* (1987), 18: "*solo in parte il giurista finisce per coincidere con la filosofia giansenista. La separazione tra filosofia e teologia, avanzata da Giansenio, non verrà*

pretendia restituir aos textos romanos compilados por Justiniano a racionalidade que os juristas medievais lhe teriam subtraído; ao contrário dos humanistas, entretanto, seu ponto de partida não era uma asséptica noção de direito subjetivo, mas sim um conjunto de princípios cristãos introjetados na *mens* ou *ratio legis*.[343]

Ainda ao contrário dos autores do *mos gallicus*, o ponto de chegada figurado por Domat não seria a preparação de elites eruditas, mas a formação de profissionais do direito.[344] Seu objetivo, lemos no curto prefácio das *loix*, era "tornar o estudo das leis fácil e aprazível."[345] Propósitos didáticos não eram incomuns na literatura jurídica do século XVII. A novidade, aqui, residia no ensino de um direito erudito (e não propriamente do velho direito costumeiro) a agentes da prática jurídica (e não apenas a futuros políticos, clérigos ou professores). Assim procedendo, Domat lança as bases da literatura manualística desenvolvida a partir do século seguinte.

Sua inovação, entretanto, não residia apenas em seus propósitos e destinatários. Ao associar razão, direito natural e direito privado, Domat excluirá do domínio privatista tudo que não disser respeito àquilo que vinha se conformando como um direito burguês. "O sistema de Domat", explica Tarello, "pode ser considerado o primeiro em que efetivamente se exprime uma ideologia conforme a qual o direito racional é todo e somente aquele que serve aos usos burgueses: se não dos burgueses proprietários, ao menos dos burgueses contratantes."[346] Ainda não se tratava,

---

condivisa fino in fonde dall'autore di Clermont, che tenderà piuttosto ad instaurare una vigorosa coniugazione tra premesse teologiche e metodo matematizzante." v. nota 328 supra.

[343] Giovanni Tarello, *Storia della cultura giuridica moderna. Assolutismo e codificazione del diritto* (1976), Bologna: Il Mulino, 163. Gordley sugere que os princípios cristãos não eram apresentados por Domat como ponto de partida para derivação de proposições específicas, como demandaria a cartilha racionalista; antes que lógico, seu papel seria pedagógico. Os princípios deveriam ser tomados como um atalho para a compreensão da doutrina. As pretensões explicitadas no prefácio das *loix*, reproduzidas em seguida texto, parecem corroborar a interpretação de Gordley. *v. The Jurists* (2014), 143.

[344] James R. Gordley, *The Jurists* (2014), 141.

[345] Jean Domat, *Les loix civiles dans le ordre naturel*, tomo I (1698; 2ª ed., 1967), Paris: Pierre Auboüin, VIII.

[346] Giovanni Tarello, *Storia della cultura giuridica moderna. Assolutismo e codificazione del diritto* (1976), Bologna: Il Mulino, 183.

aqui, de um direito comum – lembremo-nos de que ainda estamos no século XVII –, a despeito do tom generalizante empregado por Domat. Seu direito ainda era, neste ponto da história, um direito de poucos.

O segundo pai do *Code*, Pothier, nos legaria uma obra muito mais extensa e didática que a de Domat, provavelmente porque menos apegada ao racionalismo de matriz cartesiana, ainda que não chegasse a escrever uma introdução ao direito civil pretensamente totalizante como as *loix civiles*. Nascido e formado em Orleans, ali Pothier praticaria a judicatura, a consultoria (atividade permitida aos juízes daquele tempo, contanto que a título gratuito) e especialmente a docência.[347] Orleans já não era, neste ponto, a escola dissociada da prática que fora ao tempo de Jacques de Révigny.[348] Também por conta disso, a formação jurídica (e não apenas filológica ou histórica) de Pothier teria sido a melhor possível. Sua erudição rapidamente ganharia contornos míticos. Conta-se, por exemplo, que em sua biblioteca particular seria possível encontrar todas as obras jurídicas publicadas em latim e em francês desde a invenção do tipo móvel. Ao contrário do que se poderia esperar, essa anedótica erudição não macularia suas virtudes pedagógicas. É difícil percorrer mais de três páginas de seu *Traité des obligations* sem encontrar um exemplo do tema tratado na seção correspondente. Professores e professoras de hoje devem a Pothier, aliás, dois dos mais conhecidos exemplos do direito civil moderno: o caso do candelabro de cobre vendido como se fosse de prata, recorrentemente lembrado em discussões sobre a ideia de erro substancial,[349] e o caso da vaca pesti-

---

[347] Philippe Jestaz e Christophe Jamin, *La doctrine* (2004), 64.

[348] Ennio Cortese, *Il rinascimento giuridico medievale* (1996), 84.

[349] Robert-Joseph Pothier, *Traité des obligations* (1761), tradução de Adrian Sotero De Witt Batista e Douglas Dias Ferreira, *Tratado das obrigações* (2001), 43-44: "O erro anula a convenção, não só quando cai sobre a própria coisa, mas tamb;em quando recai sobre a qualidade da coisa que os contratantes tiveram principalmente em vista, e que constitui a substância dessa coisa. É por isso que, querendo eu comprar um par de candelabros de prata, se compro o par de candelabros que você me mostra para vender e eu os considero de prata, mesmo sendo de cobre prateado, ainda que você não tivesse intenção alguma de me enganar, por estar tão enganado quanto eu, a convenção seria nula porque o erro no qual eu me encontrava destrói o meu consentimento".

lenta, comumente empregado em discussões sobre causalidade e reparação de prejuízos.[350]

De Domat e Pothier, e especialmente deste último, os redatores do *Code civil* tomariam, às vezes literalmente, importantes definições, categorias e prescrições.[351] No que toca ao tema deste texto, o exemplo mais significativo é o da definição de contrato, estabelecida no art. 1.101 do Código Napoleão em termos idênticos àqueles empregados por Pothier: "O contrato é uma convenção por meio da qual uma ou mais pessoas se obrigam, em relação a uma ou mais pessoas, a dar, fazer ou não fazer algo."[352] Também de Pothier – que, neste ponto, retomava uma orientação escolástico-tardia rejeitada por Grócio e Pufendorf[353] – seria extraída a regra do art. 1.110 do diploma, conforme a qual apenas o erro que diz respeito à substância da coisa enseja nulidade.[354] E ainda do jurista de

---

[350] Philippe Jestaz e Christophe Jamin, *La doctrine* (2004), 65.

[351] Jean-Louis Halpérin, *Histoire du droit privé français depuis 1804* (1996; 2ª ed., 2012), Paris: PUF, 24. Muitas dessas definições, categorias e prescrições seriam incorporadas ao direito civil latino-americano a partir de códigos que emulavam o diploma francês de 1804. É esse o caso dos códigos civis do Haiti (1825), da Bolivia (1830 e 1845), do Peru (1836), da Costa Rica (1842) e da República Dominicana (1845), para não mencionar diplomas mais plurais e sofisticados como o Código Civil chileno (1855) de Andrés Bello, o Código Civil argentino (1869) de Vélez Sársfield e, por último, o Código Civil brasileiro (1916) de Clovis Bevilaqua, precedido das tentativas de codificação de Augusto Teixeira de Freitas. O Código chileno de Andrés Bello serviria de inspiração direta para vários outros diplomas legislativos latino-americanos. É o caso dos códigos civis de El Salvador (1859), do Equador (1860), da Venezuela (1863), da Nicaragua (1871), da Colômbia (1873) e de Honduras (1880). Sua influência seria notada, ainda, nas codificações civis do Uruguai (1869), do Mexico (1871 e 1884), da Guatemala (1877) e do Paraguai (1876), bem como na recodificação costa-riquenha (1888). A qualidade do Código Civil chileno de 1855 seria notada por Konrad Zweigert e Hein Kötz, para quem o diploma de Bello veicularia, em linguagem tão clara e direta quanto a do *Code Napoleon*, uma estrutura mais satisfatória. *Einführung in die Rechtsvergleichung* (1977; 3ª ed., 1998), tradução de Tony Weir, *An Introduction to Comparative law* (1998), Oxford: Oxford University Press, 114.

[352] Philippe Jestaz e Christophe Jamin, *La doctrine* (2004), 66.

[353] James R. Gordley, *The Jurists* (2014), 136.

[354] Código Civil Francês de 1804, art. 1.110: *"L'erreur n'est une cause de nullité de la convention que lorsqu'elle tombe sur la substance même de la chose qui en est l'objet.* [¶] *Elle n'est point une cause de nullité lorsqu'elle ne tombe que sur la personne avec laquelle on a intention de contracter, à moins que la considération de cette personne ne soit la cause principale de la convention."* cf. Robert-Joseph

Orleans seria obtida a disposição presente no art. 1.150, que determina a responsabilidade do devedor apenas pelos danos que pudesse prever no momento da contratação.[355] Não por acaso, um civilista que é também um historiador ideias jurídicas como Reinhard Zimmermann viria a referir-se ao *Code* como paradigma de 'codificação jusnaturalista'.[356]

5.3. *L'École de l'Exegèse*: arrefecimento retórico da teoria

A busca por concisão, clareza e objetividade lançada por Grócio alcançaria seu ponto mais alto no Código Civil francês de 1804. Documento curto – muito mais curto que os velhos tratados jusnaturalistas ou os textos de Domat e Pothier, por exemplo –, o *Code* logo se tornaria um elemento cardeal para a globalização daquilo que Duncan Kennedy chamou de 'pensamento jurídico clássico.'[357] Ali estavam a igualdade formal (art. 8º)[358] a proteção genérica da propriedade (art. 544),[359] o consensualismo

---

Pothier, *Traité des obligations* (1761), tradução de Adrian Sotero De Witt Batista e Douglas Dias Ferreira, *Tratado das obrigações* (2001), 43-44 (referência na nota 349 supra).

[355] Código Civil Francês de 1804, art. 1.110: "*Le débiteur n'est tenu que des dommages et intérêts qui ont été prévus ou qu'on a pu prévoir lors du contrat, lorsque ce n'est point par son dol que l'obligation n'est point exécutée.*" cf. Robert-Joseph Pothier, *Traité des obligations* (1761), tradução de Adrian Sotero De Witt Batista e Douglas Dias Ferreira, *Tratado das obrigações* (2001), 140: "Via de regra, reputa-se que as partes previram somente perdas e danos que resultariam ao credor pelo não cumprimeno da obrigação, e em relação à coisa que é objeto dessa obrigação, e não aquelas [perdas e danos] que a inexecução da obrigação causaria a seus outros bens."

[356] Reinhard Zimmermann, *Roman Law, Contemporary Law, European Law* (2001; 2004), 1-3. *v.* James R. Gordley, *Codification and Legal Scholarship*, in *University of California Davis Law Review* 31 (1998).

[357] Duncan Kennedy, *Three Globalizations of Legal Thought: 1850-2000*, in David Trubek & Alvaro Santos, *The New Law and Economic Development. A Critical Appraisal* (2006), Cambridge: Cambridge University Press, 19.

[358] Código Civil francês de 1804, art. 8º: "*Tout Français jouira des droits civils.*"

[359] Código Civil francês de 1804, art. 544: "*La propriété est le droit de jouir et disposer des choses de la manière la plus absolue, pourvu qu'on n'en fasse pas un usage prohibé par les lois ou par les règlements.*"

(art. 1.108),[360] a liberdade de contratar (art. 1.134),[361] a associação entre responsabilidade e culpa (art. 1.382),[362] entre direito hereditário e proteção da família (art. 734)[363] e assim por diante. O caráter sintético do diploma, entretanto, não decorreria apenas dos ideais perseguidos nos séculos anteriores. Na nova ordem social francesa, todo cidadão deveria ser capaz de entender as regras jurídicas a que estivesse submetido.[364] Filho do jusnaturalismo, o Código Civil francês seria, a partir de sua promulgação, reivindicado por diferentes espectros políticos, até sua definitiva apropriação pelo liberalismo,[365] em um processo similar àquele sofrido pelo seu congênere alemão.[366]

O período que antecedeu a promulgação do Código de 1804 seria marcado pela desvalorização das escolas de direito, definitivamente suprimidas em 1793, quarto ano da revolução. Recriadas no ano de promulgação do *Code*, elas passariam, não por acaso, a orientar-se pela sua manuten-

[360] Código Civil francês de 1804, art. 1.108: "*Quatre conditions sont essentielles pour la validité d'une convention: [¶] Le consentement de la partie qui s'oblige; [¶] Sa capacité de contracter; [¶] Un objet certain qui forme la matière de l'engagement; [¶] Une cause licite dans l'obligation.*" *v.* Rodolfo Sacco, *Legal Formants: A Dynamic Approach to Comparative Law*, in *The American Journal of Comparative Law* 39 (1991), 351 (lembrando que os primeiros intérpretes do diploma fariam questão de destacar que nos contratos o consenso deveria ser bilateral, e não apenas de uma das partes, como sugere o art. 1.108).

[361] Código Civil francês de 1804, art. 1.134: "*Les conventions légalement formées tiennent lieu de loi à ceux qui les ont faites. [¶] Elles ne peuvent être révoquées que de leur consentement mutuel, ou pour les causes que la loi autorise. [¶] Elles doivent être exécutées de bonne foi.*"

[362] Código Civil francês de 1804, art. 1.382: "*Tout fait quelconque de l'homme, qui cause à autrui un dommage, oblige celui par la faute duquel il est arrivé à le réparer.*"

[363] Código Civil francês de 1804, art. 734: "*En l'absence de conjoint successible, les parents sont appelés à succéder ainsi qu'il suit: [¶] 1º Les enfants et leurs descendants; [¶] 2º Les père et mère ; les frères et soeurs et les descendants de ces derniers; [¶] 3º Les ascendants autres que les père et mère; [¶] 4º Les collatéraux autres que les frères et soeurs et les descendants de ces derniers. Chacune de ces quatre catégories constitue un ordre d'héritiers qui exclut les suivants.*"

[364] James R. Gordley, *The Jurists* (2014), 147.

[365] James R. Gordley, *Myths of the French Civil Code*, in *American Journal of Comparative Law* 42 (1994).

[366] *v.* Joachim Rückert, *Das Bürgerliche Gesetzbuch – ein Gesetzbuch ohne Chance?* (2003), tradução de Thiago Reis, *O BGB – um código sem oportunidade?*, in *Max Planck Institute for European Legal History Research Paper Series* 2 (2013).

ção.[367] O desprestígio do direito erudito produzido nas faculdades seria sentido na composição da equipe escolhida por Napoleão para redigir seu diploma: François Denis Tronchet (1726-1806), Félix Julien Jean Bigot de Préameneu (1747-1825), Jacques de Maleville (1741-1824) e o *chairman* Jean-Étienne-Marie Portalis (1746-1807) eram homens da prática (Maleville e Portalis também eram especialistas em *droit écrit*, o direito romano não positivado). Conquanto lhes tolhesse o interesse pela teoria, o alheamento acadêmico não chegou a obstar-lhes a apreensão do racionalismo que marcara os trabalhos de Domat e Pothier. Em seu *Discours prélimi-naire*, Portalis reconheceria que "[p]or mais que se tente, as leis positivas não poderiam nunca substituir o uso da razão natural nos assuntos da vida. As necessidades da sociedade são tão variadas, a comunicação dos homens é tão ativa, seus interesses são tão numerosos, e suas relações tão extensas, que é impossível, para o legislador, prover a tudo."[368] Isso não impediria, contudo, que o instrumento de promulgação do *Code*, a *Loi du 30 ventôse de l'an XII*, determinasse que "as leis romanas, as ordenações, os costumes gerais ou locais, os estatutos e os regulamentos deixarão de ter força de lei geral ou particular no que diz respeito às matérias que são objeto das regras que compõem o presente código."[369]

Os juristas acadêmicos voltarão a ganhar espaço no segundo quartel do século XIX, e por volta de 1850 já terão assumido explicitamente

---

[367] Philippe Jestaz e Christophe Jamin, *La doctrine* (2004), 71.

[368] Jean-Étienne-Marie Portalis, *Discours préliminaire du premier projet de Code civil* (1801), tradução de Gabriela Nunes Ferreira, *Discurso preliminar ao primeiro projeto de Código civil*, in José Reinaldo de Lima Lopes, Rafael Mafei Rebelo Queiroz e Thiago dos Santos Acca, *Curso de história do direito* (2006; 2ª ed., 2009), São Paulo: Método, 206. O ponto era sensível. Temia-se que a magistratura, ainda ocupada por adeptos do Antigo Regime, pudesse usurpar as pretensões burguesas veiculadas no *Code*. No curso das discussões que entremearam o *Discours* e a promulgação do Código, essa objeção seria destacada por membros do *Conseil d'état*, e especialmente por Cambacérès, autor de três malfadados projetos apresentados em 1793, 1794 e 1796, e então adido a Segundo Cônsul. As críticas seguiriam após a submissão do *Code* ao *Tribunat*, um órgão referendatório composto por cem membros e dominado por sectários de Napoleão, e ainda depois ao *Corps Legislatif*, também composto por uma centena de legisladores e controlado por Bonaparte. *v.* James R. Gordley, *The jurists* (2014), 152.

[369] *v.* Reinhard Zimmermann, *Roman Law, Contemporary Law, European Law* (2001; 2004), 6-7, nota 20.

uma lisonjeira sinédoque, *la doctrine,* em substituição sutil, mas significativa, à velha doutrina dos autores.[370] Os primeiros juristas a explorar doutrinariamente o Código Napoleão ficaram conhecidos como *exegetas.* Sobre eles e sua *Escola de Exegese,* a historiografia jurídica assentou juízos bastante severos que apenas há poucas décadas começaram a ser questionados.[371] Deixou-se de atribuir-lhes, por exemplo, uma leitura exclusivamente literal e ensimesmada do Código Civil, passando-se também a reconhecer que sua predominância na literatura jurídica francesa foi mais restrita do que se costuma supor.[372] Ainda nesse espírito, a historiografia contemporânea vem apontando importantes diferenças entre exegetas até então tratados de maneira indistinta. Jestaz e Jamin procuram apartar, por exemplo, duas gerações de professores e práticos.[373] Entre os professores da primeira geração, avultam as figuras de Charles Bonaventure Marie Toullier (1752-1835) e Jean-Baptiste-Victor Proudhon (1758-1838), então muito mais respeitados que professores de Paris como Claude-Étienne Delvincourt (1762-1831). Ainda na primeira geração estão práticos como Philippe-Antoine Merlin, conhecido como Merlin de Douai (1754-1838), o autor mais lido do período.

Embora Merlin tenha sido o predileto dos juristas franceses ao longo da primeira metade do século XIX, sua obra pouco a pouco perderia espaço para textos mais leves de *répétiteurs* como Frédéric Mourlon (1811-1866) e Jean Joseph Delsol (1827-1896), sendo posteriormente eclipsada pelos tratados de práticos eruditos como Jean-Baptiste Marie Duvergier (1792-1877), Victor-Napoléon Marcadé (1810-1854) e especialmente Raymond-Théodore Troplong (1795-1869) – o "sábio Troplong", na elogiosa expressão de Teixeira de Freitas.[374] Magistrado de carreira e des-

---

[370] Philippe Jestaz e Christophe Jamin, *La doctrine* (2004), 70. Mais que opiniões singulares, os textos doutrinários passam a ser vistos, aqui, como expressão de uma específica coletividade. Essa leitura fornecerá a base para as discussões a respeito do papel de uma monolítica "doutrina" entre as fontes do direito no final do século XIX.

[371] Essa revisão teve como ponto de partida o artigo de Philippe Remy, *Éloge de l'Éxegèse,* in *Revue de la recherche juridique* 7 (1982).

[372] Philippe Jestaz e Christophe Jamin, *La doctrine* (2004), 73.

[373] Philippe Jestaz e Christophe Jamin, *La doctrine* (2004), 74-87.

[374] Augusto Teixeira de Freitas, *Consolidação das Leis Civis* (1857), Rio de Janeiro: Laemmert, LX.

velado ideólogo do cesarismo, Troplong teria, malgrado sua formação prática, as mais altivas pretensões filosóficas. Sem colocá-lo ao lado dos filósofos de seu tempo – Troplong, lembremos, foi contemporâneo de figuras como Georg Wilhelm Friedrich Hegel (1770-1831), Immanuel Hermann von Fichte (1796-1879) e John Stuart Mill (1806-1873) –, essas pretensões dariam aos seus comentários exegéticos um substrato retórico que contribuiria decisivamente para a difusão internacional de seus textos.[375] Essa difusão, aliás, viria a contrastar com o oblívio que os juristas republicanos da segunda metade do século viriam a conferir-lhe.[376]

Ainda na segunda geração de autores associados à Escola de Exegese, encontramos três professores frequentemente citados por civilistas brasileiros formados na primeira metade do século XX: Charles Demolombe (1804-1877), Charles Aubry (1803-1883) e Charles (novamente Charles) Rau (1803-1877),[377] e antes deles, Alexandre Duranton (1783-1866), autor de um conhecido *Traité des obligations et contrats en général* (1819) – note o eco dos *contractibus in genere* da escolástica tardia –, além de Antoine Marie Demante (1789-1856) e Auguste Vallete (1805-1878). Na trilha aberta pelo prático Troplong, os professores Demolombe, Aubry e Rau, profundamente imbuídos do voluntarismo que dominava o conjunto das ideias disponíveis, procurariam conciliar o pensamento erudito com a prática desenvolvida em torno do Código de 1804, contribuindo para a definitiva diluição das velhas fronteiras estabelecidas entre acadêmicos e doutrinadores dos costumes. Ganham espaço, neste ponto, os comentários de jurisprudência, ora apresentados isoladamente em revistas especializadas – este é o tempo de periódicos como a *Thémis* e a *Revue*

---

[375] Já aqui a teoria parecia revestir-se do caráter transnacional que hoje quase sem perceber lhe atribuímos. Confronte, por exemplo, o uso que fazemos das categorias de Kelsen, Hart ou Alexy – norma fundamental, ponto de vista interno, ponderação de princípios –, raramente submetidas a críticas comparatistas, com o emprego de figuras contratuais importadas da prática estrangeira – *covenants, supressio, estoppel* –, objeto de profundo ceticismo metodológico.

[376] Philippe Remy, uma vez mais, seria o responsável pela reabilitação de Troplong na historiografia jurídica francesa. *v.* Philippe Remy, *Préfaces de Troplong, préface aux préfaces*, in *Revue d'histoire des Facultés de droit et de la science juridique* 18 (1997).

[377] Seria possível acrescer a esse grupo o luxemburguense François Laurent (1810-1887), autor dos *Principes de droit civil*, publicados em 33 volumes entre 1869 e 1878.

critique de législation et de jurisprudence –, ora empregados para ilustrar os comentários ao *Code*, expediente particularmente caro a Demolombe.

Vistos à distância, os textos produzidos pela Escola de Exegese transitavam entre dois métodos assemelhados: a síntese (ou o método dogmático, como preferiam alguns de seus fautores) e a exegese propriamente dita. Emulando a estrutura didática proposta por Karl Eduard Zachariae von Lingenthal (1812-1894), polímata alemão responsável por um dos mais difundidos manuais de direito civil do século XIX, Aubry e Rau seriam os grandes representantes do comentário sintético, caracterizado pela aplicação de proposições jurídicas abstratas – tão abstratas quanto fosse possível – a preocupações práticas (os ecos de Domat, aqui, não são acidentais).[378] Demolombe, por sua vez, adotaria o método exegético propriamente dito, *en dépit de son goût*, por considerá-lo mais adequado à explanação do Código Civil.[379] Em todos os casos, as explanações doutrinárias eram antecedidas de introduções teóricas superficiais, menos fundantes que retóricas. No fim das contas, será o temor reverencial ao *Code*, e não propriamente a exegese, a agrupar os autores franceses situados nos cinquenta anos que intermedeiam os extremos século XIX.

5.4. Conversão dogmática: do *usus modernus* a Savigny
O esvaziamento teórico da doutrina seria radicalizado pelo *usus modernus pandectarum*, um movimento de juristas flamengos e alemães que, batizado a partir do título de uma de suas últimas obras,[380] procuraria

---

[378] Zachariae distinguia o direito civil teórico do direito civil prático. O direito civil teórico seria o direito material; o direito civil pratico, aquele "a partir de cujas condições o direito pode ser concretizado diante de um juiz". A prática se reduz, aqui, à adjudicação. Esse entendimento marcará profundamente a cultura jurídica ocidental. Ainda hoje, quando se pensa em prática, se pensa em decisão judicial. Essa leitura é insuficiente no campo contratual. A doutrina tem, aqui, um papel conformador da prática, uma prática que nem sempre – ou mesmo raramente – se encerra em disputas judiciais. *v.* Helmut Coing, *Europäisches Privatrecht* (1985-1989), tradução de Antonio Pérez Martín, *Derecho privado europeo*, tomo II (1996), Madrid: Fundación Cultural del Notariado, 57.

[379] Philippe Jestaz e Christophe Jamin, *La doctrine* (2004), 80.

[380] Trata-se do livro *Specimen usus moderni Pandectarum* de Samuel Stryk, publicado em 1690. *v.* James R. Gordley, *The Jurists* (2014), 157.

adaptar os velhos textos romanos a novos problemas hipotéticos.[381] Ao contrário dos juristas medievais, dos teólogos-juristas salmantinos, dos jusnaturalistas, e em menor medida de autores como Domat, Pothier e seus seguidores franceses, os representantes do *usus modernus* não se escoravam em princípios filosóficos para formular suas proposições normativas. Em seus tratados, como mais tarde nos textos da Escola da Exegese, a teoria desempenhava um papel meramente retórico, desvinculado do tratamento doutrinário. Juristas como Matthew Wesenbeck (1531-1586), Arnold Vinnius (1588-1657), Johannes Brunnemann (1608-1672) e Johannes Voet (1647-1713), pioneiros do movimento, iniciariam seus comentários lembrando a distinção aristotélica entre a justiça geral e a justiça particular, passando então às diferenças entre a justiça particular distributiva e a justiça particular comutativa. Essas categorias, entretanto, se encerrariam nos prolegômenos, sem servir de base para a formulação de proposições doutrinárias,[382] ao contrário do que ocorrera nos trabalhos de juristas como Lessius ou Molina. "O *usus modernus pandectarum*," sintetiza Reimann,

> "foi o estilo de literatura jurídica orientada pela prática [ou seja, de doutrina] dominante na Europa central do século XVIII. Como seu nome indica, ela usava o direito romano para propósitos modernos. Devemos creditar-lhe o desenvolvimento de várias doutrinas jurídicas modernas, mas ela não foi integralmente sistemática, e careceu de uma metodologia satisfatória."[383]

Isso não significa que os representantes do *usus modernus* tenham construído uma literatura praxista à maneira dos *coutumiers*. Suas pretensões eram mais amplas: tratava-se, aqui, de revelar a '*communis opinio totius*

---

[381] Como Gordley, agrupo sob a rubrica do *usus modernus* tanto autores alemães quanto juristas holandeses e belgas. Zimmermann, por sua vez, prefere apartar os autores flamengos em um grupo distinto. *cf.* James R. Gordley, *The Jurists* (2014), 157-159; e Reinhard Zimmermann, *Roman-Dutch Jurisprudence and Its Contribution to European Private Law*, in *Tulane Law Review* 66 (1992).

[382] James R. Gordley, *The Jurists* (2014), 157.

[383] Mathias Reimann, *Nineteenth Century German Legal Science*, in *Boston College Law Review* 31 (1990), 844, nota 26.

orbis', a razão universal dos juristas.[384] É nessa universalidade que restaria, afinal, o caráter científico da empreitada acadêmico-jurídica. Alinhados com a rejeição barroca das questões mundanas, os doutrinadores se tornam, neste ponto, artífices de uma ciência transcendental, a 'ciência dogmática do direito'.[385] Essa ideia faria sucesso, e seria recobrada por sucessivas gerações de autores, de Savigny a Kelsen.[386] Seu estatuto epistêmico, entretanto, restaria problemático. Seria a 'ciência dogmática do direito' uma expressão jurídico-literária teórica ou doutrinária? Tomada pelo seu propósito – a orientação da prática jurídica –, ela parece corresponder à doutrina; tomada por seu método – a formulação de juízos altamente abstratos –, ela parece assimilar-se à teoria. Essa ambiguidade, paroxismo da "tendência à abstração e à generalização" atribuída por

---

[384] *v.* Gino Gorla, *La 'communis opinio totius orbis' et la reception jurisprudentielle du droit au cours des XVIe, XVIIe et XVIIIe siècles dans la 'civil law' et la 'common law'*, in Mauro Cappelletti, *New perspectives for a common law of europe* (1978), Leyden: Sijthoff. A ideia de uma 'razão jurídica universal' se preservaria na cultura jurídica alemã. v. Rudolf von Jhering, *Geist des römischen Rechts auf den verschiedenen Stufen seiner Entwicklung* (1865), tradução de Rafael Benaion, *O espírito do direito romano nas diversas fases de seu desenvolvimento*, vol. II (1943), Rio de Janeiro: Alba, 11: "Sem dúvida, a educação jurídica se adquire pelo estudo duma legislação positiva especial, mas não está fatalmente incoporada a esta, porque, nêsse caso, o jurisconsulto teria sempre o recêio de vêr sossobrar, com o direito existente, os conhecimentos jurídicos que adquiriu. Naquêle estudo, não aprenderá sómente um direito nacional mas o direito em geral, tal como sucede a quesm estuda, cientìficamente, qualquer idioma, que adquire, ao mesmo tempo, uma ideia da essência, das leis próprias da língua, como, também, as ideias universais da linguagem."

[385] Não surpreende que um historiador profundamente imerso na cultura jurídica alemã como Franz Wieacker identifique neste ponto da história "o início autêntico da doutrina ainda hoje viva". *Privatrechtsgeschichte der Neuzeit unter besonderer Berücksichtigung der deutschen Entwicklung* (1952), tradução (da 2ª ed., 1967) de António Manuel Botelho Hespanha, *História do direito privado moderno* (1980; 3ª ed., 2004), 238. Para um confronto entre os percursos históricos de Wieacker e Gordley, *v.* Maria Paula Costa Bertran Muñoz, *Justiça e contrato: entre comutar e distribuir* (2010), Tese de doutorado apresentada ao Departamento de Filosofia e Teoria Geral do Direito da Faculdade de Direito da Universidade de São Paulo.

[386] *v.* Luiz Felipe Rosa Ramos, *Por trás dos casos difíceis: a dogmática jurídica e o paradoxo da decisão indecidível* (2015), Dissertação de mestrado apresentada à Faculdade de Direito da Universidade de São Paulo, 24-31.

EPÍLOGOS DA SÍNTESE: TEORIA E DOUTRINA EM FUGA

Gorla aos juristas continentais,[387] segue sendo um dos maiores desafios do pensamento jurídico alemão, mas também um de seus maiores trunfos. Não por acaso, as mais significativas inovações na doutrina contratual desde a sua consolidação – pense, por exemplo, na *culpa in contrahendo*, na disciplina da boa-fé objetiva, na violação positiva do contrato, nas relações contratuais de fato – foram gestadas na Alemanha.[388]

Entre os séculos XVIII e XIX, o asséptico racionalismo do *usus modernus* daria lugar a movimentos intelectuais influenciados por orientações idealistas baseadas em Kant e Hegel.[389] Algumas técnicas tipicamente racionalistas, é verdade, serão preservadas – em particular, o emprego de conceitos, o recurso ao método dedutivo e a neutralidade finalística. As velhas razões de Gottfried Wilhelm Leibniz (1646-1716) e Christian Wolff (1679-1754), entretanto, objeto da antecipante sátira de Voltaire, serão abandonadas em favor de propostas voltadas para a integração da dinâmica social ao pensamento jurídico. A mais sofisticada dessas propostas será formulada ainda na primeira metade do século XIX pelo mais importante jurista da modernidade, Friedrich Carl von Savigny (1779-1861). Combinando categorias abstratas – pense nas conhecidas noções de fato e relação jurídica, centrais em sua reflexão madura, – com um método que buscava integrar história e ciência, Savigny seria o responsável pela conformação de uma racionalidade que segue orientando o pensamento jurídico ocidental.[390] Um jurista nascido mais de cem anos depois como Pontes de Miranda, por exemplo, dirá que a "noção fundamental do direito é a de *fato jurídico*; depois, a de *relação jurídica*".[391] E ainda

---

[387] Gino Gorla, *Il contratto*, vol. I (1954), 325.

[388] Sobre a influência posterior da literatura alemã sobre o pensamento jurídico brasileiro, *v.* Otavio Luiz Rodrigues Junior, *A influência do BGB e da doutrina alemã no direito civil brasileiro do século XX*, in *Revista dos tribunais* 938 (2013).

[389] *v.* Miguel Reale, *Filosofia do direito* (1953; 11ª ed., 1986), 313: "é sem dúvida na obra de Kant e Fichte que se afirma, não dizemos a ideia de uma Filosofia *especial* do Direito, mas sim a de que o problema do Direito é suscetível de especulação filosófica autônoma."

[390] *v.* Thiago Reis, *From "factum" to juridical fact: Modern legal rationality between facts and norms*, in *Direito e justiça* 40 (2014).

[391] Francisco Cavalcanti Pontes de Miranda, *Tratado de direito privado*, vol. 1 (1954), Rio de Janeiro: Borsoi, citado também em Thiago Reis, *From "factum" to juridical fact: Modern legal rationality between facts and norms*, in *Direito e justiça* 40 (2014), 103.

antes, Teixeira de Freitas, um dos primeiros leitores brasileiros do jurista alemão, procurará integrar a noção de fato jurídico, hoje positivada,[392] a disposições de seu *Esbôço do Codigo Civil*.[393]

A contribuição de Savigny, entretanto, não se limitaria à reorganização do aparato conceitual empregado pelas pessoas que se dedicam ao direito.[394] Uma de suas mais significativas inovações seria levada a cabo no campo das chamadas 'fontes do direito'. Os textos romanos recepcionados pela prática jurídica alemã, sustentava Savigny, constituiriam o núcleo do *gemeines Recht*, o direito comum nacional. A explicitação desse 'direito comum' estaria por trás de seu mais ambicioso projeto intelectual, o *System des heutigen römischen Rechts* (*Sistema de direito romano atual*), publicado a partir de 1840. "Esta obra", escrevia Savigny, "tem por objeto o direito *romano* [...], o direito romano *atual*. Por isso não serão discutidas aqui a história do direito propriamente dita, nem as partes do direito antigo estranhas à legislação justinianeia, posto que foi a partir dela que nós recebemos o direito romano. Tampouco serão discutidas partes dessa legislação estranhas ao direito moderno." Continuava Savigny:

> "O direito comum não é outra coisa senão o direito romano atual, considerado em sua aplicação particular na Alemanha, isto é, com as modificações que ali experimentou; modificações que, contidas todas nas leis do império, são de pouca importância, pois os grandes desvios do antigo direito romano, como a autoridade reconhecida a todos os contratos independentemente da *stipulatio*, ou os efeitos atribuídos à *bona fides*, não são exclusividades alemãs, e têm sido geralmente adotadas à medida que o direito romano se propaga

---

[392] O Livro III do Código Civil brasileiro de 2002 cuida dos 'fatos jurídicos', apartados em atos jurídicos lícitos (entre os quais se destacam os negócios jurídicos) e atos jurídico ilícitos.

[393] Assim nos artigos que compõem a Seção III do Livro I (correspondente à Parte Geral) de seu *Esbôço*, publicado entre 1860 e 1864. *v.* Augusto Teixeira de Freitas, *Codigo Civil. Esbôço* (1864; 1983), Brasília: Ministério da Justiça, 143-149.

[394] O que já seria, em seu tempo, uma tarefa monumental. v. Mathias Reimann, Nineteenth Century German Legal Science, in Boston College Law Review 31 (1990), 843, nota 19: "Besides the jurisprudential embarassment caused by Kant's work, there was also a highly practical need for a new legal science. German law was extremely fragmented and confused and in desparate need of unification and clarification."

EPÍLOGOS DA SÍNTESE: TEORIA E DOUTRINA EM FUGA

na Europa. Esta obra, que trata do direito romano atual, poderia, portanto, com algumas poucas adições, apresentar-se como o direito comum da Alemanha."[395]

Não se tratava de um intento singelo. Para Savigny, o direito comum alemão poderia ser encarado como um 'todo natural', passível, por isso de apropriação 'científica'.[396] Essa apropriação, entretanto, seria diferente daquela sugerida pelos fautores do *usus modernus*,[397] e sua 'naturalidade' seria antes o avesso das propostas jusnaturalistas que uma filiação implícita. Sem prejuízo do emprego de bases teóricas de matriz racional, os pontos de partida figurados pelo autor não deveriam ser buscados na razão, mas no *Volksgeist*, o espírito do povo. Ali estaria o direito positivo, um direito "anterior a todos os casos dados", construído na "consciência comum do povo"[398] – ou, como se passaria a dizer no fim do século, a 'fonte material' ou 'substancial' do direito. Essa ideia, frequentemente tomada para apartar Savigny de seus antípodas, seria matizada por seus seguidores. Conquanto radicalizasse o papel do espírito do povo,[399] Georg Friedrich Puchta (1798-1846), por exemplo, recobraria a ideia de razão jurídica universal para explicar parcelas do *gemeines Recht* ainda não assimiladas pela cultura jurídica alemã. Bernhard Windscheid (1817-1892), por sua vez, voltaria a Savigny para rejeitar o universalismo que cativara

---

[395] Friedrich Carl von Savigny, *System Des Heutigen Römischen Rechts* (1840-1849), tradução de Jacinto Mesía e Manuel Poley, *Sistema del derecho romano actual*, vol. I (1878; 2ª ed., 2004), 61-63.

[396] Friedrich Carl von Savigny, *System Des Heutigen Römischen Rechts* (1840-1849), tradução de Jacinto Mesía e Manuel Poley, *Sistema del derecho romano actual*, vol. I (1878; 2ª ed., 2004), 87-89.

[397] De modo mais amplo, Mathias Reimann, *Nineteenth Century German Legal Science*, in *Boston College Law Review* 31 (1990), 844, nota 26: "Particularly 19th century jurists thus considered it [o usus modernus] inferior to their own approach and not truly 'scientific'."

[398] Friedrich Carl von Savigny, *System Des Heutigen Römischen Rechts* (1840-1849), tradução de Jacinto Mesía e Manuel Poley, *Sistema del derecho romano actual*, vol. I (1878; 2ª ed., 2004), 69.

[399] Hans-Peter Haferkamp, *The Science of Private Law and the State in Nineteenth Century Germany*, in *The American Journal of Comparative Law* 56 (2008), 670 (citando o primeiro volume do Cursus der Institutionen de Puchta): "o Volksgeist cria o Estado", e não o contrário.

Puchta, mas se afastaria de seu antecessor ao sustentar que o espírito por trás do direito comum alemão não vem do povo, mas dos juristas.[400] Ao cabo, esse 'direito dos juristas' – e particularmente o direito apresentado no *Pandektenrecht* (1862-1870) de Windscheid – seria elevado a legislação no Código Civil alemão (o *Burgeliches Gezetzbuch*, ou BGB) de 1900.

Sem prejuízo dessas diferenças, as escolas associadas a Savigny manteriam alguns traços bastante característicos, explicitados, aliás, em suas diferentes designações. Por partir de um amálgama entre direito canônico, direito costumeiro e sobretudo direito romano – neste caso, tal qual fixado nos textos do *Digesto* (ou *Pandectas*, sua designação grega) –, a mais difundida delas ficaria conhecida como 'Pandectística'. Por tomar como objeto principal os conceitos subjacentes a esses textos, a vertente mais abstracionista da Pandectística passaria a ser chamada de 'Jurisprudência dos conceitos' (ou *'Begriffsjurisprudenz'*). E finalmente, por partir da premissa tipicamente romântica de que a unidade do direito seria um produto de sua história, e não de seus suportes legislativos – Savigny combatia, afinal, a herança intelectual deixada pela ocupação napoleônica dos territórios germânicos –,[401] a primeira das escolas associadas ao jurista seria designada 'Escola Histórica'.[402] Note que a 'história' corresponde,

---

[400] James R. Gordley, *The Jurists* (2014), 201. *cf.* Friedrich Carl von Savigny, *System Des Heutigen Römischen Rechts* (1840-1849), tradução de Jacinto Mesía e Manuel Poley, *Sistema del derecho romano actual*, vol. I (1878; 2ª ed., 2004), 87 (atribuindo aos juristas uma atividade derivada, próxima mesmo daquilo que hoje chamamos de representação política): *"el derecho, que antes vivía en la conciencia del pueblo, por consecuencia de las nuevas relaciones que crea la vida real, adquire tal desarrollo, que su conocimiento cesa de ser accesible á todos los miembros de la nación. Entonces, se forma una clase especial, la de los jurisconsultos, que, en el dominio del derecho, representam al pueblo de que formam parte. Es esta una forma nueva, bajo la cual prosigue el derecho popular su desenvolvimiento, que, desde entonces, tiene una doble vida. Sus principios fundamentales subsisten siempre en la conciencia de la nación, pero su determinación rigurosa y las aplicaciones de detalle pertenecen á los jurisconsultos."*

[401] *v.* José Reinaldo de Lima Lopes, *Naturalismo jurídico no pensamento brasileiro* (2014), São Paulo, Saraiva, 100: "O ataque de Savigny ao jusnaturalismo começara pela motivação nacionalista contra a invasão francesa e contra o que havia sobrado de ocupação intelectual napoleônica." Napoleão ocuparia e reorganizaria parte dos territórios alemães entre 1794 e 1814.

[402] Alguns autores preferem associar a origem da Pandectística, da Jurisprudência dos Conceitos e da Escola Histórica a sucessores ou antecessores de Savigny. *e.g.* John Gilis-

neste último caso, a um fundamento, e não a um método. Por isso, vimos há pouco, o *System* de Savigny não apresentaria um percurso estruturado pela história do direito (como ocorrera, por exemplo, na *Geschichte des römischen Rechts im Mittelalter*, sua *História do direito romano na Idade Média*): importava-lhe, aqui, antes uma *ideia de história* que o *conteúdo histórico* efetivamente assumido pelas categorias jurídicas.[403] Este último traço, aliás, seria a pedra de toque do conhecido debate estabelecido entre o jurista de Frankfurt e Anton Friedrich Justus Thibaut (1772-1840) a respeito da oportunidade de uma codificação para a Alemanha oitocentista.[404]

As ideias de Savigny encontrariam significativa repercussão fora da Alemanha. No Brasil, elas seriam difundidas sobretudo a partir da obra de Augusto Teixeira de Freitas (1816-1883), o grande jurista brasileiro do Segundo Império.[405] Embora limitado às traduções então disponíveis

---

sen, *Introduction historique au droit* (1979), tradução de António Manuel Botelho Hespanha e Luís Manuel Macaísta Malheiros, *Introdução histórica ao direito* (1986; 3ª ed., 2001), 517 (atribuindo a paternidade da Pandectística e da Jurisprudência dos Conceitos a Windscheid e Puchta, respectivamente); e Tércio Sampaio Ferraz Junior, *A ciência do direito* (1977; 2ª ed., 1980), São Paulo: Atlas, 27 (reconduzido a origem da Escola histórica a Gustav Hugo [1764-1844], precursor kantiano de Savigny). Zimmermann, por sua vez, reconduz as três escolas a Savigny, embora se refira, por exemplo, a uma "transformação da Escola Histórica em Escola Pandectística" após a morte do jurista de Frankfurt. *v.* Reinhard Zimmermann, *Roman Law, Contemporary Law, European Law* (2001; 2004), 18.

[403] Friedrich Carl von Savigny, *System Des Heutigen Römischen Rechts* (1840-1849), tradução de Jacinto Mesía e Manuel Poley, *Sistema del derecho romano actual*, vol. I (1878; 2ª ed., 2004), 61 (trecho completo citado na referência da nota 395 *supra*). O autor havia publicado um trabalho especificamente histórico duas décadas antes: *Geschichte des römischen Rechts im Mittelalter* (1815-1831), tradução de Charles Genoux, *Histoire du droit romain au Moyen-Age*, tomo IV (1839), Paris: Charles Hingray.

[404] *v.* Giuliano Marini, *La polemica sulla codificazione* (1982; 4ª ed., 2000) Napoli: Edizioni Scientifiche Italiane, com traduções das obras centrais do debate – *Notwendigkeit eines allgemeinen bürgerlichen Rechst für Deutschland* (Da necessidade de um direito civil geral para a Alemanha), publicada por Thiabaut em 1814, e *Vom Beruf unserer Zeit für Gesetzgebung und Rechtswissenschaft* (Da vocação do nosso tempo para a legislação e a ciência do direito) editada no mesmo ano por Savigny.

[405] Teixeira de Freitas não foi, contudo, o único leitor brasileiro de Savigny na segunda metade do século XIX. Autores como Francisco de Paula Baptista (1811-1882), Antonio Joaquim Ribas (1818-1890), Braz Florentino Henriques de Souza (1825-1870) e Luiz Gama (1830-1882) também se apropriaram das ideias do jurista de Frankfurt, ainda que sem o

FUNDAMENTOS DO DIREITO CONTRATUAL

no País,[406] o jurista valeu-se de Savigny em alguns dos mais importantes debates do jurídicos de seu tempo. Esse diálogo é nítido, por exemplo, na controvérsia travada com o advogado português Caetano Alberto Soares (1790-1867) a respeito do *statuliber*, o filho de escrava manumitida em testamento sob condição de servir ao herdeiro ou legatário enquanto este vivesse,[407] ou em suas críticas à primeira versão do projeto de Código Civil português apresentado por Antonio Luiz de Seabra (1798-1895) em 1857.[408] Savigny também teria um papel significativo na conformação dos problemas teóricos enfrentados pelo jurista brasileiro. A "parte theorica ou scientifica" de sua *Consolidação das Leis Civis*, por exemplo – em particular, a teoria dos direitos reais e dos direitos pessoais e a teoria dos princípios –, sintetizada na célebre *Introdução*,[409] seria marcada por expressões tipicamente savignianas como 'unidade superior' (*'höhere Einheit'*), 'natureza livre' (*'freie Natur'*), 'ente', (*'Wesen'*), 'manifestações exteriores' (*'äußere Erscheinung'*) e 'desenvolvimento de um direito' (*'Entwicklung eines Rechts'*).[410]

---

domínio teórico demonstrado pelo autor baiano. *v.* Thiago Reis, *Teixeira de Freitas, lector de Savigny*, in *Revista de historia del derecho* 49 (2015) [versão *online* disponível em http://ref.scielo.org/skczyx].

[406] Teixeira de Freitas não teve acesso, por exemplo, ao panfleto de Savigny contra a codificação do direito civil alemão, *Vom Beruf unserer Zeit für Gesetzgebung und Rechtswissenschaft* (*Da vocação do nosso tempo para a legislação e a ciência do direito*). Divulgado em 1814, ele seria traduzido para o francês e para o italiano apenas na segunda metade do século XX. *v.* Thiago Reis, *Teixeira de Freitas, lector de Savigny*, in *Revista de historia del derecho* 49 (2015) [versão online disponível em http://ref.scielo.org/skczyx].

[407] *v.* José Carlos Moreira Alves, *A formação romanística de Teixeira de Freitas e seu espírito inovador*, in Sandro Schipani (organização), *Augusto Teixeira de Freitas e il Diritto Latino-americano* (1983), Padova: Cedam. Sobre a conformação do problema no direito romano, *v.* Pia Starace, *Lo statuliber e l'adempimento fittizio della condizione. Uno studio sul favor libertatis fra tarda Reppublica ed età antonina* (2006), Bari: Cacucci.

[408] Augusto Teixeira de Freitas, *Nova Apostilla à Censura do Senhor Alberto de Moraes Carvalho sobre o Projecto do Codigo Civil Portuguez* (1859), Río de Janeiro: Laemmert.

[409] Augusto Teixeira de Freitas, *Consolidação das Leis Civis* (1857), Rio de Janeiro: Laemmert, XII.

[410] Thiago Reis, *Teixeira de Freitas, lector de Savigny*, in *Revista de historia del derecho* 49 (2015) [versão online disponível em http://ref.scielo.org/skczyx].

5.5. Realinhamento: uma Escola da Exegese alemã

Ao longo do século XIX, movimentos jurídicos significativamente diferentes desenvolveram-se na França e Alemanha. Na França, como vimos, duas gerações de professores e práticos compuseram aquilo que hoje chamamos de Escola da Exegese; na Alemanha, e especialmente a partir de Savigny, uma série de juristas alinhou-se em torno de premissas associadas à Escola histórica, à Pandectística ou à Jurisprudência dos conceitos. Em que pese a existência de pontos de contato entre os exegetas franceses e os doutrinadores alemães, as diferenças metodológicas de suas propostas eram marcantes. Por trás delas, um abismo institucional: os franceses escreviam *a partir* de um Código Civil; os alemães, *a despeito*, *contra* ou *a favor* da codificação. Disso decorreria, em primeiro lugar, a já referida redução retórica da teoria na França, tanto mais evidente quando consideramos a acirrada discussão metodológica alemã desencadeada na década de 1814 a respeito da oportunidade de um Código. E o abismo institucional existente entre os países no século XIX também contribuiria para o escasso diálogo entre os juristas de cada um deles.

Esse cenário começa a mudar já na metade do século XIX. Com o arrefecimento da controvérsia estabelecida entre Savigny e Thibaut, a ideia de que a codificação do direito privado alemão estava próxima torna-se um vaticínio muito pouco disputado. Em 1848, por exemplo, um insuspeito romanista (mas também um inveterado agitador romântico) como Theodor Mommsen daria conta de um "desejo nacional de criação de uma lei uniforme para a Alemanha",[411] desejo reconhecido e corroborado, ainda mais significativamente, no primeiro editorial da *Zeitschrift für Rechtsgeschichte* – um periódico lançado em 1861 com o propósito de dar continuidade ao programa metodológico da *Zeitschrift für geschichtliche Rechtswissenschaft*, criada em 1814 por Savigny, Karl Friedrich Eichhorn (1781-1854) e Johann Friedrich Ludwig Göschen (1778-1837).[412] Vozes

---

[411] Theodor Mommsen, *Die Aufgabe der historischen Rechtswissenschaft*, in *Gesammelte Schriften*, vol. III (1907), 587, referido por Reinhard Zimmermann, *Roman Law, Contemporary Law, European Law* (2001; 2004), 15. Sobre o romantismo de Mommsen e outros romanistas de sua geração, *v.* James Q. Whitman, *Historical Vision and Legal Change* (1990), Princeton: Princeton University Press.

[412] Reinhard Zimmermann, *Roman Law, Contemporary Law, European Law* (2001; 2004), 15.

FUNDAMENTOS DO DIREITO CONTRATUAL

contrárias à codificação se tornam, a partir daqui, cada vez mais raras. Ao defender a ideia de que sempre será 'muito cedo' para codificar, um outro romanista, Otto Lenel (1849-1935), seria um dos últimos a abraçar integralmente as razões de Savigny.[413] Mesmo Bernhard Windscheid, o mais próximo discípulo do jurista de Frankfurt, logo se tornará um dos protagonistas do movimento codificador. Com a unificação do Império Alemão, concluída em 1971, a codificação passará a contar com as bases políticas de que carecia, tornando-se, agora definitivamente, um aconte-cimento inarredável.

Iniciados em 1881, dez anos depois da unificação, os trabalhos de ela-boração do BGB serão concluídos em 1896, quando o diploma é aprovado pelo *Reichstag*. E em 1º de janeiro de 1900, pouco menos de 100 anos após a promulgação do *Code Napoléon*, o Código Civil alemão finalmente inicia sua vigência em todo o território alemão.[414]

Sem demora, a literatura privatista assumirá contornos similares aqueles que marcaram a doutrina francesa após a edição do Código de 1804. Se a partir de Savigny o direito romano se "historiciza", movendo-se paulatinamente para a seara das 'disciplinas propedêuticas', com a codifi-cação de 1900 a própria história – e com ela, o direito romano – perderá seu protagonismo nas faculdades de direito alemãs.[415] Daqui em diante o direito positivo não mais haverá de ser buscado na expressão histórica do espírito do povo: bastará consultar as disposições do BGB.[416] O antigo

---

[413] Lenel era coerente em sua crítica. Para ele, doutrinas inovadoras como a da pres-suposição, sugerida por Windscheid desde a década de 1880, ainda não estariam sufici-entemente maturadas para ingressar em um Código. Neste ponto, e apenas neste, Lenel sairia vitorioso, e a pressuposição não seria incorporada pelo BGB. (Expulsa pela porta, contudo ela voltaria pela janela com reforma de 2002 do direito das obrigações alemão). *v*. Reinhard Zimmermann, *Roman Law, Contemporary Law, European Law* (2001; 2004), 17.

[414] Para um panorama do movimento codificador alemão e de sua influência sobre o pensa-mento jurídico brasileiro, *v*. Otavio Luiz Rodrigues Junior, *A influência do BGB e da doutrina alemã no direito civil brasileiro do século XX*, in *Revista dos Tribunais* 102 (2013).

[415] Um movimento similar ocorreria na Itália, como relata Paolo Grossi, *Scienza giuridica italiana. Un profilo storico (1860-1950)* (2000), Milano: Giuffrè, 39-70 (partindo da doutrina exegética produzida após a promulgação do Código de 1865 para alcançar a "guerra ao direito romano", lançada por Biagio Brugi na década de 1890, e as reações Scialoja, Fadda, Vivante e outros).

[416] Reinhard Zimmermann, *Roman Law, Contemporary Law, European Law* (2001; 2004), 11.

EPÍLOGOS DA SÍNTESE: TEORIA E DOUTRINA EM FUGA

positivismo histórico se converte, então, em positivismo legalista.[417] Neste momento, observa Zimmermann, a literatura jurídica deixa de ser histórica para tornar-se, como ocorrera na França, exegética. E esse movimento será relativamente brusco: ainda em 1899, cerca de quatro mil trabalhos jurídicos de caráter exegético são oficialmente catalogados pelo bibliotecário do Tribunal Imperial, um número impressionante se considerarmos que os primeiros textos do gênero haviam surgido dois anos antes.[418] "A doutrina pandectística, uma das mais importantes conquistas do pensamento jurídico alemão," notaria Koschaker já em 1947, "desaparecerá rapidamente da literatura privatista e da prática do direito privado alemão."[419]

Diante desse quadro, não deixa de ser curioso notar que a multiplicação de textos doutrinários de baixa qualidade, frequentemente associada a fatores como a recorrência de edições financiadas por seus autores, a publicação de periódicos sem revisão por pares ou a multiplicação de *blogs* e revistas virtuais, já se revelava, com contornos igualmente dramáticos, há mais de um século. O exemplo alemão parece sugerir que a 'crise' da doutrina, encarada por alguns como o resultado de sua vulgarização,[420] é antes uma decorrência de seu alheamento em relação à teoria – um fator primordialmente epistêmico.

---

[417] Reinhard Zimmermann, *Roman Law, Contemporary Law, European Law* (2001; 2004), 51.
[418] Reinhard Zimmermann, *Roman Law, Contemporary Law, European Law* (2001; 2004), 40.
[419] Paul Koschaker, *Europa und das Römische Recht* (1947), tradução de José Santa Cruz Teijeiro, *Europa y el derecho romano* (1955), 190.
[420] e.g. Tomás Rubio Garrido, *La doctrina de los autores: de fuente jurídica primaria a la vulgarización e irrelevancia* (2006), 67: "*En todo saber, ciencia o arte, es importante que sea factible acudir a sus rudimentos con presteza; identificar con relativa facilidad los problemas principales que se debaten; esto es, saber dónde está la columna vertebral de la disciplina y quiénes son los interlocutores de mayor cualificación y altura intelectual. Si hoy, con la producción civilista pletórica descrita, todo ello siguiera siendo posible, ningún problema serio habría. [¶] Pero ¿es eso aún posible? He aquí donde comienzan a insinuárseme las dudas. No sólo es abrumadora la letra impresa (y difundida vía internet sobre Derecho civil. Es que – y esto es lo que me parece determinante – a duras penas podemos hacernos con criterio o módulo para poder filtrar razonablemente toda esa avalancha informativa.*" Quando confrontado com a sofisticação de mecanismos de busca de textos e controle de citações (pense no Westlaw, no HeinOnline ou em plataformas proprietárias como aquelas da Thompson Reuters), o argumento de Rubio a respeito da dificuldade de 'filtrar' bons trabalhos não parece se sustentar.

6.
DAS QUESTÕES TEÓRICAS À EMANCIPAÇÃO DA TEORIA

A teoria não se desprenderá abruptamente da doutrina contratual. Mais recente, sua emancipação será precedida de dois movimentos, um hoje obscuro, outro ainda muito conhecido. O primeiro é o humanismo protestante do século XVI. Ainda distante de preocupações especificamente contratuais, esse movimento lançará questionamentos pioneiros a respeito de problemas caracteristicamente teóricos, a saber, o problema da validade jurídica (que regras devem ser consideradas jurídicas?) e o problema da normatividade do direito (por que as regras jurídicas devem ser obedecidas?). O segundo movimento preparatório da emancipação da teoria será o voluntarismo jurídico. Mesmo combalida, a ideia de vontade segue sendo a mais difundida chave de leitura do direito dos contratos, e esse protagonismo parece reforçar-se quando o que está em jogo é a superação do paradigma de pensamento estabelecido pelo voluntarismo.

Ao incorporar um novo marco teórico à literatura contratual, juristas ligados ao movimento voluntarista trarão uma série de aporias para a síntese teórico-doutrinária estabelecida pela segunda escolástica. Recorrendo a níveis cada vez mais elevados de abstração – pense, por exemplo, nas infindáveis discussões em torno da noção francesa de ato jurídico (*acte juridique*) ou, de modo ainda mais nítido, da noção alemã de negócio jurídico (*Rechtsgeschäft*),[421] campo em que encontraremos "a

---

[421] A literatura brasileira sobre o negócio jurídico é vasta. *v.* Antônio Junqueira de Azevedo, *Negócio Jurídico. Existência, Validade e Eficácia* (1974; 4ª ed., 2002; 2008), São Paulo: Saraiva; *Negócio jurídico e declaração negocial (Noções gerais e formação da declaração negocial)* (1986), Tese de Titularidade apresentada à Faculdade de Direito da Universidade de São Paulo; José Abreu Filho, *O negócio jurídico e sua teoria geral* (1984; 3ª ed., 1995), São Paulo:

mais desenvolvida expressão"[422] do dogma da vontade –,[423] os herdeiros do debate lançado pelo voluntarismo criarão um 'mercado secundário' de ideias jurídicas: um mercado já distante de seu lastro (no caso, da prática jurídica), e orientado antes pela busca da melhor explicação para este ou aquele aspecto do direito dos contratos que para a sua efetiva aplicação. Este será o caldo de cultura da emancipação da teoria na virada para o século XX.

6.1. Validade e normatividade: a vanguarda humanista

Vimos que as bases para a desagregação da literatura contratual seriam lançadas a partir do século XIV por um grupo de autores associados

---

Saraiva; Marcos Bernardes de Mello, *Teoria do Fato Jurídico. Plano da Existência (Contribuição à teoria do fato jurídico*, 1985; 15ª ed., 2008), São Paulo: Saraiva; João Alberto Schützer Del Nero, *Conversão Substancial do Negócio Jurídico* (2001), Rio de Janeiro: Renovar. E antes de todos, Francisco Cavalcanti Pontes de Miranda, *Tratado de direito privado*, tomo II (1954), Rio de Janeiro: Borsoi.

[422] Francesco Calasso, *Il negozio giuridico* (1957; 2ª ed., 1959), Milano: Giuffrè, 31.

[423] As noções de ato e negócio jurídico parecem compartilhar uma mesma origem, embora não haja consenso a respeito de onde esteja essa matriz. Sacco, por exemplo, lembra que as expressões *actus* e *negotium iuridicum* eram empregadas como sinônimas no primeiro tomo do *Systema elementare universae iurisprudentiae* (1749) de Nettelbadt. Mais tarde, como lembra Somma, o *negotium* seriam retomado no *Lehrbuch eines civilistischen Cursus* (1820) de Gustav Hugo, que, todavia, ainda não chega a associá-lo à *Willenserklärung* – noção que, na esteira de Windscheid, seria acolhida pelo BGB como fundamento do negócio. Cappellini, por sua vez, sugere que a primeira tentativa de construir uma verdadeira teoria dos atos e negócios jurídicos teria sido empreendida no *Observationum juris universi ex praxi recentiori supremorum imperii tribunalium haustarum* (1763) de Cramer, embora também aqui não haja referências à ideia de declaração de vontade. No Brasil, Pontes de Miranda e Moreira Alves buscam a origem das noções modernas de ato e negócio jurídico nas elaborações pandectísticas do conceito de *Rechtsgeschäft*, atribuindo o pioneirismo de sua formulação a Ritter Hugo. *v*. Rodolfo Sacco, *Negozio giuridico (circolazione del modello)*, in *Digesto delle Discipline Privatistiche. Sezione Civile*, vol. XII (1995), Torino: Unione Tipografico-Editrice Torinese, 87; Alessandro Somma, *Autonomia privata e struttura del consenso contrattuale. Aspetti storico-comparativi di uma vicenda concettuale* (2000), Milano: Griuffrè, 213-214; Paolo Cappellini, *Negozio giuridico (storia)*, in *Digesto delle discipline privatistiche. Sezione civile*. vol. XII (1995), Torino: Unione Tipografico-Editrice Torinese, 119, nota 128; Francisco Cavalcanti Pontes de Miranda, *Tratado de Direito Privado*, tomo III (1954), Rio de Janeiro: Borsoi, 68; José Carlos Moreira Alves, *O novo Código Civil brasileiro: principais inovações na disciplina do negócio jurídico e suas bases romanísticas*, in *Revista Jurídica* 51 (2003), 9.

DAS QUESTÕES TEÓRICAS À EMANCIPAÇÃO DA TEORIA

àquilo que ficou conhecido como humanismo jurídico. Em uma primeira geração, fortemente influenciada pela *impostazione* metodológica lançada por Petrarca, encontramos figuras como Valla e Poliziano, seguidos por Budé, Alciato, Zazius e Cujácio, e finalmente por Cannanus e Donellus. Esses autores, e especialmente os dois últimos, viveram em um período de grandes transformações no continente europeu. Entre os séculos XVI e XVII, a difusão do protestantismo romperia uma hegemonia de mais quatro séculos do direito canônico estabelecido por juristas e teólogos católicos. Esse movimento traria significativas consequências para suas carreiras: Donellus, por exemplo, convertido ao calvinismo, teria que fugir para Genebra após o Massacre da Noite de São Bartolomeu, em 1572. Ao romper com os fundamentos católicos introjetados na doutrina contratual, o pensamento protestante criará as condições intelectuais para uma primitiva emancipação daquilo que neste trabalho vem sendo chamado de teoria. Será na obra de um grupo muito menos conhecido de humanistas, entretanto, que essa teoria se apresentará pela primeira vez de forma autônoma.

Aqui estão autores hoje praticamente desconhecidos como Johann Apel (1486-1536), Claudius Cantiuncula ou Claude Chansonnette (1490?-1560), Konrad Lagus (1499-1546), Christophus Hegendorphinus (1500-1540), Nicolas Vigelius (1529-1600) e outros. Harold Berman e Charles Reid associam esses autores, "tão largamente negligenciados pela historiografia jurídica do século XX," a um terceiro estágio do movimento humanista (sua ordem não é propriamente cronológica), um estágio por eles chamado de "sistemático", em oposição ao primeiro, "cético" (aqui estariam Valla e Poliziano), e ao segundo, "principialista" (e aqui estariam autores como Alciato e Zazius, e mais tarde juristas como Connanus e Donellus).[424] Até o século XV, os humanistas teriam priorizado (i) a classificação e a análise de regras jurídicas (ii) derivadas de textos canônicos, (iii) deles inferindo conceitos e princípios que (iv) representariam *standards* da razão católica e por conseguinte da razão jurídica. Os humanistas protestantes do terceiro estágio, em contrapartida, e sob

---

[424] Harold J. Berman e Charles J. Reid, Jr., *Roman Law in Europe and the Jus Commune: a Historical Overview with Emphasis on the New Legal Science of the Sixteenth Century*, in *Syracuse Journal of International Law and Commerce* 20 (1994), 13.

forte influência das proposições de Philip Melanchthon (1497-1560),[425] herdeiro intelectual de Lutero, (i) classificariam conceitos e princípios (ii) derivados de uma razão inata, para então (iii) ilustrá-los por meio de regras jurídicas (iv) extraídas de uma plêiade de fontes, e não apenas do *Corpus* justinianeu.[426]

Assim procedendo, autores como Apel, Cantiuncula e Lagus invertem a relação estabelecida entre regras e princípios: os princípios não mais corresponderiam à síntese das regras postas, tampouco a uma simplificação pedagogicamente orientada dessas regras (como propunha, por exemplo, Domat); ao invés, os princípios corresponderão àquilo que está por trás das regras.[427] Eles poderão, por conseguinte, ser estudados autonomamente, compondo um gênero literário apartado da doutrina. "Essa não era apenas uma questão de teoria do direito, vale dizer, de teoria das fontes do direito," esclarecem Berman e Reid; "mais do que isso, essa é também uma questão de autoridade, de legitimação do direito."[428] Essa formulação é reveladora do caráter teórico dos textos analisados pelos autores. Os dois problemas identificados por Berman e Reid – o problema da validade (por eles associado à 'teoria das fontes do direito') e o problema da normatividade (para Berman e Reid, um problema 'de auto-

---

[425] No início do século XIX, encontraremos uma longa citação de Melanchton em um texto que, não por acaso, buscava recobrar fundamentos teóricos expurgados da doutrina ao longo do século XVIII. Esse texto é o *Vom Beruf unserer Zeit für Gesetzgebung und Rechtswissenschaft* de Savigny. *v.* James Q. Whitman, *Historical Vision and Legal Change* (1990), 3.

[426] Harold J. Berman e Charles J. Reid, Jr., Roman Law in Europe and the Jus Commune: a Historical Overview with Emphasis on the New Legal Science of the Sixteenth Century, in Syracuse Journal of International Law and Commerce 20 (1994), 14.

[427] As origens remotas da noção de princípio como fundamento do direito podem ser traçadas a Cícero. *v.* Sandro Schipani, *Principia iuris potissima pars principium est: principi generali del diritto (schede sulla formazione di un concetto)*, tradução de Osny da Silva Filho, *Principia iuris potissima pars principium est: princípios gerais do direito (notas sobre a formação de um conceito)*, in Sandro Schipani e Danilo Borges dos Santos Gomes de Araújo (organização), *Sistema jurídico romanístico e subsistema jurídico latino-americano* (2015), São Paulo: FGV Direito SP, 128.

[428] Harold J. Berman e Charles J. Reid, Jr., *Roman Law in Europe and the Jus Commune: a Historical Overview with Emphasis on the New Legal Science of the Sixteenth Century*, in Syracuse *Journal of International Law and Commerce* 20 (1994), 16.

DAS QUESTÕES TEÓRICAS À EMANCIPAÇÃO DA TEORIA

ridade, de legitimação do direito') – são hoje descritos como os desafios elementares da filosofia (ou da teoria, para este propósito) jurídica.[429]

O humanismo protestante não lograria o mesmo êxito do voluntarismo – ou, mais precisamente, do debate que se seguiu ao voluntarismo – na autonomização de uma teoria do contrato em particular e de uma teoria do direito em geral. Em última análise, ele representaria o primeiro e também o último suspiro de um movimento que renasceria dois ou três séculos mais tarde. Sua ocorrência, entretanto, fragiliza a tese, sustentada por autores do porte de Koschaker, de que a primeira aparição da teoria do direito no continente europeu teria ocorrido na Alemanha novecentista.[430] Os representantes do humanismo protestante formaram uma classe pan-europeia de juristas, uma *Juristenstand*, que escrevia não apenas para a audiência de seus respectivos países, mas também, e algumas vezes em primeiro lugar, para si mesma.[431] Não por acaso, esse movimento não se encerrará na Alemanha. Ao invés, ele será levado adiante na obra de autores situados na fronteira entre teoria e doutrina como Johannes Althusius (1557-1638) e Johann Gottlieb Heineccius (1681-1741) – este último, aliás, como se voltará a comentar, autor de obras tomadas como compêndios obrigatórios nas escolas de direito criadas no Brasil em 1827.[432] Ecos do humanismo protestante também repercutirão, mesmo que indiretamente, sobre os textos maduros de representantes da escolástica tardia como Suárez, Covarrubias e Vitória, alcançando ainda o pensamento do português Pascoal José de Melo Freire (1738-1798), autor das importantes *Institutiones juris civilis et criminalis lusitani* de 1789.

---

[429] Andrei Marmor, *Philosophy of Law* (2011), Princeton: Princeton University Press, 3-5.

[430] Harold J. Berman e Charles J. Reid, Jr., *Roman Law in Europe and the Jus Commune: a Historical Overview with Emphasis on the New Legal Science of the Sixteenth Century*, in Syracuse Journal of International Law and Commerce 20 (1994), 18, nota 26 (referindo a primeira edição clássico Europa und das Römische Recht, 210)

[431] Harold J. Berman e Charles J. Reid, Jr., Roman Law in Europe and the Jus Commune: a Historical Overview with Emphasis on the New Legal Science of the Sixteenth Century, in Syracuse Journal of International Law and Commerce 20 (1994), 25.

[432] José Reinaldo de Lima Lopes, *As palavras e a lei* (2004), 61.

6.2. A tomada do voluntarismo jurídico: da aporia à abstração

Contrato e vontade caminham juntos na literatura jurídica contemporânea. A formação dos contratos é associada à manifestação ou declaração de vontade; sua invalidade, à ocorrência de vícios da vontade; sua manutenção, à permanência da vontade; seu equilíbrio, à higidez da vontade. Um renitente lugar-comum, mas também um dos maiores espantalhos da literatura jurídica ao longo do século XX,[433] a ideia de vontade representa, ainda, a mais difundida chave de leitura da literatura contratual. Mesmo aqueles que procuram enjeitá-la parecem tomar o seu protagonismo como um dado inescapável. Graças a ela, o direito dos contratos tornou-se um campo inequivocamente privatista: um campo orientado, no fim das contas, antes pelas intenções que pela regulação, antes pela autonomia (em um sentido bastante amplo, anterior à ideia de autonomia privada) que pela heteronomia. Isso, entretanto, é algo mais recente do que se costuma supor.

Presente nos textos jurídicos desde a *iurisprudentia* romana, passando pelas obras medievais, pelos trabalhos da escolástica tardia e pela bibliografia jusnaturalista,[434] a ideia de vontade só seria elevada a critério de inteligibilidade do direito dos contratos no curso do século XIX. Seu veículo seria um paulatino e difuso movimento que hoje chamamos de *voluntarismo jurídico*.[435] Um movimento que, ao contrário daqueles que se lhe seguiram, parece ter tomado a literatura contratual silenciosamente, até o ponto em que sua presença – sua onipresença – já não poderia deixar de ser notada. Neste momento, a velha vontade surge como reviravolta, ruptura ou inovação. "O elemento verdadeiramente inovador da teoria dos negócios jurídicos, tal como foi exposta por Savigny," escreve, por exemplo, o civilista português Carlos Ferreira de Almeida, "é a atribuição à vontade de um *poder criativo* de efeitos jurídicos; o problema da vontade cristaliza-se no dogma da vontade, porque é afinal 'tudo' no negócio

---

[433] *v.* Véronique Ranouil, *L'autonomie de la volonté: naissance et evolution d'un concept* (1980), Paris: Presses Universitaires de France.

[434] Gino Gorla, *Il contratto*, vol. I (1954), 42-43.

[435] *v.* Michel Villey, *Essor et decadence du volontarisme juridique* (1954), in *Leçons d'histoire de la philosophie du droit* (1957), Paris: Dalloz.

jurídico."[436] Essa ideia se difundiria rapidamente. Depois de conquistar a doutrina alemã, ela será acatada pela primeira comissão redatora do BGB, alcançando em seguida a França, e depois toda a Europa, e depois todo o Ocidente: ainda não como uma teoria específica, mas como uma forma de compreender o direito em geral e o direito dos contratos em particular – um 'critério de inteligibilidade', como se disse.[437]

Ao deixar para trás os fundamentos filosóficos das categorias elaboradas pela escolástica tardia, entretanto, o voluntarismo jurídico traria uma série de aporias à literatura contratual ou negocial. Proposições doutrinárias construídas a partir da ideia aristotélico-tomista de justiça comutativa, um fundamento teórico outrora pacificado, ficam aqui à deriva. Neste ponto, a teoria deixa de ser o *prius* da doutrina, seu ponto de partida, para tornar-se seu *posterius*, uma justificação de categorias estabelecidas.

Ao menos à primeira vista, entretanto – e aqui está a origem da turbulência trazida pelo movimento voluntarista à síntese teórico-doutrinária estabelecida desde os séculos XVI e XVII –, a vontade não poderia justificar uma série de questões doutrinárias clássicas, da inexigibilidade de promessas consentidas à obrigação de prestar contrapartidas não acordadas,[438] da ideia de doação como gênero de conduta à disciplina do equilíbrio contratual.[439] Dificuldades como essas serão diretamente enfrentadas em alguns casos; em outros, elas serão superadas pela abstracionismo racional: se a vontade não explica esta ou aquela proposição

---

[436] Carlos Ferreira de Almeida, *Texto e enunciado na teoria do negócio jurídico*, vol. 1 (1992), 70.

[437] Duncan Kennedy, *Three Globalizations of Legal Thought: 1850-2000*, in David Trubek & Alvaro Santos, *The New Law and Economic Development* (2006), 26: "*The will theory was an attempt to identify the rules that should follow from consensus in favor of the goal of individual self-realization. It was not a political or moral philosophy justifying this goal; nor it was a positive or sociological theory about how this had come to be the goal. Rather, the theory offered a specific, will-based and deductive interpretation of the inter-relationship of dozens or hundreds of relatively concrete norms of the extant national legal orders, and of the legislative and adjudicative institutions that generated and applied the norms.*"

[438] Trata-se, aqui, dos velhos *quasi*-contractus, dos quais a gestão de negócios é o exemplo paradigmático.

[439] Não por acaso, voluntaristas alemães considerariam os remédios da *laesio enormis* medidas excepcionais na disciplina contratual comum. *v.* James R. Gordley, *The Philosophical Origins of Modern Contract Doctrine* (1991), 204 (citando Windscheid, Vangerow e Holzschuher).

doutrinária, vejamos se ela pode explicar temas mais amplos como a composição do conteúdo dos contratos, o conjunto dos seus vícios ou mesmo seu conceito. Neste ponto da história, diferentes matrizes do racionalismo, do modelo discursivo de René Descartes (1596-1650) aos modelos "matematizantes" de Leibniz e Wolff, já se encontravam suficientemente difundidas, repropostas e arraigadas na cultura erudita europeia. Justificação e abstração tornam-se, assim, as tônicas do voluntarismo jurídico.

Um exemplo pode esclarecer esse fenômeno. Suponha que alterações inesperadas das circunstâncias do contrato levem uma promitente a não mais desejar o cumprimento de sua promessa. Alinhados com Tomás de Aquino,[440] autores da segunda escolástica não vislumbrariam um conflito entre a interpretação da vontade e a apuração do que é justo nesse caso. Da mesma forma que as leis, diriam eles, as promessas prescrevem meios para determinados fins. É possível que circunstâncias supervenientes tornem alguns desses meios injustos. A promitente, entretanto, nunca se vincularia a meios injustos. Logo, diante deles sua promessa deixa de ser exigível.[441] As saídas voluntaristas seriam diferentes. Para Windscheid, por exemplo, a continuidade de determinas circunstâncias deveria ser encarada como uma 'pressuposição' (*Voraussetzung*) do negócio jurídico (ou do contrato),[442] algo que ele associava a uma 'condição não desenvolvida' (*nentwickelte Bedingung*). Sua ancoragem voluntarista, à primeira vista camuflada – afinal, estamos diante de uma estipulação implícita –, logo seria ressaltada: a pressuposição decorreria da 'vontade verdadeira' (*eigentliche*), uma vontade nem sempre correspondente à 'vontade real' (*wirkliche*), aquela declarada no momento da contratação. Se as circuns-

---

[440] Tomás de Aquino, *Summa Theologiae* ii-ii, q. 88, a. 10; q. 89, a. 9.

[441] *v.* James R. Gordley, *Impossibility and Changed and Unforeseen Circumstances*, in *The American Journal of Comparative Law* 52 (2004), 526 (citando Lessius).

[442] Michele Giorgianni, *Volontà (dir. priv.)*, in *Enciclopedia del diritto*, vol. xlvi (1993), Milano: Giuffrè, 1046: "*Senza alcun dubbio, allorché si parla di 'volontà' nel diritto privato, il problema che si pone spontaneamente alla considerazione riguarda quell'atto (o quegli atti) che anche la nostra dottrina – recependone il concetto dalla pandettistica germanica – qualifica come 'negozio giuridico'.*"

tâncias pressupostas tivessem lugar, o efeito resolutivo da pressuposição tornaria a promessa inexigível.[443]

Aproveitada por Paul Oertmann em sua conhecida reflexão sobre a 'base do negócio' (*Geschäftsgrundlage*),[444] mais tarde explorada também por Karl Larenz,[445] a doutrina da pressuposição seria recobrada por juristas ingleses e americanos nas discussões que se seguiram aos famosos *coronation cases* do início do século XX.[446] A origem dessas disputas é bem conhecida. Após a divulgação do roteiro do cortejo que se seguiria à coroação de Eduardo VII e da Rainha Alexandra em junho de 1902, dezenas de pessoas decidem alugar, em geral por preços bastante elevados, casas que lhes permitiram uma visão privilegiada dos monarcas. Três dias antes da coroação, entretanto, um inesperado abscesso abdominal obriga Eduardo a submeter-se a um procedimento cirúrgico. O cortejo, por conseguinte, é adiado. Diante disso, os locatários decidem reaver os valores já entregues aos locadores. Sua pretensão é resistida, e os casos são levados ao Judiciário. Em *Krell v. Henry*,[447] por exemplo, juiz Vaughan Williams recobraria a já antiga noção de 'condição implícita', originalmente

---

[443] Clovis Veríssimo do Couto e Silva, *A teoria da base do negócio no direito brasileiro*, in Vera Maria Jacob de Fradera (organização), *O direito privado na visão de Clóvis do Couto e Silva* (1997; 2ª ed, 2014), Porto Alegre: Livraria do Advogado, 87 (em referência ao artigo de Windscheid, *Die Voraussetzung*, publicado no *Archiv für die civilistische Praxis* 78, de 1904).

[444] Paul Oertmann, *Die Geschäftsgrundlage: ein neuer Rechtsbegriff* (1921), Leipzig: A. Deichert.

[445] Karl Larenz, *Geschäftsgrundlage und Vertragserfüllung* (1951), tradução de Carlos Fernández Rodríguez, *Base del negocio jurídico e cumplimento de los contratos* (1956), Madri: Editorial Revista de Derecho Privado.

[446] *v.* Antônio Junqueira de Azevedo, *Negócio jurídico e declaração negocial (Noções gerais e formação da declaração negocial)* (1986), Tese de Titularidade apresentada à Faculdade de Direito da Universidade de São Paulo, 219-226; e James R. Gordley, *The Philosophical Origins of Modern Contract Doctrine* (1991), 185. No Brasil, as doutrinas da base do negócio e da pressuposição seriam recuperadas por Orlando Gomes em uma discussão que ganharia enorme importância entre as décadas de 80 e 90. *v.* Orlando Gomes, *Influência da inflação nos contratos*, in *Transformações gerais do direito das obrigações* (1967), São Paulo: Revista dos Tribunais (tratando também, e de modo igualmente pioneiro, dos índices de correção monetária).

[447] *Krell v. Henry* [1903] 2 KB 740.

figurada pelo juiz Colin Blackburn em *Taylor v. Caldwell*,[448] para determinar que a realização do cortejo compunha o conteúdo do contrato, e sua inocorrência poderia, consequentemente, justificar a repetição dos valores já entregues.

Para além da justificação de orientações doutrinárias estabelecidas, o voluntarismo jurídico também contribuiria para a hipertrofia da ideia de contrato.[449] Originalmente definido como um instrumento de comutação decorrente do consenso a respeito da troca de bens exteriores, ele passa a ser encarado como uma "declaração de vontade direcionada à produção de efeitos jurídicos",[450] uma definição em que tudo cabe e nada se contém. Consequentemente, o contrato torna-se uma espécie de conceito-panaceia do pensamento jurídico: para além do velho *contrato social*,[451] passa-se a falar de *contrato matrimonial* para indicar o vínculo pessoal estabelecido pelo casamento,[452] de *contrato de trabalho* para explicar

---

[448] *Taylor v. Caldwell* [1863] EWHC J1. Não há aqui, entretanto, nada próximo da sofisticação teórica que Windscheid apresentaria quarenta anos pois.

[449] Para uma crítica desse movimento, *v.* Hugh Collins, *Regulating Contracts* (1999), 17-28.

[450] Clovis do Couto e Silva, *Negócios jurídicos e negócios jurídicos de disposição*, in Vera Maria Jacob de Fradera (organização), *O direito privado na visão de Clóvis do Couto e Silva* (1997; 2ª ed, 2014), Porto Alegre: Livraria do Advogado, 72 (associando a definição a Windscheid, Kipp, Regelsberger e Dernburg).

[451] Neste caso, o alargamento é mais antigo. *v.* Thomas Hobbes, *Leviathan* (1651; 1955), Oxford: Oxford University Press; e Jean-Jacques Rousseau, *Du contrat social; ou, principes du droit politique* (1762), tradução de Antonio de Pádua Danesem *O contrato social: princípios do direito político* (1989; 3ª ed., 1996), São Paulo: Martins Fontes. A retomada contemporânea do contratualismo na filosofia política se deve a John Rawls, *A Theory of Justice* (1971), Cambridge: Belknap.

[452] A ideia de matrimônio como contrato também é um pouco mais antiga. Ela já estava presente no Código Civil francês de 1804, e antes ainda, no *Allgemeines Landrecht* prussiano de 1794. Não obstante, o desenvolvimento do voluntarismo contribuiria decisivamente para sua difusão. Identificando consequências igulitárias no matrimônio-contrato, que opunha a um "modelo despótico" que teria dominado a cultura jurídica até o final do século XVIII, Orlando Gomes teceria um inusitado elogio ao fenômeno, qualificando-o como "uma das grandes construções da doutrina filosófica do individualismo jurídico." *A crise do direito matrimonial*, in *A crise do direito* (1955), São Paulo, Max Limonad, 200. Para uma discussão dessa leitura, *v.* Luiz Felipe Rosa Ramos e Osny da Silva Filho, *Orlando Gomes* (2014), 120-122. Os problemas teóricos da ideia de matrimônio como contrato vêm sendo estudados por Martha Ertman há alguns anos. Por último, *v. Love's Promises:*

DAS QUESTÕES TEÓRICAS À EMANCIPAÇÃO DA TEORIA

o vínculo de subordinação estabelecido entre patrão e empregado,[453] de *contrato administrativo* para referir as relações sabidamente desequilibradas estabelecidas entre Administração e pessoas físicas ou jurídicas de direito privado,[454] e mesmo de *contrato doméstico* para designar as relações estabelecidas no âmbito domiciliar.[455] Georg Jellinek (1851-1911)

How Formal and Informal Contracts Shape All Kinds of Families (2015), Boston: Beacon. O título da obra de Ertman já dá conta de uma segunda ampliação desse debate: não apenas o matrimônio é reconduzido ao modelo contratual voluntarista, mas também outros arranjos domésticos. Para uma discussão a respeito da contratualização de relações *quasi*-matrimoniais – e também para uma das mais conhecidas leituras feministas do direito dos contratos –, *v.* Claire Dalton, *An Essay in the Deconstruction of Contract Doctrine*, in *Yale Law Journal* 94 (1985).

[453] Para uma narrativa desse movimento na Itália, *v.* Giovanni Cazzetta, *Scienza giuridica e trasformazioni sociali. Diritto e lavoro in Italia tra otto e novecento* (2007), Milano: Giuffrè; e Alessandro Somma, *Dal lavoratore al consumatore. Cittadinanza e paradigma giuslavoristico nell'economia sociale di mercato*, in Gian Guido Balandi e Giovanni Cazzetta (organização), *Diritti e lavoro nell'Italia repubblicana* (2009), Milano: Giuffrè. No Brasil, v. os trabalhos pioneiros de Orlando Gomes, *Socialização do direito privado* (1932), in *A crise do direito* (1945), Bahia: Vera-Cruz; Francisco José de Oliveira Vianna, *Problemas de direito corporativo* (1938), Rio de Janeiro: José Olympio; Antônio Ferreira Cesarino Júnior, *Contrato coletivo de trabalho*, in *Revista da Faculdade de Direito da Universidade de São Paulo* 35 (1939); Alvino Lima, *Da influência, no direito civil, do movimento socializador do direito*, in *Revista da Faculdade de Direito da Universidade de São Paulo* 35 (1939); e já diante de um campo organizado, Orlando Gomes, *Influência da legislação do trabalho na evolução do direito*, in *Direito do trabalho. Estudos* (1941), Salvador: Forum. Para um balanço dessas discussões, v. Paulo Macedo Garcia Neto, *A questão social na Era Vargas: entre a regulação de trabalho da CLT e os "fins sociais" da Lei de Introdução ao Código Civil*, in Carlos Guilherme Mota e Natasha Schmitt Caccia Salinas, *Os juristas na formação do Estado-Nação brasileiro. 1930-dias atuais* (2010), São Paulo: Saraiva. Hoje, uma tendência de restrição da ideia de contrato de trabalho em favor de modelos contratuais tradicionais é identificada por Mark Freedland, *The Personal Employment Contract* (2003; 2006), Oxford: Oxford University Press.

[454] Para um panorama das discussões a respeito da autonomia epistêmica do contrato administrativo, *v.* Fernando Dias Menezes de Almeida, *Contrato Administrativo* (2012), São Paulo: Quartier Latin, 14-16.

[455] Robert C. Ellickson, *Unpacking the Household: Informal Property Rights Around the Hearth*, in *Yale Law Journal* 116 (2006). Neste caso, já estamos distantes das propostas avançadas pelo voluntarismo jurídico, mas seguimos empregando um modelo contratual esgarçado pelo movimento.

FUNDAMENTOS DO DIREITO CONTRATUAL

verá no contrato uma "forma jurídica universal",[456] e essa ubiquidade não passará despercebida a um leitor agudo de seu tempo como Max Weber (1864-1920):

> "Em contraste com o direito mais antigo, a mais importante característica do direito moderno, e especialmente do direito privado, é a crescente importância dos negócios jurídicos, e particularmente dos contratos, como fonte de demandas garantidas pela coerção jurídica. Tão característico é esse aspecto do direito privado, que alguém poderia, em retrospecto, designar nossa sociedade contemporânea como uma verdadeira "sociedade contratual". [457]

Não surpreende, aliás, que mesmo fora da literatura especializada – Weber não conta, pois era um exímio historiador do direito,[458] – o contrato passasse a ser encarado em termos tipicamente voluntaristas.

---

[456] Georg Jellinek, *System der subjektiven öffentlichen Rechte* (1892), tradução de Gaetano Vitagliano, *Sistema dei diritti pubblici subbiettivi* (1912), Milano: Società Editrice Libraria, 229.

[457] Max Weber, *Wirtschaft und Gesellschaft* (1910-1921), tradução de Guenther Roth e Claus Wittich, *Economy and Society*, vol. II (1978), Berkeley: University of California Press, 669. Algo parecido já havia sido escrito por Herbert Spencer, autor que, como veremos adiante, gozou de enorme sucesso na Europa e no Brasil no final do século XIX: *"Dating back to an earlier period than their names, the two political parties* [o Partido Liberal e o Partido Tory, precursor do Partido Conservador e Unionista britânico, hoje liderado por David Cameron, e antigo antípoda monarquista dos Whigs] *at first stood respectively for two opposed types of social organization, broadly distinguishable as the militant and the industrial-types which are characterized, the one by the régime of status, almost universal in ancient days, and the other by the régime of contract, which has become general in modern days, chiefly alnong the Western nations, and especially among ourselves and the Americans."* The Man versus the State, with Six Essays on Government, Society and Freedom (1884; 1960), Caldwell: Caxton, 1.

[458] Discípulo de Levin Goldschmidt (1828-1897), Weber dedicou sua tese de doutorado à responsabilidade societária nas cidades italianas medievais. Dois anos depois, alcançaria a habilitação para docência na Faculdade de Direito da Universidade de Berlin com um ensaio sobre os reflexos da história agrária romana sobre o direito. Referências desses dois textos seriam recuperadas na *Ética protestante* e na versão desenvolvida de *Economia e sociedade*. As primeiras traduções de sua tese de doutorado e de habilitação são recentes: *Zur Geschichte der Handelsgesellschaften im Mittelalter* (1889), tradução de Lutz Kaelber, *The History of Commercial Partnerships in the Middle Ages* (2003), Lanham: Rowman & Littlefield; e *Die römische Agrargeschischte in ihrer Bedeutung für das Staats- und Privatrecht* (1891), tradução de Richard I. Frank, *Roman Agrarian History* (2008), Claremont: Regina.

Lemos, por exemplo, em Karl Marx (1818-1883), antigo aluno e incidental antípoda de Savigny:

> "Essa relação jurídica, cuja forma é o contrato, seja ela desenvolvida legalmente ou não, é uma relação volitiva, na qual se reflete a relação econômica. O conteúdo dessa relação jurídica ou volitiva é dado pela própria relação econômica."[459]

6.3. Consolidação teórica: voluntarismo jurídico em debate

Antes que uma marca do voluntarismo jurídico em si, a emancipação da teoria como gênero da literatura contratual viria como uma *decorrência* das propostas voluntaristas. Ao recorrer à abstração para justificar noções teóricas *prima facie* incompatíveis com proposições doutrinárias consolidadas, autores como Windscheid, François Laurent e Raymond Saleilles (1855-1912) – este último, o grande divulgador do voluntarismo de matriz germânica na França,[460] – darão ensejo a um debate tão mais distante da prática contratual quanto mais próximo das questões avançadas, vimos há pouco, pelo humanismo protestante. O problema da validade e o problema da normatividade, postos em termos gerais por esses humanistas, convertem-se então em questões especificamente contratuais: quais são as características elementares de um contrato – ou de um ato jurídico, ou de um negócio jurídico, – relevante para o direito? que justifica a exigibilidade jurídica de uma obrigação firmada contratualmente?[461] As primeiras tentativas de responder a essas questões apelariam a uma incipiente psicologia; as últimas, às também incipientes ciências sociais.

Os primeiros textos dedicados especificamente à teoria do contrato, do ato ou do negócio jurídico seriam publicados ainda na segunda metade do século XIX, inicialmente em reação às formulações de Savigny a respeito do papel da vontade na conformação dos efeitos do negócio

---

[459] Karl Marx, *Das Kapital. Kritik der politischen Ökonomie* (1867), tradução de Rubens Enderle, *O capital. Crítica da economia política*, livro I, *O processo de produção do capital* (2013), São Paulo: Boitempo, 159-160 (destaquei).

[460] *v.* Raymond Saleilles, *De la déclaration de volonté (contribution à l'étude de l'acte juridique dans le code civil allemand, art. 116 à 144)* (1901), Paris: Pichon.

[461] Nesses termos, Stephen Smith, *Contract Theory* (2004), 42-43.

jurídico. De um lado, juristas como Ludwig Enneccerus (1843-1928) e especialmente Ernst Zitelmann (1852-1923), autor do afamado *Irrtun und Rechtsgeschäft* (ou *Erro e negócio jurídico*), de 1879, procurariam especificar as ideias expostas no *System des heutigen römischen Rechts* sem abandonar suas premissas teóricas, vale dizer, reafirmando o protagonismo da vontade sobre a declaração; de outro, juristas como Josef Kohler (1849-1929) e Rudolf Leonhard (1851-1921) tentariam ampliar as exceções à prevalência da vontade – em Savigny, os usos do tráfego e a boa-fé –, tomando-as, agora, como regra. Estes últimos fundariam a chamada teoria da declaração (*Erklärungtheorie*); os primeiros seriam associados à teoria da vontade (*Willenstheorie*).[462] Um termo médio, que alguns preferem associar à teoria da vontade,[463] seria proposto por Windscheid: "a declaração sem vontade", lê-se em uma passagem famosa de seu *Wille und Willenserklärung*, publicado em 1880, "é tão nula quanto a vontade sem declaração."[464] A tendência "psicologizante" desse debate seria, ainda no século XIX, ampliada por Ernst Rudolf Bierling (1868-1919), autor de uma verdadeira "teoria psicológica do direito".[465]

Tratava-se de uma discussão altamente sofisticada, talvez mais sofisticada do que qualquer outro debate jurídico travado até então. "Para Zitelmann," tomemos a ótima síntese de Carlos Ferreira de Almeida como exemplo, "a declaração é um movimento corporal que provoca numa outra pessoa a representação ou ideia (*Vorstellung*) do próprio declarante. É um meio para atingir um fim." Continuemos com o Ferreira de Almeida:

---

[462] Clovis do Couto e Silva, *Negócios jurídicos e negócios jurídicos de disposição*, in Vera Maria Jacob de Fradera (organização), *O direito privado na visão de Clóvis do Couto e Silva* (1997; 2ª ed, 2014), 74-75.

[463] *e.g.* Clovis do Couto e Silva, *Negócios jurídicos e negócios jurídicos de disposição*, in Vera Maria Jacob de Fradera (organização), *O direito privado na visão de Clóvis do Couto e Silva* (1997; 2ª ed, 2014), 74.

[464] Bernhard Windscheid, *Wille und Willenserklärung. Eine Studie*, in *Archiv für die civilistische Praxis* 63 (1880), 72-112.

[465] Karl Larenz, *Methodenlehre der Rechtswissenschaft* (1960), tradução (da 6ª ed., 1991) de José Lamego, *Metodologia da ciência do direito* (2012), 49.

DAS QUESTÕES TEÓRICAS À EMANCIPAÇÃO DA TEORIA

"A vontade tem na declaração um duplo alcance e conteúdo: e sentido restrito (vontade direta) é a origem psíquica da excitação dos nervos motores que produzem o movimento corporal, é a vontade de ação; em sentido lato (vontade indireta), é a vontade consciente do resultado da ação, é a intenção (*Absicht*). A intenção é, por sua vez, uma situação psíquica complexa formada pelos seguintes e imprescindíveis elementos de uma cadeia causal que conduzem à vontade da ação: representação de um fato exterior; sensação de carência (*Unlust*) e impulso (*Trieb*) para suprimir essa sensação (desejo do fato); e representação segundo a qual esse fato será efeito direto ou indireto do movimento corporal (declaração) que for praticado. Neste processo psíquico os motivos são também de duas naturezas: motivo para querer o meio (a ação), que é constituído pela representação da própria ação e, como tal, é elemento da intelecção; e motivos relacionados com a finalidade (última) da ação, que é uma finalidade exterior (não psíquica) do resultado. Estes, que Zitelmann designa como 'simples motivos', não pertencem já ao âmbito da vontade, mesmo em sentido amplo, e, por isso, não são relevantes como fundamento da nulidade por erro."[466]

Nem todos os teóricos do século XIX, foram voluntaristas. Mas mesmo aqueles que procuraram se afastar das premissas postas por Savigny e Windscheid, não deixaram de tomar a vontade como espantalho de suas críticas. É o que ocorre, por exemplo, em textos de fautores de teorias instrumentais do negócio jurídico como Alois Ritter von Brinz (1820-1887), August Thon (1839-1912) e Joseph Unger (1828-1913). A vontade também ocupará o centro das admoestações de matriz hegeliana de Oskar von Büllow (1837-1907), pioneiro da teoria preceptiva do negócio jurídico, mais tarde recuperada por Emilio Betti (1890-1968). Mesmo autores como Anton Menger (1841-1906), uma figura menor na Alema-

---

[466] Carlos Ferreira de Almeida, *Texto e enunciado na teoria do negócio jurídico*, vol. 1 (1992), 75 (notas omitidas). "A construção de Zitelmann", escreve Ferreira de Almeida, "teve profunda influência no direito alemão, e por via deste, noutros direitos europeus" (76).

nha, mas muito celebrada na América Latina,[467] tomariam as premissas voluntaristas como bússola de sua exposição.[468]

Trabalhos voltados especificamente para a teoria ou para a filosofia do contrato também ganharão espaço fora da Alemanha, intensificando, sobretudo pela proximidade linguística, um ainda incipiente debate teórico internacional. Dois autores italianos, em particular, ganhariam enorme repercussão no Brasil. O primeiro deles, Enrico Cimbali (1855-1887), teria sua *La nuova fase del diritto civile*, de 1885, traduzida para o português pelo naturalista Adherbal de Carvalho em 1900.[469] Hoje ignorado, o volume receberia uma elogiosa nota introdutória de outro convicto naturalista, Clóvis Bevilaqua,[470] que então cuidava dos últimos ajustes de seu Código Civil, promulgado 16 anos depois. O segundo italiano afamado no Brasil, Pietro Cogliolo (1859-1940), seria traduzido ainda antes. Uma tradução de sua *Filosofia del diritto privato* de 1888 seria levada a cabo em 1898 por Eduardo Espínola (1875-1967),[471] ganhando, a partir daí, significativa repercussão na academia jurídica brasileira.[472] Espínola, em particular, não se restringiria aos textos italianos. Seu *Sistema do direito civil brasileiro*, publicado a partir de 1908, seria dedicado – sim, dedicado – à memória de quatro gigantes do pensamento jurídico alemão do século XIX: Savigny, Jhering, Windscheid e Dernburg.[473] Juristas que, curio-

---

[467] v. Otavio Luiz Rodrigues Junior, A influência do BGB e da doutrina alemã no direito civil brasileiro do século XX, in Revista dos Tribunais 938 (2013), 98-99.

[468] Anton Menger, Das Bürgerliche Recht und die besitzlosen Volksklassen. Eine Kritik des Entwurfs eines Bürgerlichen Gesetzbuches für das Deutsche Reich (1890), tradução de Adilfo G. Posada, El derecho civil y los pobres (1947), Buenos Aires: Atalaya.

[469] Enrico Cimbali, La nuova fase del diritto civile nei rapporti economici e sociali con proposte di riforma della legislazione civile vigente (1885), tradução de Adherbal de Carvalho, A nova phase do direito civil: suas relações economicas e sociaes (1900), Rio de Janeiro: Livraria Clássica.

[470] v. Francisco Clementino de San Tiago Dantas, *Ciência e consciência – um estudo sobre Clovis Bevilaqua*, in *Figuras do direito* (1962; 2ª ed., 2002), Rio de Janeiro: Forense, 104 (dando notícia de que Cogliolo, Cimbali e Jean-Gabriel de Tarde [1843-1904] seriam os "autores prediletos" de Clovis Bevilaqua)

[471] Pietro Cogliolo, *Filosofia del diritto privato* (1888), tradução de Eduardo Espínola, *Filosofia do direito privado* (1898), Salvador: Impreza.

[472] Luis Felipe Rosa Ramos e Osny da Silva Filho, *Orlando Gomes* (2015), 150-151.

[473] Eduardo Espínola, *Sistema do direito civil brasileiro* (1908), Bahia: Reys, II.

DAS QUESTÕES TEÓRICAS À EMANCIPAÇÃO DA TEORIA

samente, haviam sido abandonados pelos primeiros comentadores do recém-promulgado BGB.[474]

E o debate teórico de matriz voluntarista não se insularia no século XIX. Entre as décadas de 40 e 50, uma série de trabalhos italianos sobre a teoria do negócio jurídico – já depurados, neste ponto, do *'minestrone ideologico'* de autores como Cimbali e Cogliolo[475] – tomaria a vontade como espantalho ou ídolo de suas discussões. Aqui estão, por exemplo, a crítica autonomista de Betti, contra a qual se voltaria o redivivo voluntarismo de Giuseppe Stolfi (1902-1976), aplacado pela leitura conciliatória de Renato Scognamiglio (1922).[476] E o debate italiano sobre a teoria do negócio jurídico seguiria com trabalhos de juristas como Giovanni Battista Ferri, Claudio Varrone e, mais recentemente, Anna Paola Ugas,[477] além de monografias voltadas especificamente para a teoria do contrato.[478] Avançando para o final do século XX e o início do século XXi, a noção serviria de bússola para niilistas – para não dizer, pasmem, neo-voluntaristas – como Natalino Irti.[479] Se a filosofia aristotélico-tomista compunha as camadas mais profundas e já obscurecidas da cultura jurídica europeia entre os séculos XVII e XVIII, hoje – às vezes nas entrelinhas, mas ainda hoje – esse papel parece ser desempenhado pelo voluntarismo.[480]

---

[474] Reinhard Zimmermann, *Roman Law, Contemporary Law, European Law* (2001; 2004), 41.

[475] A expressão é de Paolo Grossi, *Scienza giuridica italiana* (2000), 14.

[476] Emilio Betti, *Teoria generale del negozio giuridico* (1943; 2ª ed., 1950; 1994); Giuseppe Stolfi, *Teoria del negozio giuridico* (1947), Padova: Cedam; Renato Scognamiglio, *Contributo alla teoria del negozio giuridico* (1950; 2ª ed., 1969), Napoli: Jovene.

[477] Giovanni Battista Ferri, *Causa e tipo nella teoria del negozio giuridico* (1968), Milano, Giuffrè; *Il negozio giuridico tra libertà e norma* (1987; 5ª ed., 1995), Rimini: Maggioli; e como revisão deste último, *Il negozio giuridico* (2004), Padova: Cedam; Claudio Varrone, *Ideologia e dogmatica nella teoria del negozio giuridico* (1972), Napoli: Jovene; e Anna Paola Ugas, *Il negozio giuridico come fonte di qualificazione e disciplina di fatti* (2002), Torino: Giappichelli.

[478] *e.g.* Giorgio De Nova, *Il tipo contrattuale* (1974), Padova: Cedam.

[479] Natalino Irti, *Il negozio giuridico come categoria storiografica* (1990), in *Letture bettiane sul negozio giuridico* (1991), Milano: Giuffrè; e de modo pormenorizado, *Esercizî di lettura sul nichilismo giuridico*, in *Nichilismo giuridico* (2004), Bari: Laterza.

[480] Como reconheceria um historiador do direito e da cultura europeia, "não se pode negar que a ideologia prevalecente na Europa ocidental ao longo do século XX" – e essa observação poderia ser estendida para o século XXI – "tenha uma dimensão marcadamente

6.4. Teorias do contrato desvinculadas do voluntarismo

Herdeiras da autonomia literária promovida pelo debate voluntarista, teorias do direito dos contratos efetivamente desvinculadas da ideia de vontade – uma ideia "unanimemente criticada na sua formulação romântica"[481] – só viriam à tona recentemente. As mais significativas dessas contribuições parecem ser, ironicamente, aquelas construídas em torno das relações entre contrato e justiça. Opõem-se, aqui, acadêmicos como Ernest Weinrib, Claus-Wilhelm Canaris, James Gordley e Horst Eidenmüller, defensores de leituras predominantemente comutativas do campo contratual,[482] e juristas como Anthony Kronman, Kevin Kordana, David Blankfein-Tabachnick, Martijn Hesselink e Aditi Bagchi, orientados pela identificação de dimensões distributivas do campo.[483]

---

voluntarista." Randall Lesaffer, *Inleiding tot de Europese rechtsgeschiedenis* (2004), tradução de Jan Arriens, *European Legal History. A Cultural and Political Perspective* (2009), Cambridge: Cambridge University Press, 487.

[481] Carlos Ferreira de Almeida, *Texto e enunciado na teoria do negócio jurídico*, vol. I (1992), 87.

[482] Ernest J. Weinrib, *The Idea of Private Law* (1995), Cambridge: Harvard University Press; Claus-Wilhelm Canaris, *Die Bedeutung der iustitia distributiva im deutschen Vertragsrecht* (1997), München: Bayerischen Akademie der Wissenschaften; James R. Gordley, *Foundations of Private law: Property, Tort, Contract, Unjust Enrichment* (2006); e Horst G. M. Eidenmüller, *Party Autonomy, Distributive Justice and the Conclusion of Contracts in the DCFR*, in *European Review of Contract Law* 5 (2009). As referências consolidadas por Gordley em 2006 já vinham sendo reunidas em *Equality in Exchange*, in *California Law Review* 69 (1981); *The Philosophical Origins of Modern Contract Doctrine* (1991); e *Tort Law in the Aristotelian Tradition*, in David Owen, *Philosophical Foundations of Tort Law* (1995), Oxford, Clarendon. Sua inserção entre os prosélitos da justiça comutativa, entretanto, precisa ser temperada. Em um texto muito esclarecedor e pouco citado, Gordley procuraria mostrar que a redistribuição de recursos pelo Estado por meio do direito dos contratos não será ilegítima se for realizada sem prejuízo dos critérios de justiça. *v. Morality and Contract: The Question of Paternalism*, in *William & Mary Law Review* 48 (2007). Para uma síntese das ideias de Weinrib em língua portuguesa, *v.* Catarina Helena Cortada Barbieri, *O formalismo jurídico de Ernest Weinrib e seus reflexos na teoria da responsabilidade civil* (2012), Tese de doutorado apresentada ao Departamento de Filosofia e Teoria Geral do Direito da Universidade de São Paulo; quanto às ideias de Gordley, *v.* Maria Paula Costa Bertran Muñoz, *Justiça e contrato: entre comutar e distribuir* (2010).

[483] Anthony T. Kronman, *Contract Law and Distributive Justice*, in *Yale Law Journal* 89 (1980); Kevin A. Kordana e David H. Blankfein-Tabachnick, *Rawls and Contract Law*, in *Washington Law Review* 73 (2005); Martijn W. Hesselink, *Five Political ideas of European Contract Law*, in *European Review of Contract Law* 7 (2011); e Aditi Bagchi, *Distributive Injustice and Contract*

Em princípio bastante etérea, essa discussão desce à Terra em uma série de instâncias, e especialmente quando o que está em jogo são as tensões entre justiça e eficiência. Um bom exemplo disso pode ser encontrado na controvérsia a respeito do argumento da 'dupla distorção' apresentado por Steven Shavell, em posterior coautoria com Louis Kaplow, entre as décadas de 80 e 90.[484] Trata-se da ideia segundo a qual o avanço de razões distributivas no direito privado em geral e no direito dos contratos em particular deveria ser preterido ao emprego de instrumentos tributários, e sobretudo a tributação da renda. Isso se justificaria não apenas pelo caráter ineficiente da distribuição pela via privatista ou contratual, mas, alega-se, por seus resultados contraproducentes. Essa proposta seria amplamente criticada, tanto pelas suas premissas filosóficas quanto por suas suposições empírico-econômicas, embora não deixasse de seduzir estudiosos e estudiosas do direito.[485]

Law, in Gregory Klass, George Letsas e Prince Saprai (organização), *Philosophical Foundations of Contract Law* (2015), Oxford: Oxford University Press. Para um balanço dessa literatura, v. Martín Hevia, *Reasonableness and Responsibility: A Theory of Contract Law* (2013), Dordrecht: Springer. Uma proposta teórica brasileira de matriz distributiva implícita pode ser encontrada em Teresa Negreiros, *Teoria do contrato: novos paradigmas* (2001; 2ª ed., 2006), Rio de Janeiro: Renovar (valendo-se, contudo, do que chama de 'paradigma da essencialidade', sem lançar mão, assim, da chave de leitura comutação-distribuição).

[484] Steven Shavell, *A Note on Efficiency vs. Distributional Equity in Legal Rulemaking: Should Distributional Equity Matter Given Optimal Income Taxation?*, in *American Economic Review Papers & Proceedings* 71 (1981); depois, de modo pormenorizado, Louis Kaplow e Steven Shavell, *Why the legal system is less efficient than the income tax in redistributing income*, in *Journal of Legal Studies* 23 (1994). O rótulo do argumento foi proposto por Chris W. Sanchirico, *Taxes versus legal rules as instruments for equity: a more equitable view*, in *Journal of Legal Studies* 29 (2000), que também apresentou aquela que parece ser sua mais robusta refutação. v. ainda Daniel A. Farber, *What (If Anything) Can Economics Say About Equity?*, in *Michigan Law Review* 101 (2003).

[485] *v.* a ótima síntese de Leandro Martins Zanitelli, *Direito privado, justiça distributiva e o argumento da dupla distorção: uma revisão da literatura*, in *Revista Brasileira de Políticas Públicas* 5 (2015). Alguns textos brasileiros continuam endossando as conclusões de Kaplow e Shavell. *e.g.* Luciano Benetti Timm, *Direito contratual brasileiro. Críticas e alternativas ao solidarismo jurídico* (2008; 2ª ed., 2015), 214: "Em síntese, o direito contratual dentro do modelo econômico de contrato confere segurança e previsibilidade às operações econômicas e sociais, protegendo as expectativas dos agentes econômicos – o que corresponde a um importante papel institucional e social. O sistema tributário (e o direito público como

Um segundo segmento do debate teórico-contratual contemporâneo diz respeito ao apego devido aos instrumentos na adjudicação contratual, e especialmente na adjudicação de contratos empresariais.[486] Esse segmento, diferentemente do primeiro, não se concentra em razões substanciais, mas em modelos de interpretação contratual. Contrapõem-se, nesse caso, propostas contextualistas de autores como Hugh Collins e Catherine Mitchell e sugestões textualistas ou neoformalistas de acadêmicos como William Woodward, Robert Scoott, John Gava e Jonathan Morgan.[487] Herdeiros das reflexões empírico-doutrinárias de Stewart Macaulay, os contextualistas argumentam que os tribunais devem incorporar o que chamam de 'expectativas comerciais' aos seus padrões decisórios. Essas 'expectativas' são associadas a um *"background* factual do acordo"* no qual se incluem elementos tão variados quanto "as convenções adotadas na indústria ou mercado relevante, as relações de poder entre as partes e os entendimentos estabelecidos em negociações anteriores."[488] Os textualistas, ao invés, sustentam que a incorporação de critérios decisórios contingentes à adjudicação contratual teria o efeito deletério de afastar os contratantes tanto de um alegadamente benéfico apego aos instrumentos quanto do direito posto.

O argumento textualista é construído em torno de três pontos de partida, enunciados de modo bastante claro por Morgan: "primeiro, que o

---

um todo) providenciará a distribuição de riqueza." Timm cita especificamente o texto dos autores norte-americanos na página 208 de seu livro, mas não considera suas críticas.

[486] Para o contexto brasileiro, *v.* o último capítulo de Paula A. Forgioni, *Teoria geral dos contratos empresariais* (2010; 2ª ed., 2011), São Paulo: Revista dos Tribunais.

[487] Hugh Collins, *Regulating Contracts* (1999), Oxford: Oxford University Press; Catherine Mitchell, *Contract Law and Contract Practice: Bridging the Gap between Legal Reasoning and Commercial Expectation* (2013); William J. Woodward, Jr., *Neoformalism in a Real World of Forms*, in *Wisconsin Law Review* [s.n.] (2001); Alan Schwartz e Robert E. Scott, *Contract Interpretation Redux*, in *Yale Law Journal* 119 (2010); John Gava, *How Should Judges Decide Commercial Contract Cases?*, in *Journal of Contract Law* 133 (2013); e Jonathan Morgan, *Contract Law Minimalism: A Formalist Restatement of Commercial Contract Law* (2013), Cambridge: Cambridge University Press. Para um balanço crítico desse debate, v. Ronald J. Gilson, Charles F. Sabel e Robert E. Scott, *Text and Context: Interpretation as Contract Design*, in *Cornell Law Review* 100 (2014) (alertando para as limitações dos modelos de contrato arquetipicamente tomados por textualistas e contextualistas).

[488] Catherine Mitchell, *Contract Law and Contract Practice* (2013), 239.

direito dos contratos comerciais tem um propósito central, qual seja, a promoção de uma estrutura jurídica para os negócios; segundo, que sua natureza é radicalmente opcional, isto é, o direito dos contratos existe apenas como um corpo de regras dispositivas; e terceiro, que quanto o direito dos contratos é simples, claro e estrito – formalista –, as preferências comerciais são satisfeitas, e as regras jurídicas florescem, na medida em que seu afastamento se torna infrequente."[489] Uma válvula de escape como a *parol evidence rule*, por exemplo, não teria vez nas teorias textualistas.[490] Vistas por uma pessoa educada na tradição continental, essas discussões podem soar excessivamente arquetípicas; vistas por quem atua na prática, elas talvez se revelem mais significativas que aquelas apresentadas na literatura. Em países como o Brasil, a Itália e a França, a interpretação dos instrumentos e das circunstâncias negociais costuma ser encarada de modo complementar, e não excludente,[491] ainda que esse seja um tema particularmente comum nas lides estabelecidas em torno de contratos complexos.

Nem todas as vertentes do debate contratual contemporâneo podem ser tranquilamente reconduzidas à teoria. Em alguns casos, o *status* teórico é camuflado por propostas aparentemente doutrinárias; em outros, ele é objeto de explícita rejeição. Gestada na Escandinávia entre as décadas de 60 e 70 e abraçada por juristas de diferentes partes da Europa a partir do final da década de 80, uma dessas vertentes – tentativamente chamada de 'dogmática jurídica alternativa'[492] – procurou mapear as mutações a que se vem submetendo o direito dos contratos nas últimas décadas a partir de uma perspectiva 'crítica' ou 'socialmente orientada'. Partindo de um diagnóstico de crise do *welfare state*, autores como Thomas Wilhelmsson, Carlo Castronovo, Norbert Reich e Gunther Teubner procuraram discutir temas clássicos (como as bases cooperativas do direito dos contrato

---

[489] Jonathan Morgan, *Contract Law Minimalism* (2013), xiii.

[490] A *parol evidence rule*, reconhecida pelo *common law* norte-americano mediante a verificação de uma série de requisitos, impede o emprego de outros meios de prova que não os instrumentos contratuais quanto estes, os intrumentos, forem 'inequívocos' e 'integrais.'

[491] *v.* Francisco Paulo De Crescenzo Marino, *Interpretação do negócio jurídico* (2011), São Paulo: Saraiva.

[492] Thomas Wilhelmsson, *Critical Studies in Private Law. A Treatise on Need-Rational Principles in Modern Law* (1992), Dordrecht: Kluwer, 1.

ou as fronteiras entre responsabilidade contratual e extracontratual) e problemas mais recentes, ainda subexplorados pela literatura contratual (como o controle de novos riscos por mecanismos contratuais e a responsabilidade de contratantes situados em redes contratuais), a partir de uma 'crítica aos paradigmas dogmáticos dominantes'.[493] Embora esses textos tragam importantes *insights* a respeito da prática contratual contemporânea, eles não parecem, de fato, oferecer uma teoria satisfatória a seu respeito. O próprio Wilhelmsson reconheceria essa limitação. "A busca de uma 'grande teoria crítica' do direito dos contratos", escrevia em 1993, "não é uma tarefa do nosso tempo."[494] Note que essa tarefa não era negada, mas apenas postergada. Trata-se, portanto, se um segmento proto-teórico da literatura contratual. Uma teoria da desigualdade contratual segue sendo uma tarefa em aberto.[495]

Nos Estados Unidos, autores e autoras ligadas aos *critical legal studies* (CLS) se engajariam em uma versão radical dessa proposta.[496] Originada de uma crítica ampla ao pensamento jurídico, essa versão se particularizaria por duas razões. A primeira delas diz respeito ao seu *status*. Na

---

[493] Respectivamente, Thomas Wilhelmson, *Questions for a Critical Contract Law – and a Contradictory Answer: Contract as Social Cooperation*; Carlo Castronovo, *Liability Between Contract and Tort*; *Dieter Hart, Towards Risk Management contract Law?*; e Gunther Teubner, *Piercing the Contractual Veil? The Social Responsibility of Contractual Networks*; todos em Thomas Wilhelmson (organização), *Perspectives of Critical Contract Law* (1993), Aldershot: Dartmouth.

[494] Assim no prefácio de Thomas Wilhelmson (organização), *Perspectives of Critical Contract Law* (1993), Aldershot: Dartmouth, 4.

[495] As raízes da crise apontada por autores como Wilhelmson talvez estejam enterradas abaixo do *welfare state*. *v.* José Reinaldo de Lima Lopes, *Naturalismo jurídico no pensamento brasileiro* (2014), 20: "Já foi dito por outros que o jusnaturalismo exerceu uma função crítica sobre a sociedade do Antigo Regime por meio da crítica moral: quando as diferenças eram institucionalizadas pelo direito positivo (diferenças de classe, nascimento, privilégios e de toda sorte), foi o jusnaturalismo a sugerir o valor da igualdade universal. No entanto, quando as diferenças foram eliminadas da legislação (ou pelo menos as diferenças mais evidentes), o jusnaturalismo não teve como detectar ou combater as desigualdades materiais e sociais empiricamente verificadas, mas legalmente silenciadas. Como os ideais jusnaturalistas triunfaram na expressão verbal das leis, converteram-se em legalismo."

[496] A partir dos anos 60, movimentos críticos de diferentes matizes também ganhariam corpo na Espanha, na França, na Italia (*e.g. Magistratura Democratica*) e no Brasil (*e.g.* Direito Achado na Rua). *v.* José Reinaldo de Lima Lopes e Roberto Freitas Filho, *Law and Society in Brazil at the Crossroads: A Review*, in *Annual Review of Law and Social Science* 10 (2014), 93.

visão de seus fautores, os CLS não seriam uma teoria, e nem mesmo uma proto-teoria; eles seriam simplesmente uma forma alternativa de encarar o direito. "Os representantes do *critical legal studies* nunca pretenderam criar um gênero autônomo na literatura jurídica, tampouco tomar um lugar entre as tradicionais escolas da teoria do direito,"[497] explica Mangabeira Unger. Tratava-se, nesse sentido, de uma empreitada diferente daquela desenhada por Wilhelmsson, que não negava a possibilidade de constituição teórica da crítica. Uma segunda particularidade dos CLS residiria em seu diálogo com a literatura doutrinária. Ao contrário das vertentes teóricas listadas nos parágrafos anteriores, os CLS mantiveram uma postura predominantemente cética em relação à capacidade transformadora da literatura doutrinária.[498] Os textos da doutrina, nesse sentido, se prestariam menos a propósitos emancipatórios que a razões utópicas, negacionistas ou apologéticas.[499] Isso não implica, é verdade, a rejeição da doutrina *enquanto gênero jurídico-literário*, ao menos nos termos estruturais empregados ao longo deste livro. Nesse ponto, porém, os defensores dos CLS são ambíguos ou excessivamente metafóricos.[500]

---

[497] Roberto Mangabeira Unger, *The Critical Legal Studies Movement* (1983; 1986), Cambridge: Harvard University Press, 4.

[498] *v.* Jody S. Kraus, *Philosophy of Contract Law*, in Jules Coleman e Scott Schapiro (organização), *The Oxford Handbook of Jurisprudence & Philosophy of Law* (2002), Oxford: Oxford University Press, 691. *v.* Duncan Kennedy, *Distributive and Paternalist Motives in Contract and Tort Law, with Special Reference to Compulsory Terms and Unequal Bargaining Power*, in *Maryland L. Rev.* 41 (1982); Robert W. Gordon, *Macaulay, Macneil and the Discovery of Solidarity and Power in Contract Law*, in *Wisconsin Law Review* [s.n.] (1985).

[499] *e.g.* Duncan Kennedy, *The Structure of Blackstone's Commentaries*, in *Buffalo Law Review* 28 (1979), 210; e mais recentemente, *Savigny's Family/Patrimony Distinction and its Place in the Global Genealogy of Classical Legal Thought*, in *The American Journal of Comparative Law* 58 (2010). Para uma aplicação bastante ponderada desses argumentos, v., ainda de Duncan Kennedy, *The Political Stakes in "Merely Technical" Issues of Contract Law*, in *European Review of Private Law* 1 (2001).

[500] *e.g.* Roberto Mangabeira Unger, *The Critical Legal Studies Movement* (1983; 1986), 96: *"We need not choose between rejectind doctrine and practicing it under the spell of a systematizing idealizations of established law. The view that extant law represents an approximation, albeit flawed and incomplete, to an intelligible and defensible plan of social life has been a central feature of doctrinal method over the las several centuries. [...] Others have broken the spell in the past, moved less by transformative commitment than by realism and disbelief. We can break the spell more decisevely now, for the sake of a transformative vision. We can reshape the methods and assumptions of doctrine."*

Esse quadro, enfim, é inescapavelmente incompleto. A teoria contratual contemporânea – incluídos, aqui, os textos que procuram escapar desse rótulo – alcançou um grau de amplitude que parece inviabilizar tentativas de mapeamento integral. Suas revisões literárias, por conseguinte, tendem a refletir as preocupações particulares de seus autores. O panorama de Peter Benson a respeito do assunto, por exemplo, orienta--se pela distinção entre 'teorias autonomistas' e 'teorias teleológicas',[501] uma chave de leitura recuperada pelo autor em outras sedes,[502] e muito próxima de sugestões apresentadas mais tarde por Hanoch Dagan e Aditi Bagchi.[503] Entre as primeiras estariam aquelas figuradas por autores como Joseph Raz,[504] Charles Fried,[505] Thomas Scanlon[506] e Randy Barnett;[507] entre as últimas, as teorias avançadas por juristas como James Gordley e Anthony Kronman, bem como as reflexões de algumas pessoas ligadas à análise econômica do direito.[508]

Uma tipologia como essa é ao mesmo tempo mais ampla e mais restrita que aquela proposta neste item. Ela é mais ampla na medida em que incorpora discussões filosóficas em torno do caráter moral e jurídico das promessas em geral (como é o caso da teoria de Raz); mas também

---

[501] Peter Benson, *Contract*, in Dennis Patterson (organização), *A Companion to Philosophy of Law and Legal Theory* (1996; 2ª ed, 2010), Oxford: Blackwell.

[502] Peter Benson, *The Unity of Contract Law*, in Peter Benson (organização), *The Theory of Contract Law: New Essays* (2001), Cambridge: Cambridge University Press.

[503] Hanoch Dagan, *Pluralism and Perfectionism in Private Law*, in *Columbia Law Review* 112 (2012); e Aditi Bagchi, *Contract as Procedural Justice*, in *Jurisprudence: An International Journal of Legal and Political Thought* 1 (2016), passim (distinguindo teorias 'puras' e 'perfeitas', mas sugerindo, ao contrário de Dagan, um tertium genus, o das teorias 'imperfeitas').

[504] Joseph Raz, *Voluntary Obligations and Normativa Powers* [II], in *Proceedings of the Aristotelian Society, Supplementary Volume* 46 (1972); *Promises and Obligations*, in Peter M. S. Hacker e Joseph Raz, *Law, Morality, and Society: Essays in Honour of H.L.A. Hart* (1977), Oxford: Oxford University Press; e *Promises in Morality and Law*, in *Harvard Law Review* 95 (1982).

[505] Charles Fried, *Contract as Promise: A Theory of Contractual Obligation* (1981), Cambridge: Harvard University Press.

[506] Thomas Scanlon, Promises and Contracts, in Peter Benson (organização), The Theory of Contract Law: New Essays (2001).

[507] Randy E. Barnett, *A Consent Theory of Contract*, in *Columbia Law Review* 86 (1986).

[508] Quanto a Gordley e Kronman, *v.* nota 483 *supra*; quanto aos autores ligados à AED, *v.* nota 596 *infra*.

DAS QUESTÕES TEÓRICAS À EMANCIPAÇÃO DA TEORIA

é mais restrita porque passa ao largo de discussões teóricas mais próximas da prática, porque voltadas para a disciplina e a adjudicação contratual (como aquelas levadas a cabo na 'dogmática jurídica alternativa' de Wilhelmsson e, mais recentemente, nos textos de Mitchell e Morgan).[509]

---

[509] Para uma discussão a respeito de teorias baseadas ou não na vontade, mas em um âmbito mais amplo, *v.* Leslie Green, *Law and Obligations,* in Jules Coleman e Scott Schapiro (organização), *The Oxford Handbook of Jurisprudence & Philosophy of Law* (2002), Oxford: Oxford University Press.

7.
CIENTIFICISMO, REALISMO E EMPIRIA: ENTRE FORMAS E FATOS

A segunda década de século XIX seria marcada pelo triunfo da ciência em diferentes campos do saber. Em 1859, Charles Darwin publica seu clássico *The Origin of Species*, obra fundacional da teoria da evolução; pouco depois, em 1862, Louis Pasteur demonstra o equívoco da teoria da geração espontânea, abrindo uma importante linha de estudos na química; no final da década de 1870, Thomas Edison transforma a vida urbana com a invenção da lâmpada incandescente com filamento de carvão; e caminhando para a virada do século, Marie and Pierre Curie descobrem a radioatividade, revolucionando a medicina. Seria surpreendente se esse espírito científico revolucionário não alcançasse o direito. E também seria surpreendente se esse movimento não trouxesse uma série de desconfianças. "O direito está, por isso mesmo," diz José Reinaldo de Lima Lopes,

> "entre aqueles objetos que causaram alguma perplexidade para a ciência moderna, sobretudo no século XIX. Aquele foi o século dos grandes sucessos na ciência a despertar nos juristas seguramente uma pitada de inveja. A ciência moderna mais ou menos se acomoda à grande divisão das ciências em *ciências formais* (ou abstratas) e *ciências factuais* ou empíricas. Em qual dos dois grupos poderia acomodar-se o direito, se quisesse ser ciência à moda da ciência moderna?"[510]

Com o debate voluntarista, vimos há pouco, o direito aproximou-se dos modelos *formais* de ciência. Herdeiro da velha ciência dogmática do

---

[510] José Reinaldo de Lima Lopes, *As palavras e a lei* (2004), 40.

direito, Kelsen levaria essa leitura às últimas consequências, especialmente em sua *Teoria pura do direito*.[511] Essa não seria, entretanto, a única via adotada pelos juristas do *fin de siécle*. Talvez sem a mesma unidade discursiva, a ciência *factual* também seria tomada como norte para a reflexão jurídica. Primeiro, pelo conjunto de movimentos críticos surgidos entre as últimas décadas do século XIX e as primeiras do século XX; depois, com a emergência da ideia de direito como ciência social e a difusão da pesquisa empírica como gênero jurídico-literário autônomo. Entre esses movimentos, propostas de matriz formal voltariam à tona a partir de categorias emprestadas de outras disciplinas, e sobretudo da economia.

7.1. Pretensões científicas na literatura jurídica (remissão)

A afirmação da pesquisa em direito como uma empreitada científica depende do significado que atribuirmos ao termo 'ciência'. Se a palavra for tomada pelo seu valor de face, será possível afirmar a existência de uma 'ciência do direito' desde a *iurisprudentia* romana – "*Iuris prudentia est* [...] *iusti atque iniusti scientia*", já dizia Ulpiano.[512] Se ela for restringida ao âmbito de pesquisas orientadas pela verificação de hipóteses empiricamente controláveis, a ideia 'ciência do direito' haverá de ser reservada a um âmbito relativamente recente e ainda muito restrito da literatura jurídica. Há uma vasta zona cinzenta entre esses dois extremos, e nela reside a maior parte das controvérsias em torno da afirmação da pesquisa em direito como uma tarefa científica.

Harold Berman, por exemplo, sugere três conjuntos de critérios para identificar uma ciência 'em sentido moderno'. O primeiro é metodológico. Importa, neste caso, verificar a existência de um corpo integrado de conhecimentos apto a explicar sistematicamente instâncias singulares do fenômeno a que diz respeito. O segundo critério é valorativo ou comportamental. O que está em jogo, aqui, são pretensões de objetividade e integridade veiculadas em um "ceticismo organizado" a respeito das premissas e conclusões alheias. O terceiro critério de identificação de uma

---

[511] Hans Kelsen, *Reine Rechtslehre* (1934; 2ª ed., 1960), tradução de João Baptista Machado, *Teoria Pura do Direito* (1962; 6ª ed., 1984), Coimbra: Arménio Amado.

[512] Ulp. 2 reg., D. 1, 1, 10, 2: "*Iuris prudentia est divinarum atque humanarum rerum notitia, iusti atque iniusti scientia.*"

ciência em sentido moderno é, sempre para Berman, sociológico. Trata-se de identificar a existência de "comunidades científicas" inter-relacionadas e aptas a assegurar um *status* privilegiado a seus membros.[513] Tomando esses critérios em sentidos amplos, Berman defende a ideia de que as primeiras manifestações de uma 'ciência do direito' remontariam aos trabalhos produzidos no âmbito das primeiras universidades medievais entre os séculos XI e XII.[514]

A opinião de Franz Wieacker é parecida, mas aponta para uma especificação importante. O historiador alemão reconhece que a ciência jurídica tal qual hoje a conhecemos teria surgido "na alta Idade Média italiana", e particularmente nos trabalhos de Irnério e seus sucessores, sintetizados, como vimos, na *Glossa ordinaria* de Acúrsio.[515] A primeira manifestação alemã dessa ciência, entretanto, haveria de aguardar quatrocentos anos. Será o *usus modernos pandectarum* do séculos XVI e XVII, sustenta Wieacker, a consolidar "uma ciência alemã do direito comum através de uma tradição coerente e firme."[516] No centro dessa tradição estará a superação da ideia de vigência ampla e atemporal do direito romano, uma superação já sinalizada pela emergência da 'lenda lotárica' no início do século XVI,[517] e definitivamente conformada pela narrativa 'pragmática' da recepção do direito romano no território alemão levada

---

[513] Harold J. Berman, *Law and Revolution* (1983), 151-164.

[514] Harold J. Berman, *Law and Revolution* (1983), 151.

[515] Franz Wieacker, Privatrechtsgeschichte der Neuzeit unter besonderer Berücksichtigung der deutschen Entwicklung (1952), tradução (da 2ª ed., 1967) de António Manuel Botelho Hespanha, História do direito privado moderno (1980; 3ª ed., 2004), 2.

[516] Franz Wieacker, Privatrechtsgeschichte der Neuzeit unter besonderer Berücksichtigung der deutschen Entwicklung (1952), tradução (da 2ª ed., 1967) de António Manuel Botelho Hespanha, História do direito privado moderno (1980; 3ª ed., 2004), 226.

[517] A chamada 'lenda lotárica' atribuía a vigência do direito romano no território alemão a uma lei emanada pelo imperador Lothar von Supplinburg em 1135. Para Wieacker, a formulação da 'lenda lotárica' já sinalizava o enfraquecimento da ideia de uma 'recepção teórica' do direito romano na Alemanha, na medida em que "punha em dúvida, do ponto de vista histórico, a *translatio imperii* [i.e., a ideia de que o direito prumulgado por Justiniano teria tido sua vigência mantida automaticamente no Império Alemão], e a substituía por um acto legislativo concreto." Franz Wieacker, *Privatrechtsgeschichte der Neuzeit unter besonderer Berücksichtigung der deutschen Entwicklung* (1952), tradução (da 2ª ed., 1967) de António Manuel Botelho Hespanha, *História do direito privado moderno* (1980; 3ª ed., 2004), 227.

a cabo pelo polímata Hermann Conring (1606-1681) em seu *De originis juris germanici*.[518] Com o *usus modernus* – sigamos com Wieacker –, ganhará corpo uma 'dogmática do direito comum', uma dogmática orientada, pela primeira vez, por uma 'consciência jurídica alemã'.[519] Esse fenômeno terá importantes reflexos epistêmicos. "É por isso que se inicia," exemplifica o autor, "agora em território alemão, a constituição de novos ramos da ciência jurídica, nomeadamente, a investigação da história do direito e uma teoria constitucional moderna."[520]

A 'ciência dogmática' lançada no século XVI ganhará, outros quatro séculos depois, sua formulação mais bem acabada, conquanto reativa à metodologia estabelecida pelo *usus modernus*, na obra de Savigny. Aqui estará, como vimos, o ponto de partida da separação entre doutrina contratual e teoria do contrato, mas também a última alternativa sintética, porque teórico-doutrinária, à empreitada intelectual lançada pela escolástica-tardia. De fato, desde a sua *Juristische Methodenlehre* (ou *Metodologia jurídica*), conjunto de lições proferidas entre 1802 e 1803, até o *System des heutigen römischen Rechts* de 1840, Savigny procurará distinguir, ainda sem separá-las, a elaboração histórica do direito de sua sistematização – esta última, uma tarefa levada a cabo a partir do que chamava de "tratamento formal" das normas jurídicas.[521] Seus textos não servirão apenas de referencial metodológico, mas também – e como sugere Wolfgang Kunkel,

---

[518] Franz Wieacker, *Privatrechtsgeschichte der Neuzeit unter besonderer Berücksichtigung der deutschen Entwicklung* (1952), tradução (da 2ª ed., 1967) de António Manuel Botelho Hespanha, *História do direito privado moderno* (1980; 3ª ed., 2004), 228.

[519] Franz Wieacker, *Privatrechtsgeschichte der Neuzeit unter besonderer Berücksichtigung der deutschen Entwicklung* (1952), tradução (da 2ª ed., 1967) de António Manuel Botelho Hespanha, *História do direito privado moderno* (1980; 3ª ed., 2004), 226.

[520] Franz Wieacker, *Privatrechtsgeschichte der Neuzeit unter besonderer Berücksichtigung der deutschen Entwicklung* (1952), tradução (da 2ª ed., 1967) de António Manuel Botelho Hespanha, *História do direito privado moderno* (1980; 3ª ed., 2004), 229.

[521] A expressão, empregada já na antiga *Juristische Methodenlehre*, é reproduzida por Franz Wieacker, *Privatrechtsgeschichte der Neuzeit unter besonderer Berücksichtigung der deutschen Entwicklung* (1952), tradução (da 2ª ed., 1967) de António Manuel Botelho Hespanha, *História do direito privado moderno* (1980; 3ª ed., 2004), 422.

sobretudo – de modelo ou espantalho 'científico' para a literatura jurídica produzida a partir de então.[522]

7.2. Alternativas factuais: vertentes do sociologismo jurídico

Sem abandonar as pretensões científicas de Savigny e seus seguidores, sucessivas gerações de juristas se engajariam em um combate transatlântico ao conceitualismo. De pioneiros como Oliver Wendell Holmes (1809-1894) e Rudolf von Jhering (1818-1892) a figuras mais próximas como François Geny (1861-1959), Roscoe Pound (1870-1964), Hermann Kantorowicz (1877-1940), além de autores menos conhecidos (*name-dropping* no rodapé),[523] o que estaria em jogo era a desconstrução de três premissas que, figuradas pelo jusnaturalismo, se preservariam no pensamento jurídico clássico: o apelo aos conceitos, o emprego da lógica dedutiva e a indiferença em relação aos propósitos do direito.[524]

A figura mais importante nesse ponto da história é a de Rudolf von Jhering. Alinhado com Savigny e Puchta em sua juventude, Jhering passa, especialmente a partir da década de 1860, a criticar severamente suas antigas premissas metodológicas. Primeiro, em textos que viriam a com-

---

[522] Wolfgang Kunkel, *Savignys Bedeutung für die deutsche Rechtswissenschaft und das deutsche Recht*, in *Juristenzeitung* 15/16 (1962), 463, citado por Thiago Reis, *Direito e método na teoria possessória de Savigny* (2013), Porto Alegre: Sergio Antonio Fabris, 13. Ainda no texto de Reis: "Podemos dizer sem exagero que a modernidade jurídica nasce com a obra de Savigny, fundador de um paradigma científico destinado a um excepcional sucesso dentro e fora da Europa ao longo de todo o séc. XIX" (14).

[523] Figuras referidas adiante incluem Ernst Stampe (1856-1942), Erich Jung (1866-1950), Philipp Heck (1858-1943), Morris Cohen (1880-1947) e Herman Oliphant (1884-1939). Nomes como Louis Josserand (1868-1941) e e Karl Llewellyn (1893-1962) são mais conhecidos entre nós, embora pouco lidos. Sem gozar de grande prestígio em seus países, por outro lado, alguns autores alcançariam inusitado prestígio no Brasil. Os melhores exemplos, aqui, são os italianos Enrico Cimbali (1855-1887) e Pietro Cogliolo (1859-1940).

[524] *e.g.* Roscoe Pound, *Mechanical Jurisprudence*, in *Columbia Law Review* 8 (1908), 610 (observando que "o direito está em último lugar na marcha das ciências para longe da ideia de dedução de concepções predeterminadas"); e do mesmo autor, *Law in the Books and Law in Action*, in *American Law Review* 44 (1910), 510 (lamentando "o atraso do direito na persecução dos fins sociais, o retardo dos juristas em admitir ou mesmo detectar esses fins, e o abismo entre o pensamento jurídico e o pensamento popular no que diz respeito a questões de reforma social.")

por seu *Scherz und Ernst in der Jurisprudenz* (*O sério e o jocoso na jurisprudência*); depois, no quarto volume de seu *Geist des römischen Rechts* (*O espírito do direito romano*), obra que deixa inconclusa; e por fim, no também inconcluso *Der Zweck im Recht* (*A finalidade no direito*). O mérito desse 'segundo Jhering', explica Larenz, "consiste em, muito antes da maioria dos seus colegas, ter sentido as insuficiências da pandectística contemporânea e em ter chamado a atenção para os problemas do seu tempo."[525] De fato, o segundo Jhering foi um *gauche* no direito. Enquanto o idealismo ainda reinava nos círculos jurídicos alemães, ele buscou referências intelectuais nas novas ciências desenvolvidas a partir da segunda metade do século XIX. E enquanto seus pares cerravam fileiras com a Jurisprudência dos Conceitos (ou com a Pandectística), ele criou as condições intelectuais para uma alternativa metodológica orientada identificação de fins individuais e sociais do direito. Nos dois casos, sua influência sobre o pensamento jurídico brasileiro seria significativa: primeiro, abrindo as portas para o naturalismo que dominou nossas faculdades entre as últimas décadas do século XIX e as primeiras do século XX;[526] depois, sugerindo um método finalista que, seletivamente apropriado por Orlando Gomes, seria recobrado por movimentos neo-dogmáticos como o direito civil-constitucional.[527]

Holmes seguiria um itinerário parecido. Membro da Suprema Corte dos Estados Unidos entre 1902 e 1932, ele seria o responsável pela intro-

---

[525] Karl Larenz, *Methodenlehre der Rechtswissenschaft* (1960), tradução (da 6ª ed., 1991) de José Lamego, *Metodologia da ciência do direito* (2012), 57.

[526] Para um panorama dessa influência, *v.* José Reinaldo de Lima Lopes, *Naturalismo jurídico no pensamento brasileiro* (2015). Jhering seduziria autores tão diferentes quanto Clovis Bevilaqua e o 'primeiro' Pontes de Miranda. Trata-se, aqui, do autor do *Systema de sciencia positiva do direito* de 1922, e não ainda daquele Pontes de Miranda associado ao *Tratado de direito privado* e ao *Tratado das ações*, cujos volumes seriam publicados entre as décadas de 50 e 70. Ao contrário de Bevilaqua, Pontes parece ter limitado a influência naturalista à sua teoria do direito, mantendo referenciais marcadamente conceitualistas em seus trabalhos doutrinários. Nesse sentido, a 'virada' comumente identificada entre *Systema* e os *Tratados* é antes uma virada de *gêneros* que uma virada *metodológica*.

[527] *v.* Gustavo Tepedino, *Premissas metodológicas para a constitucionalização do direito civil*, in *Temas de direito civil* [Tomo I] (1999), Rio de Janeiro: Renovar; e *O Código Civil e o direito civil constitucional*, in *Temas de direito civil* [Tomo II] (2006), Rio de Janeiro: Renovar.

dução do pragmatismo filosófico de Charles Sanders Peirce (1839-1914) e William James (1842-1910) nos círculos jurídicos americanos, criando o caldo de cultura do qual emergiria o movimento realista e, mais tarde, a análise econômica do direito.[528] "No que diz respeito ao estudo racional do direito," discursava Holmes em 1897, "o dogmático pode ser o homem do presente, mas o homem do futuro é o homem da estatística e o mestre da economia."[529] Também seria dele a afirmação, frequentemente tomada de modo descontextualizado, de que "a vida do direito não tem sido lógica, mas experiência."[530] Celebrado como um grande dissidente – menos pelo número de divergências vencidas que pela importância daquelas levadas a cabo –,[531] Holmes, como Jhering, não se isolaria no campo teórico, mas procuraria intervir ativamente (em seu caso, como no dos doutrinadores anglo-americanos em geral, pela via judicial) nas discussões doutrinárias de seu tempo.

Como seus contemporâneos, Holmes e Jhering procuraram "cientificizar" o direito e o conhecimento que temos dele. Ao contrário de seus pares, não buscaram fazê-lo por meio de debates conceituais, mas através de métodos que, acreditavam, lhes permitiriam aproximar-se de modo mais rigoroso da realidade. Rebentos do positivismo, Holmes e Jhering dariam os primeiros passos para a promoção de uma série de

---

[528] Para um panorama, *v*. Hanoch Dagan, *Reconstructing American Legal Realism & Rethinking Private Law Theory* (2013), Oxford: Oxford University Press. Para uma aproximação entre o proto-realismo de Holmes, o pensamento de Nietzsche e a análise econômica do direito *v*. Richard A. Posner, *The Problems of Jurisprudence* (1990), Cambridge: Harvard University Press, 239-244. *cf.* Brian Leiter, *Holmes, Economics, and Classical Realism*, in Steven J. Burton (organização), *The Path of Law and its Influence. The Legacy of Oliver Wendell Holmes, Jr.* (2000; 2007), Cambridge: Cambridge University Press.

[529] Oliver Wendell Holmes, Jr., *The Path of the Law*, in *Harvard Law Review* 10 (1897), 469. 'Dogmático' é a tradução do que Holmes chama de 'black-letter man'.

[530] Oliver Wendell Holmes, Jr., *The Common Law* (1881; 1991), New York: Dover, 1: "*The life of the law has not been logic: it has been experience. The felt necessities of the time, the prevalent moral and political theories, intuitions of public policy, avowed or unconscious, even the prejudices which judges share with their fellow-men, have had a good deal more to do than the syllogism in determining the rules by which men should be governed.*"

[531] *v*. Thomas Healy, *The Great Dissent. How Oliver Wendell Holmes Changed His Mind – and Changed the History of Free Speech in America* (2013), New York: Metropolitan.

teorias metafisicamente esvaziadas,[532] teorias que, ao cabo, serviriam de ponto de partida para a emergência da literatura empírica na segunda metade do século XX. Paralelas, suas críticas ao conceitualismo seriam desenvolvidas independentemente, como mostrou Hart em um ensaio pioneiro,[533] e abririam um diálogo entre as tradições europeia e anglo--americana que, ora por razões intelectuais,[534] ora por necessidades vitais,[535] se aprofundaria nas décadas seguintes.

Aqui agrupadas sob a rubrica do 'sociologismo',[536] as propostas de Holmes e Jhering se desdobrariam em uma série de movimentos. Concentremo-nos, por ora, naqueles gestados na Europa.[537] O primeiro e mais controvertido deles, figurado ainda no século XIX e radicalizado após a promulgação do BGB, foi o chamado 'intuicionismo jurídico'. Partindo de um precursor trabalho de Oskar von Büllow (1837-1907) publicado em 1885,[538] e frequentemente reconduzido à Escola do Direito Livre preconizada por Eugen Ehrlich (1862-1922), esse movimento, explicitado na obra de autores como Ernst Stampe e Eric Jung, tomava a ideia de

---

[532] Para uma referência ao esvaziamento metafísico da teoria jurídica no contexto alemão, *v.* Karl Larenz, *Methodenlehre der Rechtswissenschaft* (1960), tradução (da 6ª ed., 1991) de José Lamego, *Metodologia da ciência do direito* (2012), 45-46.

[533] Herbert L. A. Hart, *Jhering's Heaven of Concepts and Modern Analytical Jurisprudence, in Essays in Jurisprudence and Philosophy* (1983; 2001), Oxford: Clarendon, 267.

[534] *v.* David Rabban, *Law's History. American Legal Thought and the Transatlantic Turn to History* (2013), Cambridge: Cambridge University Press (identificando, antes da emergência dos sociologismos jurídicos, um movimento historicista capitaneado por autores como Francis Wharton, Thomas McIntyre Cooley, James Coolidge Carter, John Norton Pomeroy, William Gardiner Hammond, James Bradley Thayer, Henry Adams, Oliver Wendell Holmes, Jr., James Barr Ames, Melville M. Bigelow, e Christopher G. Tiedeman).

[535] *v.* Jack Beatson e Reinhard Zimmermann (organização), *Jurists Uprooted: German-speaking Émigré Lawyers in Twentieth-century Britain* (2004), Oxford: Oxford University Press.

[536] *v.* Luciano Oliveira, *Direito, sociologia jurídica e sociologismo*, in *Sua Excelência o Comissário e outros ensaios de Sociologia Jurídica*, Rio de Janeiro: Letra Legal (distinguindo o 'sociologismo' da 'sociologia').

[537] *v.* Diego Eduardo López Medina, *Teoría impura del derecho. La transformación de la cultura jurídica latino-americana* (2004), 250-251 (reconduzindo os movimentos que serão discutidos abaixo ao pensamento de Jhering).

[538] Trata-se do artigo *Gesetz und Richteramt. v.* Karl Larenz, *Methodenlehre der Rechtswissenschaft* (1960), tradução (da 6ª ed., 1991) de José Lamego, *Metodologia da ciência do direito* (2012), 78.

'intuição jurídica' (*Rechtsgefühl*), uma noção contrastada com o método dedutivo conceitualista, como norte para decisões que não encontrassem respaldo imediato no direito positivo.[539] Parcialmente acatado por autores norte-americanos como Morris Cohen e Herman Oliphant,[540] o intuicionismo não escaparia de críticas bastante severas. Wolfgang Friedmann (1907-1972), por exemplo, diria que as ideias de Jung e seus colegas "anteciparam em teoria aquilo que se tornaria a realidade da administração da justiça sob Hitler," momento em que "as cortes alemãs passaram a ignorar específicas e inequívocas disposições legislativas quando elas não estivessem de acordo com os princípios do Nacional-Socialismo."[541] Algo do intuicionismo, entretanto, se preservaria mesmo entre seus críticos. Na França, Geny viria a propor uma 'dedução temperada', na qual lógica e intuição se combinariam em um procedimento bifásico: primeiro, o intérprete deveria *intuir* (e não *induzir*) um 'princípio mais elevado' a partir das fontes do direito posto; depois, e com base nesse princípio, deveria deduzir as consequências jurídicas relevantes.[542] Similarmente, Llewellyn falaria de um 'senso de situação': um senso que, decorrente do direito posto, a ele não poderia ser reconduzido.[543]

Em contraste com o intuicionismo, uma apropriação mais moderada e possivelmente mais rigorosa do segundo Jhering seria levada a cabo por Philipp Heck (1858-1943) na primeira década do século XX. Para Heck, a solução dos problemas mal resolvidos pelo direito posto não estaria no recurso à intuição, mas naquilo que chamava de "investiga-

---

[539] James R. Gordley, *The Jurists* (2014), 282.

[540] Morris R. Cohen, *The Place of Logic in the Law*, in *Harvard Law Review* 29 (1912); e Herman Oliphant, *A Return to Stare Decisis*, in *American Bar Association Journal* 14 (1928). A sugestão é de James R. Gordley, *The Jurists* (2014), 283.

[541] Wolfgand Friedmann, *Legal Theory* (1944; 5ª ed., 1967), 343, citado por James R. Gordley, *The Jurists* (2014), 282. Friedmann, professor de direito internacional em Columbia, foi um refugiado do nazismo.

[542] François Geny, Méthode d'interprétation et sources en droit privé positif: essai critique (1899), Paris: LGDJ, 219.

[543] Karl N. Llewellyn, *On the Current Recapture of the Grand Tradition* (1959), in *Jurisprudence: Realism in Theory and Practice* (1962), Chicago: University of Chicago Press, 212.

ção dos interesses".[544] Não se tratava, aqui, de uma apreciação livre das questões que estivessem em jogo, como sugeriam Stampe ou Jung. Heck insistia em que a rejeição da Jurisprudência dos conceitos não deveria resultar em uma fuga da legalidade.[545] Tarefa mais complicada – e para Llewellyn, negligenciada desde Jhering,[546] – seria definir o que sejam interesses, bem como qual deveria ser o procedimento para selecionar um interesse em detrimento de outro. De fato, essas questões não seriam enfrentadas por Heck.[547] Antes dele, Jhering procuraria reconduzi-las ao debate sobre os fins do direito. "O conceito de interesse", escreveria o autor do *Geist des römischen Rechts* (*O espírito do direito romano*), "demanda a consideração da ideia de propósito".[548] Jhering não explicava, contudo, as razões desse salto argumentativo – o que, admitamos, parece dar crédito à crítica Llewellyn.[549] Não obstante, o jurista avançaria na discussão a respeito dos propósitos ou fins do direito nos quatro volumes de *Der Zweck im Recht* (*A finalidade no direito*), publicados entre 1877 e 1883. E ainda

---

[544] Philipp Heck, *Was ist diejenige Begriffsjurisprudenz, die wir bekämpfen?*, in *Deutsche Juristen-Zeitung* 14 (1909), 1460, citado por James R. Gordley, *The Jurists* (2014), 287. *v.* ainda, em português, Philipp Heck, *Gesetzesauslegung und Interessenjurisprudenz* (1914), tradução de José Osório, *Interpretação da lei e jurisprudência dos interesses* (1947), Coimbra: Arménio Amado.

[545] James R. Gordley, *The Jurists* (2014), 288.

[546] Karl N. Llewellyn, Realistic Jurisprudence – The Next Step, in Columbia Law Review 30 (1930), 441: "To be sure, we do not know what interests are. Hence, behind substantive rights (which we need not check against anything courts do) we now have interests (which we need not check against anything at all, and about whose presence, extent, nature and importance, whether the interests be taken absolutely or taken relatively one to another, no two of us seem to be able to agree). The scientific advance should again be obvious. Complete subjectivity has been achieved."

[547] James R. Gordley, *The Jurists* (2014), 289.

[548] Rudolf von Jhering, Geist des römischen Rechts auf den verschiedenen Stufen seiner Entwicklung (1865), tradução de Rafael Benaion, O espírito do direito romano nas diversas fases de seu desenvolvimento, vol. I (1943), Rio de Janeiro: Alba, prefácio.

[549] Mesmo sem um desenvolvimento adequado nos textos de Jhering e Heck, a ideia de 'ponderação de interesses', ancestral de teorias contemporâneas a respeito do tratamento judicial de princípios jurídicos (Dworkin, Alexy, Ávila), seria duramente criticada por Rudolf Stammler (1856-1938) e, mais recentemente, Friedrich Müller (1938). *v.* Luís Fernando Schuartz, *Consequencialismo jurídico, racionalidade decisória e malandragem*, in *Revista de Direito Administrativo* 248 (2008), 155, nota 27.

antes disso, tomaria essa premissa metodológica em sua discussão sobre a *culpa in contrahendo*, base do debate contemporâneo em torno das ideias de 'interesse contratual negativo' e 'interesse contratual positivo'.[550]

Em alguns leitores de Jhering, o finalismo seria tomado como determinismo social, em movimentos que hoje podemos reconduzir ao quadro abrangente do naturalismo jurídico.[551] Um "ingênuo materialismo evolucionista" – a qualificação é de Paolo Grossi[552] – marcará, por exemplo, a obra de Enrico Cimbali, seguido de perto por Pietro Cogliolo e de longe por civilistas outrora muito lidos como Gian Pietro Chironi (1855-1918) e Vittorio Polacco (1859-1926).[553] O naturalismo jurídico exerceria particular fascínio entre os juristas brasileiros da Primeira República. Entre os teóricos do direito, as referências mais importantes seriam Hermann Post (1839-1895), Icilio Vanni (1855-1903) e Rudolf von Jhering, além de Herbert Spencer (1820-1903),[554] filósofo que, como nota José Reinaldo de Lima Lopes, gozou de muito mais prestígio no Brasil (e naquela época, também na Europa) que Auguste Comte (1798-1857).[555] A ciência social sem empiria de Spencer, aliás, faria escola no País.[556] Mesmo um jurista *relativamente* progressista como Clovis Bevilaqua (1859-1944), por exemplo, decretaria: "Em tudo aquilo que exigir mais larga e mais intensa manifestação de energia intelectual, moral e física, o homem será mais apto que a mulher; mas em tudo aquilo que se exigir dedicação, per-

---

[550] *v.* Paulo Mota Pinto, *Interesse contratual negativo e interesse contratual positivo*, 2 vols. (2008).

[551] *v.* Karl Larenz, *Methodenlehre der Rechtswissenschaft* (1960), tradução (da 6ª ed., 1991) de José Lamego, *Metodologia da ciência do direito* (2012), 46-47: "O que, abstraindo da lógica e da matemática, é susceptível de conhecimento científico são, na concepção positivista, os «factos» sensíveis, juntamente com as «leis» que neles se manifestam e se comprovam na experimentação. Nesta postura revela-se como paradigmático o modelo das ciências [...] da natureza. Nessa medida, o positivismo é um «naturalismo»."

[552] Paolo Grossi, *Scienza giuridica italiana* (2000), 16.

[553] Paolo Grossi, *Scienza giuridica italiana* (2000), 22-25.

[554] José Reinaldo de Lima Lopes, *Naturalismo jurídico no pensamento brasileiro* (2014), 121.

[555] José Reinaldo de Lima Lopes, *Naturalismo jurídico no pensamento brasileiro* (2014), 124-126.

[556] José Reinaldo de Lima Lopes relata o estranhamento de Darwin diante das obras de Spencer, que "não eram baseadas em nenhuma observação controlada das 'coisas'." *Naturalismo jurídico no pensamento brasileiro* (2014), 135.

FUNDAMENTOS DO DIREITO CONTRATUAL

sistência, desenvolvimento emocional delicado, o homem não se pode equiparar à sua companheira."[557]

Uma vertente muito ativa da reação ao conceitualismo ganharia corpo na França ainda no final do século XIX. Autores como Léon Duguit (1859-2928) e Gaston Jèze (1869-1953) e Georges Gurvitch (1894-1965) forjariam a ideia de 'direito social', ora tomado como um novo campo, ora como um olhar sobre as disciplinas jurídicas tradicionais. Uma de suas propostas mais conhecidas seria a de uma teoria alternativa das fontes do direito, lançada "como um trovão" por Geny,[558] e orientada, neste ponto, por uma noção alargada de 'ato jurídico', correspondente francês do *Rechtsgeschäft* alemão.[559] Publicada a partir de 1904, a *Revue socialiste* seria um dos mais importantes meios de divulgação dessas ideias. Na Alemanha, encontraremos propostas similares nos trabalhos de Karl Renner e Gustav Radbruch, herdeiros intelectuais de Otto von Gierke; na Itá-

[557] Clovis Bevilaqua, *Código Civil dos Estados Unidos do Brasil commentado* (1916; 2ª ed., 1921), Rio de Janeiro: Francisco Alves, 181-182. Bevilaqua foi jurista 'relativamente' progressista porque seu Anteprojeto de Código Civil não consagrava a incapacidade da mulher casada, "inovação" que teria sido "imposta sem discussão" pela comissão revisora nomeada pelo Governo. A desigualdade entre homens e mulheres é um traço persistente da cultura civilista, como a bibliografia deste livro infelizmente ilustra.

[558] *v.* Philippe Jestaz e Christophe Jamin, *La doctrine* (2004), 121: "*La théorisation des sources du droit n'apparaît qu'au XXe siècle ou peu s'en faut. Elle éclate comme un coup de tonnerre en 1899, avec le célèbre essay de François Geny intitulè* Méthode d'interprétation et sources en droit privé positif. *Pour la première fois ou presque depuis la promulgation du code civil, un auteur admet que le droit positif puisse avoir d'autres sources que la loi et consacre à celles-ci d'importants développements.*"

[559] Essa teoria seria apresentada com entusiasmo na primeira edição da *Introdução ao direito civil* de Orlando Gomes, publicada em 1957. A partir da segunda, editada em 1965, o autor passaria a referi-la com mais cautela. Seus comentários a respeito do tema seriam repetidos em praticamente todo bom manual de direito civil publicado a partir de então *v.* Orlando Gomes, *Introdução ao direito civil* (1957; 2ª ed., 1965), Rio de Janeiro: Forense, 58-59: "É evidente que não se pode situar no mesmo plano, como *fontes do direito*, diversos atos classificados de acôrdo com o critério preconizado por Duguit, Jèze, Bonnard e outros. Cumpre distinguir, com Perassi, os *fatos de produção jurídica* dos *fatos de comércio jurídico* ou de *realização jurídica*. Só os primeiros produzem o nascimento, a modificação ou a extinção das normas do ordenamento jurídico, pelos dois processos conhecidos, o processo social indistinto, como é o costume, e o que se concretiza mediante manifestações de vontade da autoridade competente, como a lei e o regulamento. Os outros *fatos* são fontes de direitos e obrigações *subjetivas*."

lia, noticia Grossi, esse papel caberá a autores como Giuseppe Salvioli, Achille Loria e Sergio Panuzio;[560] e no Brasil, os postulados do direito social serão pioneiramente divulgadas por José Augusto César, um professor de São Paulo muito pouco citado por seus sucessores,[561] e sobretudo por Orlando Gomes, o mais importante expoente dessa orientação no País.[562]

A ideia de fins ou propósitos sociais do direito conheceria uma segunda aplicação célebre na França. A partir do segundo quartel do século XX, um grupo autores tomaria a ideia de fins sociais do direito como base para a caracterização de uma nova categoria jurídica. Seu ponto de partida seria o caso da chaminé de Colmar, julgado em 1899. Discutia-se ali a legalidade da construção de uma chaminé falsa com o único propósito de obstruir a vista da janela de um vizinho. Para Louis Josserand (1868-1941), esse caso ilustraria a ideia de 'abuso de direito'. O abuso, explicava o jurista, se caracterizaria pelo ato de "proceder, intencionalmente ou não, contra o propósito de um instituto jurídico"[563] – uma definição notavelmente similar àquela assentada no art. 187 do Código Civil brasileiro de 2002. René Demogue (1872-1938) completaria esse quadro ao refe-

---

[560] Paolo Grossi, *Scienza giuridica italiana* (2000), 26-27.

[561] José Augusto César, *Sobre o projeto do Código Civil brasileiro*, in *Ensaio sobre os actos jurídicos* (1913), Campinas: Casa Genoud, 3: "O problema da codificação não é exclusivamente jurídico, é também econômico e social. Ao lado dos interesses da industria, do comercio, da grande e pequena propriedade, ezistem os do proletariado, que compreende mais de tres quartos da nação. Para o legislador destes tempos a socialização do direito privado pela organização harmonica do capital e do trabalho deve ser não uma utopia, mas o ideal."

[562] *e.g.* Orlando Gomes, *A socialização do direito privado* (1932), in *A crise do direito* (1945), Salvador: Vera-Cruz; e mais tarde, *Decadência do voluntarismo jurídico e novas figuras jurídicas*, in *Transformações gerais do direito das obrigações* (1967), São Paulo: Revista dos Tribunais. Inserindo Orlando Gomes entre os autores de "orientação sociologista", Dinorah Castro e Francisco Pinheiro, *Idéias filosóficas na Faculdade de Direito da Bahia* (1997), Salvador: UFBA, 149-156. Machado Neto o qualificaria como "o mais lúcido e objetivo sociólogo baiano do direito." Antônio Luiz Machado Neto, *Contribuição baiana à Filosofia Jurídica e à Sociologia do Direito*, in *Revista da Faculdade de Direito de São Paulo* 61 (1966).

[563] Louis Josserand, *De l'esprit des droits et de leur relativité, théorie dite de l'abus des droits* (1927; 2ª ed., 1939; 2006), Paris: Dalloz, 245.

rir-se aos 'fins sociais' da lei.[564] De Josserand e Demogue, a ideia de abuso de direito seria devolvida à Alemanha pelo nacional-socialista Wolfgang Siebert (1905-1959), alcançando, então, grande sucesso no país.[565] A ideia de que direitos subjetivos poderiam ser relativizados, todavia, não era nova. Marcel Planiol (1853-1931) e Georges Ripert (1880-1958), por exemplo, diriam que os proponentes do abuso de direito não teriam feito nada além de reafirmar o velho preceito de que um direito não pode ser usado com o único propósito de prejudicar alguém:[566] *alterum non laedere*, já prescrevia Ulpiano.[567] Se a doutrina era a mesma, entretanto, suas razões haviam mudado. Como explica Gordley, "a inovação dos proponentes da doutrina do abuso de direito não estava em sua afirmação de que direitos poderiam ser limitados, mas sim no abandono do conceitualismo em favor de uma orientação 'teleológica', uma orientação voltada para as noções de 'finalidade' ou 'função'."[568] Estamos, afinal, diante de um debate eminentemente teórico.

De modo geral, os primeiros proponentes do 'método sociológico' como procedimento de pesquisa ainda não se referiam à sociologia como um campo distinto. A *soziologische Rechtslehre* de Ernst Fuchs (1859-1929), exemplifica James Gordley, dizia respeito àquilo que fosse "a mais compreensível, justa e equitativa decisão do ponto de vista prático."[569] A leitura de Hermann Kantorowicz – sigamos com Gordley – também era bastante aberta. Para ele, a sociologia diria respeito à "inteireza da vida social em toda a sua extensão: economia, tecnologia, moral, arte, religião, base biológico-psíquica e assim por diante"; a sociologia jurídica, por sua vez, cuidaria da "investigação da vida social em relação às normas

---

[564] James R. Gordley, *The Jurists* (2014), 295.

[565] James R. Gordley, *The Jurists* (2014), 296.

[566] Georges Ripert, *La règle morale dans les obligations civiles* (1926; 4ª ed., 1949), Paris: LGDJ, 159.

[567] Ulp. 2 *reg.*, D. 1, 1, 10, 10.

[568] James R. Gordley, *The Jurists* (2014), 293. Embora sejam referidas indistintamente com alguma frequência, 'finalidade' e 'função' são coisas bem diferentes.

[569] Ernst Fuchs, *Die soziologische Rechtslehre. Eine Erwiderung*, in *Deutsche Juristen-Zeitung* 15 (1910), 284, citado por James R. Gordley, *The Jurists* (2014), 297.

jurídicas."[570] Eugen Ehrlich, por sua vez, definiria a sociologia jurídica como uma "ciência autônoma do direito, que não quer servir [a] nenhum fim prático, mas [ao] puro conhecimento, e que não trata de palavras, mas sim de fatos."[571]

Nos Estados Unidos, as ideias divulgadas por Roscoe Pound seriam parecidas. "O moderno professor de direito", escrevia ele a respeito de sua *sociological jurisprudence*, "deve ser um estudante de sociologia, economia e política. Ele deve saber não apenas o que os tribunais decidem e a partir de quais princípios suas decisões são prolatadas, mas também as condições sociais e econômicas sobre as quais esses princípios foram aplicados; ele deve conhecer o estado das ideias e sentimentos populares que, no fim das contas, criam o ambiente em que os princípios efetivamente operam."[572] Quando, entretanto, essas ideias chegarem ao Brasil – e isso ocorrerá no curso da Era Vargas –,[573] o debate internacional já terá se apropriado de leituras mais específicas do campo sociológico. Como reconhecerá o realista Felix Cohen em 1933, "o que restou da jurisprudência sociológica é antes um programa compassivo que um conjunto de achados."[574]

7.3. Excurso: ciência, doutrina e teoria do direito comparado

Embora o estudo comparativo de manifestações do direito seja mais antigo que a *iurisprudentia* romana – na *Política*, por exemplo, Aristóteles já cotejava, ainda que em abstrato, diferentes constituições ou formas de

---

[570] Hermann U. Kantrowicz, *Rechtswissenschaft und Soziologie* (1911), 2, citado por James R. Gordley, *The Jurists* (2014), 297.

[571] Eugen Ehrlich, *Grundlegung der Soziologie des Rechts* (1913), 1, citado por Karl Larenz, *Methodenlehre der Rechtswissenschaft* (1960), tradução (da 6ª ed., 1991) de José Lamego, *Metodologia da ciência do direito* (2012), 83.

[572] Roscoe Pound, *The Need of a Sociological Jurisprudence*, in *Green Bag* 19 (1907), 607.

[573] *e.g.* Alípio Silveira, *O Fator Político-social na Interpretação das Leis* (1946), São Paulo: Tipografia Paulista (prefaciado por Roscoe Pound). *v.* ainda a discussão sobre o naturalismo tardio das propostas comparatistas de Lino de Morais Leme a partir da página 146 *infra*.

[574] Felix S. Cohen, *Bentham's Theory of Fictions* [book review], in *Yale Law Journal* 42 (1933), 1149.

governo –,[575] o direito comparado, em sentido próximo daquele que adotamos hoje, só surgirá como disciplina autônoma no início do século XIX. Suas primeiras referências serão marcadas pela combinação de história e comparação e pelo emprego de marcos teóricos estabelecidos fora do campo jurídico. É o que encontramos, por exemplo, nos quatro volumes de história comparada do direito das sucessões publicados por Eduard Gans entre 1824 e 1835, *Das Erbrecht in Weltgeschichtlicher Entwicklung* (*O direito de herança no desenvolvimento histórico mundial*), um texto explicitamente orientado pela filosofia hegeliana,[576] ou no *Cours d'histoire et de législation comparée* de Eugène Lerminier, uma compilação de lições proferidas entre 1835 e 1836 no *Collège de France* sob forte influência da metafísica kantiana.[577]

À medida que a disciplina ganha autonomia institucional, organizando-se a partir de centros de pesquisa e cadeiras específicas, seus pontos de partida exógenos são abandonados em favor de categorias próprias, orientadas sobretudo pelas pretensões científicas que marcaram o pensamento jurídico da segunda metade do século XIX. Na *Critica di una scienza della legislazione comparata* de Amari Emerico, por exemplo, um texto publicado em 1857, encontramos uma combinação de filosofia da história e economia política orientada pela elaboração de uma 'ciência' da legislação comparada.[578] Em alguns textos, essa 'ciência' seria desenvolvida como reação aos movimentos intelectuais do século XVIII. Em 1861, Henry Maine criticaria as "teorias plausíveis e compreensíveis, mas absolutamente não verificadas, como a do direito natural ou a do contrato

---

[575] Aristóteles, *Politics* (III, 6^9 e IV, 9^{14}), tradução de Benjamin Jowett, in Jonathan Barnes (organização), *The Complete Works of Aristotle* (1984; 1995), Princeton: Princeton Univesity Press, 2029 e 2050: "*A constitution is the arrangement of magistracies in a state, especially of the highest of all. [...] I have already explained that there are many forms of constitution, and to what causes the variety is due. Let me now show that there are different forms both of democracy and oligarchy, as will indeed be evident from what has preceded [...].*"

[576] v. Corrado Bertani, *Eduard Gans e i problemi del diritto internazionale*, in *Materiali per una storia della cultura giuridica* 2 (2004), 261-294.

[577] Jean Louis Eugène Lerminier, *Cours d'histoire des législations comparées* (1838), Bruxelles: Societè Belge.

[578] Emerico Amari, *Critica di una scienza della legislazione comparata* (1857), Genoa: Istituto dei Sordomuti.

social", que para ele gozariam "de uma preferência universal, em detrimento da sóbria pesquisa a respeito da história primitiva da sociedade e do direito."[579] Na obra de Ernest Glasson, *Le mariage civil et le divorce dans l'antiquité et dans les principales législations modernes de l'Europe*, editada em 1880, os marcos teóricos exógenos serão definitivamente dispensados em favor de categorias próprias – em particular, como destaca Mariana Pargendler, em favor da ideia de famílias jurídicas, que ganharia enorme prestígio a partir de então.[580]

Fortemente influenciado pelos modelos europeus, o direito brasileiro não ficaria alheio a esse movimento. No curso da "faina reformadora"[581] de Benjamin Constant, o estudo da legislação comparada seria oficialmente adotado no País em 1881, com o Decreto 1.232-H de 2 de janeiro, extenso diploma que instituíra, também, a separação dos cursos de "sciencias juridicas", "sciencias socieaes" e "notariado".[582] Tomada como método, a legislação comparada já não era novidade no País: de um lado, a reforma Leôncio de Carvalho, promovida mais de dez anos antes, havia determinado que o "estudo do Direito constitucional, criminal, civil, comercial e administrativo será sempre acompanhado da comparação da legislação pátria com a dos povos cultos";[583] de outro, trabalhos de autores como Antônio Joaquim Ribas (1818-1890) e Augusto Teixeira de Freitas já davam conta, algumas décadas antes, de confrontar diferentes legislações e propostas sistemáticas. A novidade de 1891 estava na transformação das preocupações comparatistas em uma disciplina obrigatória, a *Legislação comparada sobre direito privado*, que a Lei 314/1895 cuidaria de alocar no quinto ano do curso de direito (neste ponto já reunificado).

---

[579] Henry Maine, *Ancient Law: Its Connection with the Early History of Society, and Its Relation to Modern Ideas* (1861), London: John Murray, 4.

[580] v. Mariana Pargendler, *The Rise and Decline of Legal Families*, in *The American Journal of Comparative Law* 60 (2012), 1047-1048.

[581] A expressão é de Waldemar Martins Ferreira, *A história do direito nos cursos jurídicos do Brasil*, in *Revista da Faculdade de Direito de São Paulo* 45 (1950), 430.

[582] Embora a divisão dos cursos de direito brasileiros não tenha durado muitos anos, alguns juristas seriam formados a partir dela. Eduardo Espínola, por exemplo, se graduaria em Ciências Jurídicas na Bahia e em Ciências Sociais no Recife.

[583] Decreto 7.247/1879, art. 23, § 5º.

O ensino da legislação comparada ensejaria a publicação dos primeiros textos sobre o assunto no Brasil. Clóvis Bevilaqua (1859-1944) e Cândido de Oliveira (1845-1918), catedráticos na Academia do Recife e na Faculdade Livre de Direito do Rio de Janeiro, publicariam, respectivamente, um *Resumo das lições de legislação comparada sobre direito privado* (1893) e um *Curso de legislação comparada* (1903), textos profundamente marcados pelo naturalismo e pelo cientificismo positivista que dominou o pensamento brasileiro até o início do século XX.[584] Em São Paulo, as ideias apresentadas por João Monteiro (1845-1904) na preleção inaugural da cadeira de legislação comparada – que, todavia, seria conferida a Ernesto Moura, que não parece ter se dedicado à literatura comparatista – seriam sintetizadas no artigo *Cosmópolis do direito*, publicado na *Revista da Faculdade de Direito de São Paulo* em 1895.[585] Eliminada dos cursos jurídicos pela reforma Rivadávia Corrêa de 1911, a legislação comparada deixaria de ser estudada autonomamente, reduzindo-se, como a história do direito, a um capítulo-padrão dos manuais de direito civil.

De modo um tanto quanto anacrônico, no entanto, as pretensões científicas assentadas nos primeiros textos comparatistas seriam recobradas pela literatura jurídica da segunda metade do século XX. "As normas jurídicas são, para o Direito, como as palavras para a linguagem", escreveria, em 1962, o então catedrático de direito civil da Academia de São Paulo, Lino de Morais Leme (1888-1969). "[D]a mesma forma que as leis da linguagem resultam da história e da comparação das línguas, assim também, pela história e pela comparação dos direitos são conhecidas as leis da evolução jurídica."[586] Lino Leme explicava que embora a legislação comparada não fosse, em si, uma ciência, ela ofereceria subsídios para o

---

[584] Jan Kleinheisterkamp chama os redatores dos códigos civis latino-americanos de "comparatistas de fato", mas ao menos no caso de Bevilaqua, tínhamos um comparatista de fato e de direito. *v. Development of Comparative Law in Latin America*, in Mathias Reimann and Reinhard Zimmermann (organização), *The Oxford Handbook of Comparative Law* (2009), Oxford: Oxford University Press, 274.

[585] Clóvis Bevilaqua, *Resumo das lições de legislação comparada sobre direito privado* (1893), Recife: Boulitreau; Cândido Luís Maria de Oliveira, *Curso de legislação comparada* (1903), Rio de Janeiro: Jacintho Ribeiro dos Santos; e João Pereira Monteiro, *Cosmópolis do direito*, in *Revista da Faculdade de Direito de São Paulo* 3 (1895).

[586] Lino de Morais Leme, *Direito civil comparado* (1962), 22.

desenvolvimento de "leis da evolução jurídica" – que, por sua vez, garantiriam o estatuto científico da antiga disciplina: "O Direito é uma ciência social. Ele é a condição da vida social, que se desdobra em vários aspectos, evolvendo do simples para o complexo, segundo princípios que cabe à ciência do direito estabelecer, o que ela não pode fazer sem o estudo dos Direitos, pelo método comparativo."[587]

Em Lino Leme, como antes em Bevilaqua, Cândido de Oliveira e João Monteiro, o direito comparado servia, ainda que por meio de cânones metodológicos já então fora de moda, como um critério de *predição* e, ao cabo, *determinação* do direito. A disciplina assumia, assim, um caráter propriamente doutrinário, porque orientado pela prática. No plano internacional, essa orientação não iria longe. Em 1971, Arthur von Mehren reconheceria que o direito comparado "não foi capaz de estabelecer uma tradição acadêmica que possa ser transmitida para as gerações futuras", e que seus trabalhos sempre passariam "a desagradável sensação de estar começando do zero."[588] Deste ponto em diante, o debate comparatista assumiria um caráter marcadamente metodológico, e nesse sentido, teórico. Autores mais jovens como Ugo Mattei e Mathias Reimann não hesitariam em propor o aprofundamento da inflexão sinalizada por von Mehren.[589] Uma inflexão que seria desafiada, e ainda não é possível estipular a força desse desafio, apenas recentemente, e na esteira de propostas teóricas altamente controvertidas.[590]

---

[587] Lino de Morais Leme, *Direito civil comparado* (1962), 19.

[588] Arthur T. von Mehren, *An Academic Tradition for Comparative Law?*, in *American Journal of Comparative Law* 19 (1971), 624.

[589] Ugo Mattei e Mathias Reimann, *New Directions in Comparative Law. Introduction*, in *American Journal of Comparative Law* 46 (1998), 597-598

[590] A ideia de que o confronto de soluções jurídicas adotadas sob diferentes jurisdições pode e deve guiar o ensino e a posterior aplicação do direito vem sendo sugerida por Jan Smits em uma série de textos publicados desde o início dos anos 2000. *v. The Making of European Private Law; Toward a Ius Commune Europaeum as a Mixed Legal System* (2002), Oxford: Hart; *Comparative Law and its Influence on National Legal Systems*, in Mathias Reimann and Reinhard Zimmermann (organização), *The Oxford Handbook of Comparative Law* (2009), Oxford: Oxford University Press; *The Mind and Method of the Legal Academic* (2012); e por último, *What is Legal Doctrine? On the Aims and Methods of Legal-Dogmatic Research* (2015), Maastricht European Private Law Institute, Working Paper No. 2015/06. Para uma aplicação dessa ideia, *v. Contract Law: a Comparative Introduction* (2014), Cheltenham:

7.4. Uma alternativa formal: análise econômica do direito

O sentimento de supremacia cultural do direito começa a ceder no começo dos anos 30.[591] Na Europa, as ideias de representantes do direito social como Duguit e Gurvitch não se revelam adequadas a uma completa refundação teórico-doutrinária do campo jurídico. Nos Estados Unidos, o sucesso do realismo na crítica ao método dedutivo adotado pelas gerações anteriores não conduz a alternativas satisfatórias. O vazio deixado pelos sociologismos logo seria preenchido. No caso europeu, sobretudo por propostas assemelhadas àquelas trazidas pelos conceitualistas do século XIX (e a *polemica sui concetti giuridici* será um dos primeiros, mas não o único sinal desse movimento).[592] No caso norte-americano, por uma sequência de movimentos: primeiro, e de modo breve e inacabado, pelo redivivo finalismo do *legal process movement*;[593] depois, e novamente a partir de razões formalistas (malgrado frequentemente alinhadas com ideias conservadoras), pela análise econômica do direito (AED);[594] e por

---

Elgar. Essa proposta lembra o interpretativismo dworkiniano (que, ao que tenho notícia, nunca foi abraçado por Smits) na medida em que sugere um método de caracterização do direito (uma tarefa descritiva) a partir daquilo que ele deveria ser (uma tarefa normativa). Na renitente expressão do autor, '*how the law should read.*' Um autor inequivocamente alinhado com as ideias de Dworkin apresentaria sugestões parecidas. *v.* Stephen A. Smith, *Comparative Legal Scholarship as Ordinary Legal Scholarship*, in *Journal of Comparative Law* 5 (2010), 334: "*comparative law is not, and never will be, a distinctive legal discipline. Scholars waiting for it to develop into something that can take its place alongside subjects such as contract law, economic analysis of law or feminist legal studies will wait for ever. Comparative legal scholarship is just ordinary legal scholarship. It is distinguished merely by the fact that it examines a jurisdictionally broader range of data than ordinary or 'domestic' legal scholarship. Though practically not insignificant, this is a difference of degree, not kind.*" Smith não reivindica nenhuma filiação teórica neste texto, mas reconhece uma "larga consistência" entre suas ideias e o pensamento de Dworkin em *Contract Theory* (2004), 5.

[591] *v.* Bruce A. Ackerman, *Law, Economics, and the Problem of Legal Culture*, in *Duke Law Journal* 6 (1986), 929.

[592] *v.* Natalino Irti (organização), *La polemica sui concetti giuridici* (2004), Milano: Giuffrè (reunindo textos de Calogero, Cesarini Sforza, Jemolo e Pugliatti).

[593] *e.g.* Henry M. Hart e Albert M. Sacks, *The Legal Process: Basic Problems in the Making and Application of Law* (1958), Cambridge: Foundation [edição tentativa], 166: "*Law is a doing of something, a purposive activity, a continuous striving to solve the basic problems of social living.*"

[594] Nicholas Mercuro e Steven G. Medema, *Economics and the Law. From Posner to Post-Modernism and Beyond* (1998; 2ª ed., 2006), New Jersey: Princeton University Press, 20.

fim, na trilha aberta pela AED, pelos numerosos movimentos de 'direito e alguma coisa' (raça, gênero, marxismo, sociedade, desenvolvimento e assim por diante) surgidos a partir da década de 1970.[595]

Comumente reconduzida aos trabalhos pioneiros de Ronald Coase (1910-2013), Guido Calabresi (1932) e Richard Posner (1939),[596] a AED veicula dois diferentes olhares sobre o direito.[597] O primeiro, positivo ou descritivo, conta com três modalidades. A primeira delas avança a ideia de que as categorias jurídicas não veiculam um conteúdo próprio, correspondendo antes a noções econômicas elementares. Essa noção parece ser antes uma hipótese que uma proposta efetivamente formulada por alguém, e por isso costuma ser rejeitada sem maiores discussões. A segunda sugere que a economia (ou, mais precisamente, a ideia de maximização de utilidade ou riqueza em situações de escassez) pode explicar o conteúdo atual das normas jurídicas. Por fim, a terceira versão da AED positiva vai além, sugerindo que o raciocínio econômico pode ser empregado para prever as consequências da aplicação do direito. Neste caso, observa Bruno Salama, a AED "retira as consequências do fenômeno jurídico da periferia, trazendo-as para o centro do debate. Busca-se modelar o comportamento humano de modo que seja possível ao profissional do Direito entender os prováveis efeitos que advirão como consequências das diferentes posturas legais."[598] A vertente consequencialista da AED positiva serviria, ainda, de base

---

[595] Duncan Kennedy, *Three Globalizations of Legal Thought: 1850-2000*, in David Trubek & Alvaro Santos, *The New Law and Economic Development* (2006), 63-73.

[596] Ronald H. Coase, *The Problem of Social Cost*, in *Journal of Law and Economics* 3 (1960); Guido Calabresi, *Some Thoughts on Risk Distribution and the Law of Torts*, in *Yale Law Journal* 70 (1961); e Richard A. Posner, *Economic Analysis of Law* (1973; 6ª ed., 2002), New York: Aspen.

[597] Sigo aqui as indicações de Bruno Meyerhof Salama, *O que é pesquisa em direito e economia*, in *Cadernos Direito GV* 22 (2008); e Nicholas Mercuro e Steven G. Medema, *Economics and the Law* (1998; 2ª ed., 2006), 45-50. Robert D. Cooter e Thomas S. Ulen, *Law & Economics* (1988; 6ª ed., 2011), Boston: Pearson.

[598] Bruno Meyerhof Salama, *O que é pesquisa em direito e economia*, in *Cadernos Direito GV* 22 (2008), 5.

para o desenvolvimento de uma orientação metodológica autônoma, que podemos chamar genericamente de *consequencialismo jurídico*.[599]

A AED também conta com três vertentes em sua versão normativa. Cada uma delas procura oferecer uma resposta diferente para o problema da redução da justiça à eficiência econômica (entendida, *grosso modo*, como ausência de desperdício).[600] A primeira e mais radical delas, sugerida por Posner em uma série de textos consolidados na mais controvertida de suas obras (e para algumas pessoas, a pior delas), *The Economics of Justice*,[601] sugere que a eficiência deva ser tomada como a orientação normativa central do direito. A segunda vertente, correspondente às ideias mais recentes de Posner, avança a ideia de que a eficiência é uma orientação normativa *possível*, e sua adoção depende de critérios pragmáticos (e aqui está, a meu ver, o ponto em que a AED pode ser reconduzida

---

[599] Decorrente de uma vertente da AED positiva mas a ela irredutível, o consequencialismo jurídico veicula uma dimensão positiva e uma dimensão normativa. Sua dimensão positiva diz respeito à identificação das consequencias de diferentes alternativas de decisão. O que está em jogo, aqui, é a adequação empírica entre as consequências prefiguradas e a decisão a ser tomada. A dimensão normativa do consequencialismo, por sua vez, diz respeito à ordenação do conjunto de consequências – e por conseguinte do conjunto de decisões que ensejariam essas consequências – a partir de determinados valores ou preferências. Neste caso, o que está em jogo é a definição da melhor consequência possível a partir desses valores ou preferências. As diferentes apropriações do discurso consequencialista no Brasil seriam discutidas no brilhante artigo de Luís Fernando Schuartz, *Consequencialismo jurídico, racionalidade decisória e malandragem*, in *Revista de Direito Administrativo* 248 (2008). O tema também seria explorado em Mariana Souza Pargendler e Bruno Meyerhof Salama, *Direito e consequência no Brasil: em busca de um discurso sobre o método*, in *Revista de direito administrativo* 262 (2013).

[600] Nesses termos, Bruno Meyerhof Salama, *O que é pesquisa em direito e economia*, in *Cadernos Direito GV* 22 (2008), 25. Além dessa noção ampla de eficiência, há outras mais específicas, como a eficiência paretiana e a eficiência de Kaldor-Hicks. Para uma explicação de suas diferenças, *v.* Nicholas Mercuro e Steven G. Medema, *Economics and the Law* (1998; 2ª ed., 2006), 20-28. Paralelos entre a noção econômica de eficiência e a noção jurídica de autonomia foram explorados por Richard Craswell, *Contract Law, Default Rules, and the Philosophy of Promising*, in *Michigan Law Review* 88 (1989); e Michael Trebilcock, *The Limits of Freedom of Contract* (1993), Cambridge: Harvard University Press.

[601] Richard A. Posner, *The Economics of Justice* (1983), Cambridge: Harvard University Press.

de modo mais rigoroso ao pensamento de Holmes).[602] Por fim, a terceira vertente da AED normativa, comumente associada às ideias de Calabresi, e especialmente às sugestões de sua obra de 1970, *The Cost of the Accidents*,[603] vê nas categorias jurídicas (cuja autonomia é reconhecida, para começo de conversa) instrumentos para a promoção regulatória do bem-estar, enfatizando, todavia, que a ideia de bem-estar não se esgota na noção de eficiência.

As classificações da AED cumprem uma função tipológica. Elas não se articulam de modo 'puro' nos textos jurídicos.[604] A agenda do movimento, de resto, há muito deixou de limitar-se às referências da economia dos custos de transação (inaugurada por Coase), da economia neoclássica de Chicago (ponto de partida do primeiro Posner) e da escola de New Haven (fundada por Calabresi), tornando-se objeto de disputa entre pessoas ligadas a orientações tão diferentes quanto a escola aus-

---

[602] A associação entre as ideias de Holmes e as ideias veiculadas pela AED é bastante comum. *e.g.* Arnaldo Sampaio de Moraes Godoy, *Direito e Economia: Introdução ao movimento Law and Economics*, in *Revista jurídica* 73 (2005). Creio, entretanto, que essa associação só possa ser corretamente afirmada em relação à vertente pragmática da AED normativa. Para Holmes, o que estava em jogo no direito era a *predição* das decisões jurídicas, e não sua *explicação*. Seria incorreto, assim, associá-lo à AED positiva. Além disso, o traço de ancestralidade filosófica comum a Holmes e a AED não pode ser buscado senão no pragmatismo trazido pelo autor ao pensamento jurídico norte-americano. Assim, faria pouco sentido associá-lo, por exemplo, à AED proposta na fase eficientista de Posner. *v.* Oliver Wendell Holmes, Jr., *The Path of Law*, in *Harvard Law Review* 10 (1897), 460-461: *"What constitutes the law? You will find some text writers telling you that it is something different from what is decided by the courts of Massachusetts or England, that it is a system of reason, that it is a deduction from principles of ethics or admitted axioms or what not, which may or may not coincide with the decisions. But if we take the view of our friend the bad man we shall find that he does not care two straws for the axioms or deductions, but that he does want to know what the Massachusetts or English courts are likely to do in fact. I am much of this mind. The prophecies of what the courts will do in fact, and nothing more pretentious, are what I mean by the law."* Para Elisabeth Krecké, o pragmatismo também teria desempenhado um papel fundacional nas vertentes positiva e normativa da AED. *v. Economic Analysis And Legal Pragmatism*, in *International Review of Law and Economics* 23 (2004).

[603] Guido Calabresi, *The Cost of The Accidents. A Legal and Economic Analysis* (1970), New Haven: Yale Unviersity Press.

[604] *v.* Bruno Meyerhof Salama, *The Art of Law and Macroeconomics*, in *University of Pittsburgh Law Review* 74 (2012).

tríaca (particularmente mal entendida no Brasil), a teoria da escolha pública, a economia institucional clássica, a nova economia institucional, a teoria dos jogos e, mais recentemente, a economia comportamental,[605] para não falar de vertentes que procuram incorporar referências de outras disciplinas à análise jurídico-econômica, como é o caso da análise jurídica da política econômica.[606]

---

[605] *v.* Nicholas Mercuro e Steven G. Medema, *Economics and the Law. From Posner to Post-Modernism and Beyond* (1998; 2ª ed., 2006), 4. Discussões sobre a economia comportamental ganhariam o grande público – e nele, a atenção de juristas alheios à análise econômica do direito – após a publicação dos livros de Richard H. Thaler e Cass R. Sunstein, *Nudge: Improving Decisions About Health, Wealth, and Happiness* (2008), New Haven: Yale University Press; e Daniel Kahneman, *Thinking Fast and Slow* (2011), New York, Ferrar, Straus and Giroux. Para uma de suas primeiras apropriações no campo jurídico, *v.* Christine Jolls, Cass R. Sunstein e Richard Thaler, *A Behavioral Approach to Law & Economics*, in *Stanford Law Review* 50 (1998), 1545: *"from the perspective of behavioral law and economics, issues of paternalism are to a significant degree empirical questions, not questions to be answered on an a priori basis. No axiom demonstrates that people make choices that serve their best interests; this is a question to be answered based on evidence. Of course the case for intervention is weakened to the extent that public institutions are likely to make things worse rather than better. What we are suggesting is that facts, and assessment of costs and benefits, should replace assumptions that beg the underlying questions."* Os novos modelos econômico-comportamentais, entretanto, não estão livres de críticas. *e.g.* Amartya K. Sen, *Introduction: Rationality and Freedom*, in *Rationality and Freedom* (2002), Cambridge: Harvard University Press, 26-27 (notando que embora a contribuição de Jolls, Sunstein e Thaler represente um importante avanço no debate da pesquisa comportamental, ela não considera fatores morais importantes como a ocorrência de práticas altruistas, e especialmente das práticas altruístas desvinculadas da promoção do bem estar de quem as executa).

[606] *v.* Marcus Faro de Castro, *Análise Jurídica da Política Econômica*, in *Revista da Procuradoria-Geral do Banco Central* 3 (2009), 23: "Um primeiro ponto a ser esclarecido a respeito da AJPE [análise jurídica da política econômica] é que essa abordagem se orienta de maneira a encorajar a abertura interdisciplinar do estudo do Direito no trato de questões economicamente relevantes. Isso significa que interessa à AJPE o diálogo com diversos campos de elaboração intelectual e, consequentemente, o trabalho interdisciplinar abrangendo contribuições conceituais e metodológicas de diversas disciplinas, em especial a Economia (embora de maneira não restrita à chamada 'Economia neoclássica', mas privilegiadamente de modo a interagir com os estudos econômicos de orientação institucionalista), a Antropologia Econômica, a Ciência Política e a Sociologia Política, a Sociologia Econômica, a Teoria das Relações Internacionais (especialmente relevante para questões de Direito Econômico Internacional), entre outras."

Essa multiplicidade de referências não deixaria de repercutir sobre as pretensões doutrinárias da AED. Na medida em que os desacordos escapam do plano teórico e chegam às proposições práticas[607] – e o domínio das proposições práticas, como se discutirá no final do terceiro capítulo, é menos tolerante a desacordos que o das proposições teóricas –, a ideia de que a AED pode constituir uma orientação satisfatória para a doutrina perde força.[608]

Isso fica bastante nítido na análise econômica do contrato – ou, mais precisamente, na análise econômica do direito dos contratos.[609] Para além de algumas premissas compartilhadas – em particular, de que indivíduos têm preferências em relação a resultados específicos, de que essas preferências obedecem a condições de consistência elementares e de que sua persecução é limitada por constrições financeiras exógenas –,[610] os acordos, aqui, são escassos. Pense, por exemplo, em um ponto muito discutido da regulação contratual norte-americana como a proibição de

---

[607] *v.* Eric A. Posner, *Economic Analysis of Contract Law After Three Decades: Success or Failure?*, in *Yale Law Journal* 112 (2003), 879: *"The failure to distinguish doctrine and policy often resulted in the displacement of the policy disagreement into rule/standard debates. For example, the voluminous literature on the unconscionability doctrine in the 1960s and 1970s was vague on the incentive effects of the doctrine –with some concern about interfering with freedom of contract, and some concern about unequal bargaining power – and vigorous on the question whether an ambiguous standard like unconscionability could be applied by courts as consistently as they applied similar supposedly rule-like doctrines, such as duress. No one seemed to understand that the rules/standard question presupposed a resolution of the policy question."*

[608] *cf.* Bruno Meyerhof Salama, *O fim da responsabilidade limitada no Brasil* (2014), 39-44.

[609] No campo dos contratos, a AED procura discutir antes a eficiência da regulação contratual que a eficiência de diferentes comportamentos admitidos debaixo de um mesmo corpo de disposições. Os comportamentos contratuais costumam ser tomados como premissa (de racionalidade plena ou limitada) nas discussões sobre os efeitos da regulação. Alguns representantes da AED, é verdade, têm procurado problematizar esse ponto. Isso ocorre especialmente quando o referencial da discussão é a economia comportamental, a teoria dos contratos incompletos ou a análise econômica experimental (v. notas 637 e 639 *infra*). Para um panorama, em língua portuguesa, das questõs enfrentadas análise econômica do direito dos contratos, *v.* Fernando Araújo, *Teoria econômica do contrato* (2007), Coimbra: Almedina.

[610] Eric A. Posner, *Economic Analysis of Contract Law After Three Decades: Success or Failure?*, in *Yale Law Journal* 112 (2003), 832.

cláusulas penais.[611] Ela seria cabalmente rejeitada por Richard Posner, e depois também por Anthony Kronmann.[612] Charles Goetz e Robert Scott reforçariam a crítica, sustentando que as cláusulas penais devem ser encaradas como um mecanismo securitário.[613] Na contramão dessa tendência, Eric Talley recorreria a referências da teoria dos jogos para defender que a proibição das penalidades contratuais seria eficiente na medida em que poderia contribuir para a redução dos custos de renegociação (uma modalidade de custos de transação).[614] Ugo Mattei, por sua vez, criticaria tanto a proibição norte-americana quanto as 'autorizações parciais' do *civil law* (das quais a cláusula penal compensatória brasileira é um bom exemplo), identificando aqui "um tema em que todos os sistemas jurídicos convergem para a ineficiência."[615] Controvérsias semelhantes seriam estabelecidas em torno de uma série de outros temas, da primazia da execução específica (assunto a respeito do qual se opõem defensores de um modelo restritivo e fautores de uma regra dispositiva similar àquela adotada no Brasil)[616] à melhor forma de inter-

---

[611] *e.g. Lake River Corp.* v. *Carborundum Co.*, 769 F.2d 1284 (7th Cir. 1985). Cláusulas penais só são admitidas pelos tribunais dos Estados Unidos quando veiculam uma forma de liquidação antecipada de prejuízos. Nesse caso, o que temos não é propriamente uma penalidade, mas uma forma de reparação, como parece ocorrer com a cláusula penal compensatória no Brasil. Sobre a origem da proibição das cláusulas penais na *Chancery Court* inglesa, *v.* Eric L. Talley, *Contract Renegotiation, Mechanism Design, and the Liquidated Damages Rule*, in *Stanford Law Review* 46 (1995), 1200-1201.

[612] Richard A. Posner, *Economic Analysis of Law* (1973; 6ª ed., 2002), 128-131; e Anthony T. Kronman e Richard A. Posner, *Economics of Contract Law* (1979), New York: Little Brown, 261 (afirmando que a proibicão das cláusulas penais seria o mecanismo paternalista menos defensável da regulação contratual norte-americana).

[613] Charles J. Goetz e Robert E. Scott, *Liquidated Damages Penalties and the Just Compensation Principle: Some Notes on an Enforcement Model of Efficient Breach*, in *Columbia Law Review* 77 (1977).

[614] Eric L. Talley, *Contract Renegotiation, Mechanism Design, and the Liquidated Damages Rule*, in *Stanford Law Review* 46 (1995).

[615] Ugo Mattei, *Comparative Law and Economics* (1998), Ann Arbor: The University of Michigan Press, 182.

[616] *e.g.* Anthony T. Kronman, *Specific Performance*, in *University of Chicago Law Review* 45 (1978) (defendendo um modelo de execução específica restrito a ativos específicos); e Alan Schwartz, *The Case for Specific Performance*, in *Yale Law Journal* 89 (1979) (propugnando por uma regra dispositiva em favor da execução específica).

pretar contratos (tema que aparta fautores de um modelo majoritário de interpretação, conforme o qual juízes e juízas devem seguir aquilo que comumente se pratica, e juristas favoráveis a uma regra de interpretação contra-majoritária).[617]

7.5. Direito como ciência social e pesquisa empírica

Tomado como ciência social,[618] o direito se coloca ao lado de disciplinas como a sociologia, a antropologia e a ciência política. Criadas ao longo do século XIX, essas disciplinas procuram confrontar o mundo com o conhecimento que temos dele, lançando mão, para tanto, de métodos de pesquisa orientados sobretudo pela empiria.[619] Cria-se aqui uma separação bastante nítida entre a atividade das pessoas que *fazem* o direito e a atividade das pessoas que *pesquisam* o direito. As primeiras, aquelas que fazem, são as responsáveis pela constituição dos objetos de pesquisa das últimas, as que pesquisam; e o distanciamento dos pesquisadores e pesquisadoras em relação à constituição de seu objeto de pesquisa é o que garante, ao cabo, a cientificidade de suas investigações. Inescapavelmente atenta aos seus métodos, a empiria tende a absorver autores e autoras insatisfeitas com as fragilidades metodológicas dos modelos tradicionais de pesquisa jurídica.[620] Essa orientação conta com um número

---

[617] *e.g.* Charles J. Goetz e Robert E. Scott, *The Limits of Expanded Choice: An Analysis of the Interactions Between Express and Implied Contract Terms*, in *California Law Review* 73 (1985) (sugerindo um critério interpretativo baseado naquilo que contratantes usualmente determinam); e Ian Ayres e Robert Gertner, *Filling Gaps in Incomplete Contracts: An Economic Theory of Default Rules*, in *Yale Law Journal* 99 (1989) (defendendo uma interpretação que privilegia aquilo que usualmente não se faz). Para uma tentativa de conciliação desse debate em um problema doutrinário específico, v. Mariana Souza Pargendler, *Modes of Gap Filling: Good Faith and Fiduciary Duties Reconsidered*, in *Tulane Law Review* 82 (2008).

[618] *v.* nota 582 *infra* e referências no texto.

[619] Essa parece ser a caracterização mais comum do estatuto epistêmico das ciências sociais, mas não é a única. *cf.* Richard Rorty, *Objectivity, Relativism, and Truth. Philosophical Papers*, vol. 1 (1991), Cambridge: Cambridge University Press, 35-36 (tomando a solidariedade, e não a objetividade, como pretensão elementar das ciências sociais).

[620] Mas v. Graham C. Lilly, *Law Schools Without Lawyers? Winds of Change in Legal Education*, in *Virginia Law Review* 81 (1995), 1470: "*we should be open and curious about the social sciences but healthy in our skepticism and mindful of their weaknesses. There is a tendency to forget that these disciplines, too, can be value-laden and manipulable, proceed from normative premises, rest upon*

crescente de entusiastas no Brasil,[621] e já há alguns anos tem sido objeto de intenso debate nos Estados Unidos, inclusive no que diz respeito ao campo contratual.[622]

Sally Wheeler identifica três ordens emergentes de estudos empíricos no campo contratual.[623] A primeira e mais antiga delas procura confrontar o contrato emerso dos instrumentos escritos e o contrato efetivamente executado pelas pessoas, ou, para usar uma expressão que ganhou notoriedade a partir dos anos 2000, o *paper deal* e o *real deal*.[624] Sua origem pode ser traçada ao texto de Stewart Macaulay sobre as relações 'não--contratuais' no âmbito empresarial, trabalho originalmente apresentado como "a primeira fase de um estudo científico".[625] A segunda ordem de textos, derivada da primeira, procura suprir-lhe as limitações conceituais pela incorporação da tarefa teórico-construtiva ou, na terminologia que se vem seguindo, doutrinário-construtiva, isto é, pela proposição de categorias alegadamente mais adequadas à organização da prática contratual.

---

unproven (and often questionable) factual assumptions, and, by their methodologies, exclude from consideration causal factors that may influence or even account for the phenomena they address. We have yet to demonstrate that we can receptively open our eyes to the social sciences without becoming starry-eyed about them."

[621] *v.* Roberto Fragale Filho, *Prefácio* a Fernando de Castro Fontainha e Pedro Heitor Barros Geraldo (organização), *Sociologia Empírica do Direito* (2015), Rio de Janeiro: FGV, 5; e José Roberto Xavier, *Algumas notas teóricas sobre a pesquisa empírica em direito*, in *FGV Direito SP Research Paper Series* 122 (2015). Uma explicação do sucesso da pesquisa empírica no País é aventada em Bruno Meyerhof Salama e Mariana Pargendler, *Para além do "empreendedorismo intelectual": fatores de demanda na cientificização da produção jurídica*, in Antônio Maristrello Porto e Patrícia Sampaio (organização), *Direito e economia em dois mundos: doutrina jurídica e pesquisa empírica* (2014), Rio de Janeiro: FGV, 105-120. Para Pargendler e Salama, a empiria contaria com um específico 'fator de demanda' no Brasil: a necessidade de embasamento para argumentos consequencialistas de matriz econômica.

[622] Russell Korobkin, *Empirical Scholarship in Contract Law: Possibilities and Pitfalls*, in *University of Illinois Law Review* 4 (2002).

[623] Sally Wheeler, *Contracts and Corporations*, in Peter Cane e Herbert H. Kritzer (organização), *The Oxford Handbook of Empirical Legal Research* (2012), Oxford: Oxford University Press, 126-127.

[624] Stewart Macaulay, *The Real and the Paper Deal: Empirical Pictures of Relationships, Complexity and the Urge for Transparent Simple Rules*, in *Modern Law Review* 66 (2003).

[625] Stewart Macaulay, *Non-Contractual Relations in Business: A Preliminary Study*, in *American Sociological Review* 28 (1963), 55.

Esse é o expediente traçado por Macneil a partir dos anos 70 em sua conhecida discussão a respeito dos contratos relacionais.[626] A discussão, por isso, se alarga, alcançando os domínios da teoria. Como reconhece Wheeler, "ao contrário da doutrina contratual tradicional, que demanda a existência de certas formalidades para encarar uma troca qualquer como contrato, Macneil vê todas as trocas como contratos."[627]

Essa segunda ordem de estudos, centrada na formulação de categorias sociológicas, seria o ponto de partida da terceira, também ela doutriná-rio-construtiva, mas pautada, desta vez, por conceitos econômicos. Suas primeiras referências podem ser traçadas aos trabalhos do economista norte-americano Oliver Williamson.[628] Em sua primeira obra de fôlego, *Markets and Hierarchies: Analysis and Antitrust Implications*, publicada em 1975,[629] Williamson deixaria claro o propósito de identificar as razões e as repercussões econômicas de diferentes estruturas organizacionais, orientadas, naquele ponto, por instrumentos jurídicos típicos do mer-cado (contratos) e estruturas rigidamente hierárquicas (empresas).[630]

---

[626] Ian R. Macneil, *The Many Futures of Contract*, in *University of Souther California Law Review* 47 (1974); *Contracts: Adjustment of Long-Term Economic Relations under Classical, Neoclassical, and Relational Contract Law*, in *Northwestern University Law Review* 72 (1978); e de modo mais amplo, *The New Social Contract* (1980), New Haven: Yale University Press. Para uma síntese das ideias de Macneil em língua portuguesa, v. Ronaldo Porto Macedo Junior, *Contratos Relacionais e a Defesa do Consumidor* (1998, 2ª ed., 2006) São Paulo: Revista dos Tribunais. Para um balanço do papel desempenhado por Macaulay e Macneil na renova-ção da literatura contratual, v. Robert W. Gordon, *Macaulay, Macneil and the Discovery of Solidarity and Power in Contract Law*, in *Wisconsin Law Review* [s.n.] (1985).

[627] Sally Wheeler, *Contracts and Corporations*, in Peter Cane e Herbert H. Kritzer (orga-nização), *The Oxford Handbook of Empirical Legal Research* (2012), 134.

[628] *v.* Oliver E. Williamson, *Transaction Cost Economics Meets Posnerian Law and Economics*, in *Journal of Institutional and Theoretical Economics* 149 (1993), 99-118 (destacando que a sua Economia de custos de transação não pode ser assimilada à Nova economia institucional, assim como a Análise econômica do direito não pode ser reduzida à sua versão posneriana).

[629] Oliver E. Williamson, *Markets and Hierarchies: Analysis and Antitrust Implications* (1975), New York: Free Press.

[630] Essas premissas seriam testadas no famoso artigo de Paul L. Joskow, *Contract Duration and Relationship-Specific Investments: Empirical Evidence from Coal Markets*, in *The American Economic Review* 77 (1987). Exemplos mais recentes podem ser encontrados em Nicholas S. Argyres, Janet Bercovitz e Kyle J. Mayer, *Complementarity and Evolution of Contractual Provisions: An Empirical Study of IT Services Contracts*, in *Organization Science* 18 (2007); e

Partindo de fontes que vão de Frank Knight a Chester Barnard e Friedrich Hayek,[631] Williamson desenvolveria uma agenda profundamente interdisciplinar – e a partir dos anos 80, especificamente referida aos textos de Macneil –,[632] uma agenda coroada com a publicação de *The Economic Institutions of Capitalism*, obra de 1985 que reúne boa parte dos textos escritos pelo autor até então.[633] Uma nova fase desse percurso ganharia corpo no início da década seguinte, quando Williamson propõe a identificação de um novo modelo organizacional, emerso da 'zona cinzenta' que aparta mercados e hierarquias: as 'organizações híbridas',[634] das quais o melhor exemplo parece ser, na tipologia contratual, a franquia. Deste ponto em diante, o "trabalho sujo" – a definição das hipóteses de abuso de poder, de responsabilidade solidária, de transferência indevida de riscos a terceiros e assim por diante, – seria devolvido à doutrina,[635] senão aos tribunais.[636] Williamson seria, ainda, o responsável pela emer-

---

Jurong Zheng, Jens K. Roehrich e Michael A. Lewis, *The dynamics of contractual and relational governance: Evidence from long-term public–private procurement arrangements*, in *Journal of Purchasing and Supply Management* 14 (2008).

[631] *v.* especialmente Frank H. Knight, *Risk, Uncertainty, and Profit* (1921; 1965), New York: Harper & Row; Chester Barnard, *The Functions of the Executive* (1938; 1962), Cambridge: Harvard University Press; e Friedrich Hayek, The *Use of Knowledge in Society*, in *American Economic Review* 35 (1945).

[632] *e.g.* Oliver E. Williamson, *Contract Analysis: The Transaction Cost Approach*, in Paul Burrows e Cento G. Veljanovski, *The Economic Approach to Law* (1981), London: Butterworths.

[633] Oliver E. Williamson, *The Economic institutions of Capitalism* (1985), New York: Free Press.

[634] Oliver E. Williamson, *Comparative Economic Organization: The Analysis of Discrete Structural Alternatives*, in *Administrative Science Quarterly* 36 (1991). Para uma reaproximação em Macneil e Williamson, *v.* Peter Vincent-Jones, *Relational Contract and Social Learning* in *Hybrid Organization*, in David Campbell, Linda Mulcahy e Sally Wheeler (organização), *Changing Concepts of Contract. Essays in Honour of Ian Macneil* (2013), New York: Palgrave.

[635] *v.* Osny da Silva Filho, *Entre mercado e hierarquia: repercussões da desverticalização na disciplina dos contratos empresariais*, in *Revista de direito mercantil* 163 (2012), 135. O 'trabalho sujo' é mencionado por Gunther Teubner, *Piercing the Contractual Veil? The Social Responsibility of Contractual Networks*, in Thomas Wilhelmsson, *Perspectives of Critical Contract Law* (1993), Aldershot: Dartmouth, 230.

[636] *e.g.* STJ, REsp 1.426.578-SP, Terceira Turma, relator Ministro Marco Aurélio Bellizze, julgado em 23.06.2015 (reconhecendo que a franqueadora pode ser solidariamente responsabilizada pelos danos causados pela franqueada aos consumidores).

gência de um importante campo de estudos situado entre a organização industrial e a AED: a teoria dos contratos incompletos.[637]

Para além das três ordens de estudos identificadas por Wheeler, a empiria ganharia espaço em várias outras frentes da literatura contratual contemporânea. Um âmbito bastante movimentado diz respeito à verificação (sobretudo por meio de pesquisas de campo) de hipóteses teóricas consagradas.[638-639] Robert Ellickson, por exemplo, valeu-se de estudos empíricos qualitativos para verificar em que medida um dos exemplos empregados por Coase em seu clássico *The Problem of Social*

---

[637] Embora os rudimentos da noção de contratos incompletos possam ser reconduzidos à obra de Williamson, costuma-se atribuir a paternidade do assunto ao texto de Oliver Hart e John Moore, *Incomplete Contracts and Renegotiation*, in *Econometrica* 56 (1988). Para uma discussão a respeito das limitações dessa proposta, *v.* Bruno Meyerhof Salama e Osny da Silva Filho, *Elasticity, Incompleteness, and Constitutive Rules*, in *The CLS Blue Sky Blog* (30.07.2013), disponível em http://clsbluesky.law.columbia.edu/2013/07/30/elasticity-incompleteness-and-constitutive-rules/

[638] Fora das fronteiras contratuais, os exemplos mais conhecidos desse expediente encontram-se nos controvertidos textos de *law & finance* publicados a partir do final dos anos 1990. Buscava-se, então, testar o efeito de regras jurídicas sobre o desenvolvimento dos mercados financeiros de diferentes países, separados, e aqui estavam as hipóteses centrais do movimento, por sua vinculação ao *civil law* ou ao *common law*. Esses trabalhos ganhariam enorme repercussão por conta dos relatórios *Doing Business* do Banco Mundial, que incorporariam várias de suas conclusões em propostas político-econômicas. Editados desde 2004, os relatórios podem ser encontrados no endereço http://www.doingbusiness.org. Para suas primeiras críticas, *v.* Association Henri Capitant des Amis de la Culture Juridique Française, *Les droits de tradition civiliste en question. À propos des rapports Doing Business de la Banque Mondiale*, vol. 2 (2006), Paris: Société de Législation Comparée; bem como Claude Ménard e Bertrand du Marais, *Can We Rank Legal Systems According to Their Economic Efficiency?*, in Peter Nobel (organização), *New Frontiers of Law and Economics* (2006), St. Gallen: Schulthess. Para um balanço 'autêntico' da literatura produzida pelo movimento, *v.* Rafael La Porta, Florencio Lopez-de-Silanes e Andrei Shleifer, *The Economic Consequences of Legal Origins*, in *Journal of Economic Literature* 46 (2008); e para um balanço crítico, *v.* Julia Black, *Financial Markets*, in Peter Cane e Herbert H. Kritzer (organização), *The Oxford Handbook of Empirical Legal Research* (2012), Oxford: Oxford University Press, 159-164.

[639] Fala-se de experimentação também para designar a investigação laboratorial (em oposição à pesquisa de campo) de reações humanas a diferentes arranjos jurídicos. *v.* Jennifer H. Arlen e Eric L. Talley (organização), *Experimental Law and Economics* (2015), Cheltenham: Elgar.

Cost (1960) efetivamente ocorreria na prática.[640] Em seu artigo, Coase sugere que as relações entre um agricultor interessado no cercamento do rebanho de seu vizinho (que poderia destruir sua plantação) e um pecuarista interessado na manutenção de pastos abertos (que permitiria a engorda de seu gado) sempre conduziria, diante da ausência de custos de transação, a um resultado, digamos, intermediário, porque mais eficiente: a construção de uma cerca entre os terrenos dos sitiantes.[641] Ellickson identificou situações equivalentes no distrito de Shasta, na Califórnia – agricultores e pecuaristas compuseram-se à margem de diferentes disposições jurídicas estabelecidas ao longo de várias décadas –, embora não tenha confirmado integralmente as hipóteses levantadas por Coase.

Outro segmento bastante difundido da literatura empírica contemporânea diz respeito à identificação de vieses na adjudicação contratual. No Brasil, os sociólogos Bolivar Lamounier e Amaury de Sousa procurariam demonstrar, a partir de uma extensa pesquisa de opinião publicada em 2002, que membros do Judiciário – em contraste, neste caso, com representantes do Legislativo e do Executivo –, tendem a desconsiderar disposições contratuais em favor de 'ideais de justiça social'.[642] Um estudo metodológica e substancialmente similar seria apresentado no mesmo ano pelo economista Armando Castelar Pinheiro.[643] Esses textos causaram alvoroço na comunidade jurídica brasileira. Porém, como se era de

---

[640] Robert C. Ellickson, *Of Coase and Cattle: Dispute Resolution Among Neighbors in Shasta County*, in *Stanford Law Review* 38 (1986).

[641] Ronald H. Coase, The Problem of Social Cost, in Journal of Law and Economics 3 (1960), 2-6.

[642] Bolivar Lamounier e Amaury de Sousa, *As elites brasileiras e o desenvolvimento nacional: fatores de consenso e dissenso* (2002), São Paulo: Instituto de Estudos Econômicos, Sociais e Políticos. A pesquisa de Lamounier e Souza seria incorporada à controvertida tese da incerteza jurisdicional formulada por Pérsio Arida, Edmar Bacha e André Lara-Resende em *Credit, Interest, and Jurisdictional Uncertainty: Conjectures on the Case of Brazil*, in Francesco Giavazzi, Ilan Goldfajn e Santiago Herrera, *Inflation Targeting, Debt, and Brazilian Experience. 1999 to 2003* (2005), Cambridge: Mit Press.

[643] Armando Castelar Pinheiro, *Judiciário, reforma e economia: uma visão dos magistrados* (2002), disponível em http://www.febraban.org.br/Arquivo/Destaques/armando_castelar_pinheiro2.pdf.

se esperar, o emprego de entrevistas como critério de aferição das disposições judiciárias foi duramente criticado em trabalhos subsequentes: juízas e juízes podem perfeitamente dizer uma coisa e decidir outra.[644] E não só: a concretização de 'ideais de justiça', entendidos como proposições intuicionistas empiricamente esvaziadas, podem tanto favorecer as partes mais fracas quanto radicalizar um *topos* formalista onde os fracos não têm vez.

O número de trabalhos orientados por métodos empíricos vem crescendo consistentemente na literatura jurídico-contratual. Para além de razões acadêmicas, esse movimento responde a demandas práticas. Nas últimas décadas, ganhou corpo no Brasil e no exterior a percepção de que a doutrina havia se afastado dos problemas reais em favor de discussões excessivamente abstratas ou meramente descritivas. Em parte decorrente de equívocos metodológicos dos textos doutrinários, esse distanciamento também se explicaria pela dificuldade, muito própria da contemporaneidade, de acessar adequadamente a realidade a que a doutrina diz ou deveria dizer respeito. Até o início do século XX, pessoas que se dedicavam academicamente ao direito pareciam ter razoável consciência da conformação prática de seu ofício. Isso teria mudado. "Os grandes períodos da história jurídica", sugeria Wieacker nas últimas páginas de sua *História do direito privado moderno*,

"foram sempre constituídos por épocas nas quais a imagem do direito dos juristas estava consciente ou inconscientemente em consonância com a imagem da sociedade dominante nesse tempo. Isto se verificou com os glosadores e com os comentadores, do mesmo modo que com o jusracionalismo e, com certas limitações, ainda com a pandectística do século XIX; verificou-se também com as codificações dos dois últimos séculos. O *Allgemeines Landrecht* foi, quanto ao espírito e quanto à forma, a última expressão da sociedade de ordens; o *Code civil*, a primeira manifestação de uma nação igualitária; o *BGB*

---

[644] *v.* Diego Werneck Arguelhes, Joaquim Falcão e Luis Fernando Schuartz, *Jurisdição, Incerteza e Estado de Direito*, in *Revista de direito administrativo* 243 (2006); e Brisa Lopes de Mello Ferrão e Ivan César Ribeiro, *Os juízes brasileiros favorecem a parte mais fraca?*, in *Revista de direito administrativo* 244 (2007).

alemão e o *Código Civil Suíço*, a expressão da sociedade burguesa evoluída da Europa Central. Esta consonância perdeu-se na atualidade."[645]

É duvidoso que o distanciamento entre a imaginação jurídica e as demandas sociais contemporâneas possa ser revertido pela importação de teorias e métodos obsoletos – pela prática daquilo que poderíamos chamar de 'realismo vulgar' especialmente. Se orientada pela detecção e explicitação pervasiva de problemas jurídicos concretos[646] no entanto, a pesquisa empírica em direito pode abrir caminho para a retomada da 'consonância' apontada por Wieacker, e consequentemente para a reaproximação entre doutrina e prática jurídica.[647]

---

[645] Franz Wieacker, *Privatrechtsgeschichte der Neuzeit unter besonderer Berücksichtigung der deutschen Entwicklung* (1952), tradução (da 2ª ed., 1967) de António Manuel Botelho Hespanha, *História do direito privado moderno* (1980; 3ª ed., 2004), 717. *v.* nota 14 *supra*.

[646] Isso será explicado no início do próximo capítulo.

[647] *v.* Craig A. Nard, *Empirical Legal Scholarship: Reestablishing a Dialogue Between the Academy and the Profession*, in *Wake Forest Law Review* 30 (1995).

III

TEORIA, DOUTRINA E EMPIRIA: UMA PROPOSTA DE DESFRAGMENTAÇÃO

"En algún anaquel de algún hexágono (razonaron los hombres) debe existir un libro que sea la cifra y el compendio perfecto de todos los demás: algún bibliotecario lo ha recorrido y es análogo a un dios. En el lenguaje de esta zona persisten aún vestigios del culto de ese funcionario remoto. Muchos peregrinaron en busca de Él."

Jorge Luis Borges, *La Biblioteca de Babel* (1941)

8.
TRÊS LEITURAS DO DIREITO,
TRÊS GÊNEROS JURÍDICO-LITERÁRIOS

"Determinar a especificidade da Jurisprudência, dos métodos e modos de pensamento nela utilizados," escrevia Larenz em 1960, "exige um conhecimento mais aproximado do seu objeto. É com efeito fácil demonstrar que qualquer metodologia jurídica depende da concepção de Direito que lhe subjaz."[648] Se retomarmos o percurso histórico apresentado nos capítulos anteriores, notaremos que diferentes métodos – e com eles, diferentes gêneros jurídico-literários – foram, de fato, construídos a partir de diferentes leituras do campo jurídico. É hora de sintetizar as referências traçadas até este ponto.

Tomado como disciplina prática, o direito se volta para a oferta de conceitos ou algoritmos que orientem a ação humana. Diante dessa leitura, os textos jurídicos serão relevantes na medida em que forem úteis, isto é, que puderem servir de *guia para a ação*, sem prejuízo de seu rigor factual, de sua consistência axiológica ou mesmo de seu valor no mercado das ideias.[649] O gênero literário decorrente dessa leitura é, como

---

[648] Karl Larenz, *Methodenlehre der Rechtswissenschaft* (1960), tradução (da 6ª ed., 1991) de José Lamego, *Metodologia da ciência do direito* (2012), 4.

[649] v. David Feldman, *The Nature of Legal Scholarship*, in *Modern Law Review* 52 (1989), 498: "*Here are four ways in which forms of knowledge-related enterprise might be evaluated: (a) as being more or less scientific; (b) as being more or less in tune with certain formal values which are integral to a serious search for truth; (c) as being more or less useful; (d) as being valued more or less highly in the market-place of ideas.*" *e.g.* Bruno Meyerhof Salama, *O fim da responsabilidade limitada no Brasil* (2014), 507: "À doutrina cabe, então, o papel de fornecer substratos para a melhor aplicação possível do direito, levando-se em conta o contexto histórico e institucional. Não basta fazer apologia de princípios e valores jurídicos, sejam eles a livre-iniciativa ou

se pode imaginar, a *doutrina*. Por meio de suas descrições (ou determinações, ou descrições com consequências normativas, conforme o referencial adotado),[650] os comportamentos contratuais ganham *sentido jurídico*. É nesse sentido que, como se apontou no início do texto, a doutrina desempenha um papel *constitutivo* da prática contratual.

Do ponto de vista metodológico, a doutrina se distingue antes pelas perguntas que elabora que pelos procedimentos adotados para respondê-las.[651] É por isso que a variação desses procedimentos – radicalizada, como vimos, entre o final do século XIX e as primeiras décadas do século XX – não chega a descaracterizar a doutrina como um gênero jurídico-literário específico. Quando se diz que um texto doutrinário deve guiar a ação, portanto, quer-se dizer que ele deve dar conta do caráter proibido, permitido ou obrigatório de uma conduta, independentemente do procedimento empregado para chegar a essa determinação. Também por isso, a doutrina se destina prioritariamente a profissionais que atuam na prática jurídica, ainda que possa ser 'bisbilhotada' por acadêmicos e acadêmicas.

A ideia de direito como disciplina prática, vimos no primeiro capítulo, marcou a formação da doutrina contratual moderna entre os séculos XI e XVII, movimentando glosadores, comentadores e, ao cabo, escolásticos salmantinos. Fazer doutrina, aqui, era explicar de que modo o direito romano poderia reger as relações presentes. Com a afirmação do positi-

o solidarismo, o resguardo da propriedade ou a dignidade humana, e assim por diante. Não há sistema jurídico infalível, nem cortes perfeitamente informadas, nem mundo sem custos de transação. Também por isso, é preciso formular proposições que possam ser concretas e operáveis, a custos razoáveis. Fazer boa doutrina – lidar com os problemas práticos – é mais importante do que fazer uma ciência simplesmente bela ou elegante. É neste espírito que deve ser recebida a reconstrução histórica aqui empreendida, o juízo avaliativo subsequente, e principalmente as proposições prático-normativas de que me ocupei nesta parte final."

[650] Jan M. Smits, *The Mind and Method of the Legal Academic* (2012), 18: "*Legal systematization differs in one important respect from description in other disciplines – it influences the application of the law in practice. Because legal academics work on a system that is also used in practice, important normative consequences can follow from this work. This makes the description of law always normative, even if the person describing it is not aware of it.*" Antes, e de modo similar, Jay M. Feinman, *The Jurisprudence of Classification*, in *Stanford Law Review* 41 (1989).

[651] Jan M. Smits, *The Mind and Method of the Legal Academic* (2012), 111.

vismo jurídico e a emergência das grandes codificações, a doutrina deixou de ancorar-se prioritariamente nas reconstruções da *iurisprudentia*, tornando-se, ao menos do ponto de vista ideológico, aquilo que historiadores chamariam de 'fonte secundária' do pensamento jurídico. Ela passa, então, a distinguir-se de modo razoavelmente nítido em modalidades *de lege lata* e *de lege ferenda*. Qualifica-se como *de lege lata* o texto doutrinário que formula proposições prescritivas (ainda que disfarçadas de descrições) nos limites do direito positivo (entendido, aqui, quase sempre como o direito fixado pelos costumes e sobretudo pelas leis, e particularmente pelos códigos civis); será *de lege ferenda*, em contrapartida, a doutrina que tomar a reforma da legislação (ou, a depender da extensão do conceito, a reforma dos costumes e da jurisprudência) como uma possibilidade.[652]

Entre os séculos XIV e XVI, a retomada de ideais ciceronianos por juristas interessados na composição de um modelo de educação liberal voltado para a formação de homens públicos conduzirá à emergência de uma segunda leitura do direito. Essa leitura toma o direito como uma *humanidade*, a ele atribuindo propósitos eminentemente compreensivos. O pensamento jurídico se coloca, aqui, ao lado do pensamento filosófico, dele extraindo seus modelos argumentativos e seus cânones metodológicos. Pesquisar em direito, neste caso, é fazer *teoria* do direito.[653] Teoria e doutrina guardam semelhanças e diferenças significativas. Da mesma forma que a doutrina, a teoria singulariza-se antes por suas questões que por seus procedimentos de resposta. Essas perguntas, como vimos, dizem respeito sobretudo (mas não apenas) aos problemas da validade e da normatividade – *i.e.*, problemas de localização e de justificação do

---

[652] Christian Courtis, *El juego de los juristas. Ensayo de caracterización de la investigación dogmatica*, in Christian Courtis (organização), *Observar la ley. Ensayos sobre metodología de la investigación jurídica* (2006), Madrid: Trotta, 113-118.

[653] A atribuição de propósitos compreensivos (às vezes chamados de explicativos ou elucidativos) à teoria é reconhecida pela doutrina *e.g.* Paulo Mota Pinto, *Interesse contratual negativo e interesse contratual positivo*, vol. 1 (2008), 74-75: "As teorias jurídicas distinguem-se dos simples modelos de decisão ou dos agrupamentos de casos. Elas possuem um valor heurístico e explicativo, contribuindo frequentemente para explicitar o conteúdo material da justiça de um regime jurídico ou de uma solução desenvolvida, ou proposta, em autónoma constituição do Direito."

direito (quando o que está em jogo é a teoria do direito) ou das obrigações contratuais (quando o que está em jogo é a teoria do contrato). Por outro lado, e diferentemente da doutrina, teoria não é avaliada precipuamente por sua aplicabilidade, mas pela sua adequação a procedimentos de 'descoberta da verdade'.[654]

Textos teóricos são trabalhos acadêmicos por excelência: eles não apenas se desenvolvem prioritariamente na academia, como também se destinam em primeiro lugar a acadêmicos, e sobretudo a acadêmicos interessados em problemas teóricos. Não se trata, aqui, de um juízo factual a respeito de quem efetivamente vai ler os textos da teoria, mas de uma destinação ideal, seja ela explícita (como raramente acontece)[655] ou implícita. Isso, todavia, não preclui a possibilidade de que os textos teóricos sejam 'bisbilhotados' por pessoas que não participam de sua elaboração, ou seja, por pessoas estranhas ao debate teórico. Meir Dan-Cohen sugere uma metáfora bastante ilustrativa para explicar essa situação. Uma boa peça de teatro, sugere ele – e sua ideia de teatro parece ser bastante convencional –, seria aquela na qual os atores interagem como se não estivessem no palco, mas em situações da vida real. De fato, na vida real não contamos (espera-se) com espectadores, mas com interlocutores, e é isso que garante, ao cabo, a espontaneidade e a sinceridade de nossas interações. Da mesma forma – este é o seu raciocínio –, um bom debate teórico não deveria se preocupar com questões práticas, ainda que a prática, encarada como espectadora da teoria, venha a absorver seus acha-

---

[654] Novamente David Feldman, *The Nature of Legal Scholarship*, in *Modern Law Review* 52 (1989), 498.

[655] *e.g.* Bruno Meyerhof Salama, *O fim da responsabilidade limitada no Brasil* (2014), São Paulo: Malheiros, 50: "Imagino que este livro possa despertar o interesse de três tipos de leitores: o profissional do direito que lida cotidianamente com litígios envolvendo a responsabilidade empresarial, tanto na esfera do direito societário quanto do direito trabalhista, tributário, consumerista, administrativo e penal; o leitor interessado em questões teóricas que relacionem Direito, Economia e desenvolvimento; e o formulador do sistema de responsabilidade empresarial." Trata-se, aqui, de um texto híbrido, conquanto prevalentemente doutrinário.

dos. É nesse sentido que profissionais do direito podem, em sua metáfora, 'bisbilhotar' os textos teóricos.[656]

A terceira leitura do direito, discutida no último item do capítulo anterior, procura situá-lo ao lado das ciências sociais, e particularmente das *ciências sociais de base empírica*. Conformada como *empiria*, a literatura se volta, aqui, para a formulação de *juízos de fato* a respeito da prática jurídica,[657] os quais, não obstante, devem ser mediados por categorias doutrinariamente estipuladas (a menos que se admita, de modo pré--kantiano, a possibilidade de uma apreensão 'sensível' e 'imediata' da realidade, naquilo que Jessé Souza chamou de 'fetiche do conhecimento imediato').[658] No plano metodológico, procedimentos de verificação de hipóteses ou de exploração de um campo determinado ganham destaque sobre as perguntas, ao contrário do que ocorre na teoria e especialmente na doutrina. Textos empíricos destinam-se tanto a acadêmicos (quando o que está em questão é o atendimento a requerimentos de prestação de contas típicos das ciências em sentido estrito) quanto a profissionais (quando o que está em jogo é a aplicação de seus achados).

Lynn LoPucki procurou distinguir duas modalidades em que a empiria se apresenta no campo jurídico. A primeira, 'pervasiva', seria marcada por textos que buscam "suporte empírico para afirmações contestáveis formuladas pela literatura jurídica", isto é, trabalhos que procuram checar a correção de juízos de fato apresentados em textos teóricos e especialmente doutrinários. Trabalhos empíricos 'disciplinares' ou 'metódi-

---

[656] Meir Dan-Cohen, *Listeners and Eavesdroppers: Substantive Legal Theory and Its Audience*, in *University of Colorado Law Review* 63 (1992). Dan-Cohen se insere no debate estadunidense em torno das tensões entre teoria e prática na literatura jurídica, retomado adiante. Para ele, a literatura jurídica deveria assumir uma feição inequivocamente teórica. Sua metáfora serve, nesse âmbito, para justificar o alheamento prático que deveria caracterizar os textos jurídicos.

[657] Os títulos de duas contribuições brasileiras de vanguarda evidenciam essa percepção: Cláudio Fernando da Silva Souto, *Introdução ao direito como ciência social* (1971), Brasília: Tempo Brasileiro; Felippe Augusto de Miranda Rosa, *Sociologia do direito. O fenômeno jurídico como fato social* (1973), Rio de Janeiro: Zahar.

[658] Jessé Souza, *É preciso teoria para compreender o Brasil contemporâneo? Uma crítica a Luis Eduardo Soares*, in Jessé Souza (organização), *A invisibilidade da desigualadade brasileira* (2006), Belo Horizonte: Editora UFMG, 118.

cos', em contraste, seriam marcados pela sofisticação metodológica e pelo intento de atender a 'regras de inferência' estabelecidas pelas ciências sociais. Para LoPucki, os primeiros teriam, via de regra, muito a contribuir para o campo jurídico; a relevância dos últimos para o avanço do direito, ao invés, seria apenas acidental.[659]

A ideia de direito como fato social passível de apropriação empírica é muito mais recente que as demais, e isso vale especialmente para o Brasil. Descontados os ensaios de inclinação sociológica realizados entre o final do século XIX e as primeiras décadas do século XX,[660] pode-se dizer que o gênero empírico surge no País entre os anos 70 e 80. Do ponto de vista epistêmico, ele toma corpo na medida em que teorias da norma (ou leituras legalistas ou mecanicistas de teorias da norma, para sermos justos)[661] cedem espaço para teorias da ação e da argumentação (ou para

[659] Lynn M. LoPucki, *Disciplining Legal Scholarship*, in *Tulane Law Review* 90 (2015), 3.

[660] José Reinaldo de Lima Lopes e Roberto Freitas Filho, *Law and Society in Brazil at the Crossroads: A Review*, in *Annual Review of Law and Social Science* 10 (2014), 92: "*There have been three great waves of law and society studies in Brazil. The first began toward the end of the nineteenth century (1870–1920) when a group of legal scholars, influenced by Herbert Spencer, conceived of law as a natural phenomenon to be studied and taught as part of an all-embracing science of society. They were essentially philosophers or theorists of society. A second wave (in the 1930s) comprised a group of legal scholars who were immediately interested in reforming the Brazilian legal system and whose main interest was to make law more socially effective: They viewed the gap between law on the books and law in action to be a result of the artificiality of liberal institutions in Brazil and their contrast with a traditional society. They rejected liberalism in favor of either socialism or corporatism, but both strands thought that social studies provided a vantage point to approach law. We are contemporaries of a third wave.*" (Referências omitidas). Pontes de Miranda parece ter antecipado a segunda onda identificada por Lima Lopes e Freitas Filho. v. Francisco Cavalcanti Pontes de Miranda, *Systema de Sciencia positiva do direito*, vol. I (1922), Rio de Janeiro: Jacintho Robeiro dos Santos, 474 (distinguindo dogmática de ciência do direito): "para a sciencia do Direito o que importa é o *Sein*, o ser, não o *Sollen*, o dever ser [...]. [T]ôda a preocupação do scientista do Direito deve ser a objetividade, a analise dos fatos, a investigação das relações sociaes."

[661] Neste ponto, as referências mais difundidas no Brasil seguem sendo Hans Kelsen, *Reine Rechtslehre* (1934; 2ª ed., 1960), tradução de João Baptista Machado, *Teoria Pura do Direito* (1962; 6ª ed., 1984); e Norberto Bobbio, *Teoria generale del diritto* (1993), tradução de Denise Agostinetti, *Teoria geral do direito* (2007), São Paulo: Martins Fontes.

TRÊS LEITURAS DO DIREITO, TRÊS GÊNEROS JURÍDICO-LITERÁRIOS

leituras pragmáticas de teorias da norma),[662] amainando a renitente clivagem entre ser e dever ser,[663] e permitindo que temas até então eliminados dos currículos jurídicos, porque alegadamente pertinentes ao mundo dos fatos, e não ao mundo das 'interpretações normativas', como dizia Kelsen,[664] voltem a ser discutidos nas faculdades de direito. Do ponto de vista institucional, um impulso significativo à pesquisa empírica – mas também para a *teoria* a respeito dessa pesquisa – seria dado pela incorporação da sociologia jurídica ao currículo dos cursos de direito do País, determinada pela Resolução 3/1974 do Conselho de Educação Federal e corroborada pelo art. 6º da Portaria 1.886/1994 do Ministério da Educação.

---

[662] Leituras pragmáticas de teorias da norma procuram ressaltar as relações entre o sentido objetivo veiculado pelas disposições jurídicas e a intencionalidade dos agentes a que essas disposições se dirigem. "Um acto, na medida em que se expresse em palavras faladas ou escritas," escrevia Kelsen, "pode ele próprio até dizer algo sobre sua significação jurídica. Nisto reside uma particularidade do material oferecido ao conhecimento jurídico. Uma planta nada pode comunicar sobre si própria ao investigador da natureza que a procura classificar cientificamente. Ela não faz qualquer tentativa para cientificamente se explicar a si própria. Um acto da conduta humana, porém, pode muito bem levar consigo uma auto-explicação jurídica, isto é, uma declaração sobre aquilo que juridicamente significa." Hans Kelsen, *Reine Rechtslehre* (1934; 2ª ed., 1960), tradução de João Baptista Machado, *Teoria Pura do Direito* (1962; 6ª ed., 1984), 19. Para um exemplo de leitura pragmática, *v.* Luis Fernando Schuartz, *A práxis recalcada na teoria da norma de Kelsen*, in *Norma, contingência e racionalidade. Estudos preparatórios para uma teoria da decisão jurídica* (2005), Rio de Janeiro: Renovar, 15.

[663] A permeabilidade dessas dimensões é objeto do clássico texto de John R. Searle, *How to Derive "Ought" from "Is"*, in *The Philosophical Review* 73 (1964). Não por acaso, Searle é, entre outras coisas, um teórico da ação. Para uma síntese de suas ideias nesse campo, *v.* *Rationality in Action* (2001), Cambridge: The Mit Press. E para uma integração da teoria da ação à filosofia da linguagem e à ontologia social, *v. Making the Social World* (2010), Oxford: Oxford University Press.

[664] *e.g.* Miguel Reale, *Filosofia do direito* (1953; 11ª ed., 1986), 152: "Pensamos que a Ciência Jurídica não pode aplicar o método indutivo, partindo da observação de 'condições de vida e desenvolvimento do homem na sociedade'. Este trabalho é de sociólogo e não de jurista enquanto jurista. A Sociologia Jurídica recorre, sem dúvida alguma, à indução no estudo dos fatos particulares, para coordená-los segundo explicações de natureza tipológica ou legal, mas o jurista opera em campo diverso: não se eleva dos fatos aos princípios, mas coloca, necessariamente, regras, preceitos e normas, *perante* o fato que observa, submetendo-o à sua *aferição valorativa*."

Antes de seguir, um esclarecimento importante: doutrina, teoria e empiria não surgem de modo isolado nos textos jurídicos. Mesmo hipoteticamente, textos que fossem exclusivamente doutrinários, teóricos ou empíricos dificilmente atenderiam aos seus próprios objetivos. Para orientar adequadamente ações e decisões juridicamente relevantes,[665] a doutrina deve contar com uma boa dose de empiria (que lhe revelará os desafios práticos) e de teoria (que garantirá sua consistência, esclarecendo-a); para figurar os problemas subjacentes ao pensamento jurídico, a teoria não pode deixar de socorrer-se da doutrina (que lhe oferecerá as lentes empregadas pelos juristas para organizar a prática) e da empiria (que dirá sobre seus limites factuais); e para selecionar os comportamentos juridicamente relevantes, a empiria precisa recorrer à teoria (que lhe fundamentará os métodos) e à doutrina (que fornecerá as categorias através das quais ela poderá conhecer a realidade).[666]

Doutrina, teoria e empiria, como se disse na introdução, não sobrevivem em cativeiro, e nem mesmo no cativeiro de textos singulares. Cada fragmento literário contribui, a seu modo, para a composição dos sentidos assumidos pela prática contratual. "Como uma unidade linguística,"

---

[665] *v.* nota 283 *supra.*

[666] A doutrina tem uma 'dimensão empírica' que não deve ser confundida com o caráter empírico assumido pela pesquisa que toma o direito como ciência social. Tércio Sampaio Ferraz Junior procura esclarecer essa diferença: "Antes de mais nada é bom que se esclareça em que sentido a ciência jurídica [aqui chamada de doutrina] assume o que chamamos de *modelo empírico*. Por este modelo, dissemos, o pensamento jurídico constitui-se um sistema explicativo do comportamento humano enquanto regulado por normas. Embora a primeira impressão, provocada pelo uso de termos como 'empírico', 'explicativo' e 'comportamento humano' seja que o jurista, neste caso, passa a encarar o direito como um *fenômeno social a ser descrito*, donde uma eventual redução da Ciência do Direito à Sociologia Jurídica [aqui reconduzida à fronteira entre teoria e empiria], não é este o sentido que propomos para o modelo empírico. Reconhecemos, é verdade, que correntes há e houve que praticaram uma espécie de sociologismo jurídico, com a expressa intenção de fazer da ciência jurídica uma ciência social, empírica nos moldes da ciência do comportamento (Sociologia, Psicologia). [...] [O] pensamento jurídico é um pensamento tecnológico específico, voltado para o problema da decidibilidade normativa de conflitos. Nestes termos, o modelo empírico deve ser entendido não como *descrição* do direito como realidade social, mas como investigação dos instrumentos jurídicos de e para controle do comportamento." *A ciência do direito* (1977; 2ª ed., 1980), 87.

diz Ricoeur, "o texto é, por um lado, uma expansão da primeira unidade de sentido que é a sentença. Por outro lado, ele participa um princípio de organização trans-sentencial que é explorado pelo ato de contar histórias em todas as suas formas."[667] Sem embargo disso, sempre será possível identificar na trama dos textos jurídicos a prevalência de sentenças orientadas por uma ou outra leitura do direito. Essa prevalência se refletirá, nem sempre de modo consciente e explícito, sobre os métodos, os propósitos e os destinatários privilegiados por esses textos. E ela também possibilitará, ao cabo, seu enquadramento sob este ou aquele gênero jurídico-literário.

---

[667] Paul Ricoeur, *On Interpretation* (1983), in *From Text to Action* (1991), 3.

9.
TEORIA E PRÁTICA NA LITERATURA JURÍDICA

Distintas, doutrina, teoria e empiria representam o ponto de chegada da fragmentação experimentada pela literatura contratual entre os séculos XIX e XX, mas também uma forma de a reorganizar – recuperando, assim, sua unidade – a partir de uma matriz episteomológica pluralista. Essa tripartição também pode servir de válvula de escape para as tensões estabelecidas entre teoria e prática no pensamento jurídico contemporâneo.[668] O objetivo desta seção é aprofundar este segundo ponto, explorando três perspectivas do debate meta-literário desenvolvido nas últimas décadas. A primeira e mais polarizada delas, embora hoje tendente à conciliação, é a norte-americana. A segunda, predominantemente pluralista, é a europeia. E a última, para a qual este livro pretende contribuir de modo mais próximo, é a brasileira. Neste ponto, o escopo da exposição forçosamente se alarga, na medida em que a meta-literatura jurídica contemporânea tende a discutir a generalidade dos textos produzidos no campo jurídico, e não este ou aquele conjunto de textos (como, por exemplo, a literatura contratual ou a literatura antitruste).

---

[668] Rob van Gestel e Hans-Wolfgang Micklitz preferem reportar-se a 'interdisciplinaridade' e 'doutrinalismo'. *v. Why Methods Matter in European Legal Scholarship*, in *European Law Journal* 20 (2014). Embora menos evidentes, 'interdisciplinaridade' e 'doutrinalismo' parecem ser parâmetros bastante razoáveis para a contraposição que será explorada nesta seção, uma vez que apenas a doutrina, nos termos apresentados há pouco, reivindica uma metodologia forjada no interior do campo jurídico. A teoria não parece ter problemas com a importação de cânones metodológicos da filosofia, e o mesmo vale para a empiria em relação às ciências sociais. É correto, sob esses parâmetros, opor o domínio da doutrina (o 'doutrinalismo') ao domínio da teoria e da empiria (a 'interdisciplinaridade').

9.1. Um debate paradigmático: Edwards *vs.* Priest

Reflexões sobre a literatura jurídica acumulam alguma milhagem nos Estados Unidos. Suas primeiras referências remontam à década de 1930,[669] momento de consolidação do direito como disciplina universitária autônoma no país, e desde então o assunto passou por numerosas ondas de interesse. A mais extremada, e talvez por isso mais conhecida intervenção nesse debate viria à tona em 1992. Em *The Growing Disjunction Between Legal Education and the Legal Profession*, o então juiz da Corte de Apelação do Distrito de Columbia e professor da Universidade de Nova Iorque Harry Edwards lançaria duras críticas não apenas às faculdades de direito dos Estados Unidos, mas também ao modelo de advocacia que, em sua impressão, vinha ganhando corpo no país. De um lado, argumentava Edwards, propostas de ensino orientadas pela empiria e pela interdisciplinaridade viriam privando os estudantes de direito das exigências conceituais e analíticas demandadas pela prática jurídica; de outro, a busca desenfreada pelo lucro viria esvaziando o conteúdo ético das profissões jurídicas, especialmente no campo da advocacia privada. Essa conjuntura explicaria, em sua opinião, o desprestígio da produção doutrinária (leia-se: da pesquisa jurídica orientada *pela* prática e *para* a prática).[670]

---

[669] Douglas B. Maggs, *Concerning the Extent to Which the Law Review Contributes to the Development of the Law*, in *South California Law Review* 3 (1930); Fred Rodell, *Goodbye to Law Reviews*, in *Virginia Law Review* 23 (1936); Howard C. Westwood, *The Law Review Should Become the Law School*, in *Virginia Law Review* 31 (1945); Lyman P. Wilson, *The Law Schools, the Law Reviews, and the Courts*, in *Cornell Law Quarterly* 30 (1945); Mais tarde, Phillip Schuchman editaria um importante trabalho meta-literário, muito mais próximo da discussão que se desenvolvia na Europa que daquela que ganharia corpo em seu país na década seguinte: *Problems of knowledge in Legal Scholarship* (1979).

[670] Edwards não considerava a disjunção um caminho sem volta. Ao invés, conclamava a adesão à sua cartilha. "Eu rejeito integralmente a ideia de que as instituições estão adstritas a forças sociais inescapáveis, forças capazes, por exemplo, de precluir sua liberdade de ação", concluía o professor de Michigan. "Uma única escola de direito pode recobrar a importância dos textos jurídicos, independentemente da orientação adotada pelas outras, da mesma forma que um único escritório de advocacia pode reorientar suas atividades em favor do interesse público." Harry T. Edwards, *The Growing Disjunction Between Legal Education and the Legal Profession*, in *Michigan Law Review* 91 (1992), 78.

Essa leitura causou espécie na academia norte-americana, inaugurando um acalorado debate sobre as relações entre teoria e prática jurídica no país. A primeira e mais significativa crítica veio de um professor *full time* de Yale, George Priest.[671] Para ele, o vício apontado por Edwards seria, na verdade, uma virtude. Tanto melhor que as faculdades de direito dos Estados Unidos não viessem formando juristas práticos. Exigir delas aquilo que se exige das faculdades de ciências sociais seria, no fim das contas, um sinal inequívoco de progresso intelectual. Essa não era sua primeira manifestação nesse sentido. Em um texto de 1983 – citado, aliás, por Edwards –, Priest havia defendido a ideia de que as faculdades de direito deveriam ser organizadas como pequenas universidades, com um currículo de 'mini-graduações' em economia, teoria social e ciência política.[672] Sintomaticamente, as ideias do autor seriam lembradas por Marcos Nobre em um importante debate sobre os rumos da pesquisa em direito no Brasil, retomado no próximo item deste capítulo.[673] Nobre, entretanto, não seria tão radical quanto seu colega norte-americano a respeito das benesses trazidas pela disjunção entre teoria e prática. Em uma versão revista do seu texto, apresentada alguns meses depois da publicação original, o professor de Campinas procuraria esclarecer que a dimensão prática do direito não pode ser negligenciada pelos seus estudiosos – opinião que provavelmente não seria compartilhada pelo professor de Yale.[674]

---

[671] George L. Priest, *The Growth of Interdisciplinary Research and the Industrial Structure of the Production of Legal Ideas: A Reply to Judge Edwards*, in *Michigan Law Review* 91 (1992).

[672] George L. Priest, *Social Science Theory and Legal Education: The Law School as University*, in *Journal of Legal Education* 33 (1983).

[673] Marcos Nobre, *O que é pesquisa em direito?*, in VvAA, *O que é pesquisa em direito?* (2002; 2005). Nobre não refere especificamente o texto que sintetiza as ideias de Priest (*The Growth of Interdisciplinary Research and the Industrial Structure of the Production of Legal Ideas*), dando conta apenas de sua defesa – de resto, bastante alinhada com as propostas apresentadas em seu texto – da indicação de Robert Bork para a Suprema Corte dos Estados Unidos.

[674] Marcos Nobre, *Apontamentos sobre a pesquisa em direito no Brasil*, in *Novos estudos* CEBRAP (2003).

Uma esclarecedora apreciação do debate travado entre Edwards e Priest seria apresentada por Grahan Lilly em 1995.[675] Lilly levanta duas hipóteses para explicar o desprestígio da doutrina em seu país. A primeira é nossa velha conhecida: o apego de seus fautores aos textos legislativos ou judiciários. Se a doutrina não faz mais do que interpretar (na melhor das hipóteses) ou parafrasear (na pior delas) leis e decisões judiciais, é mais prático e talvez mais seguro lê-las diretamente. Tomando os termos da tripartição apresentada no início do capítulo, seria possível dizer que esse modelo de literatura toma o direito como saber humanístico – um saber como a metafísica ou a teologia –, e não como disciplina prática, voltada para a identificação de problemas reais e para a proposição de soluções factíveis. A segunda hipótese para o desprestígio da doutrina está relacionada com sua carência de originalidade. Essa hipótese também diz algo para nós. Tomada como um conjunto de proposições analíticas mais ou menos evidentes a respeito do direito posto, a doutrina tem, de fato, pouco espaço para inovação. Seus entusiastas sabem disso, e para contornar essa crítica, que nem sempre é justa, frequentemente justificam suas monografias com *excusationes non petitae* como "trata-se de tema pouco explorado na literatura jurídica nacional" ou "esse trabalho vem a preencher uma lacuna na doutrina brasileira".

Lilly reconhece, entretanto, que essas hipóteses não são suficientes para explicar a má reputação que a literatura orientada pela prática havia angariado nos Estados Unidos. Muitos textos doutrinários, ele admite, vão além do direito posto, e é quase sempre possível lançar novas proposições, mesmo analíticas, sobre temas já enfrentados por outras pessoas. Como também reconheceriam autores e autoras tão diferentes quanto Richard Posner, Deborah Rhode, Mark Van Hoecke e Jan Smits,[676] estes dois últimos no âmbito do debate europeu, o campo doutrinário jamais

---

[675] Grahan C. Lilly, *Law Schools Without Lawyers? Winds of Change in Legal Education*, in *Virginia Law Review* 81 (1995).

[676] Richard A. Posner, *Legal Scholarship Today*, in *Harvard Law Review* 115 (2002), 1314-1315 (reconhecendo uma "ambição conceitual" entre os grandes doutrinadores); Deborah L. Rhode, *Legal Scholarship*, in *Harvard Law Review* 115 (2002), 1355; Mark Van Hoecke, *Legal Doctrine: Which Method(s) for What Kind of Discipline?*, in Mark Van Hoecke (organização), *Methodologies of Legal Research: Which Kind of Method for What Kind of Discipline?* (2011), 15; e Jan M. Smits, *The Mind and Method of the Legal Academic* (2012), 101.

se fechou à atividade criativa. E o percurso pela formação da literatura contratual apresentado no primeiro capítulo deste livro parece dar conta disso: figuras como a obrigação, o erro substancial, a lesão e mesmo o contrato (tomado como categoria autônoma), ao contrário do que poderiam sugerir os realistas norte-americanos do século XX, e antes deles os nominalistas dos séculos XIII e XIV, não são meros nomes, tampouco nasceram em árvores.[677] Uma explicação mais plausível e profunda para a má reputação da doutrina seria, retomemos Lilly, sua incapacidade de fornecer orientações normativas satisfatórias para os profissionais do direito.[678] Essa explicação é mais profunda na medida em que parte daquela que, alegadamente, é a função elementar da doutrina: orientar a prática jurídica.[679] Para que insistir em um modelo de pesquisa que não oferece o mínimo que se espera dele?

9.2. Exclusivismo norte-americano e pluralismo europeu

Várias razões podem ser levantadas para explicar a polarização do debate nos Estados Unidos. Uma das mais razoáveis, e aparentemente paradoxal, é a valorização da atividade acadêmica em tempo integral no país. Esse movimento seria aprofundado pela multiplicação de incentivos à integração de doutores em economia, sociologia ou filosofia aos seus quadros docentes.[680] Antes que conduzir à sofisticação da prática, entretanto, e aqui está o aparente paradoxo, essa tendência aprofundou o insulamento teórico da academia. Há quem diga que a dedicação a temas relevantes para a prática jurídica tenha se tornado um demérito para quem se candidata a postos docentes.[681] Uma segunda explicação para o caráter pola-

---

[677] Essa metáfora é sempre lembrada pelo professor José Reinaldo de Lima Lopes.

[678] Essa explicação, entretanto, é bem pouco generosa com aquilo que se produz fora das *law reviews* mais prestigiadas. *v.* nota 689 adiante.

[679] Grahan C. Lilly, *Law Schools Without Lawyers? Winds of Change in Legal Education*, in *Virginia Law Review* 81 (1995), 1421-1427 e 1432-1435.

[680] Lynn M. Lopucky, *Disciplining Legal Scholarship*, in *Tulane Law Review* 90 (2015).

[681] Diane P. Wood, *Legal Scholarship for Judges*, in *Yale Law Journal* 124 (2015), 2594: *"in contrast to the general experience in Europe, we have always had at least two, and maybe three, parallel legal professions in the United States: the legal academy, the practitioners, and the judiciary. From the outside, these may seem to be all of a piece, but for insiders, there are sharp differences among them. Consider, for instance, the fact that one of the worst things a law school hiring committee might say*

rizado do debate meta-literário norte-americano é o sucesso alcançado pelo realismo jurídico no país.[682] Ao encarar o direito como resultado de opções políticas filtradas por disposições individuais,[683] os realistas aproximaram-se de explicações mais plausíveis para a atividade judicatória na mesma medida em que deixaram de fornecer parâmetros ou formas para sua execução. Amparados por uma leitura caracteristicamente nominalista do fenômeno jurídico, e nominalista porque menos preocupada com os conceitos que com as suas manifestações singulares, os realistas, sustentariam seus críticos,[684] teriam empreendido uma tentativa de solução de problemas do direito pelo abandono das questões efetivamente jurídicas.[685]

Vistas em retrospectiva, as questões levantadas por Harry Edwards e George Priest sintetizam os termos de uma polarização entre teoria e prática que, como veremos no próximo item, não é estranha ao debate brasileiro. Deve a produção acadêmica orientar-se prioritariamente pelas demandas da prática jurídica, como sugeria Edwards? Ou seu caráter ensimesmado serve, no fim das contas, à formação de um *corpus* literário mais robusto e metodologicamente consistente, como argumentava Priest? Depois de muita controvérsia – uma controvérsia que envolveu

---

about a candidate for a tenure-track position is that her written work 'merely' reviews 'what the law is' and is directed to a practitioner audience. By the same token, one withering criticism a young associate might receive from a senior partner about a draft memorandum or brief is that it is 'too academic'."

[682] *v.* William W. Fisher III e Morton J. Horwitz, *American Legal Realism* (1993), Oxford: Oxford University Press; e mais recentemente, já diante de um vasto corpo meta-literário sobre os textos do realismo, Hanoch Dagan, *Reconstructing American Legal Realism & Rethinking Private Law Theory* (2013).

[683] e.g. Karl N. Llewellyn, *Some Realism About Realism. Responding to Dean Pound*, in *Harvard Law Review* 44 (1931), 1222.

[684] *e.g.* Ronald Dworkin, *The Model of Rules I*, in *Taking Rights Seriosly* (1978), Cambridge: Harvard University Press, 15-16 (criticando o absenteísmo jurídico realista a partir da comparação com as ideias nominalistas). A crítica de Dworkin é razoável, mas talvez um pouco injusta com os nominalistas, que foram responsáveis por proposições que conduziriam ao desenvolvimento da ideia de direito subjetivo ao longo do século XIV.

[685] Diante da herança realista, Reinhard Zimmermann chegaria a identificar a prevalência de uma "teoria do direito sem direito" nas *law reviews* norte-americanas. *Law Reviews: A Foray Through a Strange World*, in *Emory Law Journal* 47 (1998), 679.

autores e autoras das mais variadas orientações metodológicas –,[686] a academia norte-americana parece encaminhar-se para a conciliação pluralista, atenta aos benefícios de uma literatura aberta tanto a questões teóricas quanto a problemas práticos. "A literatura jurídica," escreveu recentemente a juíza e professora Diane Wood, "não é um monólito: ela é produzida por uma grande variedade de autoras e autores, e é endereçada a diferentes audiências, refletindo um largo espectro de objetivos. Eu não quero viver em um mundo onde não haja lugar para alguém se especializar em Immanuel Kant, mas, ao mesmo tempo, essa pessoa [a especialista em Kant] deverá reconhecer que uma desembargadora ou um juiz atarefado dificilmente lerá algo que ela tenha escrito."[687]

O renitente alheamento prático dos textos publicados nas mais prestigiosas *law reviews* do país,[688] entretanto, seguiria causando espécie na academia.[689] Erik Jensen, por exemplo, encerraria uma única sentença em

---

[686] e.g. Paul Brest, *Plus ça Change*, in *Michigan Law Review* 91 (1993); Jules L. Coleman, *Legal Theory and Practice*, in *Georgetown Law Journal* 83 (1995); Martha C. Nussbaum, *Still Worthy of Praise*, in *Harvard Law Review* 111 (1998); Richard A. Posner, *Legal Scholarship Today*, in *Harvard Law Review* 115 (2002); e Richard A. Danner, *Oh, The Treatise!*, in *Michigan Law Review* 111 (2013).

[687] Diane P. Wood, *Legal Scholarship for Judges*, in *Yale Law Journal* 124 (2015), 2594.

[688] *v.* Reza Dibadj, *Fashions and Methodology*, in Rob van Gestel, Hans Micklitz e Edward L. Rubin (organização), *Rethinking Legal Scholarship* (2016).

[689] Se partirmos de uma leitura um pouco mais generosa da produção jurídico-literária norte-americana contemporânea, essas críticas parecerão exageradas. Elas não dão conta, por exemplo, da multiplicação de periódicos orientados pela prática, como os excelentes *journals* da American Bar Association, tampouco de *casebooks* empiricamente fundados, como o manual de garantias de LoPucki e Warren. Elas também passam ao largo de movimentos mais antigos, como as consistentes iniciativas doutrinárias do American Law Institute (outrora liderado por figuras do porte de Benjamin Cardozo e Learned Hand). *e.g.* Glenn D. West, *That Pesky Little Thing Called Fraud: An Examination of Buyers' Insistence Upon (and Sellers' Too Ready Acceptance of) Undefined "Fraud Carve-Outs" in Acquisition Agreements*, in *The Business Lawyer* 69 (2014); e Lynn M. LoPucki and Elizabeth Warren, *Secured Credit: A Systems Approach* (1995; 7ª ed., 2011), New York: Aspen. Uma completa notícia histórica das atividades do American Law Institute pode ser encontrada na página da organização: http://www.ali.org/. De resto, as críticas contemporâneas ao alheamento prático da literatura jurídica norte-americana parecem não dar a devida importância à tradição empírica inaugurada por Macaulay, Macneil e Bernstein. *e.g.* Stewart Macaulay, *Non-Contractual Relations in Business: A Preliminary Study*, in *American Sociological Review* 28

seu curioso *The Shortest Article in Law Review History*: "É isso." Ao justificá-la na primeira das duas notas de rodapé do texto – a segunda dá conta do intento de elaborar uma versão ainda mais condensada do artigo –, Jensen explica que "há décadas os periódicos jurídicos deixaram de ter algo com o direito. Por conta disso, deixaram também de ter algo com qualquer outra coisa. Logo, este artigo diz tanto quanto seus congêneres."[690] Escrevendo em 2009, Pierre Schlag seria um pouco menos lacônico. Para ele, a produção jurídica norte-americana equivaleria ao comportamento daqueles que, a partir da era de ouro do *rock n'roll*, insistiam em acompanhar seus ídolos tocando guitarras imaginárias – fenômeno que, entre os anos 50 e 60, ganhara nos Estados Unidos o simpático apelido de *air guitar*. Na opinião de Schlag, os juristas acadêmicos, como esses guitarristas, seriam capazes de tocar os mais intrincados solos sem errar nem mesmo uma nota; em contrapartida, e também como os virtuosos das guitarras imaginárias, eles não produziriam som algum.[691]

O debate meta-literário europeu, em contrapartida, tardou a tomar corpo, e a maturidade da literatura jurídica no continente parece, paradoxalmente, ter contribuído para esse atraso. Se nos Estados Unidos a incorporação das faculdades de direito aos quadros universitários é um fenômeno relativamente recente, situado entre o final do século XVIII e o início do século XIX,[692] na Europa o nascimento dos cursos jurídicos é coevo à organização do ensino universitário, um movimento localizado, como vimos, entre os séculos XI e XII. Por conta disso, leituras do direito

---

(1963); Ian R. Macneil, *Contracts: Adjustment of Long-Term Economic Relations under Classical, Neoclassical, and Relational Contract Law*, in *Northwestern University Law Review* 72 (1978); e Lisa Bernstein *Opting Out of the Legal System: Extralegal Contractual Relations in the Diamond Industry*, in *Journal of Legal Studies* 115 (1992).

[690] Erik M. Jensen, *The Shortest Article in Law Review History*, in *Journal of Legal Education* 50 (2000), 156.

[691] Pierre Schlag, *Spam Jurisprudence, Air Law, and the Rank Anxiety of Nothing Happening (A Report on the State of the Art)*, in *The Georgetown Law Journal* 97 (2009), 803.

[692] O primeiro curso de direito dos Estados Unidos, isolado no século XVIII, foi aberto em 1779 pelo College of William & Mary, hoje Marshall-Wythe School of Law. O segundo, oferecido pela Universidade de Maryland, foi criado em 1816 e iniciou suas atividades em 1824. A Faculdade de Direito de Harvard, por sua vez, foi estabelecida em 1817, pouco antes da Faculdade de Direito da Universidade da Virgínia (fundada em 1819) e da Escola de Direito de Yale (criada em 1824).

TEORIA E PRÁTICA NA LITERATURA JURÍDICA

como disciplina prática e como saber humanístico, ainda hoje disputadas nos Estados Unidos, foram confrontadas na Europa ao longo de mais de cinco séculos. Pense, por exemplo, na emergência concomitante de textos proto-teóricos do humanismo protestante e trabalhos doutrinários do *usus modernus* ao longo do século XVI, ou na coexistência de obras que veiculavam reflexões teóricas voluntaristas e livros voltados para a exegese do *Code Napoléon* no século XIX. Isso ajuda a entender por que a ideia de que a literatura jurídica pode atender tanto à prática quanto à reflexão teórica enfrenta menos resistência na Europa do que do lado de cá do Atlântico.

A explicitação meta-literária desse pluralismo, entretanto, é menos antiga que sua admissão, e deve muito às preocupações de civilistas de vanguarda como Aleksander Peczenik, Aulis Aarnio e especialmente Christian Atias.[693] Hoje, um de seus mais conhecidos divulgadores é

---

[693] e.g. Aleksander Peczenik, *Doctrinal Study of Law and Science*, in *Österreichise Zeitschrift für öffentliches Recht* 1 (1967), Vienna: Springer; Aulis Aarnio, *On Legal Reasoning* (1976), Loimaa: Turun Yliopisto; Christian Atias, *Epistémologie juridique* (1985). Para um enunciado do pluralismo, v. Aleksander Peczenik, *On Law and Reason* (1989; 2ª ed., 2008), Dordrecht: Springer, 13: *"There are many different types of legal research. Such disciplines as history of law, sociology of law, law and economics, philosophy of law etc. apply, first of all, a historical, sociological, economical, philosophical or another non-legal method. Another type of legal research, occupying the central position in commentaries and textbooks of law etc., implements a specific legal method, that is, the systematic, analytically-evaluative exposition of the substance of private law, criminal law, public law etc. Although such an exposition may also contain some historical, sociological and other points, its core consists in interpretation and systematisation of (valid) legal norms. More precisely, it consists in a description of the literal sense of statutes, precedents etc., intertwined with many moral and other substantive reasons. One may call this kind of exposition of the law 'analytical study of law', 'doctrinal study of law', etc. In the Continental Europe, one usually calls it 'legal dogmatics'. The standard German word is Rechtsdogmatik. [¶] The specific legal method constitutes not only the core of the 'legal dogmatics' but also characterises the legal, inter alia judicial, decision-making. Of course, there are also some differences. For example, compared with judicial method, legal dogmatics lacks the decision component; it is more abstract and less bound to a 'given' case; it deals with many examples of real and imaginary cases. The most profound difference consists in the fact that legal dogmatics often claims to be more rational than legal practice, that is, more oriented towards general theses, supported by extensive arguments. The similarities are, however, far deeper than the differences. [¶] The central part of jurisprudence, on the other hand, has another object of research and another method. It constitutes a 'metadiscipline', similar to theory of science. It is not a part of legal dogmatics but a theory about legal dogmatics and legal decision-making. It thus does not interpret*

Mark Van Hoecke, professor da Universidade de Ghent, na Bélgica. Na coletânea *Methodologies of Legal Research: Which Kind of Method for What Kind of Discipline?*,[694] resultado de um grupo de trabalho realizado em Tilburg no final de 2009, Van Hoecke reuniu quinze textos em torno de uma mesma questão-chave: de que modo diferentes espécies de pesquisa em direito podem ser levadas a cabo? O pluralismo literário, aqui, é tomado como uma decorrência do pluralismo metodológico: não há um único método de pesquisa em direito, e por isso os textos decorrentes da aplicação desses métodos compõem diferentes modelos jurídico-literários.[695] Essa percepção está por trás de várias outras contribuições ao debate epistêmico contemporâneo na Europa.[696]

---

legal norms but includes a theory of their legal interpretation. Consequently, it has a specific method, closely related to philosophy." (Citações omitidas). Peczenik retomaria o tema em *Scientia Juris. Legal Doctrine as Knowledge of Law and as a Source of Law* [*A Treatise of Legal Philosophy and General Jurisprudence*, vol. 4] (2005), Dordrecht: Springer. Citando-o, Humberto Bergmann Ávila, *A doutrina e o direito tributário*, in Fundamentos do direito tributário (2012), São Paulo: Marcial Pons, 221.

[694] Mark Van Hoecke (organização), *Methodologies of Legal Research: Which Kind of Method for What Kind of Discipline?* (2011), Portland: Hart. Van Hoecke emprega palavra *doctrine* para indicar o que aqui vem sendo chamado, em termos mais amplos, de literatura jurídica.

[695] No mesmo sentido, Rob van Gestel e Hans-Wolfgang Micklitz, *Why Methods Matter in European Legal Scholarship*, in *European Law Journal* 20 (2014). *Pluralismo* metodológico não deve ser confundido com *sincretismo* metodológico. Essa distinção é especialmente relevante no contexto brasileiro. Para uma robusta crítica ao sincretismo metodológico da doutrina constitucionalista, *v.* Virgílio Afonso da Silva, *Interpretação Constitucional* (2005), São Paulho: Malheiros; e para uma leitura mais ampla da ideia de sincretismo na história do direito comercial brasileiro, Mariana Souza Pargendler, *Sincretismo jurídico na evolução do direito societário brasileiro*, in Judith Hofmeister Martins-Costa, *Modelos de direito privado* (2014), São Paulo: Marcial Pons.

[696] Na França, de modo predominantemente implícito, Michelle Gobert, *Le temps de penser la doctrine*, in *Droits. Revue Française de Théorie Juridique* 20 (1994); Daniel Gutmann, *La fonction sociale de la doctrine juridique*, in *Revue trimmestrielle de droit civil* 3 (2002); Nader Hakim, *L'autorité de la doctrine civiliste française au XIXème siécle* (2002); Philippe Jestaz e Christophe Jamin, *La doctrine* (2004). Na Inglaterra, Neil Duxbury, *Judges and Jurists: and Essay on Influence* (2001); Mathias M. Siems, *Legal Originality*, in *Oxford Journal of Legal Studies* 28 (2008). Na Holanda, Jan M. Smits, *The Mind and Method of the Legal Academic* (2012); e do mesmo autor, *What is Legal Doctrine? On the Aims and Methods of Legal-Dogmatic Research* (2015), Maastricht European Private Law Institute, Working Paper No. 2015/06. Na Itália, Alexandra Braun, *Giudici e accademia nell'esperienza inglese* (2006); e da mesma

9.3. Um panorama do debate meta-literário brasileiro

O debate acadêmico brasileiro a respeito dos rumos da literatura jurídica é certamente menos acirrado que o norte-americano e possivelmente menos perfunctório que o europeu, mas nem por isso menos relevante para a compreensão do lugar da doutrina contratual na literatura jurídica contemporânea. Considerando apenas os textos produzidos a partir da década de 1960, parece possível identificar duas ondas de interesse pelo tema, cada qual caracterizada por uma diferente postura em relação aos textos jurídicos. A primeira onda, já ensaiada nas reflexões de Pedro Lessa,[697] mas efetivamente movida pelos trabalhos de Miguel Reale (1910-2006), Antônio Luís Machado Neto (1930-1977) e Tercio Sampaio Ferraz Junior (1941),[698] e mais tarde pelos textos de José Eduardo Faria, Celso Campilongo, José Reinaldo de Lima Lopes, João Maurício Adeodato e Luciano Oliveira, orienta-se por duas ideias que também são deci-

---

autora, em inglês, *The English Codification Debate and the Role of Jurists in the Development of Legal Doctrines*, in Michael Lobban e Julia Moses (organização), *The Impact of Ideas on Legal Development* (2002). Ainda na Itália, Riccardo Guastini, *Inventing Rights, Obligations, and Powers*, in Jordi Ferrer Beltrán, José Juan Moreso e Diego M. Papayannis, *Neutrality and Theory of Law* (2013), Dordrecht: Springer; e antes, Natalino Irti, *Scuole e figure del diritto civile* (1986), Milano: Giuffrè; retomado em Paolo Vitucci, *Parte generale e parte speciale nella disciplina dei contratti*, in VvAA, *La civilistica italiana dagli anni '50 ad oggi tra crisi dogmatica e riforme legislative* (1991), Milano: Cedam. Na Alemanha, Stefan Vogenauer, *An Empire of Light? Learning and Lawmaking in the History of German Law*, in *Cambridge Law Journal* 64 (2005); e do mesmo autor, *An Empire of Light?* II: *Learning and Lawmaking in Germany Today*, in *Oxford Journal of Legal Studies* 26 (2006); bem como Rob van Gestel e Hans-Wolfgang Micklitz, *Why Methods Matter in European Legal Scholarship*, in *European Law Journal* 20 (2014). Além do trabalho de Van Hoecke, é possível listar outras duas importantes coletâneas internacionais publicadas recentemente: Alexandre Flückiger e Thierry Tanquerel (organização), *L'evaluation de la recherche en droit: enjeux et methodes* (2015), Bruylant: Penser le droit; e Rob van Gestel, Hans Micklitz e Edward L. Rubin (organização), *Rethinking Legal Scholarship: A Transatlantic Interchange* (2016), Cambridge: Cambridge University Press.

[697] Pedro Lessa, *Estudos de filosofia do direito* (1912; 2ª ed., 1916), 65-99 (distinguindo a arte, a ciência e a filosofia do direito: a primeira, voltada para a prática; a segunda, para a inteligência; e a terceira, para os métodos da segunda, ou seja, para a exposição dos "princípios fundamentaes do direito" e das relações "com as sciencias anthropologicas e sociaes").

[698] Miguel Reale, *O direito como experiência* (1968; 1992); Antônio Luis Machado Neto, *Teoria da ciência jurídica* (1975); e Tercio Sampaio Ferraz Jr, *Função social da dogmática jurídica* (1980).

sivas para este livro. A primeira delas é a ideia de que a estrutura presente da literatura jurídica é resultado de uma história intelectual de longa duração (uma ideia que pode ter sido fortalecida, ainda que de modo vago, pelos laços estabelecidos entre Braudel e a academia brasileira após sua passagem por São Paulo);[699] a segunda, a ideia de que essa estrutura comporta ao menos dois gêneros: a teoria (ou, como preferiam Reale e Machado Neto, a 'Ciência do Direito') e a doutrina (ou, novamente com eles, a 'Dogmática Jurídica'). Em comum entre essas ideias, a premissa de que a busca por uma epistemologia jurídica, isto é, por uma teoria do conhecimento jurídico, é uma empreitada valorosa e necessária.

Teóricos do direito preocupados com a prática, Reale e Machado Neto, este último sob reconhecida influência do primeiro, dedicaram alguns de seus mais importantes trabalhos à localização da teoria e da doutrina no âmbito da literatura jurídica de seu tempo. Atento à questão desde a década de 1950 – quando, entretanto, parecia manter uma relação ambígua com a ideia de direito como ciência social –,[700] Reale anotaria em seu clássico *O direito como experiência*, originalmente publicado em 1968, que

> "não é de mero interêsse acadêmico o problema concernente à posição da Dogmática Jurídica em confronto com a Ciência do Direito, constituindo, ao contrário, um dos assuntos mais merecedores de atenção por parte dos cultores da Epistemologia Jurídica, inclusive para se pôr côbro às profundas discrepâncias terminológicas e conceituais que separamos juristas, ou, – quando mais não seja, – para nos darmos conta das perspectivas determinantes de muitos antagonismos."[701]

As preocupações meta-literárias do professor de São Paulo seriam recobradas em sua teoria dos modelos jurídicos e hermenêuticos, desenvolvida em sucessivas obras publicadas a partir de então.[702] (Note que

---

[699] v. nota 37 *supra*.

[700] v. nota 662 *supra* e referências no texto.

[701] Miguel Reale, *O direito como experiência* (1968; 1992), 123.

[702] Miguel Reale, *O direito como experiência* (1968; 1992), 16-25; *Vida e morte dos modelos jurídicos*, in *Estudos de Filosofia e Ciência do Direito* (1978), São Paulo: Saraiva; *Fontes e modelos do direito* (1994).

em Reale as preocupações meta-literárias não parecem esgotar os problemas da epistemologia jurídica, embora constituam seu segmento primordial).[703] Assimilados à legislação, à jurisprudência, aos costumes e às práticas negociais – mas orientados, ao contrário das fontes do direito, para o futuro, e não pelo passado –,[704] os modelos jurídicos serviriam de ponto de partida para a formulação de modelos hermenêuticos, dogmáticos ou doutrinários, "estruturas teoréticas referidas aos modelos jurídicos, cujo valor eles procuram captar e atualizar em sua plenitude."[705] A teoria dos modelos incorpora-se à discussão epistemológica do autor

---

[703] A noção de epistemologia jurídica adotada por Reale é, de fato, bastante ampla. Embora à primeira vista seu escopo pareça corresponder ao daquilo que aqui se vem chamando de 'meta-literatura jurídica', o autor logo procura alargá-lo. v. Miguel Reale, *Filosofia do direito* (1953; 11ª ed., 1986), 306: "Uma das tarefas primordiais da Epistemologia jurídica consiste, aliás, na determinação do objeto das diversas ciências jurídicas, não só para esclarecer a natureza e o tipo de cada uma delas, mas também para estabelecer as suas relações e implicações na unidade do saber jurídico." E pouco depois: "Muitas são, pois, as questões com que se defronta a Epistemologia Jurídica, que poderia ser definida como sendo a *doutrina dos valores lógicos da realidade social do Direito*, ou, por outras palavras, *dos pressupostos lógicos que condicionam e legitimam o conhecimento jurídico* [...]. É nessa linha de estudos que caberá ao epistemólogo do Direito determinar, por exemplo, que tipo de experiência é essa que denominamos 'experiência jurídica'; qual a natureza e o papel da Lógica Jurídica e a sua situação perante a Ciência Dogmática do Direito; como se põem os problemas de sistematização e integração dos institutos jurídicos [...]; qual a natureza e a estrutura das normas jurídicas, se elas devem ou não ser concebidas como 'bens culturais de suporte ideal', insuscetíveis, portanto, de serem tratadas como simples 'proposições lógicas'; se a tradicional teoria das fontes do Direito deve ou não ser atualizada à luz da teoria dos 'modelos jurídicos', e assim por diante." Uma perspectiva similar é adotada no livro de Christian Atias, *Epistémologie juridique* (1985).
[704] Miguel Reale, *O direito como experiência* (1968; 1992), São Paulo: Saraiva, XXVI: "Costumo, a esse propósito, lembrar, como o notou Wolf Paul, que Karl Marx, assistindo às aulas de Savigny, criticou-o por interpretar o direito remontando às suas nascentes, e não segundo o fluxo das águas do rio no qual o homem se situa navegando em seu barco. Eis aí uma verdade marxista que flutua não obstante o naufrágio do socialismo real..."
[705] Miguel Reale, *Vida e morte dos modelos jurídicos*, in *Estudos de filosofia e ciência do direito* (1978), 18; citado em Judith Hofmeister Martins-Costa, *Autoridade e utilidade da doutrina: a construção dos modelos doutrinários*, in Judith Hofmeister Martins-Costa (organização), *Modelos de Direito Privado* (2014), 10.

na medida em que a formulação de modelos hermenêuticos passa a ser vista como tarefa central da doutrina.[706]

Machado Neto percorreria a mesma trilha. Quem nos informa, já em 1969, é o próprio Miguel Reale, no prefácio apresentado à *História das ideias jurídicas no Brasil* de seu epígono: "Machado Neto preferia dar a este livro o título de *História das teorias jurídicas no Brasil,* por entender que há ainda todo um trabalho a ser feito quanto às ideias que condicionaram as contribuições de Teixeira de Freitas, de Paula Baptista, de Pimenta Bueno, de Carvalho de Mendonça e tantos outros mestres insígnes, nos domínios do Direito positivo."[707] Essa percepção seria mantida pelo professor da Universidade Federal da Bahia em textos posteriores. Na *Teoria da ciência do direito* de 1975, por exemplo, Machado Neto ressaltaria a distinção entre uma 'Ciência do Direito' e uma 'Dogmática Jurídica', desta última desprendendo o que preferia chamar de 'Técnica Científica', uma atividade orientada pelas práticas legislativa, interpretativa, integrativa e aplicativa.[708]

Também influenciado pelas ideias de Miguel Reale a respeito da distinção entre domínios teóricos e dogmáticos, Tercio Sampaio Ferraz Junior destacaria, já em 1977, a dificuldade de apartar as instâncias referidas por seu antecessor na Universidade de São Paulo: "uma separação mais ou menos clara entre o cientista e o agente social é extremamente difícil de ser feita [...], [de modo que a] dualidade entre 'teoria pura' e 'teoria aplicada', entre 'investigação' e 'aplicação' torna-se, no caso, um problema agudo'."[709] Um pouco mais tarde, na sua *Função social da dogmática jurídica,* obra de 1980 que percorre um recorte histórico similar àquele apresentado no terceiro capítulo deste livro, Ferraz Junior recobraria a distinção buscada por Reale e Machado Neto, identificando, todavia, o que qualificava como "certa resistência" ao avanço da teoria jurídica no Brasil:

---

[706] No mesmo sentido, Judith Hofmeister Martins-Costa, *Autoridade e utilidade da doutrina: a construção dos modelos doutrinários,* in *Modelos de Direito Privado* (2014), 10.

[707] Miguel Reale, *Prefácio* a Antônio Luis Machado Neto, *História das ideias jurídicas no Brasil* (1969), São Paulo: Grijalbo, 9.

[708] Antônio Luis Machado Neto, *Teoria da ciência jurídica* (1975), 186.

[709] Tercio Sampaio Ferraz Junior, *A ciência do direito* (1977; 2ª ed., 1980), 12.

"quando hoje se fala em Dogmática Jurídica, nossa tendência é identificá-la com um tipo de produção técnica capaz de atender à demanda do profissional, no desempenho imediato das funções, ou de vê-la na produção didática que, dirigida para um consumo cada vez mais massificante, tem muito pouco a ver com o que, nas demais ciências, seria admitido como trabalho de rigor e de controle. Há, ainda, um terceiro tipo de atividade, voltado especificamente para a investigação ampla do direito, denominada por alguns autores modernos de Teoria Jurídica, a qual se volta para o instrumental de outras ciências, como a Sociologia, a Política, a Filosofia, a Antropologia etc. Tal teoria, às vezes, parece deslocada no âmbito jurídico, encontrando uma certa resistência por parte do jurista, mais ligado ao que a tradição costuma entender como saber jurídico propriamente dito."[710]

O "saber jurídico propriamente dito", atribuído por Ferraz Junior à "tradição", é o objeto imediato de seu livro. A persecução desse objeto, esclarece o autor, não se reduz a "uma investigação dos fundamentos epistemológicos da Dogmática Jurídica, no sentido de uma teoria do conhecimento pura e simplesmente, mas vai além, procurando também descobrir-lhe a função social."[711] 'Função social' é uma palavra plurívoca, e o professor paulista procura esclarecer-lhe o sentido: sua 'função social' corresponde às "relações existentes entre a sociedade – entendida, na esteira de Luhmann, como um sistema de interações múltiplas em que a complexidade de expectativas interativas (ou normativas) é reduzida e se torna controlada – e os próprios processos de conhecimento."[712] Aqui, a epistemologia buscada por Reale e Machado Neto parece incorporar preocupações típicas do pensamento sociológico, num ainda incipiente movimento em prol da pesquisa empírica que, ensaiado no final do século XIX e novamente na Era Vargas,[713] ganharia ares institucionalizados a partir do final da década de 1970.

Os primeiros ecos das sugestões sociológicas de Ferraz Junior, como era de se esperar, seriam ouvidos por perto. Em um opúsculo publicado

---

[710] Tercio Sampaio Ferraz Junior, *Função social da dogmática jurídica* (1980), 1.
[711] Tercio Sampaio Ferraz Junior, *Função social da dogmática jurídica* (1980), 7-8.
[712] Tercio Sampaio Ferraz Junior, *Função social da dogmática jurídica* (1980), 8.
[713] *v.* nota 660 *supra*.

em 1991, José Eduardo Faria e Celso Campilongo, seus colegas na Universidade de São Paulo, procurariam inserir as referências do autor paulista em um espectro mais amplo, caracterizado por um "desejo nem sempre confessado de também avaliar as normas a partir de um ângulo externo,"[714] um espectro contrastado com a postura propositadamente alheia à realidade de professores de 'cursos técnicos' – expressão que Faria e Campilongo associam a disciplinas tradicionais como o direito civil, o direito penal ou o direito tributário.[715] A influência de Ferraz Junior, entretanto, não se limitaria ao estado de São Paulo. Em Pernambuco, um importante núcleo de discussão meta-literária, também ele influenciado pelo professor paulista, ganharia corpo nos textos de autores como João Maurício Adeodato e Luciano Oliveira.[716] Partindo de um extenso diagnóstico do estado da pesquisa em direito no País,[717] Adeodato e Oliveira procurariam explicar o caráter do que chamavam de "pesquisa sócio-jurídica", uma espécie de pesquisa que, conquanto empiricamente embasada, não poderia ser reconduzida aos cânones da investigação sociológica.[718] Ao lado dos trabalhos de pioneiros da sociologia jurídica como Cláudio Fer-

---

[714] José Eduardo Campos de Oliveira Faria e Celso Fernandes Campilongo, *A sociologia jurídica no Brasil* (1991), Porto Alegre: Sergio Antonio Fabris, 31. As referências de Ferraz Junior apontadas por Faria e Campilongo são Viewheg e Perelman. Esses autores são colocados ao lado de teóricos realistas como Alf Ross, Karl Olivercrona e Karl Engish, e também ao lado Herbert Hart, autor-chave da tradição analítica.

[715] José Eduardo Campos de Oliveira Faria e Celso Fernandes Campilongo, *A sociologia jurídica no Brasil* (1991), 32.

[716] Adeodato estudaria com Reale e Ferraz Junior na Faculdade de Direito da Universidade de São Paulo. Oliveira faria seu doutorado na École des Hautes Études en Sciences Sociales em Paris.

[717] Luciano Oliveira e João Maurício Adeodato, *O estado da arte da pesquisa jurídica e sócio-jurídica no Brasil* (1996), Brasília: Centro de Estudos Judiciários do Conselho da Justiça Federal.

[718] e.g. João Maurício Adeodato, *Bases para uma metodologia da pesquisa em direito*, in *Revista CEJ* 7 (1999); e já avançando para os anos 2000, Luciano Oliveira, *«No me venga con el Código de Hammurabi...». La investigación socio-jurídica en los estudios de posgrado en derecho* (2004), in Christian Courtis (organização), *Observar la ley. Ensayos sobre metodología de la investigación jurídica* (2006), Madrid: Trotta.

nando da Silva Souto e Felippe Augusto de Miranda Rosa,[719] seguidos por Maria Guadalupe Piragibe da Fonseca e Eliane Junqueira,[720] seus textos serviriam de ponto de partida para um vigoroso movimento em prol da pesquisa empírica desencadeado no Brasil a partir dos anos 2000.[721]

Esse caldo de cultura também levaria à sofisticação das reflexões a respeito da pesquisa jurídica de matriz conceitual. Em *Mudança social e mudança legal*, tese de doutorado publicada em 1997 sob o título *Direito e transformação social*, José Reinaldo de Lima Lopes apresentaria algumas das premissas que acompanhariam seu pensamento a partir de então.[722] Já influenciado pelas ideias de Paul Ricoeur, Lopes enfrenta em sua tese um problema particularmente relevante para a narrativa histórica apresentada nos capítulos anteriores, qual seja, o problema da autonomia do jurídico em relação ao empírico, especialmente no que toca à idealidade ou à a-historicidade das categorias empregadas na prática. Combinando teoria normativa e empiria histórica, Lopes reconhece que "direito e relações sociais se determinam reciprocamente," sendo tão incorreto ignorar a dimensão ideal das categorias (*i.e.*, sua *relativa independência* em relação aos fatos) quanto tomá-las deterministicamente (*i.e.*, como meros reflexos de estruturas de poder ou, de modo mais simples, da prá-

---

[719] *e.g.* Cláudio Fernando da Silva Souto, *Introdução ao direito como ciência social* (1971); Felippe Augusto de Miranda Rosa, *Sociologia do direito. O fenômeno jurídico como fato social* (1973).

[720] *e.g.* Maria Guadalupe Piragibe da Fonseca, *Ligações melindrosas: uma reflexão a respeito da sociologia aplicada ao direito*, in Luciano Oliveira e Eliane Botelho Junqueira, *Ou isto ou aquilo – a sociologia jurídica nas faculdades de direito* (2002), Rio de Janeiro: Letra Capital; e Eliane Botelho Junqueira, *A sociologia do direito no Brasil – introdução ao debate atual* (1993), Rio de Janeiro: Lúmen Juris.

[721] *v.* José Reinaldo de Lima Lopes e Roberto Freitas Filho, *Law and Society in Brazil at the Crossroads: A Review*, in *Annual Review of Law and Social Science* 10 (2014). Para um relato da influência desses autores sobre a pesquisa empírica em direito no Brasil, v. José Roberto Xavier, *Algumas notas teóricas sobre a pesquisa empírica em direito*, in *Fgv Direito SP Research Paper Series* 122 (2015).

[722] *v.* José Reinaldo de Lima Lopes, *Régla y compás, o metodología para un trabajo jurídico sensato*, in Christian Courtis (organização), *Observar la ley. Ensayos sobre metodología de la investigación jurídica* (2006), Madrid: Trotta.

tica jurídica).[723] Não surpreende, por conseguinte, que o autor tome o que aqui vem sendo chamado de 'doutrina' como modelo elementar de pesquisa no campo jurídico. "Pode-se dizer", Observa Lopes em um texto de 2004, que o objeto do direito [...] é a deliberação segundo regras jurídicas. O objeto do direito não é a especulação – a contemplação – de sistemas jurídicos. E isto era o que se predicava do direito em tempos pré-modernos."[724]

Dando continuidade às reflexões Reale, Machado Neto e Ferraz Junior, contribuições meta-literárias brasileiras mais recentes se aproximariam da polarização que marcou o debate norte-americano nos últimos trinta anos. Um encontro de juristas, teóricos e sociólogos do direito marcaria, no início dos anos 2000, uma nova fase dessa discussão. Realizado em 2002, o seminário *O que é pesquisa em direito?* reuniu na Escola de Direito de São Paulo da Fundação Getúlio Vargas uma série de pessoas interessadas nos rumos da pesquisa jurídica brasileira. O título do evento marca a pergunta que todos eles deveriam enfrentar. Afinal, que espécie de pesquisa é a pesquisa em direito? como ela é feita? qual o seu ponto de partida? quais são os seus propósitos? Duas intervenções nesse debate são particularmente relevantes. A primeira delas, de Marcos Nobre, cientista social e filósofo ligado ao Centro Brasileiro de Análise e Planejamento (Cebrap), recobra o tom crítico de Faria e Campilongo para argumentar em favor de uma nova (ou talvez nem tão nova assim) espécie de pesquisa em direito no País. A segunda intervenção, de Judith Martins-Costa, então professora da Universidade Federal do Rio Grande do Sul, contrapõe-se à intervenção de Nobre ao destacar a importância

---

[723] José Reinaldo de Lima Lopes, *Direito e transformação social. Ensaio interdisciplinar das mudanças do direito* (1997), São Paulo: Max Limonad, 172. A chave de leitura da autonomia do direito também é objeto do esclarecedor ensaio de Pauline Westerman, *Open or autonomous: The debate on legal methodology as a reflection of the debate on law*, in Mark Van Hoecke (organização), *Methodologies of Legal Research: Which Kind of Method for What Kind of Discipline?* (2011). Um bom exemplo da transição entre determinismo e uma espécie de 'realismo conceitual' pode ser identificado na trajetória de Orlando Gomes. No caso, essa transição corresponde ao paulatino abandono de uma leitura do direito como mero reflexo de relações de poder. *v.* Luis Felipe Rosa Ramos e Osny da Silva Filho, *Orlando Gomes* (2015), 159.

[724] José Reinaldo de Lima Lopes, *As palavras e a lei* (2004), 40.

da pesquisa doutrinária – uma espécie de pesquisa pejorativamente associada à 'tradição' – para inserção social do direito.

Nobre inicia sua comunicação com uma pergunta: por que a pesquisa em direito não acompanhou o "vertiginoso crescimento qualitativo" experimentado nas últimas décadas pela pesquisa em 'Ciências Humanas'?[725] Duas hipóteses são lançadas. A primeira associa o atraso relativo da pesquisa jurídico ao seu "isolamento em relação a outras disciplinas das Ciências Humanas"; a segunda, a "uma peculiar confusão entre prática profissional e pesquisa acadêmica".[726] Para ilustrar esta última hipótese, Nobre se vale da controvérsia desencadeada pela indicação de Robert Bork para a Suprema Corte dos Estados Unidos em 1987.[727] Conhecido por opiniões acadêmicas liberais na economia e conservadoras nos costumes, Bork encontrava enorme resistência no Senado (que deveria, como ocorre no Brasil, aprovar sua nomeação). George Priest – o antípoda de Harry Edwards no debate norte-americano discutido há algumas páginas – saiu em defesa do indicado. Para ele, as posições extremadas de Bork não deveriam repercutir sobre o juízo do Senado a seu respeito, na medida em que "a produção acadêmica difere da produção do magistrado e da prática jurídica em geral."[728] Nobre demonstra simpatia por essa ideia, lamentando o fato de vivenciarmos no Brasil "uma confusão entre prática jurídica, teoria jurídica e ensino jurídico."[729] Não fica claro, no entanto, se ele se refere a uma confusão de *interesses* (que ocorre, por exemplo, quando uma professora-magistrada procura avan-

---

[725] Marcos Nobre, *O que é pesquisa em direito?*, in VvAA, *O que é pesquisa em direito?* (2002; 2005), São Paulo: Saraiva, 23. Nobre se vale, aqui, da terminologia adotada pelo Conselho Nacional de Desenvolvimento Científico e Tecnológico (CNPq) brasileiro. Para o CNPq, disciplinas como a história, a antropologia e a teologia são "ciências humanas". Direito, economia e turismo, por sua vez, são agrupadas entre as "ciências sociais aplicadas".

[726] Marcos Nobre, *O que é pesquisa em direito?*, in VvAA, *O que é pesquisa em direito?* (2002; 2005), 24.

[727] Bork lembraria os desdobramentos do episódio em sua autobiografia. *v.* Robert H. Bork, *Saving Justice: Watergate, the Saturday Night Massacre, and Other Adventures of a Solicitor General* (2013), New York: Mary Ellen, 91-100.

[728] Marcos Nobre, *O que é pesquisa em direito?*, in VvAA, *O que é pesquisa em direito?* (2002; 2005), 29.

[729] Marcos Nobre, *O que é pesquisa em direito?*, in VvAA, *O que é pesquisa em direito?* (2002; 2005), 29.

çar proposições acadêmicas *de lege ferenda* em seus votos,[730] ou quando um advogado escreve um texto alegadamente acadêmico com o propósito de atender a demandas particulares) ou a uma confusão de *métodos* (assim, por exemplo, no caso de um procurador que avança proposições abrangentes e contrafactuais em seus pareceres, ou de uma doutrinadora que omite orientações divergentes a respeito de um dado tema). De todo modo, Nobre sugere (e essa sugestão é explicitada em uma versão posterior de seu texto) que a pesquisa jurídica não precisa se submeter a perspectivas econômicas ou sociológicas para ser "científica", e que seu núcleo deve ser o que chama de "dogmática" – uma "dogmática" de caráter explicativo, distinta da simples técnica jurídica (que Nobre associa à doutrina), e não necessariamente voltada para a solução de divergências aplicativas ou conflitos judiciais (a "decidibilidade" de que fala Tercio Sampaio Ferraz Junior).[731]

Judith Martins-Costa parte de uma discordância fundamental em relação às ideias de Marcos Nobre: para ela, o direito é uma disciplina "tecida cotidianamente pela experiência e pelo amálgama entre teoria e prática."[732] Martins-Costa segue defendendo que uma das funções da pesquisa jurídica é precisamente produzir doutrina (aparentemente, uma doutrina diferente do conjunto de proposições técnicas que Nobre associa ao termo), mas reconhece que essa função não deve esgotar o horizonte da investigação no campo do direito. Neste ponto, suas ideias podem ser assimiladas ao pluralismo metodológico sugerido por Van Hoecke: o direito pode sim ser estudado a partir de cânones da filosofia, da economia ou da sociologia, mas é fundamental que ele também seja encarado – e aqui Martins-Costa se aproxima de Harry Edwards – como

---

[730] Autores como Ronald Dworkin possivelmente elogiariam essa prática. *v.* nota 815 *infra* e referências no texto. Um veículo promissor para o avanço judicial de proposições *de lege ferenda* é o consequencialismo: não o consequencialismo regular, empiricamente legitimado, mas suas corruptelas militantes, festivas e malandras, para recobrar a esclarecedora tipologia de Luís Fernando Schuartz, *Consequencialismo jurídico, racionalidade decisória e malandragem*, in *Revista de Direito Administrativo* 248 (2008).

[731] *v.* Tercio Sampaio Ferraz Junior, *Introdução ao Estudo do Direito. Técnica, Decisão, Dominação* (1988; 6ª ed., 2011), 88.

[732] Judith Hofmeister Martins-Costa, *O que é pesquisa em direito?*, in VVAA, *O que é pesquisa em direito?* (2002; 2005), 39.

uma *disciplina prática*. Como Nobre, Martins-Costa vê espaço para proposições dogmáticas de caráter explicativo. Ela sugere, no entanto, que a pesquisa em direito não pode abandonar sua inclinação produtiva ou propositiva, especialmente no Brasil. A autora retoma, então, o cerne de sua divergência com Marcos Nobre. Para ela, "a confusão entre prática profissional e pesquisa acadêmica não é peculiar, e sim peculiaridade."[733] A prática é, ao mesmo tempo, semente e fruto do modelo de pesquisa jurídica defendido por Martins-Costa. "Não conheço ninguém que invente mais e crie mais que um advogado, assim como também o teórico não pode estar em uma torre de marfim. E é por isso que penso que a composição dos professores de uma faculdade de Direito necessita de pessoas envolvidas com a prática. Se não temos essa imersão na realidade, não se faz uma boa teoria."[734]

Ainda em 2002, um *obiter dictum* serviria de estopim para aquela que se tornaria a mais conhecida polêmica do debate meta-literário brasileiro contemporâneo. Em um insuspeito julgamento de agravo regimental, o então ministro do Superior Tribunal de Justiça Humberto Gomes de Barros declarou: "Não me importa o que pensam os doutrinadores. Enquanto for ministro do STJ, assumo a autoridade da minha jurisdição. O pensamento daqueles que não são ministros deste Tribunal importa como orientação. A eles, porém, não me submeto. Decido [...] conforme minha consciência."[735] Vista à distância, sua intervenção revela, antes que algum desprezo ínsito pela doutrina, uma tentativa de legitimar o

---

[733] Judith Hofmeister Martins-Costa, *O que é pesquisa em direito?*, in VvAA, *O que é pesquisa em direito?* (2002; 2005), 43.

[734] Judith Hofmeister Martins-Costa, *O que é pesquisa em direito?*, in VvAA, *O que é pesquisa em direito?* (2002; 2005), 44.

[735] AgRg nos EREsp 319.997/SC, 1ª Seção, relator Min. Francisco Peçanha Martins, relator para acórdão Min. Humberto Gomes de Barros, j. 14.08.2002, DJ 07.04.2003, 216. Continua: "Precisamos estabelecer nossa autonomia intelectual, para que este tribunal seja respeitado. É preciso consolidar o entendimento de que os Srs. Ministros Francisco Peçanha Martins e Humberto Gomes de Barros decidem assim, porque pensam assim. E o STJ decide assim porque a maioria de seus integrantes pensa como estes ministros. Esse é o pensamento do STJ e a doutrina que se amolde a ele. É fundamental expressarmos o que somos. Ninguém nos dá lições. Não somos aprendizes de ninguém. Quando viemos para este Tribunal, corajosamente assumimos a declaração de que temos notável saber jurídico – uma imposição da Constituição Federal. Pode não ser verdade. Em relação a

FUNDAMENTOS DO DIREITO CONTRATUAL

papel das decisões judiciais como verdadeiras fontes formais do direito. Os tribunais, sugeriria o ministro, não precisam do beneplácito da doutrina. Sua polêmica declaração seria perscrutada à exaustão em *blogs* e artigos jurídico-jornalísticos publicados após a divulgação do acórdão.[736] As mais significativas reações, entretanto, viriam mais tarde.

Em *Dogmática e crítica da jurisprudência (ou da vocação da doutrina em nosso tempo)*, publicado em 2010, Otavio Luiz Rodrigues Junior retomaria a intervenção de Gomes de Barros para discutir a crise da doutrina como modalidade de crítica da jurisprudência. Na primeira parte do artigo, o professor da Universidade de São Paulo procura definir a doutrina como opinião posta por um jurista-doutrinador com a finalidade (aparentemente central) de criar o direito, algo que, segundo ele, ocorreria quando seus artífices "transforma[m] a regra em outra regra, após sua interpretação".[737] O autor passa, em seguida, às causas do que chama de "crise da doutrina", fenômeno que associa ao desprestígio dos autores, à banalização das publicações jurídicas, ao alheamento dos juristas em relação à atividade legislativa, ao protagonismo dos juízes e, por fim, a deficiências de formação dos próprios doutrinadores.[738] Nas últimas páginas do texto, Rodrigues Junior procura apontar meios de superação da crise identificada ao longo do artigo: a promoção do controle qualitativo (em detrimento do controle quantitativo) da produção jurídica, a

---

mim, certamente não é, mas, para efeitos constitucionais, minha investidura obriga-me a pensar que assim seja."

[736] *e.g.* Lênio Luiz Streck, *Devemos nos importar, sim, com o que a doutrina diz*, in *Conjur* (05.01.2006), disponíel em http://www.conjur.com.br/2006-jan-05/devemos_importar_sim_doutrina; e em seguida, Marco Paulo Denucci Di Spirito, *O papel da doutrina no Estado Democrático de Direito*, in *Conjur* (06.01.2006), disponível em http://www.conjur.com.br/2006-jan-06/papel_doutrina_estado_democratico_direito.

[737] Otavio Luiz Rodrigues Junior, *Dogmática e crítica da jurisprudência (ou da vocação da doutrina em nosso tempo)*, in *Revista dos tribunais* 891 (2010), 85. Esse modelo de pesquisa – a transformação de uma "regra em outra regra, após sua interpretação" – não parece esgotar as formas de conduzir uma investigação no campo contratual. Nesse caso, a formulação de modelos jurídicos a partir de comportamentos ainda carentes de regulação específica parece desempenhar um papel bastante significativo. *v.* Edward L. Rubin, *The Nonjudicial Life of Contract: Beyond the Shadow of the Law*, in *Northwestern Law Review* 90 (1995).

[738] Otavio Luiz Rodrigues Junior, *Dogmática e crítica da jurisprudência (ou da vocação da doutrina em nosso tempo)*, in *Revista dos tribunais* 891 (2010), 86-93.

atuação de juristas e associações de juristas sobre a atividade legislativa, o recurso dos tribunais à opinião dos doutrinadores, a reforma dos procedimentos públicos de ingresso na carreira docente e a retomada, pela doutrina, do papel criativo absorvido pela jurisprudência.[739]

As reações à admoestação de Gomes de Barros não parariam por aqui. Humberto Ávila retomaria o assunto em suas *Notas sobre o papel da doutrina na interpretação*, de 2011, e em seguida no artigo *A doutrina e o direito tributário*, publicado no ano seguinte.[740] Mais recentemente, Judith Martins-Costa tomaria o "tristemente célebre" acórdão relatado por Gomes de Barros como consequência da banalização da tarefa doutrinária, cuja crescente quantidade viria sendo alcançada em detrimento da qualidade. Em todos esses casos, o reconhecimento da relevância dos textos doutrinários é uníssono. Uma relevância que, seria possível acrescentar, ganha ainda mais destaque quanto consideramos o papel constitutivo desempenhado pela doutrina no campo contratual.

---

[739] Otavio Luiz Rodrigues Junior, *Dogmática e crítica da jurisprudência (ou da vocação da doutrina em nosso tempo)*, in *Revista dos tribunais* 891 (2010), 97-105.

[740] Humberto Bergmann Ávila, *Notas sobre o papel da doutrina na interpretação*, in VvAA, *Conversa sobre a interpretação no direito: estudos em homenagem ao centenário de Miguel Reale* (2011); e *A doutrina e o direito tributário*, in *Fundamentos do direito tributário* (2012), 243 (conclamando à retomada da pesquisa doutrinária a partir de "modelos hermenêuticos operacionais realistas, e não meramente idealistas.")

10.
IMPLICAÇÕES: ORGANIZANDO O DISCURSO ACADÊMICO

Os problemas levantados pelo reconhecimento de diferentes gêneros na literatura jurídica em geral e na literatura contratual em particular vão além das tensões entre teoria e prática. O quadro esboçado pela meta-literatura jurídica contemporânea parece corresponder ao ponto de chegada da história da literatura contratual apresentada nos primeiros capítulos deste trabalho. Tanto nas reflexões epistemológicas quanto no percurso histórico da literatura jurídica, deparamo-nos com um conjunto de textos que, por seus propósitos, métodos e destinatários, podem ser assimilados aos gêneros doutrinário, teórico e empírico. As implicações dessa tipologia para a organização do discurso acadêmico, entretanto, são menos exploradas que seus contornos ou suas ideologias subjacentes.[741] Investigar algumas dessas implicações é o último passo deste livro. Cinco delas serão discutidas a partir daqui, começando pela ideia de doutrina como fonte formal do direito e passando pelos problemas da interdisciplinaridade, da internacionalização e da avaliação por pares, até chegar à questão da tolerância a desacordos, que encerra o capítulo.[742]

---

[741] Jan M. Smits, *The Mind and Method of the Legal Academic* (2012), 100.

[742] Essas implicações estão longe de esgotar o debate. A distinção entre doutrina, teoria e empiria pode iluminar vários outros aspectos da organização do discurso acadêmico, da possibilidade de coletivização da pesquisa à legitimidade de argumentos de autoridade, passando pela estrutura administrativa das faculdades de direito, pelas plataformas de publicação mais adequadas a cada gênero jurídico-literário e pelos métodos e técnicas de ensino do direito.

10.1. Doutrina contratual como fonte do direito

Um dos tópicos mais tradicionais da teoria jurídica ao longo do século XX,[743] o debate a respeito das chamadas 'fontes formais' do direito ganharia recobrada força na Europa a partir de movimentos de unificação legislativa comunitária. Um de seus primeiros passos seria a formação da Comissão Lando, em 1982,[744] grupo responsável pela publicação, sob os auspícios de resoluções do Parlamento Europeu, dos *Principles of European Contract Law* de 1995.[745] Inspirados pela Convenção de Viena sobre Contratos Comerciais Internacionais (CISG) de 1980, e antecedidos pelos *Principes Unidroit* de 1994,[746] os *Principles* da Comissão Lando inaugurariam uma série de consolidações doutrinárias independentes apresentadas por grupos de acadêmicos europeus, entre os quais se destacam o *Common Core of European Private Law* de Mauro Bussani e Ugo Mattei, o *Acquis Group* de Hans Schulte-Nölke e o *Study Group on a European Civil Code* de Christian von Bar – estes últimos, responsáveis pelo *Draft Common Frame of Reference* de 2009.[747]

Debates a respeito da unificação do direito dos contratos, entretanto, ainda são pouco significativos para o contexto brasileiro (descontadas as questões envolvendo a recepção de diplomas internacionais).[748] Gosta-

---

[743] *v.* os textos reunidos nos *Archives de philosophie du droit* 27 (1985), dedicados às fontes do direito.

[744] A comissão seria designada a partir de seu coordenador, o professor dinamarquês Ole Lando. *v.* sua síntese autobiográfica *My life as a lawyer*, in *Zeitschrift für Europäische Privatrecht* 3 (2002).

[745] Ole Lando *et alii, Principles of European Contract Law* (2003), Dordrecht: Kluwer.

[746] Originalmente formado como um órgão auxiliar das Nações Unidas na metade da década de 20, o *Institut international pour l'unification du droit privé (Unidroit)* seria redesenhado em 1940, vindo a publicar a primeira versão de seus conhecidos *Principes relatifs aux contrats du commerce international* em 1994.

[747] Christian von Bar *et alii, Principles, Definitions and Model Rules of European Private Law. Draft Common Frame of Reference* (2009), München: Sellier.

[748] Pouco significativos, mas não insignificantes. *v.* Rodrigo Momberg, *Harmonization of Contract Law in Latin America: Past and Present Initiatives*, in *Uniform Law Review* [s.n.] (2014); e antes, mas de modo mais amplo, Alejandro M. Garro, *Unification and Harmonization of Private Law in Latin America*, in *American Journal of Comparative Law* 40 (1992). Em 2010, um grupo de acadêmicos latino-americanos lançou, com o apoio da *Fondation pour le droit continental* da França, uma iniciativa de elaboração de *Principios Latinoamericanos de*

IMPLICAÇÕES: ORGANIZANDO O DISCURSO ACADÊMICO

ria, por isso, de concentrar a discussão proposta neste item em um tema anterior: o emprego da doutrina contratual (dos textos doutrinários tradicionais, e não das consolidações proto-legislativas) como fonte formal do direito. Com a expressão 'fonte formal', refiro-me aos instrumentos que explicitam o direito emerso de elementos materiais, históricos ou ideais de uma dada comunidade, elementos que, por sua vez, são chamados de 'fontes materiais' ou 'substanciais' do direito. As noções de 'fonte formal' e 'fonte material' do direito são reconhecidamente frágeis, e já conheceram algumas tentativas de superação.[749] Sem embargo disso, elas ainda são muito difundidas na teoria do direito, e especialmente entre doutrinadores e teóricos do direito civil brasileiro.[750] As opiniões, aqui, costumam variar entre a negativa cabal (conforme a qual a doutrina jamais poderia ser reconhecida entre as fontes formais) e o reconhecimento de um lugar 'acessório' ou 'subsidiário' (de acordo com o que ela só entraria em cena diante da omissão das fontes tradicionais).[751] Juristas que defendem a inserção dos trabalhos doutrinários entre as fontes formais do direito, por outro lado, não parecem dar conta de limitações práticas impostas ao seu emprego: não se discute, por exemplo, a falta de

---

Derecho de los Contratos. v. Carlos Pizarro Wilson (organização), *El derecho de los contratos en Latinoamerica. Bases para unos principios de derecho de los contratos* (2012), Santiago: Fundación Fernando Fueyo. Há movimentos similares em curso em outros continentes. Na África, a *Organisation pour l'Harmonisation en Afrique du Droit des Affaires* já elaborou um *Ato Uniforme Relativo ao Transporte Rodoviário de Mercadorias*, um *Ato Uniforme Relativo ao Direito Comercial* e um *Ato Uniforme Relativo ao Direito das Garantias* (disponíveis em http://www.ohada.com/actes-uniformes.html). Na Ásia, um grupo de juristas assumiu a empreitada de elaborar uma proposta de *Princípios do Direito dos Contratos Asiático* já em 2004. *v.* Shiyuan Han, *Principles of Asian Contract Law: An Endeavor of Regional Harmonization of Contract Law in East Asia*, in *Villanova Law Review* 58 (2013).

[749] Pense, por exemplo, na teoria dos atos jurídicos de Duguit e Jezè, na teoria dos modelos jurídicos de Miguel Reale ou ainda na teoria dos *legal formants* de Rodolfo Sacco.

[750] *e.g.* Orlando Gomes, *Introdução ao direito civil* (1957), 40-42; Caio Mário da Silva Pereira, *Instituições de direito civil*, vol. I (1961; 20ª ed., 2004), 73-75.

[751] Refiro-me à lei, aos costumes e os enigmáticos 'princípios gerais do direito', nos termos do art. 4º da Lei de Introdução às Normas do Direito Brasileiro de 1942. A analogia também surge nesse rol, mas ela parece ser antes uma forma de raciocínio jurídico que uma fonte formal. *v.* Cass R. Sunstein, *On Analogical Reasoning*, in *Harvard Law Review* 106 (1993).

critérios bem definidos para a seleção de um texto doutrinário em detrimento de outro.[752]

Diante do reconhecimento da relevância prática da doutrina em uma série de contextos, alguns autores vêm buscando sofisticar esse debate. Fábio Shecaira, por exemplo, parte da distinção entre 'fontes mandatórias', cuja consulta e eventual aplicação são inescapáveis, e 'fontes permitidas' ou 'opcionais', aquelas que podem ser empregadas quando as fontes mandatórias não oferecerem uma orientação satisfatória, para aventar, com Aleksander Peczenik,[753] um terceiro grupo, o das 'fontes devidas'. "Uma 'fonte devida'", explica Shecaira, "presumivelmente não pode ser ignorada (um despacho ou uma decisão que a ignore pode ser objeto de crítica mesmo que não incorra em um equívoco completo). E uma vez usada, tal 'fonte devida' pode oferecer razões alheias ao seu conteúdo, razões que, mesmo sem um peso significativo, não serão facilmente superadas por considerações substantivas associadas a 'fontes opcionais'."[754] Partindo de referências empíricas, o autor sugere, então, que a doutrina, comumente encarada como uma 'fonte opcional', viria desempenhando de maneira cada vez mais consistente o papel de 'fonte devida'.

Mesmo em uma formulação sofisticada como essa, entretanto, duas premissas das versões mais convencionais da teoria das fontes parecem ser preservadas. A primeira é a ideia de que a discussão a respeito das fontes do direito seja, essencialmente, uma discussão a respeito das fontes *empregadas nas decisões judiciais*. A segunda, a ideia de que é a doutrina *em sentido amplo* – ou seja, a *literatura jurídica* integralmente considerada –, e não a doutrina em sentido estrito – ou seja, apenas os textos diretamente voltados para a prática, excluídos os trabalhos teóricos e empíricos, – que deverá ou não ser considerada entre as fontes do direito. Essas duas premissas, entretanto, podem ser questionadas. A fragilidade da primeira premissa, que poderíamos chamar de premissa judicial, reside no campo

---

[752] Esse ponto é incidentalmente discutido por Martijn W. Hesselink, *Democratic Contract Law*, in *European Review of Contract Law* 11 (2015). Para uma discussão sobre os usos históricos da doutrina como fonte do direito *v.* Rodolfo Sacco, *Legal Formants: A Dynamic Approach to Comparative Law*, in *The American Journal of Comparative Law* 39 (1991), 348-349.

[753] Aleksander Peczenik, *Scientia Juris* (2005), 16.

[754] Fábio P. Shecaira, *Legal Scholarship as a Source of Law* (2013), New York: Springer, 31.

que lhe serve de modelo. Somente é possível falar de fontes do direito como o conjunto das fontes adotadas em juízo quando o que está em jogo é, como já se sugeriu na introdução deste trabalho, temas judicialmente dependentes como a responsabilidade civil ou penal.[755] Quando tomamos um campo no qual a prática consultiva tem um papel determinante, como é o caso do campo contratual, essa premissa é posta em dúvida. A maioria dos contratos é celebrada e executada sem nenhuma espécie de heterocomposição. E isso não vale apenas para os contratos típicos: inúmeros contratos atípicos são, igualmente, cumpridos sem que seja necessária intervenção judicial ou arbitral alguma. Nesses casos, a doutrina pode desempenhar um papel muito mais relevante que aquele assumido pela lei na determinação das posições jurídicas assumidas pelas partes contratantes.

Passamos, então, à segunda premissa: de que doutrina estamos falando? Quando se discute a possibilidade de emprego da 'doutrina' como fonte do direito, o que se deve ter em conta é apenas a doutrina *em sentido estrito*, apartada, portanto, da teoria e da empiria.[756] Isso porque é

---

[755] O avanço de proposições doutrinárias de reforma do sistema de responsabilidade extracontratual, por exemplo, encontra neste ponto um de seus maiores entraves. *v.* Osny da Silva Filho, *Punitive (and) Pain-and-Suffering Damages in Brazil*, in Mark D. White (organização), *Law and Social Economics: Essays in Ethical Values for Theory, Practice, and Policy* (2015), New York: Palgrave, 187-190.

[756] Shecaira chega a sugerir que certos textos jurídicos são tomados como fonte com maior frequência, mas não segue adiante nessa discussão. Fábio P. Shecaira, *Legal Scholarship as a Source of Law* (2013), 58-59: *"Although I have been speaking as if 'legal scholarship' (generally) could function as a source of law, it could be argued that usually the features that render scholarly writings reason-giving are much less general than the features that are relevant to the authority of legislation and precedent. Indeed, particular authors and particular journals (referred to by proper names) often qualify as sources of law in jurisdictions where little deference is given to scholarship more generally–recall, for example, that English judges deferred to certain living jurists even when the convention against the citation of living authors was in force. Now, it is true that we would not expect a rule of recognition to use proper names when referring to standard sources of law (presumably the current US rule of recognition makes reference to the office of President, certainly not to Obama himself). But I do not know how important this fact is and whether its acknowledgement warrants any skepticism about assigning to legal scholarship the unqualified status of a source of law. Is there any principled reason to deny that a rule of recognition may identify some of the sources of law of the relevant legal system by means of proper names? Moreover, it should be noted that England is probably an exceptional case. It is only because English judges adhered to a convention against the citation*

a doutrina – como a lei, os costumes ou mesmo os enigmáticos princípios gerais do direito, e ao contrário da teoria e da empiria –, que procura, de modo imediato, oferecer parâmetros para ação ou para a decisão. Isso não implica, é verdade, sua admissão imediata entre as fontes do direito, mas exclui de partida o ingresso da teoria e da empiria. Da mesma forma que uma disposição legislativa determina, por exemplo, o que seja uma condição (art. 121) e de que modo o óbice malicioso de seu implemento pode afetar o negócio a que essa condição diz respeito (art. 129), também a doutrina poderá determinar – se deverá fazê-lo é outra história – a possibilidade, digamos, de adoção do inadimplemento da obrigação como evento condicionante, para tomarmos um problema recorrente nesse campo.[757] E a incorreção do emprego de textos teóricos ou empíricos como fontes do direito, é importante deixar claro, não decorre de sua falta de legitimidade democrática: essa carência, afinal, não é um privilégio desses gêneros, mas também se verifica na doutrina. Teoria e empiria não podem ser tomadas como fontes formais do direito porque seu propósito não é oferecer parâmetros para a ação ou a decisão; porque seu propósito não é, para tomarmos uma expressão clássica, 'dizer o direito', mas esclarecê-lo, revelando-lhe as disfunções, distorções ou omissões.

---

of living authors that we hesitate to claim that the English rule of recognition operating at the time recognized scholarship more generally (as opposed to the writings of specific authors like Goodhart and Pollock) as sources of law. There is, however, less reason to hesitate when other, less unusual practices are concerned. Although it is not implausible to say, for instance, that the Massachusetts Appeals Court maintains a rule of recognition identifying Liacos's book as a source of law, it is equally plausible to say that it maintains a rule of recognition that accords normative force to the opinions of any author whose credentials are comparable. The norm that Liacos ought to be heeded may be an implication of a more general rule of recognition delineating general features of scholarly writings that are currently satisfied by Liacos's writings and perhaps by no one else's. Determining the exact content of a rule of recognition is hardly ever an easy task. Names of authors, book titles and things like that admittedly tend to stand out in the judicial practice of using legal scholarship, but that does not mean that the rule underlying that practice inevitably makes use of the specific terms by means of which we, as observes of that practice, often identify the instances of legal scholarship that have the capacity to generate content-independent reasons for action."

[757] Esse problema infelizmente não foi explorado pela doutrina brasileira. Para uma discussão a seu respeito diante da prática italiana, *v.* Giuseppe Amadio, *La condizione di inadempimento. Contributo alla teoria del negozio condizionato* (1996), Padova: Cedam.

IMPLICAÇÕES: ORGANIZANDO O DISCURSO ACADÊMICO

Se conjugarmos essas duas críticas – a crítica à 'premissa judicial' e a crítica à 'premissa literária' da teoria das fontes –, será possível iluminar uma dimensão subexplorada da doutrina contratual, e já sinalizada na introdução deste texto: sua dimensão *constitutiva*. Trata-se, aqui, de reconhecer que a doutrina não cuida apenas da regulação de práticas já definidas pela legislação ou pela jurisprudência, mas que ela também pode contribuir para a conformação jurídica de novas práticas contratuais. Seu instrumento de trabalho, neste caso, será um conjunto de regras (em sentido filosófico) que não apenas regula atividades pré-constituídas, mas que cria as condições de existência dessas atividades. John Searle chama essas regras de 'constitutivas'. Regras constitutivas, explica o filósofo de Berkeley, "não apenas regulam, mas criam ou definem novas formas de comportamento. As regras do futebol ou do xadrez, por exemplo, não apenas regulam a prática do futebol ou do xadrez, mas criam a própria possibilidade de jogar esses jogos."[758]

A dimensão constitutiva da doutrina parece ter, ainda, um importante aspecto político. Em situações marcadas pela desigualdade contratual, a doutrina pode contribuir para a promoção da igualdade por meio do empoderamento ou, em termos econômicos, do incremento do poder de barganha ou do nível de informação de partes hipossuficientes. Isso pode ser feito através da figuração de algoritmos decisórios ou conjeturas procedimentais, seja qual for sua tecnologia de fundo.

---

[758] John R. Searle, *Speech Acts* (1969; 2011), 32-33; e *Making the Social World* (2010), 10. Uma distinção similar já havia sido proposta por John Rawls em *Two Concepts of Rules*, in *The Philosophical Review* 64 (1955). Para Dworkin, jogos orientados por regras convencionalmente definidas, como é o caso do futebol ou do xadrez, não seriam um bom modelo para o direito, na medida em que o direito, ao contrário do futebol e do xadrez, não se orienta apenas por conceitos 'criteriais', conceitos cujas condições de verdade podem ser reconduzidas a juízos de fato, mas cuida, também e sobretudo, de conceitos 'interpretativos', conceitos cujo sentido deve ser construído a partir de argumentos em torno de valores. Independentemente de seu acerto, essa crítica não parece macular a relevância da distinção entre regras regulativas e constitutivas, na medida em que ambas – a crítica e a distinção – partem da ideia de que práticas sociais geram razões para agir. Para um resumo das ideias de Dworkin a respeito das metáforas enxadristas, *v*. Ronaldo Porto Macedo Junior, *Do xadrez à cortesia. Dworkin e a teoria do direito contemporânea* (2013), São Paulo: Saraiva, 197-239.

A negligência da dimensão constitutiva da doutrina também se revela pelo fato de que textos que vão além de temas contenciosos foram e continuam sendo muito menos comuns que trabalhos orientados pela ideia de disputa.[759] Em última análise, como se sugeriu no final do primeiro capítulo,[760] essa prevalência pode ser reconduzida ao pensamento de Hobbes, e então às origens do positivismo jurídico. As ideias metafísicas e políticas do filósofo inglês, explica Skinner,[761] o conduziriam a uma definição de liberdade como mera ausência de obstáculo físico. Com isso, Hobbes "negligencia a possibilidade de que a falta de liberdade de uma pessoa não provenha do fato de que ela não é livre para agir, mas sim de que ela não seja livre para *agir livremente*."[762] Diante dessa ideia de liberdade, à doutrina não caberia senão estipular os limites desta ou daquela conduta. Nessa leitura, as regras do jogo estão dadas: importa apenas sancionar os jogadores que as violem ou delas se valham de modo inapropriado. A doutrina se restringe, assim, à discussão de hipóteses de falta ou abuso (pense, por exemplo, nos requisitos de validade dos negócios ou na disciplina da boa-fé como limite ao exercício de posições jurídicas contratualmente estabelecidas), deixando de lado um caráter 'antecipante' ou 'preditivo' marcado pela proposição de novas regras ou jogadas (pense, desta vez, na disciplina de produtos financeiros atípicos, ou então em propostas de autotutela contratual).[763] De resto, a relativa

---

[759] As repercussões dessa situação sobre o campo histórico são discutidas em Edward A. Purcell, Jr., *Paradoxes of Court Centered-Legal History: Some Values of Historical Understanding for a Practical Legal Education*, in *Journal of Legal Education* 64 (2014).

[760] *v.* página 95 e seguintes *supra*.

[761] Quentin Skinner, *Thomas Hobbes et le vrai sens du mot liberté*, in *Archives de philosophie du droit* 36 [Droit et science] (1991), 191-192.

[762] Quentin Skinner, *Thomas Hobbes et le vrai sens du mot liberté*, in *Archives de philosophie du droit* 36 [Droit et science] (1991), 197.

[763] A noção de 'doutrina antecipante', originalmente formulada por Castanheira Neves, foi lembrada há alguns nos por Judith Hofmeister Martins-Costa, *O que é pesquisa em direito*, in VvAA, *O que é pesquisa em direito?* (2002; 2005). Já a ideia de uma doutrina 'preditiva' é objeto do ensaio de Nicolas Molfessis, *Les prédictions doctrinales*, in Jean Carbonnier *et alii*, *L'avenir du droit. Mélanges en hommage à Fronçois Terré* (1999), Paris: Dalloz (concentrando-se sobre previsões *de lege ferenda*). Uma discussão sobre mecanismos contratuais representativos e autônomos de autotutela pode ser encontrada em Edward L. Rubin, *The Nonjudicial Life of Contract: Beyond the Shadow of the Law*, in *Northwestern Law Review* 90 (1995).

IMPLICAÇÕES: ORGANIZANDO O DISCURSO ACADÊMICO

simplicidade dos esquemas contratuais romanos absorvidos pelos juristas medievais, associada à baixa complexidade da prática contratual pré-moderna, pode sugerir uma espécie de *path dependence* contencioso da doutrina contratual.

Antes se seguir, vale comentar lateralmente um último ponto. Como a doutrina, a jurisprudência também costuma ser excluída do rol das fontes do direito. Para resumir a discussão, tomemos uma passagem bastante sintética de Caio Mario da Silva Pereira:

> "Não havendo a Lei de Introdução mencionado como fonte de direito a *jurisprudência*, cabe aqui indagar se pode ser ela considerada como tal. Se se tomar a expressão *fonte* em sentido técnico estrito, não se pode assim compreender a jurisprudência, porque nos regimes de separação de poderes, ao Judiciário cabe aplicar contenciosamente a leis aos casos particulares, e, não competindo aos tribunais formular regras jurídicas, senão aplicá-las, a manifestação jurisprudencial não se pode qualificar como fonte criadora da norma de direito, porque não passa de um processo de aplicação da lei."[764]

A associação entre separação de poderes e exclusão da jurisprudência do rol das fontes do direito, entretanto, não parece generalizável. Juristas ingleses ou norte-americanos conhecem poderes ou funções apartadas e tomam sim a jurisprudência como fonte do direito (ainda que, como lembra Nigel Simmonds, isso não costume ser discutido).[765] E a eventual objeção quanto à eleição de juízes em alguns estados norte-americanos, traço que conferiria legitimidade democrática às suas decisões, deixa incólume o exemplo da Inglaterra (e de estados como a Califórnia, o Missouri ou o Colorado, onde os juízes não são eleitos pela população, mas por comissões de juristas e políticos). Essa discussão se aproxima do debate a respeito da doutrina como fonte do direito quando consideramos que em países que seguem modelos judiciais de positivação do direito o *locus* elementar da doutrina não é a academia, mas os tribunais.

---

[764] Caio Mário da Silva Pereira, *Instituições de direito civil*, vol. I, *Introdução ao direito civil. Teoria geral de direito civil* (1961; 20ª ed., 2004), 57.

[765] Nigel Simmonds, *Law as a Moral Idea* (2007), Oxford: Oxford University Press, 164 (lamentando a escassa atenção dispensada à teoria das fontes na tradição insular).

Nesses casos, são as decisões judiciais que oferecem, às vezes a despeito de sua afirmação como precedentes, *doctrines* que serão analisadas teoricamente ou testadas empiricamente na literatura jurídica.

10.2. Abertura para o diálogo interdisciplinar

A partir das décadas de 60 e 70, e especialmente por conta da emergência da AED nos Estados Unidos, a interdisciplinaridade entrou na pauta da academia jurídica. O surgimento dos movimentos 'direito e alguma coisa' aprofundaria esse quadro, e também alargaria o âmbito das críticas a seu respeito.[766] Jack Balkin, por exemplo, veria nos aportes interdisciplinares uma tentativa de colonização do campo jurídico pelas ciências sociais, e privilegiadamente pela economia. "Quanto mais a interdisciplinaridade se difunde," escrevia ele, "mais ela se infiltra em nossas expectativas a respeito do que seja pesquisa em direito. Ela se torna, assim, uma parte cada vez maior dessa pesquisa, até o ponto que deixa de ser marginal, para se tornar uma modalidade comum."[767] Outros autores, um pouco menos apocalípticos, reconheceriam a inevitabilidade desse movimento, mas procurariam reforçar o caráter normativo – e por isso inescapavelmente autônomo – dos estudos jurídicos. "Isso não faz dos estudos interdisciplinares algo secundário," sugere Jan Smits, "mas os coloca em um contexto muito mais jurídico do que se costuma supor."[768]

Os sentidos e os âmbitos em que essas reflexões se põem, entretanto, nem sempre são explicitados. Quanto aos sentidos, parece possível distinguir uma interdisciplinaridade 'interna' de uma interdisciplinaridade 'externa'. A interdisciplinaridade interna diz respeito ao diálogo entre disciplinas inequivocamente jurídicas, isto é, disciplinas que compõe um 'quadro dogmático' do ensino do direito.[769] Neste caso, os contornos disciplinares costumam ser traçados a partir dos *loci materiae* legislativo dos

---

[766] e.g. Shai Lavi, *Turning the Tables on "Law and ...": A Jurisprudential Inquiry into Contemporary Legal Theory*, in *Cornell Law Review* 96 (2010).

[767] Jack M. Balkin, *Interdisciplinarity as Colonization*, in *Washington & Lee Law Review* 53 (1996), 951.

[768] Jan M. Smits, *Law and Interdisciplinarity: On the Inevitable Normativity of Legal Studies*, in *Critical Analysis of Law* 1 (2014), 76.

[769] *v.* Tercio Sampaio Ferraz Junior, *Introdução ao Estudo do Direito. Técnica, Decisão, Dominação* (1988; 6ª ed., 2011), 83-87.

temas em questão. Um texto que integra problemas característicos do direito civil e do direito tributário, por exemplo, pode ser, nesse sentido, interdisciplinar.[770] A interdisciplinaridade externa, por sua vez, diz respeito ao diálogo entre disciplinas tradicionalmente jurídicas e disciplinas originalmente forjadas fora das faculdades de direito. O exemplo mais evidente, aqui, é o da AED e dos já mencionados movimentos 'direito e alguma coisa', mas há casos de fronteira mais próximos de nós, como o da sociologia jurídica, às vezes apartada da 'sociologia do direito' a partir de sua origem (as faculdades de direito para a sociologia jurídica, as faculdades de sociologia para a sociologia do direito), às vezes dela distinta por uma espécie de 'gramática disciplinar' (a sociologia jurídica imbuída de categorias típicas do campo jurídico, e a sociologia do direito, das categorias características do campo sociológico).

Também parece possível distinguir dois âmbitos da interdisciplinaridade (tomada, a partir deste ponto, como interdisciplinaridade externa). O primeiro deles é o âmbito da prática jurídica, e particularmente da prática decisória. A interdisciplinaridade funciona, aqui, como suporte de pretensões de verdade que acompanham dimensões extrajurídicas de argumentos jurídicos, seja quanto às hipóteses (*se* a), seja quanto às consequências (*então* b, *se o resultado for* c). Este último emprego, associado ao que se convencionou chamar de 'consequencialismo jurídico', não é logicamente necessário: razões consequencialistas não precisam necessariamente estar presentes em argumentos jurídicos, que podem ser construídos apenas a partir das tradicionais razões de ordem deontológica. Um argumento do tipo '*se* a, então b – porque b encontra amparo no valor c', por exemplo, está imune aos requerimentos de prestação de contas exigidos por juízos consequencialistas. Quando o consequencialismo entra em cena, entretanto, a interdisciplinaridade torna-se um recurso inescapável, na medida em que a primeira fase do raciocínio consequen-

---

[770] Em sua monografia sobre as associações sem fins econômicos, Rodrigo Xavier Leonardo trata também da disciplina tributária de seu objeto, dedicando-lhe o último capítulo do texto. No prefácio da obra, Alcides Tomasetti Junior destaca que esse expediente é uma "novidade absoluta para os privatistas" e que ele decorreria "da própria visão amplificante do autor". Alcides Tomasetti Junior, em prefácio a Rodrigo Xavier Leonardo, *Associações sem fins econômicos* (2014), São Paulo: Revista dos Tribunais, 10.

cialista, marcada pela associação de determinadas consequências a um conjunto preestabelecido de possibilidades decisórias (o resultado de b é c, o resultado de x é y, e assim por diante), demanda critérios extrajurídicos (Schuartz fala de critérios 'científicos') de adequação.[771] O segundo âmbito da interdisciplinaridade é o da literatura jurídica. Neste caso, o que está em jogo é o emprego de métodos forjados fora do campo jurídico para a composição da literatura jurídica – ou, em uma formulação mais radical (ou menos colonialista, a depender da perspectiva),[772] para a composição de uma 'literatura interdisciplinar'.

É possível que a distinção entre domínios doutrinários, teóricos e empíricos ajude a esclarecer os papeis da interdisciplinaridade no âmbito da literatura jurídica. Comecemos com a literatura empírica. Ao forjar uma clivagem radical entre ser e dever ser, como vimos, teorias da norma e do ordenamento jurídico expulsaram os estudos empíricos (e particularmente os estudos empíricos metódicos) das faculdades de direito.[773] Pessoas interessadas em sua consecução migraram, então, para faculdades de ciências sociais. O mesmo ocorreu nos Estados Unidos, embora ali, especialmente por conta dos trabalhos pioneiros de Macaulay e de autores ligados ao movimento *law & society*, a empiria pervasiva tenha começado cedo. Hoje parece haver um movimento de retorno. Pessoas que escaparam dos estudos jurídicos para buscar uma formação mais robusta em metodologias de pesquisa empírica – fugindo, como dizem Peter Cane e Herbert Kritzer, de um modelo de "pesquisa de biblioteca"[774] – estão voltando para as faculdades de direito. Nos Estados Unidos, esse

---

[771] Luís Fernando Schuartz, *Consequencialismo jurídico, racionalidade decisória e malandragem*, in *Revista de Direito Administrativo* 248 (2008), 130-132. *v.* nota 599 *supra*. Para uma discussão a respeito do papel da interdisciponaridade na determinação das hipóteses factuais (os 'suportes fáticos concretos', na terminologia de Pontes de Miranda), *v.* Luís Fernando Schuartz, *Interdisciplinaridade e adjudicação: caminhos e descaminhos da ciência no direito*, in *Revista brasileira de filosofia* 58 (2009).

[772] *v.* Jack M. Balkin, *Interdisciplinarity as Colonization*, in *Washington & Lee Law Review* 53 (1996).

[773] *v.* notas 661 e 662 *supra* e referências no texto.

[774] Peter Cane e Herbert M. Kritzer, *Introduction*, in Peter Cane e Herbert M. Kritzer (organização), *The Oxford Handbook of Empirical Legal Research* (2012), Oxford: Oxford University Press, 3.

IMPLICAÇÕES: ORGANIZANDO O DISCURSO ACADÊMICO

movimento se radicalizou nos últimos dez ou quinze anos, tornando-se objeto de intenso debate.[775] A ideia de que a interdisciplinaridade cumpra um papel central na literatura empírica, entretanto, é indisputada. Mesmo trabalhos empíricos pervasivos procuram, ainda que de modo menos rigoroso que os trabalhos metódicos, observar cânones acadêmicos elementares da sociologia ou da estatística.

Não é muito diferente na literatura teórica. No campo contratual, como vimos, suas origens remontam ao debate voluntarista do final século XIX, quando juristas aproximaram-se de uma ainda incipiente psicologia para determinar o papel da vontade da determinação dos efeitos do negócio jurídico. O diálogo interdisciplinar no campo teórico se alargaria com o debate pós-voluntarista. Hoje, quando autores como Ernst Weinrib ou Claus-Wilhelm Canaris discutem o papel da justiça comutativa aristotélica no direito privado, suas referências secundárias são trabalhos de filosofia, não de direito.[776]

Se a empiria e a teoria convivem bem com a importação de cânones metodológicos da filosofia, da psicologia e das ciências sociais, a doutrina é, historicamente, o lar dos métodos própria ou pretensamente jurídicos. Ela representa, nesse sentido, o espaço elementar de afirmação da autonomia do direito.[777] E por isso a história da doutrina pode ser encarada,

---

[775] *v.* Lynn M. LoPucki, *Disciplining Legal Scholarship*, in *Tulane Law Review* 90 (2015).

[776] *v.* página 160 e seguintes *supra*.

[777] Não surpreende que a produção doutrinária seja a estrela de um recente movimento norte-americano em prol da reabilitação da autonomia dos estudos jurídicos. *v.* John C. P. Goldberg, *Introduction: Pragmatism and Private Law*, in *Harvard Law Review* 125 (2012) (apresentação do simpósio e do movimento *New Private Law*); e hoje, o ótimo *blog* do movimento, http://blogs.law.harvard.edu/nplblog/. Em algumas manifestações do *New Private Law*, a 'descoberta' da reflexão doutrinária não deixa de ser curiosa. *e.g.* Henry E. Smith, *Property as the Law of Things*, in *Harvard Law Review* 125 (2012) (discutindo, sem nenhuma referência a trabalhos produzidos na tradição continental, temas muito próximos de lugares clássicos do *civil law* como a ideia de propriedade como um *bundle of rights*, 'conjunto de posições jurídicas subjetivas ativas', diríamos nós, ou o chamado *right to exclude*, uma noção muito próxima daquilo que chamamos de 'eficácia *erga omnes*' dos direitos reais). É preciso reconhecer, entretanto, que o caminho inverso já foi percorrido – isto é, autores da tradição continental já tomaram por suas categorias forjadas no *common law* –, e as apropriações continentais de Hohfeld parecem ser o melhor exemplo disso. *v.* Wesley N. Hohfeld, *Some Fundamental Legal Conceptions as Applied in Judicial Reasoning*,

FUNDAMENTOS DO DIREITO CONTRATUAL

como se sugeriu na introdução, como uma *história da metodologia jurídica*. Construída a partir de categorias esparsamente figuradas pela *iurisprudentia* romana, ela se consolidará, como vimos, entre glosadores, comentadores e escolásticos, até chegar, através do jusnaturalismo, às grandes codificações do século XIX. De Savigny em diante, em um movimento que, sem a mesma reflexão, já havia sido desenhado em sua modalidade legalista pela Escola da Exegese, a metodologia do direito se tornará uma *metodologia do direito positivo*.[778] Já no final do século XIX, essa metodologia, e com ela a doutrina, se fragmentará, primeiro no sentido da abstração (pouco a pouco emancipada na literatura teórica), depois no sentido da particularidade factual (hoje apropriada pela literatura empírica).

10.3. Possibilidade de internacionalização

A ideia de que o avanço do pensamento jurídico seja uma empreitada internacional é antiga. Escrevendo em 1958, Orlando Gomes sustentava que "a emancipação da doutrina nacional não deve significar repulsa ou desdém à indispensável contribuição que pode ser dada pelos mestres das nações pioneiras da civilização. A ciência resulta das investigações e construções dos cientistas de todos os países. Não tem pátria, nem donos."[779] A passagem parece ser contraditória. Afinal, se a ciência "não tem pátria, nem donos", de que serve a conclamada emancipação da doutrina?[780] Essa aparente contradição, entretanto, ajuda a ilustrar algumas virtudes, mas também um grave vício das discussões a respeito da internacionalização da literatura jurídica.

in *Yale Law Journal* 23 (1913); e sua reproposição em Giuseppe Lumia, *Lineamenti di teoria e ideologia del diritto* (1973), Milano: Giuffrè. O texto de Lumia seria muito divulgado na Faculdade de Direito da Universidade de São Paulo a partir de uma tradução parcial, em edição particular, de Alcides Tomasetti Junior.

[778] Esse ponto é destacado por Karl Larenz, *Methodenlehre der Rechtswissenschaft* (1960), tradução (da 6ª ed., 1991) de José Lamego, *Metodologia da ciência do direito* (2012), 2.

[779] Orlando Gomes, *A literatura jurídica no Brasil*, in *Revista forense* 177 (1958), 479.

[780] Suponho, aqui, que as palavras 'doutrina' e 'ciência' tenham sido usadas em sentido genérico por Orlando Gomes, sempre a indicar o que neste livro vem sendo chamado de 'literatura jurídica'. Uma apreciação mais ampla do pensamento do jurista baiano parece corroborar essa hipótese.

IMPLICAÇÕES: ORGANIZANDO O DISCURSO ACADÊMICO

Comecemos pelo vício. No século XIX, vimos no segundo capítulo, a doutrina se nacionaliza e a teoria aprofunda sua internacionalização. Os textos doutrinários passam a se concentrar sobre códigos ou conjuntos de precedentes fixados nacionalmente; os textos teóricos, sobre problemas que transcendem as fronteiras nacionais. Nem sempre, foi assim. Em sua origem, a síntese teórico-doutrinária era, ao menos em suas pretensões, internacional, ainda que as nações (ou seu correspondente geográfico) fossem divididias entre colônias e metrópoles. A prevalência de uma língua franca e a exclusão de boa parte das pessoas dos domínios do direito estatal (em um sentido muito amplo) contribuíam fortemente para isso. Os jurisconsultos romanos clássicos escreviam em latim, uma língua familiar aos italianos Bártolo e Baldo, que poderiam ser citados sem dificuldade pelos espanhóis Luis de Molina e Francisco Suárez, que, ao cabo, seriam lidos fluentemente pelo holandês Hugo Grócio. E em todos esses casos, os problemas relevantes diriam respeito à circulação de bens entre pessoas juridicamente amparadas pelo Estado (sempre em sentido amplo).[781] Com a adoção das línguas nacionais e a integração de velhos excluídos – alguns, claro, continuariam de fora –, a doutrina passa a enfrentar um número crescente de problemas locais, frequentemente caracterizados por desigualdades radicais entre os contratantes. Parte do movimento jusnaturalista ainda tentaria propugnar por uma doutrina internacional, mas os positivismos de Savigny e dos exegetas franceses (e depois também dos exegetas alemães) lançariam, cada um a seu modo, uma pá de cal sobre essa velha pretensão.

Doutrina e teoria passam, assim, a se reportar a cânones metodológicos diferentes no que diz respeito à possibilidade de internacionalização. Ordinariamente vinculada ao direito posto ou à prática jurídica local, a doutrina encontra limites razoavelmente bem demarcados pela jurisdição e pelos limites territoriais da circulação jurídica. Quando esses limites deixam de fazer sentido (pense em contratos regidos por diplomas transnacionais ou em contratos voltados para circulação de bens intangíveis), a doutrina não deixa de se orientar *por um específico corpo de regras* ou,

---

[781] *v.* Judith Hofmeister Martins-Costa, *Contratos. Conceito e evolução*, in Renan Lotufo e Giovanni Ettore Nanni (organização), *Teoria geral dos contratos* (2011), 27 (apontando a variedade de sentidos assumida pela ideia de circulação jurídica).

de modo mais preciso, *por um conjunto específico de práticas compartilhadas*, isto é, práticas orientadas por um horizonte de sentidos compartilhados (pense nos contratos regidos pela Convenção de Viena sobre Contratos de Compra e Venda Internacional de Mercadorias ou, de modo ainda mais ilustrativo, nos contratos atípicos de aquisição de aplicativos para telefones celulares). Com a teoria é diferente. Ainda que certas questões teóricas possam fazer mais sentido em um local que em outro – e o pensamento brasileiro oferece bons exemplos disso –,[782] o olhar da teoria ganha legitimidade precisamente na medida em que vai além de indagações paroquiais. Não que os problemas teóricos sejam sempre universais: mas mesmo diante de um problema local, o papel da teoria será o de *transcender o particularismo*, ainda que para reafirmá-lo.[783] Nesse sentido, a empiria pode ser encarada como o avesso da teoria, na medida em que seu objeto não poderá escapar dos limites definidos por uma gramática inescapavelmente local ou compartilhada (e local ou compartilhada porque fornecida pela doutrina).

Voltemos, então, ao vício das discussões a respeito da dimensão internacional do pensamento jurídico. Ao que parece, esse vício reside precisamente no tratamento indiferenciado de textos doutrinários e teóricos (os textos empíricos costumam ser deixados de lado nessa discussão). Exigir a internacionalização da doutrina pode redundar no estímulo à produção de textos formalistas e descolados da realidade. Negligenciar a vocação internacional da teoria, por outro lado, pode levar à produção de leituras paroquiais de debates teóricos já travados em outros países.[784]

---

[782] *v.* nota 786 *infra.*

[783] Essa parece ser a principal mensagem de discussões a respeito da complexidade contemporaneamente assumida pelo direito. *e.g.* Antônio Junqueira de Azevedo, *O direito como sistema complexo de 2ª ordem; sua autonomia. Ato nulo e ato ilícito. Diferença de espírito entre responsabilidade civil e penal. Necessidade de prejuízo para haver direito de indenização na responsabilidade civil* (2001), in *Estudos e Pareceres de Direito Privado* (2004), São Paulo: Saraiva, 25-37

[784] A teoria do contrato norte-americana, não-raro alheia ao debate europeu – ou ao menos ao debate europeu continental –, oferece alguns bons exemplos disso. Talvez o melhor deles seja a afimação da 'descoberta' do direito dos contratos por Langdell no século XIX. *e.g.* Grant Gilmore, *The death of contract* (1974; 1995), Ohio: Ohio State University, 5 (restringindo-se à tradição anglo-americana): "*It was just a hundred years ago that Christopher Columbus Langdell, like his namesake for centuries earlier, set sail over uncharted seas*

IMPLICAÇÕES: ORGANIZANDO O DISCURSO ACADÊMICO

E os malefícios do monismo literário não se esgotam em questões epistêmicas. Em um país que concentra sua prática jurídica em língua local – e este é caso do Brasil –, faz pouco sentido estimular a produção de textos doutrinários em inglês ou qualquer outra língua estrangeira, exceto para fins de divulgação. Tampouco faz sentido limitar a nossa produção teórica à língua portuguesa.[785] Primeiro porque os destinatários da teoria, ao contrário dos destinatários da doutrina, estão habituados a lidar com textos em língua estrangeira (estamos falando de professoras e professores universitários); segundo porque fazer teoria em português é limitar o raio de leitores qualificados – isto é, leitores que poderiam criticar um dado texto teórico ou dele se valer – a um número relativamente baixo de pessoas (diante do número de pessoas envolvidas no debate teórico ao redor do mundo). Claro que textos de divulgação teórica em língua nacional são importantes, tanto mais quando lembramos que a teoria também serve para orientar a doutrina. A existência de problemas teó-

---

and inadvertently discovered a New World. Western civilization had done very nicely for several millenia without anyone knowing that two undiscovered continents were interposed between Europe and Asia. It may be that we would all be better off if the first Columbus, as the result of a series of absurdo miscalculations, had not revealed the truth. In somewhat the same way the common law had done very nicely for several centuries without anyone realizing that there was such a thing as the law of contracts"; e mais recentemente, Roy Kreitner, *Calculating Promises* (2007), Stanford: Stanford University Press, 1: *"contract as we know it was shaped by a revolution in private law undertaken by classical legal scholars toward the end of the nineteenth century."* Atento à recorrência desse equívoco, Michael H. Hoeflich, *Law & Geometry: Legal Science from Leibniz to Langdell*, in *American Journal of Legal History* 30 (1986), 95: *"There is a tendency when one speaks of the science of law to think in terms of experimental science with all its accouterments. This is a perfectly understandable phenomenon, since, for most American lawyers, the notion of legal science is inevitably linked to Christopher Columbus Langdell, the introduction of the casebook method at the Harvard Law School in the 1870's, and Langdell's analogy of law to laboratory science. The notion of legal science, however, greatly predates the Langdell era."*

[785] A plataforma SciELO, por exemplo (http://www.scielo.br), exige que os periódicos jurídicos ali listados contem com pelo menos 25% de seus artigos em língua inglesa. *v. Critérios, política e procedimentos para a admissão e a permanência de periódicos científicos na Coleção SciELO Brasil* (2014), disponível em http://www.scielo.br/avaliacao/20141003NovosCriterios_SciELO_Brasil.pdf, 16. Tomada pelo seu valor de face, e confrontada com as observações traçadas no texto, essa orientação parece estimular a adoção de um perfil de publicação híbrido, parcialmente doutrinário e parcialmente teórico e empírico.

ricos locais também está fora de questão, especialmente no Brasil.[786] Incentivar a restrição do nosso debate teórico à língua portuguesa, entretanto, parece irremediavelmente empobrecedor.

Não surpreende que o debate teórico europeu, até pouco tempo atrás isolado em grupos nacionais de autores – quando muito, o que havia era a apropriação tardia de debates estrangeiros, como ocorrera com a teoria italiana do negócio jurídico entre os anos 40 e 50 –,[787] venha se projetando de maneira muito consistente no plano internacional. Inicialmente restrito a juristas que recorriam ao inglês pela escassez de interlocutores em suas línguas maternas (pense no polonês Aleksander Peczenik ou no finlandês Aulis Aarnio),[788] o debate teórico de perfil internacional alcança hoje autores e autoras de trabalhos já consagrados em seus países de origem (este é o caso, por exemplo, de Jacques Ghestin na França, de Guido Alpa e Enzo Roppo na Itália, e de Stefan Grundmann e Hans-Wolfgang Micklitz na Alemanha),[789] para não falar de nomes já muito conhecidos no debate internacional (Reinhard Zimmermann talvez seja o melhor exemplo)[790] e de teóricos mais jovens, concentrados desde cedo

---

[786] *v.* Luis Fernando Schuartz, *Prefácio*, in *Norma, contingência e racionalidade. Estudos preparatórios para uma teoria da decisão jurídica* (2005), Rio de Janeiro: Renovar, IX: "a escolha [da estratégia argumentativa adotada ao longo do livro] aponta para uma linha complementar de investigação explicada por uma certa fidelidade à tradição do pensamento social crítico brasileiro, a qual impõe à abstração teórica o confronto permanente com a realidade local."

[787] Refiro-me aqui à geração de Betti, Stolfi e Scognamiglio. *v.* nota 476 *supra* e referências no texto.

[788] *e.g.* Aleksander Peczenik, *Doctrinal Study of Law and Science*, in *Österreichise Zeitschrift für öffentliches Recht* 1 (1967); Aulis Aarnio, *On Legal Reasoning* (1976).

[789] *e.g.* Jacques Ghestin, *The Contract as Economic Trade*, in Eric Brousseau e Jean-Michel Glachant (organização), *The Economics of Contracts: Theories and Applications* (2002), Cambridge: Cambridge University Press; Guido Alpa, *European private Law: Results, Projects and Hopes*, in *European Business Law Review* 14 (2003); Vincenzo Roppo, *From consumer contracts to asymmetric contracts: a trend in European contract law?*, in *European Review of Contract Law* 5 (2009); Stefan Grundman, *The Architecture of European Codes and Contract Law Structures and Contents*, in Stefan Grundamnn (organização), *The Architecture of European Codes and Contract Law* (2006), Dordrecht: Kluwer; e Hans-Wolfgand Micklitz, *On the Intellectual History of Freedom of Contract and Regulation*, in *Penn State International Law Review* 33 (2015).

[790] *e.g.* Reinhard Zimmermann, *The Law of Obligations* (1990; 1996); e *Roman Law, Contemporary Law, European Law* (2001; 2004).

nesse âmbito (como o alemão Horst Eidenmüller, os holandeses Martijn Hesselink e Jan Smits e o francês Vincent Forray).[791] Os juristas ingleses, aqui, são um caso à parte. Embora sua inserção internacional seja facilitada pela naturalidade linguística, o apego a elementos característicos da gramática jurídica insular frequentemente embaraça o cruzamento da Mancha (mesmo Patrick Atiyah, o mais conhecido teórico inglês dos contratos, não parece ser uma exceção neste ponto).[792] Pode-se dizer algo parecido a respeito dos Estados Unidos, em que pese o esforço internacional de alguns autores (e aqui estão juristas tão diferentes quanto James Gordley e Duncan Kennedy).[793]

A ambiguidade do discurso a respeito da internacionalização da literatura jurídica também tem suas virtudes. Uma delas é a abertura epistêmica de gêneros tendencialmente ensimesmados, como é o caso da doutrina. Uma categoria doutrinária forjada em outro país pode não ser plenamente adequada, transponível ou transplantável à prática jurídica brasileira, mas seu conhecimento não é nem de longe irrelevante – e nem mesmo aqueles que negam a possibilidade de importações, transposições ou transplantes jurídicos o diria.[794] Muitas categorias doutrinárias, aliás, surgem de mutações adaptativas de figuras criadas sob outras jurisdições ou a partir de práticas orientadas por horizontes de sentido específicos. E essas mutações não deixam de responder (se bem ou não é outra história) a demandas práticas locais. Outra virtude da ambiguidade assumida

---

[791] *e.g.* Horst G. M. Eidenmüller, *Party Autonomy, Distributive Justice and the Conclusion of Contracts in the* DCFR, in *European Review of Contract Law* 5 (2009); Martijn W. Hesselink, *Five political ideas of European contract law*, in *European Review of Contract Law* 7 (2011); Jan M. Smits, *The Mind and Method of the Legal Academic* (2012); e Vincent Forray, *Property Structures Underlying Contract*, in *European Review of Contract Law* 9 (2013).

[792] *e.g.* Patrick S. Atiyah, *The Rise and Fall of Freedom of Contract* (1979; 1985), Oxford: Oxford University Press; e *Essays on Contract* (1986), Oxford: Oxford University Press.

[793] *e.g.* James Gordley, *The Jurists* (2014); e Duncan Kennedy, *The Political Stakes in "Merely Technical" Issues of Contract Law*, in *European Review of Private Law* 1 (2001). O texto de Kennedy, em particular, vem sendo muito discutido na Europa. Para uma tentativa de extensão de suas ideias, *v.* Martijn W. Hesselink, *Five political ideas of European contract law*, in *European Review of Contract Law* 7 (2011) (propondo um modelo de análise política de questões alegadamente técnicas a partir de critérios mais pormenorizados que aqueles sugeridos por Kennedy).

[794] *v.* página 183 e seguintes *supra.*

pelo discurso da internacionalização diz respeito à reaproximação entre textos teóricos e problemas reais. No sentido adotado neste livro, a qualidade da literatura teórica não está em suas respostas para problemas práticos, mas em seu atendimento a cânones metodológicos intersubjetivamente determinados. Apesar disso, o afastamento da realidade está longe de ser um aspecto desejável da teoria. Ao deixar de afirmar categoricamente a vocação internacional da teoria, o discurso da internacionalização literária sugere, mesmo que indiretamente, uma aproximação entre textos teóricos e questões nacionais. Um aspecto problemático da abertura epistêmica da doutrina e da disposição prática da teoria diz respeito aos seus canais de escoamento, como se discutirá em seguida.

Uma terceira virtude do monismo literário assumido pelo discurso da internacionalização diz respeito à velha *peregrinatio academica*, estimulada independentemente da vocação prática, teórica ou científica dos novos peregrinos. O sucesso dos programas norte-americanos de LL.M. parece ser o melhor exemplo desse fenômeno.[795] Muitas das questões discutidas nesses programas, e sobretudo naqueles voltados para a prática contratual em sentido amplo (um sentido que inclui, por exemplo, operações societárias e do mercado de capitais), podem, de fato, servir de modelo para o aperfeiçoamento da prática jurídica brasileira, ainda que certas transposições doutrinárias possam ter um efeito deletério (quem já tiver se deparado com 'condições precedentes' em contratos submetidos ao direito brasileiro provavelmente acusará esse problema).[796] De todo

---

[795] Entre 2011 e 2012, o International Graduate Admissions Survey registrou um aumento de 9% no número de candidatas e candidatos brasileiros aos programas de LL.M. oferecidos nos Estados Unidos; entre 2012 e 2013, essa elevação saltou para 24%; e os números de 2014 indicaram um crescimento de 33% em relação a 2013. Dados obtidos em *http://cgsnet.org/international-graduate-admissions-survey*. Para uma discussão das possíveis relações entre esses dados e a estrutura dos cursos de pós-graduação em direito no Brasil, *v.* Mario Engler Pinto Junior e Osny da Silva Filho, *Ensino, pesquisa e prática jurídica no Brasil* (2015), disponível em http://jota.info/w0xpa.

[796] 'Condições precedentes' são uma tradução literal das *conditions precedent*, cláusulas contratuais que podem corresponder tanto ao que chamamos de condições suspensivas (como parecem supor a maioria das pessoas que se valem delas) quanto a obrigações ou deveres acessórios (que não têm caráter condicional, ao menos nos termos do art. 121 do Código Civil brasileiro).

modo, os resultados do estímulo amplo à *peregrinatio academica* parecem, ao cabo, corroborar as diferenças entre os domínios da doutrina, da teoria e da empiria. Ao que parece, e esta é uma referência admitidamente impressionista, textos produzidos por pessoas que cumprem parte de sua formação no exterior – e mesmo por aquelas que se ausentaram do País em busca de aperfeiçoamento profissional – tendem a distanciar-se da doutrina, aproximando-se da teoria e da empiria. E de modo ainda mais curioso, a doutrina tende a ser recuperada quando, em estágios mais avançados de suas carreiras, essas pessoas cumprem longos períodos de pesquisa em seus países de origem.

10.4. Relevância da avaliação por pares

O Brasil experimenta hoje um intenso movimento de profissionalização de suas publicações jurídicas. Por iniciativa da Capes, uma série de requisitos passou a ser demandado dos periódicos que pretendam alcançar as mais altas posições no ranking Qualis. Um desses requisitos é a avaliação cega por pares (*double blind peer review*).[797] Nela, acadêmicos e acadêmicas julgam o trabalho de outros acadêmicos e acadêmicas, e ninguém sabe quem está do outro lado do espelho. Essa é uma forma bastante tradicional de atestar a qualidade de artigos científicos, e já há muitos anos é aplicada com proveito em áreas como a física, a medicina e a economia. Ela pode, todavia, ser contraproducente para trabalhos doutrinários, na medida em que o propósito desses trabalhos é (esperançosamente) antes atender a demandas da prática jurídica, figurando-lhe sentidos viáveis, que satisfazer as exigências de pessoas que se dedicam à academia.[798]

É verdade que a doutrina, como a teoria e a empiria, também conta com cânones metodológicos que podem perfeitamente ser definidos e avaliados no âmbito acadêmico; porém, ela vai além deles, na medida em que sua qualidade também depende de sua utilidade. E se pessoas que

---

[797] O requisito da avaliação cega por pares é especificado no *Documento de Área – Área Direito* da Capes. *v.* https://www.capes.gov.br/images/stories/download/avaliacaotrienal/Docs_de_area/Direito_doc_area_e_comiss%C3%A3o_16out.pdf.

[798] *cf.* Jan M. Smits, The Mind and Method of the Legal Academic (2012), 136: "*Although this method is certainly not ideal, assessment by colleagues seems to be the best possible option.*"

escrevem textos doutrinários tendem a dividir suas ocupações entre a academia e a prática, revisoras e revisores de periódicos são, em geral, antes acadêmicos que profissionais, senão acadêmicos *full time*. O resultado prático dessa situação é a alienação de periódicos profissionais ou orientados pela prática dos rankings de qualidade acadêmica. Uma forma de reverter essa tendência seria adotar critérios diferentes para a avaliação de periódicos profissionais; outra, reconhecer o valor dos textos publicados nesses periódicos a despeito de sua colocação nos rankings oficiais, sem prejuízo da (desejável) adoção de mecanismos alternativos de controle de qualidade e utilidade (como um controle mais rígido da composição de bancas que avaliam dissertações de mestrado e teses de doutorado das quais esses artigos são extraídos, por exemplo).

A dificuldade de escoar adequadamente a produção doutrinária não é, de resto, uma particularidade brasileira. A teoria e a empiria também vêm sendo valorizadas em detrimento da doutrina pelas mais conhecidas e respeitadas revistas jurídicas dos Estados Unidos.[799] Ali, entretanto, as razões do desequilíbrio são outras. Nos últimos vinte ou trinta anos, as *law reviews* norte-americanas tornaram-se veículos avessos à produção doutrinária.[800] O lugar dos cursos de direito na estrutura universitária do país pode ajudar a entender esse fenômeno. Antes de cursar direito, estudantes americanos costumam graduar-se em economia, filosofia, matemática ou outra disciplina que lhes confira um *bachelor degree*. Isso ocorre porque na organização universitária norte-americana o direito não é um bacharelado, mas uma espécie de graduação profissional complementar. As mais prestigiosas *law reviews* dos Estados Unidos são publicadas pelas grandes faculdades de direito do país, como Harvard, Yale, Columbia ou Stanford. Para o espanto de analistas europeus, esses periódicos são editados por estudantes, a maioria dos quais de graduação (alguns poucos alunos de LLM ou JSD envolvem-se nessa tarefa).[801] Não surpreende que tais estudantes deem mais valor a trabalhos que lhes sejam familiares, ou

---

[799] Isso não significa que não haja, ali, uma série de revistas profissionais de excelente qualidade, tais quais aquelas editadas pela American Bar Association. *v.* nota 689 *supra*.

[800] Richard A. Posner, *Legal Scholarship Today*, in *Harvard Law Review* 115 (2002), 1320-1321.

[801] v. Reinhard Zimmermann, *Law Reviews: A Foray Through a Strange World*, in *Emory Law Journal* 47 (1998); e Kristoffel Grechenig e Martin Gelter, *The Transatlantic Divergence* in

IMPLICAÇÕES: ORGANIZANDO O DISCURSO ACADÊMICO

seja, que dialoguem com sua formação básica (em economia, sociologia, filosofia e assim por diante).

10.5. Nível de tolerância a desacordos

Democracias, como o direito estabelecido debaixo delas, são marcadas pelo desacordo.[802] Discordamos a respeito de quais devam ser os parâmetros para guiar a conduta humana. Discordamos ainda mais profundamente a respeito de quais sejam os fundamentos desses parâmetros. E discordamos a respeito de quais condutas esses parâmetros devem alcançar. Discordamos na doutrina e sobretudo na teoria, e podemos discordar até mesmo na empiria. Desacordos não são uma novidade do pensamento jurídico contemporâneo – pense, por exemplo, nas velhas *disputationes* medievais –,[803] mas parecem ser um de seus traços mais característicos. Neste último item do trabalho, gostaria de avançar a ideia de que os desacordos têm significados diferentes na doutrina, na teoria e na empiria, e que o reconhecimento dessas diferenças pode nos trazer uma série de benefícios, da compreensão da 'tendência pacificadora' da doutrina ao esclarecimento do papel das discussões teóricas no campo contratual.

Quando falamos de desacordo para alguém que estuda teoria do direito, possivelmente a primeira referência que virá à mente dessa

---

Legal Thought: American Law and Economics vs. German Doctrinalism, in Hastings International and Comparative Law Review 31 (2008), 304-305.

[802] E a incapacidade de levá-los adiante parece ser uma fragilidade democrática e, por extensão, jurídica. *e.g.* Jessé Souza, *É preciso teoria para compreender o Brasil contemporâneo? Uma crítica a Luis Eduardo Soares*, in Jessé Souza (organização), *A invisibilidade da desigualdade brasileira* (2006), 117: "a crítica científica entre nós é algo, infelizmente, estigmatizado e confundido com interesses e brigas pessoais. Tenho defendido que esta é uma das causas profundas de muitos dos nossos males, não só na esfera científica em sentido estrito, mas também da política e do debate político no espaço público, que precisa de crítica e de debates como um peixe precisa de água. Sem isto ela não existe ou existe apenas como uma caricatura e definha. Minha tese é a de que já nos aproximamos perigosamente desse estágio. A extraordinária pobreza do nosso debate político, sem que qualquer das perspectivas em jogo possa exibir e sustentar projetos de médio ou longo prazo, é uma demonstração clara disso para quem quer que tenha olhos e coragem (mais coragem do que olhos) para ver a realidade sem auto-indulgência à nossa volta."

[803] *v.* nota 144 *supra* e referências no texto.

FUNDAMENTOS DO DIREITO CONTRATUAL

pessoa é o argumento dworkiniano do 'aguilhão semântico'. Com essa expressão obscura, mas muito famosa, Ronald Dworkin procurou criticar a ideia de que discussões jurídicas razoáveis só seriam possíveis a partir de convenções em torno de conceitos jurídicos elementares, entre os quais o próprio conceito de direito. Pessoas que abraçam essa ideia seriam fisgadas pelo 'aguilhão semântico' por sugerir limites para a ocorrência de desacordos – por sugerir a necessidade de acordos, portanto, – que "não seriam compatíveis com os tipos de desacordos efetivamente estabelecidos pelos juristas."[804] Essa crítica serviria de base para a construção de sua teoria 'interpretativa' do direito, uma teoria que procura dizer *qual é* o direito (uma tarefa tipicamente descritiva) a partir do modo como ele *deveria ser* (uma tarefa caracteristicamente normativa).[805] Diante de uma avalanche de críticas,[806] Dworkin refinaria e reformularia suas ideias,[807] inaugurando, sobretudo a partir dos anos 2000, um novo estágio do debate lançado na década de 80. Com os textos reunidos em *Justice in Robes*, de 2006, o autor procuraria responder a seus críticos a partir da distinção de estágios semânticos, teóricos, doutrinais e adjudicatórios da interpretação, estágios que também serviriam para apartar diferentes espécies de desacordo no campo jurídico.[808]

---

[804] Ronald Dworkin, *Law's Empire* (1986), Harvard: Belknap, 46.

[805] *v.* John Mackie, *The Third Theory of Law*, in *Philosophy & Public Affairs* 7 (1977), 6: "*This third theory of law combines descriptive with prescriptive elements. On the one hand, Professor Dworkin is claiming that it gives the best theoretical understanding of legal procedures and legal reasoning actually at work in such systems as those of England and the United States. But on the other, he wants it to be more explicitly accepted and more consciously followed.*"

[806] *e.g.* Joseph Raz, *Two Views of the Nature of the Theory of Law: A Partial Comparison*, in *Legal Theory* 4 (1998), 263; e Jules L. Coleman, *Methodology*, in Jules Coleman e Scott Schapiro (organização), *The Oxford Handbook of Jurisprudence & Philosophy of Law* (2002), Oxford: Oxford University Press, 314-319.

[807] *e.g.* Ronald Dworkin, *Thirty Years On*, in *Harvard Law Review* 115 (2003), 1684 (revisão ao livro *The Practice of Principle*, lançado em 2001 por Coleman): "*The purpose of my 'semantic sting' argument was to make exactly that point: sharing a concept does not necessarily mean sharing criteria for its application, but might instead mean sharing paradigms as the basis for interpretive claims.*"

[808] Para uma síntese das ideias de Dworkin a esse respeito, *v.* Ronaldo Porto Macedo Junior, *Do xadrez à cortesia* (2013), 241-277.

IMPLICAÇÕES: ORGANIZANDO O DISCURSO ACADÊMICO

Particularidades gramaticais e substanciais desse debate, todavia, parecem dificultar sua apropriação pela meta-literatura jurídica.[809] Aquilo que Dworkin chama de 'estágio teórico' ou 'estágio doutrinal', por exemplo, não diz respeito, como se vem sugerindo ao longo deste texto, a diferentes gêneros jurídico-literários, mas a diferentes planos argumentativos. Neste ponto, aliás, sua discussão é orientada por elementos peculiares da cultura jurídica anglo-americana, e a prevalência da produção doutrinária judicial sobre a acadêmica talvez seja o mais significativo deles. Na Inglaterra e nos Estados Unidos, como já se sugeriu, a ideia de que decisões judiciais são um suporte material legítimo para proposições doutrinárias é muito mais aceita do que em países associados ao *civil law* como o Brasil, a Itália ou a França.[810] Nestes últimos, a tarefa doutrinária costuma ser reservada à academia, cabendo ao Judiciário, ao menos ideologicamente, a decisão *do caso concreto*, e apenas dele. Não surpreende, portanto, que a reflexão de Dworkin privilegie o ponto de vista dos juízes.[811] De resto, Dworkin parece exigir, especialmente no âmbito decisório, um nível de 'autoconsciência teórica' – ou de consciência a respeito de estágios anteriores e mais abstratos da interpretação[812] – que, como se discutirá adiante, parece ir de encontro aos procedimentos de obtenção de consenso no plano doutrinário.

---

[809] Essa é apenas uma hipótese. Autores que propõem reflexões próximas daquela apresentada ao longo deste livro, como Jan Smits e Mark Van Hoecke, não mencionam as ideias de Dworkin.

[810] *v.* nota 22 *supra.* Essa também é uma explicação para o predomínio de textos teóricos nos Estados Unidos.

[811] Há quem explore, a partir de Dworkin, o papel dos desacordos na literatura jurídica, mas essa discussão parece ser lateral. *e.g.* Diego M. Papayannis e Lorena Ramírez Ludeña, *Una respuesta pluralista al problema de los desacuerdos jurídicos*, in Pau Luque Sánchez e Giovanni Battista Ratti (organização), *Acordes y desacuerdos: cómo y por qué los juristas discrepan* (2012), Madrid: Marcial Pons, 217-219 (distinguindo os desacordos estabelecidos em um nível "abstrato ou geral" do debate, "no qual usualmente intervêm os teóricos do direito", dos desacordos "entre os próprios participantes, leia-se, entre os funcionários públicos").

[812] *v.* Ronaldo Porto Macedo Junior, *Do xadrez à cortesia* (2013), 271; e Cass R. Sunstein, *Incompletely Theorized Agreements*, in *Harvard Law Review* 108 (1995), 1757-1758 (sugerindo que Dworkin "*urges, at least as an ideal, a high degree of theoretical self-consciousness in adjudication.* [...] *But this is not how real lawyers and real judges proceed. If they can, they avoid broad and abstract questions.*")

FUNDAMENTOS DO DIREITO CONTRATUAL

O debate a respeito dos desacordos no direito não se limita, entretanto, à gramática proposta por Dworkin e seus críticos. Uma alternativa promissora foi lançada por Cass Sunstein em 1995.[813] Sociedades plurais, escrevia o professor de Harvard, que então lecionava na Universidade de Chicago, não poderiam escapar de controvérsias. Seus promotores teriam, entretanto, figurado um modo de alcançar consensos em meio a desacordos aparentemente insolúveis: eles produziriam "acordos parcialmente teorizados". Para os propósitos deste livro, os mais importantes desses acordos parecem ser aqueles "a respeito de resultados específicos, acompanhados de acordos sobre razões de baixo nível de abstração."[814] Uma ilustração talvez ajude a entender o que essa longa expressão significa. Todos estamos de acordo, por exemplo, a respeito da invalidade de um contrato celebrado sob coação. Para manter esse acordo, evitamos (e isso também vale para juízas e juízes) vinculá-lo a razões mais abstratas – uma teoria da justiça ou uma razão eficientista, digamos –, argumentando em torno uma ideia mais concreta (uma "razão de baixo nível de abstração", nos termos de Sunstein), como a liberdade de contratar. As "razões de baixo nível de abstração", explica o autor, "incluiriam o material ordinário da doutrina jurídica."[815]

---

[813] Cass R. Sunstein, *Incompletely Theorized Agreements*, in *Harvard Law Review* 108 (1995); e de modo mais amplo, *Legal Reasoning and Political Conflict* (1996), Oxford: Oxford University Press.

[814] Cass R. Sunstein, *Incompletely Theorized Agreements*, in *Harvard Law Review* 108 (1995), 1735-1736. Sunstein refere outras duas espécies de acordos parcialmente teorizados. Aqueles estabelecidos em níveis de abstração altos (ambos sabemos que é errado matar alguém, mas controvertemos sobre a justiça da pena de morte) e aqueles estabelecidos em níveis de abstração intermediários (concordamos que o governo não deve discriminar, mas discordamos tanto a respeito da melhor teoria para a igualdade quanto a respeito das medidas que devem ser adotadas para combater a discriminação). A diferença entre acordos estabelecidos em níveis de abstração altos, médios e em casos particulares não parece ser absoluta.

[815] Cass R. Sunstein, *Incompletely Theorized Agreements*, in *Harvard Law Review* 108 (1995), 1740. Dworkin reagiria. *v. In Praise of Theory*, in *Arizona State Law Journal* 29 (1997). E no mesmo volume, Sunstein procuraria identificar as razões de seu desacordo. *v.* Cass R. Sunstein, *From Theory to Practice*, 390 (referindo-se ao *Philosopher's Brief*, uma moção dirigida à Suprema Corte dos Estados Unidos por um grupo de autores, entre os quais Dworkin, favoráveis à autorização do suicídio assistido): "*I believe that the Court should gener-*

IMPLICAÇÕES: ORGANIZANDO O DISCURSO ACADÊMICO

Situações desse tipo, aliás, parecem ser mais comuns do que se imagina. Quando Gordley endossa proposições de autores ligados à análise econômica do direito, por exemplo, é desse expediente que lança mão: seu endosso é incompleto, limitando-se a razões de baixo nível de abstração.[816] E é desse expediente que se valeram autores como Zitelmann e Kohler nas controvérsias em torno do papel da vontade na determinação dos efeitos do negócio jurídico no final do século XIX.[817] Diante de desacordos aparentemente insolúveis, esses juristas passaram a um nível mais estreito de particularidade – passaram, nos termos adotados neste livro, da teoria à doutrina –, contribuindo, assim, para a manutenção do

---

ally be reluctant to invalidate legislation on the basis of abstract philosophical arguments, because the Court is poorly equipped to evaluate those arguments, and because predicted consequences, on which philosophical arguments tend to be silent, matter a great deal to law." E ainda em *From Theory to Practice*, 400-401: *"We can find many instances of (what Professor Dworkin and I would agree to be) ambitious error from judicial philosophers; consider* Dred Scott *v.* Sanford, Lochner *v.* New York, Buckley *v.* Valeo, *and* Richmond v. Croson. *In all of these cases, courts invoked theoretically ambitious claims about liberty and equality to invalidate legislation. In the first two cases, the nation lived with the consequences for a very long time. In the second two cases, the nation lives with the consequences still.* [¶] *But these cases are aberrations, and thankfully so. A large part of the distinctive morality of adjudication is role-morality, and it involves the presumptive avoidance of theoretically ambitious arguments as a ground for invalidating enacted law. Thus courts generally seek, because of their own understanding of their limited capacities, to offer low-level rationales on which diverse people may converge. [...] And it is notable that an emphasis on these points focuses attention on institutions and practices that Dworkin's enthusiasm for philosophical argument tends to obscure: administrative agencies, state-by-state experimentation, and legislative rather than judicial solutions."* Para um panorama desse debate, *v.* Neil Duxbury, *Ambition and Adjudication*, in *University of Toronto Law Journal* 47 (1997). Mais recentemente, Sunstein procuraria elaborar as exceções ao 'comedimento teórico' proposto em sua controvérsia com Dworkin. *v.* Cass R. Sunstein, *Beyond Judicial Minimalism*, in *Tulsa Law Review* 43 (2008).

[816] e.g. James R. Gordley, *Foundations of Private Law* (2006), 391: *"As we have seen, the problem of changed circumstances is really one of implied terms, and has been addressed in a similar way both by law and economics scholars such as Posner, and by Aquinas and the late scholastics."* Esse ponto é reconhecido por Michele Graziadei, [Resenha de *Foundations of Private Law* de James Gordley], in *American Journal of Comparative Law* 58 (2010), 478: *"He* [Gordley] *finds that the two objectives of economic efficiency and of promoting the realization of a distinctively human life are, contrary to the conventional wisdom, fully compatible."* Essa 'compatibilização' ocorre precisamente no plano doutrinário.

[817] *v.* nota 466 *supra* e referências no texto.

diálogo e do respeito mútuo.[818] Esse procedimento sugere a correção das intuições de um autor como Orlando Gomes, que em já em 1958 alertava para o risco de corrosão da doutrina pelo "veneno sutil das teorias."[819] E mostra a incorreção de análises que procuram infirmar teorias do contrato pela sua incapacidade de explicar particularidades da prática contratual, como fez Richard Craswell em um famoso ensaio.[820] Teorias não podem ser, é verdade, simplesmente desmentidas pela prática, mas isso não significa que elas devam se situar no mesmo nível de abstração da doutrina. Exceções factuais, de resto, servem para macular a empiria, não podem não ser suficientes para invalidar uma determinada teoria. Esse ponto será retomado adiante.

Textos doutrinários, como se vem dizendo, são voltados para a ação humana. Seu propósito é oferecer parâmetros para o exercício da razão prática. Suas prescrições, nesse sentido, devem ser específicas. Um texto que enuncie as benesses da liberdade contratual sem fornecer critérios para o seu exercício não será, assim, um bom texto doutrinário, ao contrário de um texto que, digamos, estabeleça critérios para a definição unilateral do conteúdo de um contrato de franquia. Se dois textos doutrinários oferecerem parâmetros incompatíveis, teremos que abandonar um deles: afinal, diretrizes opostas não podem guiar a razão prática, da mesma forma que proposições contraditórias são repelidas pela razão

---

[818] Posso ser, digamos, genericamente favorável à licitude do consumo recreativo de maconha, e minha interlocutora, genericamente contrária, mas estaremos de acordo a respeito da ilicitude – ou, ao menos, da antijuridicidade – da oferta de maconha para o consumo recreativo de crianças.

[819] Orlando Gomes, *A literatura jurídica no Brasil*, in *Revista forense* 177 (1958), 474.

[820] Richard Craswell, *Contract Law, Default Rules, and the Philosophy of Promising*, in *Michigan Law Review* 88 (1989), 489-490. Seu espantalho é Fried, mas a críticas, aparentemente decorrente de uma 'redução sociológica' da teoria, são endereçadas aos textos teóricos de modo geral. A 'redução sociológica' a que me refiro fica clara na seguinte passagem: *"The frequent references in the philosophical literature to the 'practice' or 'institution' of promising could be taken to suggest that the exact scope of any promissory obligation is a matter of sociological fact, to be discovered by careful investigation into the practice of promising as it exists in the relevant community"* (505-506).

IMPLICAÇÕES: ORGANIZANDO O DISCURSO ACADÊMICO

teórica.[821-822] Dois textos doutrinários que ofereçam parâmetros iguais ou convergentes para uma determinada conduta, entretanto, podem perfeitamente divergir quanto aos fundamentos desses parâmetros, sendo, nesse sentido, "parcialmente teorizados". Uma das sugestões apresentadas no segundo capítulo foi a de que no momento que essas divergências passaram a contaminar a doutrina, ameaçando sua legitimidade – e este é o começo do fim da *communis opinio doctorum* –,[823] a literatura teórica ganha autonomia.

O que se quer dizer com tudo isso é que o desacordo doutrinário, ao contrário do desacordo teórico, tende a não ser tolerado no campo jurídico.[824] Considere, por exemplo, a interminável controvérsia em torno

[821] Sobre a ideia de razão prática e sua dependência em relação à razão teórica, *v.* Germain Grisez, *The First Principle of Practical Reason. A Commentary on the Summa Theologiae, 1-2, Question 94, Article 2* (1965), tradução de José Reinaldo de Lima Lopes, *O primeiro princípio da razão prática*, in *Revista Direito GV* 6 (2007), 190: "Da mesma forma que o princípio da não-contradição expressa a determinação, que é a primeira condição da objetividade das coisas e da consistência que é a primeira condição de conformidade da razão teórica com a realidade, assim também o primeiro princípio da razão prática expressa a imposição da tendência, que é a primeira condição da objetificação da própria razão, e direção ou intencionalidade, que é a primeira condição de conformidade de obras e fins com a mente."
[822] Observe que *abandonar* uma orientação doutrinária não é afirmar o seu *equívoco*. Como se discutirá em seguida, textos doutrinários normativamente contraditórios são, do ponto de vista prático, toleráveis.
[823] No caso, o golpe de misericórdia seria dado pelo movimento codificador. *v.* Helmut Coing, *Europäisches Privatrecht* (1985-1989), tradução de Antonio Pérez Martín, *Derecho privado europeo*, tomo II (1996), 55.
[824] Os desacordos teóricos podem conduzir a mudanças drásticas nos modos pelos quais pensamos o direito. A esse respeito, a ideia de 'revolução científica' figurada por Thomas Khun parece exercer particular fascínio sobre os juristas. *v.* Christian Atias, *Epistémologie juridique* (1985), 199 (discutindo a aplicabilidade das ideias de Kuhn às grandes viradas da teoria do direito); e para uma aplicação, *v.* Antônio Junqueira de Azevedo, *O direito pós-moderno*, in *Revista USP* 42 (1999), 98-100. "Se há um campo em que tudo parece adequado ao pensamento de Kuhn," argumentava o autor, "esse campo é justamente o do direito." Junqueira identificava a sucessão de três 'paradigmas jurídicos' ao longo do século XX. Até a Primeira Guerra Mundial, estaríamos diante do 'paradigma da lei'. "Vindo dos traumas do absolutismo, o jurista de então via, na lei, o direito. Para dar segurança, a norma devia ser clara, precisa nas suas hipóteses de incidência, abstrata, universal." Não tardaria, contudo, a que a clareza e a precisão dos textos legislativos passassem a ser vistas como obstáculos à promoção de ideais de igualdade e justiça social. É nesse momento que o paradigma

da competência para decidir sobre atos de concentração de instituições financeiras travada no Brasil desde o início dos anos 2000. Escorados em parâmetros regulatórios pouco claros, partidários da competência do Cade e da competência do Bacen (e aqui estão pessoas ligadas não apenas à academia, mas também ao Judiciário e à Administração) seguem em desacordo.[825] Ao cabo, sua disputa haverá de ser resolvida pela via legislativa ou por mecanismos de controle de constitucionalidade. Não se pode dizer que isso seja um sinal de sofisticação do pensamento jurídico brasileiro.

Talvez pela sua longa tradição, o direito dos contratos presencie menos desacordos dessa espécie. De fato, como notou Peter Benson, "a maior parte das formas e conceitos básicos da doutrina contratual nas jurisdições de *common law* e de *civil law* está firme e claramente pacificada", a despeito do "conjunto de orientações múltiplas e mutuamente exclusivas, dotadas de conteúdos e pressupostos próprios e distintos" que caracteriza a teoria do contrato.[826] Benson vê nisso um paradoxo, mas essa impressão não vai longe quando consideramos os diferentes níveis de tolerância a desacordos verificados na teoria e na doutrina. Isso não signi-

---

da lei dá lugar ao 'paradigma do juiz'. "Introduziram-se, assim, nos textos normativos, os conceitos jurídicos indeterminados, a serem concretizados pelo julgador, e as cláusulas gerais, como a de boa fé [...]. Noções vagas, como ordem pública, interesse público, função social, tornaram-se moeda corrente no mundo jurídico, servindo a torto e a direito para as autoridades de plantão." No fim do século, um novo paradigma tomaria forma. "Da fuga para o juiz," continuamos com Junqueira, "cabe hoje falar em fuga do juiz – e isso, diga-se, não diminui o Poder Judiciário, eis que este fica limitado a agir nas hipóteses em que, de fato, é necessário como julgador." Chega-se então ao que o autor chama de 'paradigma do caso', um paradigma que demanda "vetores materiais, idéias ordenadoras, diretrizes, e não fórmulas vazias, próprias de uma axiologia formal."

[825] v. Celso Fernandes Campilongo, Jean Paul Cabral Veiga da Rocha e Paulo Todescan Lessa Mattos (organização), *Concorrência e regulação no sistema financeiro* (2002), São Paulo: Max Limonad; e por último, Rafael Helou Bresciani, *Reflexões sobre a competência do BC em analisar questões de concorrência no âmbito do SFN* (2015), disponível em http://jota.info/8g10n.

[826] Peter Benson, *Contract*, in Dennis Patterson (organização), *A Companion to Philosophy of Law and Legal Theory* (1996; 2ª ed, 2010), 29. Benson usa a palavra *theory* para indicar tanto o conjunto dos textos jurídico-literários (doutrinários, teóricos e empíricos) quanto os textos do gênero teórico apenas. A tradução proposta acima levou isso em conta.

fica, contudo, que tudo vá pelo melhor no melhor dos mundos possíveis: ao invés, estabilidade da doutrina contratual pode funcionar como um obstáculo à figuração de formas jurídicas mais adequadas às necessidades presentes, como recentemente lembrou Marcus Faro de Castro e como procuraram demonstrar Thomas Wilhelmson e outros autores ligados à 'dogmática jurídica alternativa'.[827] A docilidade dos civilistas, nesse sentido, é antes um vício que uma virtude.

Não devemos pensar, por outro lado, que a doutrina seja absolutamente intolerante a desacordos. Se reconhecermos, como Dworkin, que a solução de 'casos difíceis' vai além da discricionariedade,[828] mas também, e desta vez ao contrário dele,[829] que os casos difíceis admitem mais de uma solução correta (do ponto de vista dos limites da interpretação, e não, naturalmente, do ponto de vista empírico), também haveremos de reconhecer a correção de textos doutrinários que apontem para soluções diferentes.

Além disso, e sem embargo dessa questão, trabalhos normativamente contraditórios podem ser conciliados se seus desacordos forem tomados como diferentes percepções a respeito de *fatores de risco*. Um texto a pode considerar, por exemplo, que determinações de melhores esforços em contratos de transporte de mercadorias não têm conteúdo jurídico; e um texto b, que essas mesmas determinações trazem ao transportador

---

[827] Marcus Faro de Castro, *Formas jurídicas e mudança social* (2012), 9. Sobre Wilhelmson e seu grupo, *v.* páginas 160 e seguintes *supra*.

[828] Esta talvez seja a mais conhecida crítica de Dworkin a Hart, para quem os casos que não fossem cobertos por regras jurídicas seriam objeto de discricionariedade judicial (em um 'sentido forte'). *v.* Ronald Dworkin, *Hard Cases* (1975), in *Taking Rights Seriosly* (1978), Cambridge: Harvard University Press.

[829] *v.* John Mackie, *The Third Theory of Law*, in *Philosophy & Public Affairs* 7 (1977): 4 e 9: *"Professor Dworkin holds that in any sufficiently rich legal system (notably in that of England – no less than in that of the United States) the question, What is the law on this issue? always has a right answer, discoverable in principle, and it is the duty of the judge to try to discover it. One of the parties will always have a right to a decision in his favor. [...] This argument assumes too simple a metric for the strength of considerations, that such strengths are always commensurable on a linear scale, so that the strength of the case for one side must be either greater than that of the case for the other side, or less, or else they must be equal in the sense of being so, finely balanced that even the slightest additional force on either side would make it the stronger. But in fact considerations may be imperfectly commensurable, so that neither of the oppoising cases is stronger than the other, and yet they are not finely balanced."*

deveres acessórios que não estariam presentes em um arranjo contratual comum. Sem prejuízo de sua incompatibilidade normativa, os trabalhos a e b podem ser conciliados se admitirmos que para b o reconhecimento de deveres acessórios em contratos de transporte de mercadorias é *menos provável* diante da ausência de determinações de melhores esforços. Não se trata, portanto, de uma prescrição inelutável, mas de uma recomendação de conduta orientada por razões probabilísticas. Mesmo sem uma determinação de melhores esforços – esta seria a leitura conciliatória –, certos deveres laterais poderiam ser reconhecidos em juízo, ou mesmo em procedimentos de autocomposição. Ainda que a doutrina seja menos aberta aos desacordos que a teoria, portanto, ela não deixa de admitir proposições contrapostas.

É diferente na literatura empírica. Neste caso, requerimentos de prestação de contas característicos das ciências em sentido estrito – requerimentos evidenciados a partir de cânones discursivos diferentes daqueles que orientam a doutrina e a teoria – tornam os desacordos insuportáveis. Dois trabalhos empíricos referentes ao mesmo espaço amostral, orientados pelos mesmos métodos e configurados a partir das mesmas categorias simplesmente não podem se contradizer. Se se contradisserem, um deles necessariamente estará errado. Essa precisão é sedutora, e sua busca chegou a ser apontada como um indício de desdiferenciação do campo jurídico.[830] Porém, e por maior que seja a sua precisão, a empreitada empírica não esgota e nem poderia esgotar a ideia de pesquisa em direito. Não porque a empiria ou as ciências sociais de base empírica não possam referir-se ao campo jurídico – elas não apenas podem, como é muito bom que o façam –, mas porque o pensamento jurídico não se reduz à descrição das manifestações pretéritas do direito, tampouco, no extremo oposto, às conjeturas a respeito de sua validade e de sua normatividade.[831] Para além da empiria e da teoria, o direito, enquanto prática social, não pode ser compreendido se ignorarmos a doutrina.

---

[830] Frederick F. Schauer, *Nonlegal Information and the Delegalization of Law*, in *The Journal of Legal Studies* 29 (2000).

[831] Ao contrário do que sugere Marcos Nobre, *O que é pesquisa em direito?*, in VvAA, *O que é pesquisa em direito?* (2002; 2005), 23 (comparando o desenvolvimento da pesquisa em direito com o desenvolvimento da pesquisa nas ciências sociais e nas humanidades).

CONCLUSÃO

Os dois primeiros capítulos deste trabalho cuidaram do passado da doutrina contratual. O terceiro, do seu presente. Em todos eles, a exposição foi orientada por um argumento pluralista segundo o qual os fundamentos do direito contratual estão inscritos em sua própria busca. Esse argumento pluralista foi elaborado de duas maneiras ao longo do longo do livro. Primeiro, como abstração histórica de um movimento de *fragmentação* da literatura contratual. Depois, como critério para uma proposta epistêmico-normativa de *desfragmentação* dessa mesma literatura. Doutrina, teoria e empiria são dimensões complementares de um fenômeno comum, que é a constituição intersubjetiva da prática contratual. Reconhecer essa complementaridade é o primeiro passo para reconciliar teoria e prática no campo dos contratos. Algumas das indicações traçadas até aqui, entretanto, foram além do passado e do presente da doutrina contratual, apontando também para o seu futuro. Gostaria de sumariá-las.

A produção consciente de algo que se possa chamar de doutrina contratual é um fenômeno relativamente novo na cultura jurídica ocidental. Relativamente novo porque não surgiu na antiguidade romana, mas na escolástica tardia salmantina, ou, de modo mais preciso, em um movimento que começa na Universidade de Bolonha entre os séculos XI e XII e alcança seu auge, que é também seu estertor, na Universidade de Salamanca entre séculos XVI e XVII. A estrutura da doutrina contratual moderna se estabelece a partir da abstração medieval do direito romano, e de modo ainda mais claro a partir da combinação entre essa abstração e um conjunto de categorias emprestadas do pensamento filosófico de Aristóteles e Tomás de Aquino. Ela é resultado de um esforço que começa com Irnério e Acúrsio nos séculos XI e XII, passa por Bártolo, Baldo e seus discípulos entre os séculos XIV e XV e chega às suas melhores formulações em Lessius, Molina e Oñate nos séculos XVI e XVII. Direito e filosofia, aqui, formam uma síntese. A ideia de contrato, longamente abstraída a partir dos textos jurídicos romanos, encontra na justiça comutativa seu primeiro fundamento. É a partir daqui que categorias como oferta e aceitação, erro, dolo e coação, lesão, causa e responsabilidade contratual ganham os contornos que ainda hoje nos são familiares.

Preservadas por jusnaturalistas como Grócio, Pufendorf e Barbeyrac, essas categorias – as categorias, mas não seu primeiro fundamento, – seriam absorvidas por Domat e Pothier, e através deles chegariam ao Código Napoleão de 1804. As categorias básicas da doutrina contratual moderna também seriam aproveitadas pelos exegetas do Código francês e dos diplomas que o emularam, entre os quais um número significativo codificações latino-americanas. Juristas alemães também se apropriariam das categorias medievais e escolástico-tardias preservadas pelo jusnaturalismo. No território alemão, entretanto, essa apropriação ganharia, especialmente com Savigny, um novo método, e particularmente no campo contratual, um novo fundamento. O novo método corresponde a uma combinação de historicismo, conceitualismo e pensamento sistemático; o novo fundamento, a um reposicionamento da ideia da vontade. Reposicionamento, e não descoberta ou redescoberta, pois a ideia de vontade sempre esteve no horizonte dos juristas. Ela pode ser traçada à *voluntas* romana, que viria a desempenhar, como vimos, um papel central nas abstrações propostas por glosadores e comentadores, e depois nas proposições doutrinárias dos autores salmantinos. Mas é apenas a partir do século 19, e antes na Alemanha que em outros lugares, que a ideia de vontade se insinua como *fundamento* do direito contratual. A substituição da justiça comutativa pela vontade está na base das transformações intelectuais que conduziriam à emancipação da teoria contratual, que se apresenta, a partir daí, como uma forma de *voluntarismo*.

A emergência do voluntarismo jurídico como desdobramento teórico da literatura contratual desencadeou uma turbulência que ainda podemos sentir. Embora tenha sido objeto de reflexões altamente sofisticadas, especialmente pelo inédito diálogo estabelecido pelos juristas com uma então incipiente psicologia (pense que os primeiros textos de Freud são

CONCLUSÃO

publicados meio século depois dos primeiros textos de Savigny), a ideia de vontade não parecia explicar adequadamente as velhas categorias contratuais elaboradas a partir justiça comutativa. Diante de um impasse a respeito da explicação desta ou daquela categoria, teríamos, em tese, duas saídas. Uma seria abandonar a ideia de vontade em favor de outro fundamento. A outra saída seria dobrar a aposta, alegando que a ideia de vontade é mais complicada do que parece. A saída mais comum – explicada, talvez, pela convergência das ideias disponíveis – foi a complicação da vontade. O problema é que em alguns casos os juristas mergulharam tão fundo que deixaram de enxergar a superfície. E a superfície, neste caso, era a prática jurídica. Os ganhos de sofisticação trazidos pelo debate voluntarista são acompanhados, assim, por perdas maciças de utilidade dos textos jurídicos. Os desacordos se multiplicam – e a doutrina, como vimos, não é o melhor lugar para manter um desacordo.

Para além da disjunção entre doutrina e teoria, uma série de componentes da síntese jurídico-filosófica promovida entre juristas bolonheses e salmantinos se perderia entre os séculos XVIII e XIX. Um deles, como se vem dizendo, foi a ideia de justiça comutativa. Outro, aquilo que Wieacker chamou de 'imagem da sociedade'[832]. Alguns juristas procuraram sanar esta última baixa a partir de reviravoltas na teoria. O problema, acreditavam eles, estaria no caráter individualista, ensimesmado ou excessivamente abstrato do positivismo legalista ou, no caso alemão, do positivismo histórico-conceitual de Savigny e seus seguidores. Agrupadas sob a rubrica do 'sociologismo jurídico', suas primeiras propostas não foram imediatamente absorvidas pela doutrina e pela teoria, mas tiveram um impacto duradouro sobre o pensamento contratual. É a partir daqui que a empiria surge como dimensão metodologicamente autônoma da investigação jurídica.

Esse resumo pode sugerir que tudo ficou bem a partir de então: que textos doutrinários, teóricos e empíricos passaram a perseguir suas vocações de modo consciente e articulado, reconhecendo suas particularidades e explorando suas conexões. Infelizmente não foi isso que aconteceu. Doutrina, teoria e empiria não seguiram caminhos bem definidos, tam-

---

[832] v. nota 645 *supra*; e antes, nota 14.

pouco aprofundaram suas sinergias. No fim das contas, prevaleceu a ideia de que a tarefa das pessoas que se dedicam academicamente ao direito tem de ser apenas uma – ou então que ela se fragmentou de tal modo que já não poderia ser organizada tipologicamente. Disputas em torno do que seja a melhor ou mais adequada maneira de pesquisar no campo jurídico se tornaram recorrentes. Juristas teóricos, e aqui se incluem teóricos da pesquisa empírica, passaram a censurar a superficialidade, o conservadorismo e mesmo as pretensões normativas da doutrina. *Praxis sine theoria, caecus in via*. Do outro lado do campo, doutrinadores passaram a criticar o hermetismo, o desconhecimento da tradição e sobretudo o alheamento prático dos textos teóricos. *Theoria sine praxis, rota sine axis*.

Este texto começou com o relato de impressões muito pouco otimistas sobre os rumos da pesquisa em direito. O quadro apresentado no terceiro capítulo, entretanto, mostrou que a redescoberta da 'crise' da doutrina pode camuflar preconceitos elitistas contra sua democratização. A crise com a qual devemos nos preocupar não é uma crise de *produção*, mas uma crise de *identidade*. Doutrina, teoria e empiria assumem posições diferentes no discurso acadêmico contemporâneo. Reconhecer seus diferentes propósitos, métodos e destinatários é o primeiro passo para recobrar a unidade do pensamento jurídico moderno.

REFERÊNCIAS

AARNIO, Aulis – *Essays on the Doctrinal Study of Law* (2011), Dordrecht: Springer;
— – *On Legal Reasoning* (1976), Loimaa: Turun Yliopisto;

ABREU FILHO, José – *O negócio jurídico e sua teoria geral* (1984; 3ª ed., 1995), São Paulo: Saraiva;

ACKERMAN, Bruce A. – *Law, Economics, and the Problem of Legal Culture*, in *Duke Law Journal* 6 (1986);

ADEODATO, João Maurício – *Bases para uma metodologia da pesquisa em direito*, in *Revista Cej* 7 (1999);

AGUIAR JÚNIOR, Ruy Rosado de – *Extinção dos contratos por incumprimento do devedor* (1991; 2ª ed., 2004), Rio de Janeiro: Aide;

AKBARI, Sina – *Against the Reductionism of an Economic Analysis of Contract Law*, in *Canadian Journal of Law and Jurisprudence* 28 (2015);

ALCES, Peter A. – *A Theory of Contract Law. Empirical Insights and Moral Psychology* (2011), Oxford: Oxford University Press;

ALCHOURRÓN, Carlos E.; Bulygin, Eugenio – *Análisis lógico y Derecho* (1991), Madrid: Centro de Estudios Constitucionales;

ALMEIDA, Carlos Ferreira de – *Texto e enunciado na teoria do negócio jurídico*, vol. i (1992), Coimbra: Almedina;

ALMEIDA, Fernando Dias Menezes de – *Contrato Administrativo* (2012), São Paulo: Quartier Latin,

ALPA, Guido – *European private Law: Results, Projects and Hopes*, in *European Business Law Review* 14 (2003);

ALVES, José Carlos Moreira – *A formação romanística de Teixeira de Freitas e seu espírito inovador*, in Sandro Schipani (organização), *Augusto Teixeira de Freitas e il Diritto Latinoamericano* (1983), Padova: Cedam
— – *Da Alienação Fiduciária Em Garantia* (1973), São: Saraiva;

— – *Direito romano*, vol. i (1965; 6ª ed., 1987), Rio de Janeiro: Forense;

— – *Notas sobre a carta de conforto*, in Marcelo Vieira von Adamek (organização), *Temas de direito societário e empresarial contemporâneos. Liber amicorum Prof. Dr. Erasmo Valladão Azevedo e Novaes França* (2011), São Paulo: Malheiros;

— – *O novo Código Civil brasileiro: principais inovações na disciplina do negócio jurídico e suas bases romanísticas*, in *Revista Jurídica* 51 (2003);

AMADIO, Giuseppe – *La condizione di inadempimento. Contributo alla teoria del negozio condizionato* (1996), Padova: Cedam;

AMARI, Emerico – *Critica di una scienza della legislazione comparata* (1857), Genoa: Istituto dei Sordomuti

AQUINO, Tomás de – *Suma teológica* (1265-1273), tradução de Gabriel C. Galache e Danilo Mondoni, vol. v (2004; 4ª ed., 2014), São Paulo: Loyola;

ARANGIO-RUIZ, Vincenzo – *Istituzioni di diritto romano* (1921-192; 14ª ed., 1960), Napoli: Jovene;

— – *Storia del diritto romano* (1936; 7ª ed., 1957), Milano, Giuffrè, 287

ARANTES, Paulo Eduardo – *Um departamento francês ultramar* (1994), São Paulo: Paz e Terra;

ARAÚJO, Fernando – *Teoria económica do contrato* (2007), Coimbra: Almedina;

ARGUELHES, Diego Werneck; Falcão, Joaquim; Schuartz, Luis Fernando – *Jurisdição, Incerteza e Estado de Direito*, in *Revista de direito administrativo* 243 (2006);

ARGYRES, Nicholas S.; Bercovitz, Janet; Mayer, Kyle J. – *Complementarity and Evolution of Contractual Provisions: An Empirical Study of IT Services Contracts*, in *Organization Science* 18 (2007);

ARIDA, Pérsio; Bacha, Edmar Lisboa; Lara-Resende, André – *Credit, Interest, and Jurisdictional Uncertainty: Conjectures on the Case of Brazil*, in Francesco Giavazzi, Ilan Goldfajn e Santiago Herrera, *Inflation Targeting, Debt, and Brazilian Experience. 1999 to 2003* (2005), Cambridge: Mit Press;

ARISTÓTELES – *Ética a Nicômaco*, tradução de António de Castro Caeiro (2004; 3ª ed., 2009), Lisboa: Quetzal;

— – *Política*, tradução de Benjamin Jowett, *Politics*, in Jonathan Barnes (organização), *The Complete Works of Aristotle* (1984; 1995), Princeton: Princeton Univesity Press;

ARLEN, Jennifer H.; Talley, Eric L. (organização) – *Experimental Law and Economics* (2015), Cheltenham: Elgar;

ARMITAGE, David; Guldi, Jo – *Le retour de la longue durée: Une perspective anglo--américaine*, in *Annales* 70, 2 (2015);

REFERÊNCIAS

Arnaud, André-Jean – *Les origines doctrinales du code civil français* (1969), Paris: Lgdj;

Assis, Araken de – *Dano positivo e negativo na dissolução do contrato*, in *Revista do Advogado* 40 (1994);

Association Henri Capitant des Amis de la Culture Juridique Française, *Les droits de tradition civiliste en question. À propos des rapports Doing Business de la Banque Mondiale*, vol. 2 (2006), Paris: Société de Législation Comparée;

Astuti, Guido – *Contratto (diritto intermedio)*, in *Enciclopedia del diritto*, vol. ix (1961), Milano: Giuffrè;

— – *I principi fondamentali dei contratti nella storia del diritto italiano*, in *Annali di storia del diritto* i (1957);

— – *Mos Italicus e Mos Gallicus nei dialoghi "De iuris interpretibus" di Alberico Gentili* (1937), Bologna: Zanichelli;

Atias, Christian – *Epistémologie juridique* (1985), Paris: Puf;

Atiyah, Patrick S. – *Contracts, Promises and the Law of Obligations*, in *Essays on Contract* (1978/1986), Oxford: Clarendon;

— – *The Rise and Fall of Freedom of Contract* (1979; 1985), Oxford: Oxford University Press;

Aubenque, Pierre – *La prudence chez Aristot* (1963), tradução de Marisa Lopes, *A prudência em Aristóteles* (2003), São Paulo, Discurso;

Avenarius, Martin – *Roman Law: Historiography*, in Stanley N. Katz (organização), *The Oxford International Encyclopedia of Legal History*, vol. 5 (2009), Oxford: Oxford University Press;

Ávila, Humberto Bergmann – *A doutrina e o direito tributário*, in *Fundamentos do direito tributário* (2012), São Paulo: Marcial Pons;

— – *Notas sobre o papel da doutrina na interpretação*, in *Conversa sobre a interpretação no direito: estudos em homenagem ao centenário de Miguel Reale* (2011), Canela, Instituto de Estudos Culturalistas;

Ayres, Ian; Gertner, Robert – *Filling Gaps in Incomplete Contracts: An Economic Theory of Default Rules*, in *Yale Law Journal* 99 (1989)

Azevedo, Antônio Junqueira de – *Diferenças de natureza e efeitos entre o negócio jurídico sob condição suspensiva e o negócio jurídico a termo inicial. A colaboração de terceiro para o inadimplemento de obrigação contratual. A doutrina do terceiro cúmplice. A eficácia externa das obrigações*, in *Estudos e Pareceres de Direito Privado* (1998; 2004), São Paulo: Saraiva;

— – *Insuficiências, deficiências e desatualização do projeto de código civil na questão da boa-fé objetiva nos contratos*, in *Revista dos Tribunais* 89 (2000);

— – *Negócio jurídico e declaração negocial (Noções gerais e formação da declaração negocial)* (1986), Tese de Titularidade apresentada à Faculdade de Direito da Universidade de São Paulo;

— – *Negócio Jurídico. Existência, Validade e Eficácia* (1974; 4ª ed., 2002; 2008), São Paulo: Saraiva;

— – *Novos estudos e pareceres de direito privado* (2009), São Paulo: Saraiva;

— – *O direito como sistema complexo de 2ª ordem; sua autonomia. Ato nulo e ato ilícito. Diferença de espírito entre responsabilidade civil e penal. Necessidade de prejuízo para haver direito de indenização na responsabilidade civil* (2001), in *Estudos e Pareceres de Direito Privado* (2004), São Paulo: Saraiva;

— – *O direito pós-moderno*, in *Revista USP* 42 (1999);

BAGCHI, Aditi – *Contract as Procedural Justice*, in *Jurisprudence: An International Journal of Legal and Political Thought* 1 (2016);

BAGCHI, Aditi – *Distributive Injustice and Contract Law*, in Gregory Klass, George Letsas e Prince Saprai (organização), *Philosophical Foundations of Contract Law* (2015), Oxford: Oxford University Press;

— – *Separating Contract and Promise*, in *Florida State University Law Review* 38 (2011);

BALKIN, Jack M. – *Interdisciplinarity as Colonization*, in *Washington & Lee Law Review* 53 (1996);

BAR, Christian von; *et alii* – *Principles, Definitions and Model Rules of European Private Law. Draft Common Frame of Reference* (2009), München: Sellier;

BARBIERI, Catarina Helena Cortada – *O formalismo jurídico de Ernest Weinrib e seus reflexos na teoria da responsabilidade civil* (2012), Tese de doutorado apresentada ao Departamento de Filosofia e Teoria Geral do Direito da Universidade de São Paulo;

BARNARD, Chester – *The Functions of the Executive* (1938; 1962), Cambridge: Harvard University Press;

BARNETT, Randy E. – *A Consent Theory of Contract*, in *Columbia Law Review* 86 (1986);

BEATSON, Jack; Zimmermann, Reinhard (organização) – *Jurists Uprooted: German-speaking Émigré Lawyers in Twentieth-century Britain* (2004), Oxford: Oxford University Press;

BEAZLEY, Mary Beth; Edwards, Linda H. – *The Process and the Product: A Bibliography of Scholarship About Legal Scholarship*, in Mercer Law Review 49 (1998);

BECHER, Tony – *Academic Tribes and Territories. Intellectual Enquiry and the Culture of Disciplines* (1989), Milton Keynes: Open University Press;

—; Trowler, Paul R. – *Academic Tribes and Territories. Intellectual Enquiry and the Culture of Disciplines* (1989; 2ª ed., 2001), Milton Keynes: Open University Press,

BEEVER, Alan; Rickett, Charles – *Interpretive Legal Theory and the Academic Lawyer*, in *Modern Law Review* 68 (2005);

BEHRENDS, Okko – *Institut und Prinzip* (2004), Göttingen: Wallstein;

— – *The Natural Freedom of the Human Person and the Rule of Law in the Perspective of the Classical Roman Legal Theory*, in *The Tulane European & Civil Law Forum* 26 (2011);

BELL, John – *Legal Research and the Distinctiveness of Comparative Law*, in Mark Van Hoecke (organização), *Methodologies of Legal Research: Which Kind of Method for What Kind of Discipline?* (2011), Portland: Hart;

BELLOMO, Manlio – *L'Europa del diritto comune* (1989), tradução de Lydia G. Cochrane, *The Common Legal Past of Europe* (1995), Washington: Catholic University of America Press;

BENEDETTI, Giuseppe – *Il diritto comune dei contratti e degli atti unilaterali tra vivi a contenuto patrimoniale* (1991; 2ª ed., 1997), Napoli: Jovene;

BENSON, Peter – *Contract*, in Dennis Patterson (organização), *A Companion to Philosophy of Law and Legal Theory* (1996; 2ª ed, 2010), Oxford: Blackwell;

— – *The Unity of Contract Law*, in Peter Benson (organização), *The Theory of Contract Law: New Essays* (2001), Cambridge: Cambridge University Press;

BERGH, Rena van den – *Roman Law: 27 b.c.e.-250 c.e.*, in in Stanley N. Katz (organização), *The Oxford International Encyclopedia of Legal History*, vol. 5 (2009), Oxford: Oxford University Press;

BERMAN, Harold – *Law and Revolution. The Formation of the Western Legal Tradition* (1983), Cambridge: Harvard University Press;

—; Reid, Jr., Charles J. – *Roman Law in Europe and the* Jus Commune: *a Historical Overview with Emphasis on the New Legal Science of the Sixteenth Century*, in *Syracuse Journal of International Law and Commerce* 20 (1994);

BERNSTEIN, Lisa – *Opting Out of the Legal System: Extralegal Contractual Relations in the Diamond Industry*, in *Journal of Legal Studies* 115 (1992);

BERTANI, Corrado – *Eduard Gans e i problemi del diritto internazionale*, in *Materiali per una storia della cultura giuridica* 2 (2004);

BETTI, Emilio – *Teoria generale del negozio giuridico* (1943; 2ª ed., 1950; 1994), Napoli: Edizioni Scientifiche Italiane;

BEVILAQUA, Clovis – *Código Civil dos Estados Unidos do Brasil commentado* (1916; 2ª ed., 1921), Rio de Janeiro: Francisco Alves;

— – *Resumo das lições de legislação comparada sobre direito privado* (1893), Recife: Boulitreau;

BIROCCHI, Italo – *Causa e categoria generale del Contratto. Un problema dogmatico nella cultura privatistica dell'età moderna. I. Il cinquecento* (1997);

— – *La questione dei patti nella dottrina tedesca dell'usus modernus*, in *Saggi sulla formazione storica della categoria generale di contratto* (1988), Cagliari: Cuec;

BLACK, Julia – *Financial Markets*, in Peter Cane e Herbert H. Kritzer (organização), *The Oxford Handbook of Empirical Legal Research* (2012), Oxford: Oxford University Press;

BLACKSTONE, William – *Commentaries on the Laws of England*, tomo 2 (1765-1769/1893), Philadelphia: Lippincott;

BOBBIO, Norberto – *Teoria generale del diritto* (1993), tradução de Denise Agostinetti, *Teoria geral do direito* (2007), São Paulo: Martins Fontes;

BORDAT, Joseph – *Late Scholasticism*, in Stanley N. Katz (organização), *The Oxford International Encyclopedia of Legal History*, vol. 4 (2009), Oxford: Oxford University Press;

BORK, Robert H. – *Saving Justice: Watergate, the Saturday Night Massacre, and Other Adventures of a Solicitor General* (2013), New York: Mary Ellen;

BRANDEIS, Louis D. – *The Opportunity in the Law*, in *American Law Review* 39 (1905);

BRAUDEL, Fernand [Paul Achille] – *La longue durée*, in *Annales* 13 (1958);

— – *La Méditerranée et le monde méditerranéen à l'époque de Philippe II* (1949; 2ª ed., 1966), Paris: Armand Colin;

BRAUN, Alexandra – *Giudici e accademia nell'esperienza inglese* (2006), Bologna: Il Mulino;

— – *The English Codification Debate and the Role of Jurists in the Development of Legal Doctrines*, in Michael Lobban e Julia Moses (organização), *The Impact of Ideas on Legal Development* (2002), Cambridge: Cambridge University Press;

BRESCIANI, Rafael Helou – *Reflexões sobre a competência do BC em analisar questões de concorrência no âmbito do SFN* (2015), disponível em http://jota.info/8g10n;

REFERÊNCIAS

BREST, Paul – *Plus ça Change*, in *Michigan Law Review* 91 (1993);

BRETONE, Mario – *La storia del diritto romano e la romanistica come storia*, in *Diritto e tempo nella tradizione europea* (1996), Bari: Laterza;

BREWER, Scott – *Scientific Expert Testimony and Intellectual Due Process*, in *Yale Law Journal* 107 (1998);

BURKE, Peter – *The French Historical Revolution: The Annales School, 1929-1989* (1990), tradução de Nilo Odalia, *A Escola dos Annales (1929-1989). A revolução francesa da historiografia* (1990; 2ª ed., 2010), São Paulo: Editora Unesp;

CALABRESI, Guido – *Some Thoughts on Risk Distribution and the Law of Torts*, in *Yale Law Journal* 70 (1961);

— – *The Cost of The Accidents. A Legal and Economic Analysis* (1970), New Haven: Yale Unviersity Press;

CALAMANDREI, Piero – *La cassazione civile* (1920), Roma: Fratelli Bocca;

CALASSO, Francesco – *Il negozio giuridico* (1960), Milano: Giuffrè;

CAMPILONGO, Celso Fernandes; Rocha, Jean Paul Cabral Veiga da; Mattos, Paulo Todescan Lessa (organização), *Concorrência e regulação no sistema financeiro* (2002), São Paulo: Max Limonad;

CANARIS, Claus-Wilhelm – *Die Bedeutung der iustitia distributiva im deutschen Vertragsrecht* (1997), München: Bayerischen Akademie der Wissenschaften;

— – *Die Vertrauenschaftung im deutschen Privatrecht* (1971), München: Beck;

CÂNDIDO, Antônio – *Literatura e Sociedade* (1965; 9º ed., 2006), Rio de Janeiro: Ouro Sobre Azul;

CANE, Peter; e Kritzer, Herbert M. – *Introduction*, in Peter Cane e Herbert M. Kritzer (organização), *The Oxford Handbook of Empirical Legal Research* (2012), Oxford: Oxford University Press;

CAPOBIANCO, Ernesto – *Il contratto: dal testo alla regola* (2006), Milano: Giuffrè;

CAPPELLETTI, Mauro – *The Doctrine of Stare Decisis and the Civil Law: A Fundamental Difference – Or No Difference at All?*, in Herbert Bernstein, Ulrich Drobnig, Hein Kötz, *Festschrift für Konrad Zweigert* (1981), Tübingen: Mohr;

CAPPELLINI, Paolo – *Negozio giuridico (storia)*, in *Digesto delle discipline privatistiche. Sezione civile*. vol. XII (1995), Torino: Unione Tipografico-Editrice Torinese;

— – *Sulla formazione del moderno concetto di 'dottrina generale del diritto'*, in *Quaderni fiorentini per la storia del pensiero giuridico moderno* 10 (1981);

CARONE, Pio – *Saggi sulla storia della codificazione* (1998), Milano: Giuffrè;

CASTRO, Dinorah; Pinheiro, Francisco – *Idéias filosóficas na Faculdade de Direito da Bahia* (1997), Salvador: Ufba;

CASTRO, Marcus Faro de – *Análise Jurídica da Política Econômica*, in *Revista da Procuradoria-Geral do Banco Central* 3 (2009),

— – *Formas jurídicas e mudança social. Interações entre o direito, a filosofia, a política e a economia* (2012), São Paulo, Saraiva;

CASTRONOVO, Carlo – *Liability Between Contract and Tort*, in Thomas Wilhelmson (organização), *Perspectives of Critical Contract Law* (1993), Aldershot: Dartmouth;

CATAUDELLA, Antonino – *Sul contenuto del contratto* (1974), Milano: Giuffrè;

CAZZETTA, Giovanni – *Scienza giuridica e trasformazioni sociali. Diritto e lavoro in Italia tra otto e novecento* (2007), Milano: Giuffrè;

CÉSAR, José Augusto – *Sobre o projeto do Código Civil brasileiro*, in *Ensaio sobre os actos jurídicos* (1913), Campinas: Casa Genoud

CESARINO JÚNIOR, Antônio Ferreira – *Contrato coletivo de trabalho*, in *Revista da Faculdade de Direito da Universidade de São Paulo* 35 (1939);

CHAMBOST, Anne-Sophie (organização) – *Histoire des manuels de droit* (2014), Paris, Lgdj;

CHEREDNYCHENKO, Olha O. – *Freedom of Contract in the Post-Crisis Era: Quo Vadis?* European Review of Contract Law 10(3) (2014);

CHEVALLIER, Jacques – *Doctrine juridique et science juridique*, in *Droit et société* 50 (2002);

CIMBALI, Enrico – *La nuova fase del diritto civile nei rapporti economici e sociali con proposte di riforma della legislazione civile vigente* (1885), tradução de Adherbal de Carvalho, *A nova phase do direito civil: suas relações economicas e sociaes* (1900), Rio de Janeiro; Livraria Clássica;

CLAVERO SALVADOR, Bartolomé – *Historia del derecho común* (1979; 1994), Salamanca: Ediciones Universidad de Salamanca;

COASE, Ronald H. – *The Problem of Social Cost*, in *Journal of Law and Economics* 3 (1960);

COGLIOLO, Pietro – *Filosofia del diritto privato* (1888), tradução de Eduardo Espínola, *Filosofia do direito privado* (1898), Salvador: Impreza;

COHEN, Felix S. – *Bentham's Theory of Fictions* [book review], in *Yale Law Journal* 42 (1933),

COHEN, Morris R. – *The Place of Logic in the Law*, in *Harvard Law Review* 29 (1912);

REFERÊNCIAS

COING, Helmut – *Europäisches Privatrecht* (1985-1989), tradução de Antonio Pérez Martín, *Derecho privado europeo*, tomo II (1996), Madrid: Fundación Cultural del Notariado;

COLEMAN, Jules L. – *Methodology*, in Jules Coleman e Scott Schapiro (organização), *The Oxford Handbook of Jurisprudence & Philosophy of Law* (2002), Oxford: Oxford University Press;

— – *Legal Theory and Practice*, in *Georgetown Law Journal* 83 (1995);

— – *Negative and Positive Positivism*, in *Journal of Legal Studies* 11 (1982);

COLLINS, Hugh – *Regulating Contracts* (1999), Oxford: Oxford University Press;

COMPARATO, Fábio Konder – *A civilização capitalista* (2014), São Paulo: Saraiva;

— – *Notas sobre a resolução de contratos*, in *Direito empresarial: estudos e pareceres* (1990), São Paulo, Saraiva;

COOTER, Robert D.; Ulen, Thomas S. – *Law & Economics* (1988; 6ª ed., 2011), Boston: Pearson;

CORDEIRO, António Manuel da Rocha e Menezes – *Da boa fé no direito civil* (1983; 2007), Coimbra: Almedina;

CORREIA, Alexandre; Sciacia, Gaetano – *Manual de direito romano*, vol. i (1949), São Paulo, Saraiva;

CORTESE, Ennio – *Il rinascimento giuridico medievale* (1996), Roma: Bulzoni;

COURTIS, Christian – *El juego de los juristas. Ensayo de caracterización de la investigación dogmatica*, in Christian Courtis (organização), *Observar la ley. Ensayos sobre metodología de la investigación jurídica* (2006), Madrid: Trotta;

CRASWELL, Richard – *Contract Law, Default Rules, and the Philosophy of Promising*, in *Michigan Law Review* 88 (1989);

CRUZ, Guilherme Braga da – *O direito subsidiário na história do direito português*, in *Revista portuguesa de história* xiv (1975);

CUENA BOY, Francisco José – *La doctrina de los autores* (resenha), in *Quaderni fiorentini per la storia del pensiero giuridico moderno* 37 (2008);

DAGAN, Hanoch – *Pluralism and Perfectionism in Private Law*, in *Columbia Law Review* 112 (2012);

— – *Reconstructing American Legal Realism & Rethinking Private Law Theory* (2013);

DALTON, Claire – *An Essay in the Deconstruction of Contract Doctrine*, in *Yale Law Journal* 94 (1985);

DAN-COHEN, Meir – *Listeners and Eavesdroppers: Substantive Legal Theory and Its Audience*, in *University of Colorado Law Review* 63 (1992);

DANNER, Richard A. – *Oh, The Treatise!*, in *Michigan Law Review* 111 (2013);

DANTAS, Francisco Clementino de San Tiago – *Ciência e consciência – um estudo sobre Clovis Bevilaqua*, in *Figuras do direito* (1962; 2ª ed., 2002), Rio de Janeiro: Forense;

DAUBE, David – *Roman Law: Linguistic, Social, and Philosophical Aspects* (1969), Edinburgh: Edinburgh University Press;

DAWSON, John P. – *Gifts and Promises* (1980), New Haven: Yale University Press;

— – *The Oracles of The Law* (1968; 1986), New York: William S. Hein.

DE NOVA, Giorgio – *Il tipo contrattuale* (1974), Padova: Cedam;

DECOCK, Win – *Theologians and Contract Law. The Moral Transformation of the Ius Commune (ca. 1500-1650)* (2013), Leiden: Martinus Nijhoff;

DEL NERO, João Alberto Schützer – *Conversão Substancial do Negócio Jurídico* (2001), Rio de Janeiro: Renovar;

DEL VECCHIO, Giorgio – *La crise della scienza del diritto*, tradução de Luiz Antônio de Andrade, *A crise da ciência do direito*, in *Revista forense* 85 (1941);

DI SPIRITO, Marco Paulo Denucci – *O papel da doutrina no Estado Democrático de Direito*, in *Conjur* (06.01.2006), disponível em http://www.conjur.com.br/2006-jan-06/papel_doutrina_ estado_democratico_direito;

DIBADJ, Reza – *Fashions and Methodology,* in Rob van Gestel, Hans Micklitz e Edward L. Rubin (organização), *Rethinking Legal Scholarship: A Transatlantic Interchange* (2016), Cambridge: Cambridge University Press;

DOMAT, Jean – *Les loix civiles dans le ordre naturel*, tomo i (1698; 2ª ed., 1967), Paris: Pierre Auboüin;

DONAHUE, Jr., Charles – *Jus Commune, Canon Law, and Common Law In England*, in *Tulane Law Review* 66 (1992);

DOSSE, François, *L'Histoire* (2000), tradução (da 2ª ed., 2010) de Roberto Leal Ferreira, *A história* (2012), São Paulo: Editora Unesp;

DOUVERNY, Felipe Epprecht – *Agere, cavere, respondere: a atividade consultiva dos juristas romanos como fonte do direito* (2013), Dissertação de mestrado apresentada ao Departamento de Direito Civil da Faculdade de Direito da Universidade de São Paulo;

DUXBURY, Neil – *Ambition and Adjudication*, in *University of Toronto Law Journal* 47 (1997);

DWORKIN, Ronald – *Hard Cases* (1975), in *Taking Rights Seriosly* (1978), Cambridge: Harvard University Press;

— – *In Praise of Theory*, in *Arizona State Law Journal* 29 (1997);

REFERÊNCIAS

— - *Law's Empire* (1986), Cambridge, Belknap;
— - *The Model of Rules I*, in *Taking Rights Seriously* (1977), Cambridge: Harvard University Press;
— - *Thirty Years On*, in *Harvard Law Review* 115 (2003);

EDWARDS, Harry T. - *The Growing Disjunction Between Legal Education and the Legal Profession*, in *Michigan Law Review* 91 (1992);

EIDENMÜLLER, Horst G. M. - *Party Autonomy, Distributive Justice and the Conclusion of Contracts in the dcfr*, in *European Review of Contract Law* 5 (2009);

ELLICKSON, Robert C. - *Of Coase and Cattle: Dispute Resolution Among Neighbors in Shasta Count*, in *Stanford Law Review* 38 (1986);

— - *Unpacking the Household: Informal Property Rights Around the Hearth*, in *Yale Law Journal* 116 (2006);

ENGLARD, Izhak - *Corrective and Distributive Justice: From Aristotle to Modern Times* (2009), Oxford, Oxford University Press;

ERPEN, Décio Antonio - *Da promessa de doar nas separações judiciais*, in *Revista dos Tribunais* 77 (1988);

ERTMAN, Martha - *Love's Promises: How Formal and Informal Contracts Shape All Kinds of Families* (2015), Boston: Beacon;

ESPÍNOLA, Eduardo - *Sistema do direito civil brasileiro* (1908), Bahia: Reys;

ESQUIROL, Jorge L. - *The 'Three Globalizations' in Latin America*, in *Comparative Law Review* 3 (2012);

FALZEA, Angelo - *Rilevanza giuridica*, in *Enciclopedia del diritto*, vol. xl (1989), Milano: Giuffrè;

FARBER, Daniel A. - *What (If Anything) Can Economics Say About Equity?*, in *Michigan Law Review* 101 (2003);

FARIA, José Eduardo Campos de Oliveira; Campilongo, Celso Fernandes - *A sociologia jurídica no Brasil* (1991), Porto Alegre: Sergio Antonio Fabris;

FASSÒ, Guido - *Storia della filosofia del diritto* (1966), vol. i, Bologna: Il Mulino;

— - *Storia della filosofia del diritto* (1968), vol. III. Bologna: Il Mulino;

FEENSTRA, Robert - *L'influence de la Scolastique espagnole sur Grotius en droit privé: quelques expériences dans des questions de fond et de forme, concernant notamment les doctrines de l'erreur et de l'enrichissement sans cause*, in Paolo Grossi (organização), *La seconda scolastica nella formazione del diritto privato moderno* (1972), Milano: Giuffrè;

FEINMAN, Jay M. – *The Jurisprudence of Classification*, in *Stanford Law Review* 41 (1989);

FELDMAN, David – *The Nature of Legal Scholarship*, in *Modern Law Review* 52 (1989),

FERGUSON, Robert – *The Judicial Opinion as a Literary Genre*, in *Yale Journal of Law and Humanities* 2 (1990);

FERNANDES, Adaucto – *O contrato no direito brasileiro*, vol. i (1945), Rio de Janeiro: Coelho Branco;

FERRÃO; Brisa Lopes de Mello; Ribeiro, Ivan César – *Os juízes brasileiros favorecem a parte mais fraca?*, in *Revista de direito administrativo* 244 (2007);

FERRAZ JUNIOR, Tercio Sampaio – *Conceito de sistema no direito* (1976), São Paulo: Revista dos Tribunais;

— – *Função social da dogmática jurídica* (1980), São Paulo: Revista dos Tribunais;

— – *Introdução ao Estudo do Direito. Técnica, Decisão, Dominação* (1988; 6ª ed., 2011), São Paulo: Atlas;

FERREIRA, Waldemar Martins – *A história do direito nos cursos jurídicos do Brasil*, in *Revista da Faculdade de Direito de São Paulo* 45 (1950);

FERRI, Giovanni Battista – *Causa e tipo nella teoria del negozio giuridico* (1968), Milano, Giuffrè;

FERRI, Giovanni Battista – *Il negozio giuridico* (2004), Padova: Cedam;

— – *Il negozio giuridico tra libertà e norma* (1987; 5ª ed., 1995), Rimini: Maggioli;

FERRI, Luigi – *L'autonomia privata* (1959), Milano, Giuffrè;

FINNIS, John – *Natural Law and Natural Rights* (1980; 2ª ed., 2011), Oxford: Oxford University Press;

FISHER III, William W. – *Texts and Contexts: The Application to American Legal History of the Methodologies of Intellectual History*, in *Stanford Law Review* 49 (1997);

—; Horwitz, Morton J. – *American Legal Realism* (1993), Oxford: Oxford University Press;

FLEISCHACKER, Samuel – *A Short History of Distributive Justice* (2004), Cambridge: Harvard University Press;

FLÜCKIGER, Alexandre; Tanquerel, Thierry (organização) – *L'evaluation de la recherche en droit: enjeux et methodes* (2015), Bruylant: Penser le droit;

FLUME, Werner – *Das Rechtsgeschäft* (1964), tradução (da 4ª ed., 1992) de José María Miquel Gonzávez e Esther Gómez Calle, *El negocio jurídico* (1998), Madrid: Fundación Cultural del Notariado;

REFERÊNCIAS

FONSECA, Maria Guadalupe Piragibe da – *Ligações melindrosas: uma reflexão a respeito da sociologia aplicada ao direito*, in Luciano Oliveira e Eliane Botelho Junqueira, *Ou isto ou aquilo. A sociologia jurídica nas faculdades de direito* (2002), Rio de Janeiro: Letra Capital;

FORGIONI, Paula A. – *Teoria geral dos contratos empresariais* (2010; 2ª ed., 2011), São Paulo: Revista dos Tribunais;

FORRAY, Vincent – *Property Structures Underlying Contract*, in *European Review of Contract Law* 9 (2013);

FOUCAULT, Michel – *Naissance de la biopolitique* (1978-1979; 2004), tradução de Eduardo Brandão, *Nascimento da Biopolítica* (2008), São Paulo: Martins Fontes;

FRAGALE FILHO, Roberto – *Prefácio* a Fernando de Castro Fontainha e Pedro Heitor Barros Geraldo (organização), *Sociologia Empírica do Direito* (2015), Rio de Janeiro: Fgv;

FRANK, Jerome N. – *Civil Law Influences on the Common Law – Some Reflections on "Comparative" and "Contrastive" Law*, in *University of Pennsylvania Law Review* 104 (1956);

FREEDLAND, Mark – *The Personal Employment Contract* (2003; 2006), Oxford: Oxford University Press;

FREITAS, Augusto Teixeira de – *Codigo Civil. Esbôço* (1864; 1983), Brasília: Ministério da Justiça;

— – *Consolidação das Leis Civis* (1857), Rio de Janeiro: Laemmert;

— – *Nova Apostilla à Censura do Senhor Alberto de Moraes Carvalho sobre o Projecto do Codigo Civil Portuguez* (1859), Río de Janeiro: Laemmert;

FRIED, Charles – *Contract as Promise. A Theory of Contractual Obligation* (1981), Cambridge: Harvard University Press;

FULLER, Lon L. – *Consideration and Form*, in *Columbia Law Review* 41 (1941);

—; Perdue, Jr., William R. – *The Reliance Interest in Contract Damages* [partes I e II], in *Yale Law Journal* 46 (1936);

GALGANO, Francesco – *Negozio giuridico (dottrine gen.)*, in *Enciclopedia del diritto*, vol. XXVII (1977), Milano, Giuffrè;

GALLO, Filippo – *Sulla definizione celsina del diritto*, in *Studia et documenta historiae et iuris* 53 (1987);

GARCIA NETO, Paulo Macedo – *A questão social na Era Vargas: entre a regulação de trabalho da CLT e os "fins sociais" da Lei de Introdução ao Código Civil*, in Carlos

Guilherme Mota e Natasha Schmitt Caccia Salinas, *Os juristas na formação do Estado-Nação brasileiro. 1930-dias atuais* (2010), São Paulo: Saraiva;

GARCÍA Y GARCÍA, Antonio – *The Faculties of Law*, in Hilde de Ridder-Symoens (organização), *A History of the University in Europe* (1992), Cambridge: Cambridge University Press;

GARDNER, John – *Legal Positivism: 5 1/2 Myths* (2001), in *Law as a Leap of Faith* (2012), Oxford: Oxford University Press;

GARRO, Alejandro M. – *Unification and Harmonization of Private Law in Latin America*, in *American Journal of Comparative Law* 40 (1992);

GAVA, John – *How Should Judges Decide Commercial Contract Cases?*, in *Journal of Contract Law* 133 (2013);

GENY, François – *Méthode d'interprétation et sources en droit privé positif* (1899; 2ª ed., 1919) Paris: Lgdj;

GESTEL, Rob van; Micklitz, Hans-Wolfgang – *Why Methods Matter in European Legal Scholarship*, in *European Law Journal* 20 (2014);

GHESTIN, Jacques – *Cause de l'engagement et validité du contrat* (2006), Paris: Lgdj;

— – *The Contract as Economic Trade*, in Eric Brousseau e Jean-Michel Glachant (organização), *The Economics of Contracts: Theories and Applications* (2002), Cambridge: Cambridge University Press;

GHIRARDI, José Garcez; *et alii* – *Observatório do Ensino de Direito* [relatório] (2013), São Paulo;

GIAQUINTO, Adolfo di Majo – *L'esecuzione del contratto* (1967), Milano: Giuffrè;

GILISSEN, John – *Introduction historique au droit* (1979), tradução de António Manuel Botelho Hespanha e Luís Manuel Macaísta Malheiros, *Introdução histórica ao direito* (1986; 3ª ed., 2001), Lisboa, Calouste Gulbenkian;

GILLESPIE, Michael Allen – *The Theological Origins of Modernity* (2008), Chicago: The University of Chicago Press;

GILMORE, Grant – *The death of contract* (1974; 1995), Ohio: Ohio State University;

GILSON, Ronald J.; Sabel, Charles F.; Scott, Robert E. – *Contract and Innovation: The Limited Role of Generalist Courts in the Evolution of Novel Contractual Forms*, in *New York University Law Review* (2013);

— – *Text and Context: Interpretation as Contract Design*, in *Cornell Law Review* 100 (2014);

GIORGIANNI, Michele – *Volontà (dir. priv.)*, in *Enciclopedia del diritto*, vol. xlvi (1993), Milano: Giuffrè;

REFERÊNCIAS

GLEZER, Rubens Eduardo – *O positivismo de Joseph Raz: autoridade e razão prática sem prática social* (2015), Tese de doutorado apresentada à Faculdade de Direito da Universidade de São Paulo;

GOBERT, Michelle – *Le temps de penser la doctrine*, in *Droits. Revue Française de Théorie Juridique* 20 (1994);

GODOY, Arnaldo Sampaio de Moraes – *Direito e Economia: Introdução ao movimento Law and Economics*, in *Revista jurídica* 73 (2005);

GOETZ, Charles J.; Scott, e Robert E. – *The Limits of Expanded Choice: An Analysis of the Interactions Between Express and Implied Contract Terms*, in *California Law Review* 73 (1985);

— – *Liquidated Damages Penalties and the Just Compensation Principle: Some Notes on an Enforcement Model of Efficient Breach*, in *Columbia Law Review* 77 (1977);

GOLDBERG, John C. P. – *Introduction: Pragmatism and Private Law*, in *Harvard Law Review* 125 (2012);

GOMES, Orlando – *A crise do direito matrimonial*, in *A crise do direito* (1955), São Paulo, Max Limonad Gomes, Orlando – *Contratos* (1959), Rio de Janeiro: Forense;

— – *A literatura jurídica no Brasil*, in *Revista forense* 177 (1958);

— – *Decadência do voluntarismo jurídico e novas figuras jurídicas*, in *Transformações gerais do direito das obrigações* (1967), São Paulo: Revista dos Tribunais;

— – *Influência da inflação nos contratos*, in *Transformações gerais do direito das obrigações* (1967), São Paulo: Revista dos Tribunais;

— – *Influência da legislação do trabalho na evolução do direito*, in *Direito do trabalho. Estudos* (1941), Salvador: Forum;

— – *Introdução ao direito civil* (1957; 2ª ed., 1965), Rio de Janeiro: Forense;

— – *Introdução ao direito civil* (1957), Rio de Janeiro: Forense;

— – *O tetragrama da justiça* (1936), in *A crise do direito* (1945), Salvador: Vera-Cruz;

— – *Sinais novos da crise do direito*, in *Escritos menores* (1981), São Paulo: Saraiva;

— – *Socialização do direito privado* (1932), in *A crise do direito* (1945), Bahia: Vera-Cruz;

GORDLEY, James R. – *Codification and Legal Scholarship*, in *University of California Davis Law Review* 31 (1998);

— – *Morality and Contract: The Question of Paternalism*, in *William & Mary Law Review* 48 (2007);

— – *Myths of the French Civil Code*, in *American Journal of Comparative Law* 42 (1994);

— - *Equality in Exchange*, in *California Law Review* 69 (1981);

— - *Foundations of Private Law. Property, Tort, Contract, Unjust Enrichment* (2006), Oxford: Oxford University Press;

— - *The Jurists* (2014), Oxford: Oxford University Press;

— - *The Philosophical Origins of Modern Contract Doctrine* (1991), Oxford: Oxford University Press;

— - *Tort Law in the Aristotelian Tradition*, in David G. Owen, *Philosophical Foundations of Tort Law* (1995), Oxford: Oxford University Press;

—; Mehren, Arthur [Taylor] von – *An Introduction to the Comparative Study of Private Law* (2006), Cambridge: Cambridge University Press;

Gordon, Robert W. - *Critical Legal Histories*, in *Stanford Law Review* 36 (1984);

— - *Lawyers, Scholars, and the "Middle Ground"*, in *Michigan Law Review* 91 (1992);

— - *Macaulay, Macneil and the Discovery of Solidarity and Power in Contract Law*, in *Wisconsin Law Review* [s.n.] (1985);

GORLA, Gino – *Il contratto. Problemi fondamentali tratatti con il metodo comparativo e casistico* (1954), Milando: Giuffrè;

GRAZIADEI, Michele – [Resenha de *Foundations of Private Law*, de James Gordley], in *American Journal of Comparative Law* 58 (2010);

GRECHENIG, Kristoffel; Gelter, Martin – *The Transatlantic Divergence in Legal Thought: American Law and Economics vs. German Doctrinalism*, in *Hastings International and Comparative Law Review* 31 (2008);

GREEN, Leslie – *Law and Obligations*, in Jules Coleman e Scott Schapiro (organização), *The Oxford Handbook of Jurisprudence & Philosophy of Law* (2002), Oxford: Oxford University Press;

GRISEZ, Germain – *The First Principle of Practical Reason. A Commentary on the Summa Theologiae, 1-2, Question 94, Article 2* (1965), tradução de José Reinaldo de Lima Lopes, *O primeiro princípio da razão prática*, in *Revista Direito GV* 6 (2007);

GROSSI, Paolo – *L'ordine giuridico medievale* (2006), Roma: Laterza;

— - *Pensiero giuridico (Appunti per una 'voce' enciclopedica)*, in *Quaderni fiorentini* 17 (1988);

— - *Scienza giuridica italiana. Un profilo storico (1860-1950)* (2000), Milano: Giuffrè;

— (organização) – *La seconda scolastica nella formazione del diritto privato moderno* (1972), Milano: Giuffrè;

GRUNDMAN, Stefan – *The Architecture of European Codes and Contract Law Structures and Contents*, in Stefan Grundamnn (organização), *The Architecture of European Codes and Contract Law* (2006), Dordrecht: Kluwer;

GUASTINI, Riccardo – *Dalle fonti alle norme* (1990), Torino: Giappichelli;

— – *Juristenrecht: Inventing Rights, Obligations, and Powers*, in Jordi Ferrer Beltrán, José Juan Moreso e Diego M. Papayannis, *Neutrality and Theory of Law* (2013), Dordrecht: Springer;

GUTMANN, Daniel – *La fonction sociale de la doctrine juridique*, in *Revue trimmestrielle de droit civil* 3 (2002);

HAFERKAMP, Hans-Peter – *The Science of Private Law and the State in Nineteenth Century Germany*, in *The American Journal of Comparative Law* 56 (2008);

HAGE, Jaap – *A Model of Juridical Acts: Part 1: The World of Law*, in *Artificial Intelligence and Law* 19 (2011);

HAKIM, Nader – *L'autorité de la doctrine civiliste française au XIXème siécle* (2002), Paris: Lgdj;

HALPÉRIN, Jean-Louis – *Histoire du droit privé français depuis 1804* (1996; 2ª ed., 2012), Paris: Puf;

HAN, Shiyuan – *Principles of Asian Contract Law: An Endeavor of Regional Harmonization of Contract Law in East Asia*, in *Villanova Law Review* 58 (2013);

HART, Dieter – *Towards Risk Management contract Law?*, in Thomas Wilhelmson (organização), *Perspectives of Critical Contract Law* (1993), Aldershot: Dartmouth;

HART, Henry M.; Sacks, Albert M. – *The Legal Process: Basic Problems in the Making and Application of Law* (1958), Cambridge: Foundation [edição tentativa];

HART, Herbert L. A. – *Jhering's Heaven of Concepts and Modern Analytical Jurisprudence*, in *Essays in Jurisprudence and Philosophy* (1983; 2001), Oxford: Clarendon;

— – *The concept of law* (1961; 2ª ed., 1994), Oxford: Oxford University Press;

HART, Oliver; Moore, John – *Incomplete Contracts and Renegotiation*, in *Econometrica* 56 (1988);

HAYEK, Friedrich – The *Use of Knowledge in Society*, in *American Economic Review* 35 (1945)

HEALY, Thomas – *The Great Dissent. How Oliver Wendell Holmes Changed His Mind – and Changed the History of Free Speech in America* (2013), New York: Metropolitan;

HECK, Philipp – *Gesetzesauslegung und Interessenjurisprudenz* (1914), tradução de José Osório, *Interpretação da lei e jurisprudência dos interesses* (1947), Coimbra: Arménio Amado;

HEDLEY, Steve – *The Shock of the Old: Interpretivism in Obligations*, in Charles Rickett e Ross Grantham, *Structure and Justification in Private Law: Essays for Peter Birks* (2008), Oxford: Hart;

HESPANHA, António Manuel [Botelho] – *Direito comum e direito colonial*, in *Panóptica* 3 (2006);

— – *Imbecillitas. As bem-aventuranças da inferioridade nas sociedades do Antigo Regime* (2010), São Paulo: Annablume;

HESSELINK, Martijn W. – *Democratic Contract Law*, in *European Review of Contract Law* 11 (2015);

— – *Five political ideas of European contract law*, in *European Review of Contract Law* 7 (2011);

— – *Towards a Sharp Distinction between b2b and b2c? On Consumer, Commercial and General Contract Law after the Consumer Rights Directive*, in European Review of Private Law 18 (2010);

HEVIA, Martín – *Reasonableness and Responsibility: A Theory of Contract Law* (2013), Dordrecht: Springer;

HILLMAN, Robert A. – *Court Adjustment of Long-Term Contracts: An Analysis Under Modern Contract Law, Duke Law Journal* 1 (1987);

HOBBES, Thomas – *Leviathan* (1651; 1955), Oxford: Oxford University Press;

HOECKE, Mark van – *Legal Doctrine: Which Method(s) for What Kind of Discipline?*, in Mark van Hoecke (organização), *Methodologies of Legal Research: Which Kind of Method for What Kind of Discipline?* (2011), Oxford: Hart Publishing;

HOEFLICH, Michael H. – *Law & Geometry: Legal Science from Leibniz to Langdell*, in *American Journal of Legal History* 30 (1986);

HOHFELD, Wesley N. – *Some Fundamental Legal Conceptions as Applied in Judicial Reasoning.* Yale Law Journal 23 (1913);

HOLMES, Jr., Oliver Wendell – *The Common Law* (1881; 1991), New York: Dover;

— – *The Path of the Law*, in *Harvard Law Review* 10 (1897);

HONORÉ, Tony – *Gaius* (1962), Oxford, Oxford University Press;

— – *Ulpian. Pioner of Human Rights* (1982; 2ª ed,, 2002), Oxford, Oxford University Press;

HUME, David – *A Tratise of Human Nature* (excerto: livro III, *Of Morals*, 1738), in *Moral Writings* (2006), Indianapolis: Hackett;

HYLAND, Richard – *Gifts. A Study in Comparative Law* (2009; 2011), Oxford: Oxford University Press;

— – *Pacta Sunt Servanda: A Meditation*, in *Virginia Journal of International Law* 34 (1994);

IBBETSON, David – *A Historical Introduction to the Law of Obligations* (1999), Oxford: Oxford University Press;

IRTI, Natalino – *Esecizî di lettura sul nichilismo giuridico*, in *Nichilismo giuridico* (2004), Bari: Laterza;

IRTI, Natalino – *Il negozio giuridico come categoria storiografica* (1990), in *Letture bettiane sul negozio giuridico* (1991), Milano: Giuffrè;

— – *Letture bettiane sul negozio giuridico* (1991), Milano: Giuffrè;

— – *Scambi senza accordo*, in *Norma e luoghi. Problemi di geo-diritto* (1998; 2001), Bari: Laterza;

— – *Scuole e figure del diritto civile* (1986), Milano: Giuffrè;

— (organização) – *La polemica sui concetti giuridici* (2004), Milano: Giuffrè;

JAMIN, Christophe – *A construção do pensamento jurídico francês: interrogações sobre um modelo original à luz de seu antimodelo*, in *Revista de direito público da economia* 21 (2008);

— – *Le droit des manuels de droit ou l'art de traiter la moitié du sujet*, in Anne-Sophie Chambost, *Histoire des manuels de droit* (2014), Paris, Lgdj;

JELLINEK, Georg – *System der subjektiven öffentlichen Rechte* (1892), tradução de Gaetano Vitagliano, *Sistema dei diritti pubblici subbiettivi* (1912), Milano: Società Editrice Libraria;

JENSEN, Erik M. – *The Shortest Article in Law Review History*, in *Journal of Legal Education* 50 (2000);

JESTAZ, Philippe; Jamin, Christophe – *La doctrine* (2004), Paris: Dalloz;

JHERING, Rudolf von – *Culpa in contrahendo, oder Schadensersatz bei nichtigen Oder nicht zur Perfection gelangten Vertragen* (1861), tradução de Paulo Mota Pinto, *Culpa in contrahendo ou indemnização em contratos nulos ou não chegados a perfeição* (2008), Coimbra: Almedina;

— – *Geist des römischen Rechts auf den verschiedenen Stufen seiner Entwicklung* (1865), tradução de Rafael Benaion, *O espírito do direito romano nas diversas fases de seu desenvolvimento*, vol. I (1943), Rio de Janeiro: Alba;

— – *Geist des römischen Rechts auf den verschiedenen Stufen seiner Entwicklung* (1865), tradução de Rafael Benaion, *O espírito do direito romano nas diversas fases de seu desenvolvimento*, vol. II (1943), Rio de Janeiro: Alba;

— – *Im juristischen Begriffshimmel*, in *Scherz und Ernst in der Jurisprudenz*, tradução de Giuseppe Lavaggi, in *Serio e faceto nella giurisprudenza* (1954), Firenze: Sansoni;

JOLLS, Christine; Sunstein, Cass R.; Thaler, Richard – *A Behavioral Approach to Law & Economics*, in *Stanford Law Review* 50 (1998);

JOSKOW, Paul L. – *Contract Duration and Relationship-Specific Investments: Empirical Evidence from Coal Markets*, in *The American Economic Review* 77 (1987);

JOSSERAND, Louis – *De l'esprit des droits et de leur relativité, théorie dite de l'abus des droits* (1927; 2ª ed., 1939; 2006), Paris: Dalloz;

JUNQUEIRA, Eliane Botelho – *A sociologia do direito no Brasil – introdução ao debate atual* (1993), Rio de Janeiro: Lúmen Juris;

KAHNEMAN, Daniel – *Thinking Fast and Slow* (2011), New York, Ferrar, Straus and Giroux;

KANTOROWICZ, Hermann – *The Quaestiones Disputatae of the Glossators*, in *Tijdschrift voor Rechtsgeschiedenis* 16 (1939);

KAPLOW, Louis; Shavell, Steven – *Fairness versus Welfare* (2002), Cambridge: Harvard University Press;

KAPLOW, Louis; Shavell, Steven – *Why the legal system is less efficient than the income tax in redistributing income*, in *Journal of Legal Studies* 23 (1994);

KASER, Max – *Römisches Privatrecht (Studienbuch)* (1960), tradução (da edição de 1992) de Samuel Rodrigues e Ferdinand Hämmerle, *Direito privado romano* (1999), Lisboa: Calouste Gulbenkian;

KELLEY, Donald – *François Hotman. A Revolutionary's ordeal* (1973), Princeton: Princeton University Press;

— – *Gaius noster: Substructure of Western Social Thought*, in *The American Historical Review* 84 (1979);

KELSEN, Hans – *Reine Rechtslehre* (1934; 2ª ed., 1960), tradução de João Baptista Machado, *Teoria Pura do Direito* (1962; 6ª ed., 1984), Coimbra: Arménio Amado;

KENNEDY, Duncan – *Distributive and Paternalist Motives in Contract and Tort Law, with Special Reference to Compulsory Terms and Unequal Bargaining Power*, in *Maryland L. Rev.* 41 (1982);

REFERÊNCIAS

— - *Form and Substance in Private Law Adjudication*, in *Harvard Law Review* 89 (1976);

— - *From the Will Theory to the Principle of Private Autonomy*, in *Columbia Law Review* 100 (2000);

— - *Savigny's Family/Patrimony Distinction and its Place in the Global Genealogy of Classical Legal Thought*, in *The American Journal of Comparative Law* 58 (2010);

— - *The Political Stakes in "Merely Technical" Issues of Contract Law*, in *European Review of Private Law* 1 (2001);

— - *The Structure of Blackstone's Commentaries*, in *Buffalo Law Review* 28 (1979), 210;

— - *Three Globalizations of Legal Thought: 1850-2000*, in David Trubek e Álvaro Santos (organização) *The New Law and Economic Development. A Critical Appraisal* (2006), Cambridge: Cambridge University Press;

KESSLER, Friedrich; Fine, Edith – *Culpa in Contrahendo, Bargaining in Good Faith, and Freedom of Contract: A Comparative Study*, in *Harvard Law Review* 77 (1964);

KIMEL, Dori – *From Promise to Contract. Towards a Liberal Theory of Contract* (2003), Oxford: Hart;

KLASS, Gregory; Letsas, George; e Saprai, Prince (organização) – *Philosophical Foundations of Contract Law* (2015), Oxford: Oxford University Press;

KLEINHEISTERKAMP, Jan – *Development of Comparative Law in Latin America*, in Mathias Reimann and Reinhard Zimmermann (organização), *The Oxford Handbook of Comparative Law* (2009), Oxford: Oxford University Press;

KNIGHT, Frank H. – *Risk, Uncertainty, and Profit* (1921; 1965), New York: Harper & Row;

KORDANA, Kevin A.; Blankfein-Tabachnick, David H. – *Rawls and Contract Law*, in *Washington Law Review* 73 (2005);

KOROBKIN, Russell – *Empirical Scholarship in Contract Law: Possibilities and Pitfalls*, in *University of Illinois Law Review* 4 (2002);

KOSCHAKER, Paul – *Europa und das Römische Recht* (1947), tradução de José Santa Cruz Teijeiro, *Europa y el Derecho Romano* (1955), Madrid: Editorial Revista de Derecho Privado;

KRAUS, Jody S. – *Philosophy of Contract Law*, in Jules Coleman e Scott Schapiro (organização), *The Oxford Handbook of Jurisprudence & Philosophy of Law* (2002), Oxford: Oxford University Press;

KRECKÉ, Elisabeth – *Economic Analysis And Legal Pragmatism*, in *International Review of Law and Economics* 23 (2004);

KREITNER, Roy – *Calculating Promises* (2007), Stanford: Stanford University Press;

KRONMAN, Anthony T. – *Contract Law and Distributive Justice*, in *Yale Law Journal* 89 (1980);

— – *Specific Performance*, in *University of Chicago Law Review* 45 (1978);

—; Posner, Richard A. – *Economics of Contract Law* (1979), New York: Little Brown;

LA PORTA, Rafael; Lopez-de-Silanes, Florencio; Shleifer, Andrei – *The Economic Consequences of Legal Origins*, in *Journal of Economic Literature* 46 (2008);

LAMOUNIER, Bolivar; Sousa, Amaury de – *As elites brasileiras e o desenvolvimento nacional: fatores de consenso e dissenso* (2002), São Paulo: Instituto de Estudos Econômicos, Sociais e Políticos;

LANDO, Ole – *My life as a lawyer*, in *Zeitschrift für Europäische Privatrecht* 3 (2002);

—; *et alii* – *Principles of European Contract Law* (2003), Dordrecht: Kluwer;

LANGDELL, Christopher C. – *A Selection of Cases on The Law of Contracts* (1871), Cambridge: Harvard University Press;

LARENZ, Karl – *Geschäftsgrundlage und Vertragserfüllung* (1951), tradução de Carlos Fernández Rodríguez, *Base del negocio jurídico e cumplimento de los contratos* (1956), Madri: Editorial Revista de Derecho Privado;

—— *Methodenlehre der Rechtswissenschaft* (1960), tradução (da 6ª ed., 1991) de José Lamego, *Metodologia da ciência do direito* (2012), Lisboa: Calouste Gulbenkian;

LAVI, Shai – *Turning the Tables on "Law and ...": A Jurisprudential Inquiry into Contemporary Legal Theory*, in *Cornell Law Review* 96 (2010);

LE GOFF, Jacques – *Pour un autre Moyen Âge* (1977), in *Un autre Moyen Age* (1999), Paris: Gallimard;

LEÃES, Luís Gastão Paes de Barros – *A obrigação de melhores esforços (best efforts)*, in *Revista de direito mercantil* 134 (2004);

LEITER, Brian – *Holmes, Economics, and Classical Realism*, in Steven J. Burton (organização), *The Path of Law and its Influence. The Legacy of Oliver Wendell Holmes, Jr.* (2000; 2007), Cambridge: Cambridge University Press;

LEME, Lino de Morais – *Direito civil comparado* (1962), São Paulo: Saraiva;

LEONARDO, Rodrigo Xavier – *Associações sem fins econômicos* (2014), São Paulo, Revista dos Tribunais;

LERMINIER, Jean Louis Eugène – *Cours d'histoire des législations comparées* (1838), Bruxelles: Societè Belge;

REFERÊNCIAS

LESAFFER, Randall – *Inleiding tot de Europese rechtsgeschiedenis* (2004), tradução de Jan Arriens, *European Legal History. A Cultural and Political Perspective* (2009), Cambridge: Cambridge University Press;

LESSA, Pedro – *Estudos de filosofia do direito* (1912; 2ª ed., 1916), Rio de Janeiro: Francisco Alves;

LEVINSON, Sanford – *Judge Edwards' Indictment of "Impractical" Scholars: The Need for a Bill of Particulars*, in *Michigan Law Review* 91 (1992);

LEVY, Ernst – *West Roman Vulgar Law: The Law of Property* (1951), Philadelphia: The Society;

LEWIS, Andrew – *Roman Law: 753-27 b.c.e.*, in Stanley N. Katz (organização), *The Oxford International Encyclopedia of Legal History*, vol. 5 (2009), Oxford: Oxford University Press;

LILLY, Grahan C. – *Law Schools Without Lawyers? Winds of Change in Legal Education*, in *Virginia Law Review* 81 (1995);

LIMA, Alvino – *Aspectos da crise do direito* (1957), in *Revista da Faculdade de Direito da Universidade de São Paulo* 53 (1958);

— – *Da influência, no direito civil, do movimento socializador do direito*, in *Revista da Faculdade de Direito da Universidade de São Paulo* 35 (1939);

LIMA, Luís Corrêa – *Fernand Braudel e o Brasil. Vivência e brasilianismo (1935-1945)* (2009), São Paulo: Edusp;

LLEWELLYN, Karl N. – *On the Current Recapture of the Grand Tradition* (1959), in *Jurisprudence: Realism in Theory and Practice* (1962), Chicago: University of Chicago Press;

— – *Realistic Jurisprudence – The Next Step*, in *Columbia Law Review* 30 (1930);

— – *Some Realism About Realism. Responding to Dean Pound*, in *Harvard Law Review* 44 (1931);

LOCKE, John – *Two Treatises of Government* (1689; 1966, 3ª ed., 1988), Cambridge: Cambridge University Press;

LOPES, José Reinaldo de Lima – *A pesquisa em direito e a pesquisa em ciências sociais* [intervenção no I Encontro de Pesquisa Empírica em Direito] (2011), Ribeirão Preto: Fdrp;

— – *As palavras e a lei* (2004), São Paulo, Editora 34;

— – *Direito e transformação social. Ensaio interdisciplinar das mudanças do direito* (1997), São Paulo: Max Limonad;

— – *Entre a teoria da norma e a teoria da ação*, in Alfredo Carlos Storck e Wladimir Barreto Lisboa, *Norma, moralidade e interpretação: temas de filosofia política e do direito* (2009), Porto Alegre: Linus;

— – *Naturalismo jurídico no pensamento brasileiro* (2014), São Paulo: Saraiva;

— – *O direito na história. Lições introdutórias* (2008; 4ª ed., 2012), São Paulo: Atlas;

— – *Régla y compás, o metodología para un trabajo jurídico sensato*, in Christian Courtis (organização), *Observar la ley. Ensayos sobre metodología de la investigación juridica* (2006), Madrid: Trotta;

—; Freitas Filho, Roberto – *Law and Society in Brazil at the Crossroads: A Review*, in *Annual Review of Law and Social Science* 10 (2014);

López Medina, Diego Eduardo – *Teoría impura del derecho. La transformación de la cultura juridica latino-americana* (2004), Bogotá: Legis;

LoPucki, Lynn M. – *Disciplining Legal Scholarship*, in *Tulane Law Review* 90 (2015);

—; Warren, Elizabeth – *Secured Credit: A Systems Approach* (1995; 7ª ed., 2011), New York: Aspen;

Losano, Mario G. – *Sistema e struttura nel diritto*, 2 vols. (2002), Milano: Giuffrè

Lumia, Giuseppe – *Lineamenti di teoria e ideologia del diritto* (1973), tradução (da 3ª ed., 1981) de Denise Rossato Agostinetti, *Lineamentos de teoria e ideologia do direito* (2003), São Paulo: Martins Fontes;

Macaulay, Stewart – *Non-Contractual Relations in Business: A Preliminary Study*, in *American Sociological Review* 28 (1963);

— – *The Real and the Paper Deal: Empirical Pictures of Relationships, Complexity and the Urge for Transparent Simple Rules*, in *Modern Law Review* 66 (2003);

MacCormick, [Donald] Neil – *Legal Obligation and the Imperative Fallacy*, in Alfred W. B. Simpson (organização), *Oxford Essays in Jurisprudence. Second Series* (1973), Oxford: Oxford University Press;

— – *Voluntary Obligations and Normative Powers*, in *Aristotelian Society Supplementary Volume* 46 (1972);

— – *What is Wrong with Deceit*, in *Sydney Law Review* 10 (1983);

Macedo Junior, Ronaldo Porto – *Contratos Relacionais e a Defesa do Consumidor* (1998, 2ª ed., 2006) São Paulo: Revista dos Tribunais;

— – *Do xadrez à cortesia. Dworkin e a teoria do direito contemporânea* (2013), São Paulo: Saraiva;

REFERÊNCIAS

MACHADO NETO, Antônio Luís – *História das ideias jurídicas no Brasil* (1969), São Paulo, Grijalbo;

— – *Teoria da ciência jurídica* (1975), São Paulo: Saraiva;

— – *Contribuição baiana à Filosofia Jurídica e à Sociologia do Direito*, in *Revista da Faculdade de Direito de São Paulo* 61 (1966);

MACKIE, John – *The Third Theory of Law*, in *Philosophy & Public Affairs* 7 (1977);

MACNEIL, Ian R. – *Contracts: Adjustment of Long-Term Economic Relations under Classical, Neoclassical, and Relational Contract Law*, in *Northwestern University Law Review* 72 (1978);

— – *The Many Futures of Contract*, in *University of Souther California Law Review* 47 (1974);

— – *The New Social Contract* (1980), New Haven: Yale University Press;

MAGGS, Douglas B. – *Concerning the Extent to Which the Law Review Contributes to the Development of the Law*, in *South California Law Review* 3 (1930);

MAINE, Henry [James Summer] – *Ancient Law: Its Connection with the Early History of Society, and Its Relation to Modern Ideas* (1861), London: John Murray;

MARINI, Giuliano – *La polemica sulla codificazione* (1982; 4ª ed., 2000), Napoli: Edizioni Scientifiche Italiane;

MARINO, Francisco Paulo De Crescenzo – *Interpretação do negócio jurídico* (2011), São Paulo: Saraiva;

MARMOR, Andrei – *How Law Is Like Chess*, in *Legal Theory* 12 (2006);

— – *Philosophy of Law* (2011), Princeton: Princeton University Press;

— – *Social Conventions: From Language to Law* (2009), Princeton: Princeton University Press;

— – *The Language of Law* (2014), Oxford: Oxford University Press;

MARTINS-COSTA, Judith Hofmeister – *A cláusula de hardship e a obrigação de renegociar os contratos de longa duração*, in Maurício Jorge Pereira da Mota and Gustavo Kloh Müller Neves (organização), *Transformações contemporâneas do direito das obrigações* (2010), Rio de Janeiro: Elsevier;

— – *Autoridade e utilidade da doutrina: a construção dos modelos doutrinários*, in *Modelos de Direito Privado* (2014), São Paulo, Marcial Pons;

— – *Contratos. Conceito e evolução*, in Renan Lotufo e Giovanni Ettore Nanni (organização), *Teoria geral dos contratos* (2011), São Paulo: Atlas;

— – *O que é pesquisa em direito*, in Vvaa, *O que é pesquisa em direito?* (2002; 2005), São Paulo: Quartier Latin;

FUNDAMENTOS DO DIREITO CONTRATUAL

— (organização) – *Narração e normatividade. Ensaios de direito e literatura* (2013), Rio de Janeiro: GZ;

—; Branco, Gerson Luiz Carlos – *Diretrizes Teóricas do Novo Código Civil Brasileiro* (2002), São Paulo: Saraiva;

MARX, Karl – *Das Kapital. Kritik der politischen Ökonomie* (1867), tradução de Rubens Enderle, *O capital. Crítica da economia política*, livro I, *O processo de produção do capital* (2013), São Paulo: Boitempo;

MATTEI, Ugo – *Comparative Law and Economics* (1998), Ann Arbor: The University of Michigan Press;

—; Reimann, Mathias – *New Directions in Comparative Law. Introduction*, in *American Journal of Comparative Law* 46 (1998);

MAUSS, Marcel – *Essai sur le don* (1924), in *Sociologie et anthropologie* (1950; 11ª ed., 2009), Paris: Presses Universitaires de France;

McCRUDDEN, Christopher – *Legal Research and the Social Sciences*, in *Law Quarterly Review* 122 (2006);

MEHREN, Arthur T. von – *An Academic Tradition for Comparative Law?*, in *American Journal of Comparative Law* 19 (1971);

MEIRA, Sílvio [Augusto de Bastos] – *A Lei das XII Tábuas. Fonte do Direito Público e Privado* (1961; 3ª ed., 1972), Rio de Janeiro: Forense;

MELLO, Marcos Bernardes de – *Teoria do Fato Jurídico. Plano da Existência* (*Contribuição à teoria do fato jurídico*, 1985; 15ª ed., 2008), São Paulo: Saraiva;

MÉNARD, Claude; Marais, Bertrand du – *Can We Rank Legal Systems According to Their Economic Efficiency?*, in Peter Nobel (organização), *New Frontiers of Law and Economics* (2006), St. Gallen: Schulthess;

MENDES, Rodrigo Octávio Broglia – *Arbitragem, lex mercatoria e direito estatal: uma análise dos conflitos ortogonais no direito* (2010), São Paulo: Quartier Latin;

MENGER, Anton – *Das Bürgerliche Recht und die besitzlosen Volksklassen. Eine Kritik des Entwurfs eines Bürgerlichen Gesetzbuches für das Deutsche Reich* (1890), tradução de Adilfo G. Posada, *El derecho civil y los pobres* (1947), Buenos Aires: Atalaya;

MERCURO, Nicholas; Medema, Steven G. – *Economics and the Law. From Posner to Post-Modernism and Beyond* (1998; 2ª ed., 2006), New Jersey: Princeton University Press

MICKLITZ, Hans-Wolfgang – *On the Intellectual History of Freedom of Contract and Regulation*, in *Penn State International Law Review* 33 (2015);

REFERÊNCIAS

MIRANDA, Francisco Cavalcanti Pontes de – *Systema de Sciencia positiva do direito*, vol. i (1922), Rio de Janeiro: Jacintho Robeiro dos Santos;

— – *Tratado de direito privado*, tomo XXXVIII (1962), São Paulo: Revista dos Tribunais;

— – *Tratado de Direito Privado*, tomo III (1954), Rio de Janeiro: Borsoi;

— – *Tratado de direito privado*, tomo I (1954), Rio de Janeiro: Borsoi;

MITCHELL, Catherine – *Contract Law and Contract Practice: Bridging the Gap between Legal Reasoning and Commercial Expectation* (2013), Oxford: Hart;

MOLFESSIS, Nicolas – *Les prédictions doctrinales*, in Jean Carbonnier *et alii*, *L'avenir du droit. Mélanges en hommage à Frençois Terré* (1999), Paris: Dalloz;

MOMBERG, Rodrigo – *Harmonization of Contract Law in Latin America: Past and Present Initiatives*, in *Uniform Law Review* [s.n.] (2014);

MONTEIRO, João Pereira – *Cosmópolis do direito*, in *Revista da Faculdade de Direito de São Paulo* 3 (1895);

MONTREDON, Jean-François – *La désolennisation des libéralités* (1989), Paris: Lgdj;

MORGAN, Jonathan – *Contract Law Minimalism: A Formalist Restatement of Commercial Contract Law* (2013), Cambridge: Cambridge University Press;

MOZOS, José Luis De Los – *La renovación dogmática del concepto de "causa" del negocio en Emilio Betti y su recepción en la doctrina española*, in *Quaderni fiorentini* 7 (1978).

MUÑOZ, Maria Paula Costa Bertran – *Justiça e contrato: entre comutar e distribuir* (2010), Tese de doutorado apresentada ao Departamento de Filosofia e Teoria Geral do Direito da Faculdade de Direito da Universidade de São Paulo;

NACATA JUNIOR, Edson Kiyoshi – *O programa de estudos de justiniano para as escolas de direito do Império Bizantino – A constituição Omnem, a reorganização dos cursos e o "novo método" de ensino jurídico no "período dos antecessores"*, in *Revista da Faculdade de Direito da Universidade de São Paulo* 105 (2010);

NARD, Craig A. – *Empirical Legal Scholarship: Reestablishing a Dialogue Between the Academy and the Profession*, in *Wake Forest Law Review* 30 (1995);

NEGREIROS, Teresa – *Teoria do contrato: novos paradigmas* (2001; 2ª ed., 2006), Rio de Janeiro: Renovar;

NICHOLAS, Barry – *An Introduction to Roman Law* (1962; 2010), Oxford: Oxford University Press;

NOBRE, Marcos – *Apontamentos sobre a pesquisa em direito no Brasil*, in *Novos estudos Cebrap* (2003);

— – *O que é pesquisa em direito?*, in Vvaa, *O que é pesquisa em direito?* (2002; 2005), São Paulo: Saraiva;

NUSSBAUM, Martha C. – *Still Worthy of Praise*, in *Harvard Law Review* 111 (1998);

OLIPHANT, Herman – *A Return to Stare Decisis*, in *American Bar Association Journal* 14 (1928);

OLIVEIRA, Cândido Luís Maria de – *Curso de legislação comparada* (1903), Rio de Janeiro: Jacintho Ribeiro dos Santos;

OLIVEIRA, Luciano – *«No me venga con el Código de Hammurabi...». La investigación socio-juridica en los estudios de posgrado en derecho* (2004), in Christian Courtis (organização), *Observar la ley. Ensayos sobre metodología de la investigación juridica* (2006), Madrid: Trotta;

— – *Direito, sociologia jurídica e sociologismo*, in *Sua Excelência o Comissário e outros ensaios de Sociologia Jurídica*, Rio de Janeiro: Letra Legal;

—; Adeodato, João Maurício – *O estado da arte da pesquisa jurídica e sócio-jurídica no Brasil* (1996), Brasília: Centro de Estudos Judiciários do Conselho da Justiça Federal;

OLIVIERI, Gustavo; Zoppini, Andrea (organização) – *Contratto e antitrust* (2008), Bari: Laterza;

PAPAYANNIS, Diego M.; Ramírez Ludeña, Lorena – *Una respuesta pluralista al problema de los desacuerdos jurídicos*, in Pau Luque Sánchez e Giovanni Battista Ratti (organização), *Acordes y desacuerdos: cómo y por qué los juristas discrepan* (2012), Madrid: Marcial Pons;

PARGENDLER, Mariana Souza – *Modes of Gap Filling: Good Faith and Fiduciary Duties Reconsidered*, in *Tulane Law Review* 82 (2008);

— – *Sincretismo jurídico na evolução do direito societário brasileiro*, in Judith Hofmeister Martins-Costa, *Modelos de direito privado* (2014), São Paulo: Marcial Pons;

— – *The Rise and Decline of Legal Families*, in *The American Journal of Comparative Law* 60 (2012);

—; Salama, Bruno Meyerhof – *Direito e consequência no Brasil: em busca de um discurso sobre o método*, in *Revista de direito administrativo* 262 (2013);

PECZENIK, Aleksander – *Doctrinal Study of Law and Science*, in *Österreichise Zeitschrift für öffentliches Recht* 1 (1967), Dordrecht: Springer;

— – *On Law and Reason* (1989; 2ª ed., 2008), Dordrecht: Springer;

REFERÊNCIAS

— - *Scientia Juris. Legal Doctrine as Knowledge of Law and as a Source of Law* [*A Treatise of Legal Philosophy and General Jurisprudence*, vol. 4] (2005), Dordrecht: Springer;

—; Lindahl; Lars; Roermund, Bert Van – *Theory of Legal Science. Proceedings of the Conference on Legal Theory and Philosophy of Science, Lund, Sweden* (1983), Dordrecht: Springer;

PELLEGRINI, Lorenzo – *La donazione costitutiva di obbligazione* (2004) Milano: Giuffrè;

PEREIRA, Caio Mário da Silva – *Instituições de direito civil*, vol. i, *Introdução ao direito civil. Teoria geral de direito civil* (1961; 20ª ed., 2004), Rio de Janeiro: Forense;

PEREÑA, Luciano – *Génesis del Tratado de las leyes* [estudo preliminar], in Francisco Suárez, *De legibus*, edição bilíngue de Luciano Pereña (1971), Madrid: Consejo Superior de Investigaciones Cientificas;

PINHEIRO, Armando Castelar – *Judiciário, reforma e economia: uma visão dos magistrados* (2002), disponível em http://www.febraban.org.br/Arquivo/Destaques/armando _castelar_pinheiro2.pdf;

PINTO JUNIOR, Mario Engler; Silva Filho, Osny da – *Ensino, pesquisa e prática jurídica no Brasil* (2015), disponível em http://jota.info/w0xpa;

PINTO, Paulo [Cardoso Correia da] Mota – *Interesse contratual negativo e interesse contratual positivo*, vol. 1 (2008), Coimbra: Coimbra Editora;

— - *Interesse contratual negativo e interesse contratual positivo*, vol. 2 (2008), Coimbra: Coimbra Editora;

PIRIE, Fernanda – *The Anthropology of Law* (2014), Oxford, Oxford University Press.

PIZARRO WILSON, Carlos (organização) – *El derecho de los contratos en Latinoamerica. Bases para unos principios de derecho de los contratos* (2012), Santiago: Fundación Fernando Fueyo;

PLATO [PLATÃO], *Republic*, tradução de Robin Waterfield (1993; 2008), Oxford: Oxford University Press;

PLESSIS, Paul du – *The Age of Justinian*, in Stanley N. Katz (organização), *The Oxford International Encyclopedia of Legal History*, vol. 5 (2009), Oxford: Oxford University Press;

PORTALIS, Jean-Étienne-Marie – *Discours préliminaire du premier projet de Code civil* (1801), tradução de Gabriela Nunes Ferreira, *Discurso preliminar ao primeiro projeto de Código civil*, in José Reinaldo de Lima Lopes, Rafael Mafei Rebelo

Queiroz e Thiago dos Santos Acca, *Curso de história do direito* (2006; 2ª ed., 2009), São Paulo: Método;

POSNER, Eric – *Contract Theory*, in Martin P. Golding e William A. Edmundson, *The Blackwell Guide to the Philosophy of Law and Legal Theory* (2005), Oxford: Blackwell;

— – *Economic Analysis of Contract Law After Three Decades: Success or Failure?*, in *Yale Law Journal* 112 (2003);

POSNER, Richard A. – *Economic Analysis of Law* (1973; 9ª ed., 2014), New York: Aspen;

— – *In Memoriam: Bernard D. Meltzer (1914-2007)*, in *The University of Chicago Law Review* 74 (2007);

— – *Law and Literature* (1988; 3ª ed., 2009), Cambridge: Harvard University Press;

— – *Legal Scholarship Today*, in *Harvard Law Review* 115 (2002);

— – *The Decline of Law as an Autonomous Discipline: 1962-1987*, in *Harvard Law Review* 100 (1987);

— – *The Economics of Justice* (1983), Cambridge: Harvard University Press;

— – *The Problems of Jurisprudence* (1990), Cambridge: Harvard University Press;

— – *Utilitarianism, Economics, and Legal Theory*, in *Journal of Legal Studies* 8 (1979);

POSTEMA, Gerald – *Jurisprudence as Practical Philosophy*, in *Legal Theory* 4 (1998);

POTHIER, Robert-Joseph – *Traité des obligations* (1761), tradução de Adrian Sotero De Witt Batista e Douglas Dias Ferreira, *Tratado das obrigações* (2001), Campinas: Servanda;

POUND, Roscoe – *Mechanical Jurisprudence*, in *Columbia Law Review* 8 (1908);

— – *The Need of a Sociological Jurisprudence*, in *Green Bag* 19 (1907);

PRIEST, George L. – *Social Science Theory and Legal Education: The Law School as University*, in *Journal of Legal Education* 33 (1983);

— – *The Growth of Interdisciplinary Research and the Industrial Structure of the Production of Legal Ideas: A Reply to Judge Edwards*, in *Michigan Law Review* 91 (1992);

PURCELL, Jr., Edward A. – *Paradoxes of Court Centered-Legal History: Some Values of Historical Understanding for a Practical Legal Education*, in *Journal of Legal Education* 64 (2014);

RABBAN, David – *Law's History. American Legal Thought and the Transatlantic Turn to History* (2013), Cambridge: Cambridge University Press;

REFERÊNCIAS

RAMOS, Luiz Felipe Rosa – *Por trás dos casos difíceis: a dogmática jurídica e o paradoxo da decisão indecidível* (2015), Dissertação de mestrado apresentada à Faculdade de Direito da Universidade de São Paulo;

—; Silva Filho, Osny da – *Orlando Gomes* (2015), Rio de Janeiro: Elsevier;

RAWLS, John – *A Theory of Justice* (1971), Cambridge: Belknap;

— – *Two Concepts of Rules*, in *The Philosophical Review* 64 (1955);

RAZ, Joseph – *Promises and Obligations*, in Peter M. S. Hacker e Joseph Raz, *Law, Morality, and Society: Essays in Honour of H.L.A. Hart* (1977), Oxford: Oxford University Press;

— – *Promises in Morality and Law*, in *Harvard Law Review* 95 (1982);

RAZ, Joseph – *Two Views of the Nature of the Theory of Law: A Partial Comparison*, in *Legal Theory* 4 (1998);

— – *Voluntary Obligations and Normative Powers* [II], in *Proceedings of the Aristotelian Society, Supplementary Volumes* 46 (1972);

REALE, Miguel – *Concreção de fato, valor e norma no direito romano clássico (ensaio de interpretação à luz da teoria tridimensional do direito)*, in *Revista da Faculdade de Direito da Universidade de São Paulo* 49 (1954);

— – *Filosofia do direito* (1953; 11ª ed., 1986), São Paulo: Saraiva;

— – *Fontes e modelos do direito* (1994), São Paulo: Saraiva;

— – *Horizontes do direito e da história* (1956), São Paulo: Saraiva;

— – *Lições Preliminares de Direito* (1973; 10ª ed., 1983), São Paulo: Saraiva;

— – *O direito como experiência* (1968; 1992), São Paulo: Saraiva;

— – *Vida e morte dos modelos jurídicos*, in *Estudos de Filosofia e Ciência do Direito* (1978), São Paulo: Saraiva;

REIMANN, Mathias – *Nineteenth Century German Legal Science*, in *Boston College Law Review* 31 (1990);

— – *From "factum" to juridical fact: Modern legal rationality between facts and norms*, in *Direito e justiça* 40 (2014);

— – *Teixeira de Freitas, lector de Savigny*, in *Revista de historia del derecho* 49 (2015) [versão *online* disponível em http://ref.scielo.org/skczyx].

REMY, Philippe – *Éloge de l'Éxegèse*, in *Revue de la recherche juridique* 7 (1982);

— – *Préfaces de Troplong, préface aux préfaces*, in *Revue d'histoire des Facultés de droit et de la science juridique* 18 (1997);

RHODE, Deborah L. – *Legal Scholarship*, in *Harvard Law Review* 115 (2002);

RIBAS, Antônio Joaquim – *Curso de direito civil brasileiro* (1865; 2ª ed., 1880; 1977), Rio de Janeiro: Editora Rio;

RICHTER, Melvin – *The History of Political and Social Concepts: A Critical Introduction* (1995), Oxford, Oxford University Press;

RICOEUR, Paul – *On Interpretation* (1983), in *From Text to Action* (1991), Evanston: Northwestern University Press;

— – *The Model of the Text: Meaningful Action Considered as a Text* (1971), in *From Text to Action* (1991), Evanston: Northwestern University Press;

RIPERT, Georges – *La règle morale dans les obligations civiles* (1926; 4ª ed., 1949), Paris: Lgdj;

ROBERTSON, Michael – *Stanley Fish on Philosophy, Politics and Law: How Fish Works* (2014), Cambridge: Cambridge University Press;

RODELL, Fred – *Goodbye to Law Reviews*, in *Virginia Law Review* 23 (1936);

RODRIGUES JUNIOR, Otavio Luiz – *A influência do BGB e da doutrina alemã no direito civil brasileiro do século XX*, in *Revista dos Tribunais* 102 (2013);

— – *Dogmática e crítica da jurisprudência (ou da vocação da doutrina em nosso tempo)*, in *Revista dos tribunais* 891 (2010);

— – *Revisão judicial dos contratos. Autonomia da vontade e teoria da imprevisão* (2002; 2ª ed., 2006), São Paulo: Atlas;

ROMANO, Santi – *L'ordinamento giuridico* (1917-1918; 2ª ed., 1945), Firenze: Sansoni;

ROPPO, Enzo – *Il contratto* (1977), tradução de Ana Coimbra e Manuel Januário da Costa Gomes. *O contrato* (2000; 2008), Coimbra: Almedina;

ROPPO, Vincenzo – *From consumer contracts to asymmetric contracts: a trend in European contract law?*, in *European Review of Contract Law* 5 (2009);

RORTY, Richard – *Objectivity, Relativism, and Truth. Philosophical Papers*, vol. 1 (1991), Cambridge: Cambridge University Press

ROSA, Felippe Augusto de Miranda – *Sociologia do direito. O fenômeno jurídico como fato social* (1973), Rio de Janeiro: Zahar;

ROUSSEAU, Jean-Jacques – *Du contrat social; ou, principes du droit politique* (1762), tradução de Antonio de Pádua Danese, *O contrato social: princípios do direito político* (1989; 3ª ed., 1996), São Paulo: Martins Fontes;

RUBIN, Edward L. – *Legal Scholarship*, in Dennis Patterson, *A Companion to Philosophy of Law and Legal Theory* (1996; 2ª ed, 2010), Oxford: Blackwell;

— – *Obstructing Law's Future with Conceptions from its Past*, in Sam Muller *et alli* (organização), *The Law of the Future and the Future of Law*, vol. II (2012), The Hague: Torket Opsahl;

REFERÊNCIAS

— – *The Nonjudicial Life of Contract: Beyond the Shadow of the Law*, in *Northwestern Law Review* 90 (1995);

— – *The Practice and Discourse of Legal Scholarship*, in *Michigan Law Review* 86 (1988);

Rubio Garrido, Tomás – *La doctrina de los autores: de fuente jurídica primaria a la vulgarización e irrelevancia* (2006), Granada: Comares;

Rückert, Joachim – *Das Bürgerliche Gesetzbuch – ein Gesetzbuch ohne Chance?* (2003), tradução de Thiago Reis, *O BGB – um código sem oportunidade?*, in *Max Planck Institute for European Legal History Research Paper Series* 2 (2013);

Sacco, Rodolfo – *Legal Formants: A Dynamic Approach to Comparative Law*, in *The American Journal of Comparative Law* 39 (1991);

— – *Metodo del diritto civile e scontri di generazionali*, in Cesare Massimo Bianca et alii (organização), *La civilistica italiana dagli anni '50 ad oggi tra crisi dogmatica e riforme legislative* (1991), Padova: Cedam;

— – *Negozio giuridico (circolazione del modello)*, in *Digesto delle Discipline Privatistiche. Sezione Civile*, vol. XII (1995), Torino: Unione Tipografico-Editrice Torinese;

Salama, Bruno Meyerhof – *O fim da responsabilidade limitada no Brasil* (2014), São Paulo: Malheiros;

— – *O que é pesquisa em direito e economia*, in *Cadernos Direito GV* 22 (2008);

—; Pargendler, Mariana Souza – *Para além do "empreendedorismo intelectual": fatores de demanda na cientificização da produção jurídica*, in Antônio Maristrello Porto e Patrícia Sampaio (organização), *Direito e economia em dois mundos: doutrina jurídica e pesquisa empírica* (2014), Rio de Janeiro: Fgv;

Salama, Bruno Meyerhof; Silva Filho, Osny da – *Elasticity, Incompleteness, and Constitutive Rules*, in *The CLS Blue Sky Blog* (30.07.2013);

Saleilles, Raymond – *De la déclaration de volonté (contribution à l'étude de l'acte juridique dans le code civil allemand, art. 116 à 144)* (1901), Paris: Pichon;

Salomão Filho, Calixto – *Comentário ao artigo do Professor Christophe Jamin*, in *Revista de direito público da economia* 21 (2008);

— – *Função social do contrato: primeiras anotações*, in *Teoria crítico-estruturalista do direito comercial* (2015), São Paulo: Marcial Pons;

Sanchirico, Chris W. – *Taxes versus legal rules as instruments for equity: a more equitable view*, in *Journal of Legal Studies* 29 (2000);

Savaux, Eric – *La Théorie générale du contrat: mythe ou réalité?* (1997), Paris: Lgdj;

SAVIGNY, Friedrich Carl von – *Geschichte des römischen Rechts im Mittelalter* (1815-1831), tradução de Charles Genoux, *Histoire du droit romain au Moyen-Age*, tomo iv (1839), Paris: Charles Hingray;

— – *System des heutigen römischen Rechts* (1840-1849), tradução de Jacinto Mesía e Manuel Poley, *Sistema del derecho romano actual*, vol. i (1878; 2ª ed., 2004), Navarra: Anacleta;

SCANLON, Thomas – *Promises and Contracts*, in Peter Benson (organização), *The Theory of Contract Law: New Essays* (2001), Cambridge: Cambridge University Press

SCHAUER, Frederick F. – *Nonlegal Information and the Delegalization of Law*, in *The Journal of Legal Studies* 29 (2000);

SCHIPANI, Sandro – *Principia iuris potissima pars principium est: principi generali del diritto (schede sulla formazione di un concetto)*, tradução de Osny da Silva Filho, *Principia iuris potissima pars principium est: princípios gerais do direito (notas sobre a formação de um conceito)*, in Sandro Schipani e Danilo Borges dos Santos Gomes de Araújo (organização), *Sistema jurídico romanístico e subsistema jurídico latino-americano* (2015), São Paulo: Fgv Direito SP;

SCHLAG, Pierre – *Spam Jurisprudence, Air Law, and the Rank Anxiety of Nothing Happening (A Report on the State of the Art)*, in *The Georgetown Law Journal* 97 (2009);

SCHLOSSMAN, Siegmund – *Der Vertrag* (1876), Leipzig: Breitkopf und Haertel;

SCHUARTZ, Luis Fernando – *A práxis recalcada na teoria da norma de Kelsen*, in *Norma, contingência e racionalidade. Estudos preparatórios para uma teoria da decisão jurídica* (2005), Rio de Janeiro: Renovar;

— – *Consequencialismo jurídico, racionalidade decisória e malandragem*, in *Revista de Direito Administrativo* 248 (2008);

— – *Interdisciplinaridade e adjudicação: caminhos e descaminhos da ciência no direito*, in *Revista brasileira de filosofia* 58 (2009);

SCHULZ, Fritz – *Bracton and Raymond de Penafort*, in *Law Quarterly Review* 61 (1945);

— – *Classical Roman Law* (1951), Oxford: Clarendon;

— – *History of Roman Legal Science* (1946), Oxford, Clarendon;

SCHWARTZ, Alan – *The Case for Specific Performance*, in *Yale Law Journal* 89 (1979);

—; Scott, Robert E. – *Contract Interpretation Redux*, in *Yale Law Journal* 119 (2010);

SCOGNAMIGLIO, Renato *Contributo alla teoria del negozio giuridico* (1950; 2ª ed., 1969), Napoli: Jovene;

SEARLE, John R. – *How to Derive "Ought" from "Is"*, in *The Philosophical Review* 73 (1964);

— – *Making the Social World* (2010), Oxford: Oxford University Press;

— – *Rationality in Action* (2001), Cambridge: The Mit Press;

— – *Speech Acts. An Essay in the Philosophy of Language* (1969; 2011) Cambridge: Cambridge University Press;

SEN, Amartya K. – *Development as Freedom* (1999), New York: Anchor;

— – *Introduction: Rationality and Freedom*, in *Rationality and Freedom* (2002), Cambridge: Harvard University Press;

SERRAO, Feliciano – *Diritto privato, economia e società nella storia di Roma*, vol. 1, *Dalla società gentilizia alle origini dell'economia schiavistica* (2006), Napoli: Jovene;

SHAVELL, Steven – *A Note on Efficiency vs. Distributional Equity in Legal Rulemaking: Should Distributional Equity Matter Given Optimal Income Taxation?*, in *American Economic Review Papers & Proceedings* 71 (1981);

SHECAIRA, Fábio P. – *Legal Scholarship as a Source of Law* (2013), New York: Springer;

— – *Sources of Law Are not Legal Norms*, in *Ratio Juris* 28 (2015);

SHIFFRIN, Seana Valentine – *The Divergence of Contract and Promise*, in *Harvard Law Review* 120 (2007);

SIDOU, José Maria Othon – *A literatura jurídica através dos tempos* (1990), Recife, [edição privada];

SIEMS, Mathias M. – *Legal Originality*, in *Oxford Journal of Legal Studies* 28 (2008);

SIEMS, Mathias M.; Síthigh, Daithí mac – *Mapping Legal Research*, in *The Cambridge Law Journal* 71 (2012);

SILVA Filho, Osny da – *Entre mercado e hierarquia: repercussões da desverticalização na disciplina dos contratos empresariais*, in *Revista de direito mercantil, industrial, econômico e financeiro* 163 (2012);

— – *Punitive (and) Pain-and-Suffering Damages in Brazil*, in Mark D. White (organização), *Law and Social Economics: Essays in Ethical Values for Theory, Practice, and Policy* (2015), New York: Palgrave;

SILVA, Clóvis [Veríssimo] do Couto e – *A obrigação como processo* (1964; 2006), Rio de Janeiro, Fgv;

— – *A teoria da causa no direito privado*, in Vera Maria Jacob de Fradera (organização), *O direito privado brasileiro na visão de Clóvis do Couto e Silva* (1997), Porto Alegre: Livraria do Advogado;

— – *Negócios jurídicos e negócios jurídicos de disposição*, in Vera Maria Jacob de Fradera (organização), *O direito privado na visão de Clóvis do Couto e Silva* (1997; 2ª ed, 2014), Porto Alegre: Livraria do Advogado;

— – *O direito civil brasileiro em perspectiva histórica e visão de futuro*, in *Revista de informação legislativa* 97 (1988);

SILVA, Nuno J. Espinosa Gomes da – *Humanismo e direito em Portugal no século XVI* (1964), Dissertação de doutoramento em Ciências Histórico-Jurídicas na Faculdade de Direito da Universidade de Lisboa;

SILVA, Virgílio Afonso da – *Interpretação Constitucional* (2005), São Paulho: Malheiros;

SILVEIRA, Alípio – *O Fator Político-social na Interpretação das Leis* (1946), São Paulo: Tipografia Paulista;

SIMMONDS, Nigel – *Law as a Moral Idea* (2007), Oxford: Oxford University Press;

SINGER, Joseph W. – *Property and Social Relations: From Title to Entitlement*, in Charles Geisler e Gail Daneker, *Property and Values: Striking an Equitable Balance of Public and Private Interests* (2009), Washington: Island;

SIRKS, Boudewijn – *Roman Law: 250-527 c.e.*, in Stanley N. Katz (organização), *The Oxford International Encyclopedia of Legal History*, vol. 5 (2009), Oxford: Oxford University Press;

SKINNER, Quentin – *The Foundations of Modern Political Thought*, vol. i (1978), Cambridge: Cambridge University Press;

— – *The Foundations of Modern Political Thought*, vol. II (1978), Cambridge: Cambridge University Press;

— – *Thomas Hobbes et le vrai sens du mot liberté*, in *Archives de philosophie du droit* 36 [*Droit et science*] (1991);

SMITH, Barry – *John Searle: From Speech Acts to Social Reality*, in *John Searle* (2003), Cambridge, Cambridge University Press;

SMITH, Henry E. – *Property as the Law of Things*, in *Harvard Law Review* 125 (2012);

SMITH, Stephen A. – *Comparative Legal Scholarship as Ordinary Legal Scholarship*, in *Journal of Comparative Law* 5 (2010);

— – *Contract Theory* (2004/2007), Oxford: Oxford University Press;

— – *Towards a Theory of Contract*, in Jeremy Horder (organização), *Oxford Essays in Jurisprudence* [4th series] (2000) Oxford: Oxford University Press;

SMITS, Jan M. – *What is Legal Doctrine? On the Aims and Methods of Legal-Dogmatic Research* (2015), Maastricht European Private Law Institute, Working Paper No. 2015/06;

REFERÊNCIAS

SMITS, Jan M. – *Contract Law: a Comparative Introduction* (2014), Cheltenham: Elgar;

— – *Law and Interdisciplinarity: On the Inevitable Normativity of Legal Studies*, in *Critical Analysis of Law* 1 (2014);

— – *The Mind and Method of the Legal Academic* (2012), Cheltenham: Elgar;

SOMMA, Alessandro – *Autonomia privata e struttura del consenso contrattuale. Aspetti storico-comparativi di uma vicenda concettuale* (2000), Milano: Giuffrè;

— – *Dal lavoratore al consumatore. Cittadinanza e paradigma giuslavoristico nell'economia sociale di mercato*, in Gian Guido Balandi e Giovanni Cazzetta (organização), *Diritti e lavoro nell'Italia repubblicana* (2009), Milano: Giuffrè;

SOUTO, Cláudio Fernando da Silva – *Introdução ao direito como ciência social* (1971), Brasília: Tempo Brasileiro;

SOUZA, Jessé [José Freire de] – *É preciso teoria para compreender o Brasil contemporâneo? Uma crítica a Luis Eduardo Soares*, in Jessé Souza (organização), *A invisibilidade da desigualadade brasileira* (2006), Belo Horizonte: Editora Ufmg;

Souza, Thiago Reis e – *Direito e método na teoria possessória de Savigny* (2013), Porto Alegre: Sergio Antonio Fabris;

SPENCER, Herbert – *The Man versus the State, with Six Essays on Government, Society and Freedom* (1884; 1960), Caldwell: Caxton;

STANICIA, Sergio Tuthill – *Liberalidade e gratuidade no âmbito da doação* (2016), Tese de doutorado apresentada ao Departamento de Direito Civil da Faculdade de Direito da Universidade de São Paulo;

STANOJEVIĆ, Obrad – *Gaius and Pomponius: Notes on David Pugsley*, in *Revue Internationale des Droits de l'Antiquite* 44 (1997);

STOLFI, Giuseppe – *Teoria del negozio giuridico* (1947), Padova: Cedam;

STRECK, Lênio Luiz – *Devemos nos importar, sim, com o que a doutrina diz*, in *Conjur* (05.01.2006), disponíel em http://www.conjur.com.br/2006-jan-05/devemos_im-portar_sim_doutrina;

SUNSTEIN, Cass R. – *Beyond Judicial Minimalism*, in *Tulsa Law Review* 43 (2008);

— – *From Theory to Practice*, in *Arizona State Law Journal* 29 (1997);

— – *Incompletely Theorized Agreements*, in *Harvard Law Review* 108 (1995);

— – *Legal Reasoning and Political Conflict* (1996), Oxford: Oxford University Press;

— – *On Analogical Reasoning*, in *Harvard Law Review* 106 (1993);

TALAMANCA, Mario – *Istituzioni di diritto romano* (1990), Milano: Giuffrè;

TALLEY, Eric L. – *Contract Renegotiation, Mechanism Design, and the Liquidated Damages Rule*, in *Stanford Law Review* 46 (1995);

TARELLO, Giovanni – *Storia della cultura giuridica moderna. Assolutismo e codificazione del diritto* (1976), Bologna: Il Mulino;

TEPEDINO, Gustavo – *O Código Civil e o direito civil constitucional*, in *Temas de direito civil* [Tomo II] (2006), Rio de Janeiro: Renovar;

— – *Premissas metodológicas para a constitucionalização do direito civil*, in *Temas de direito civil* [Tomo i] (1999), Rio de Janeiro: Renovar;

TEUBNER, Gunther – *Piercing the Contractual Veil? The Social Responsibility of Contractual Networks*, in Thomas Wilhelmson (organização), *Perspectives of Critical Contract Law* (1993), Aldershot: Dartmouth;

THALER, Richard H.; Sunstein, Cass R. – *Nudge: Improving Decisions About Health, Wealth, and Happiness* (2008), New Haven: Yale University Press;

TIERNEY, Brian – *Liberty & Law. The Idea of Permissive Natural Law, 1100-1800* (2014), Washington: Catholic University of America Press;

TILLER, Emerson H.; Cross, Frank B. – *What Is Legal Doctrine?*, in *Northwestern University Law Review* 100 (2006);

TIMM, Luciano Benetti – *Direito contratual brasileiro. Críticas e alternativas ao solidarismo jurídico* (*O novo direito contratual brasileiro*, 2008; 2ª ed., 2015), São Paulo: Atlas;

— – *Direito, economia e a função social do contrato*, in Luciano Benetti Timm e Rafael Bicca Machado (organização), *Função Social do direito* (2009), São Paulo: Quartier Latin;

TODESCAN, Franco – *Le radici teologiche del giusnaturalismo laico. II. Il problema della secolarizzazione nel pensiero giuridico di Jean Domat* (1987), Milano: Giuffrè;

TREBILCOCK, Michael – *The Limits of Freedom of Contract* (1993), Cambridge: Harvard University Press;

TRUBEK, David M.; Santos, Alvaro – *Introduction: The Third Moment in Law and Development Theory and the Emergence of a New Critical Practice*, in David M. Trubek e Alvaro Santos (organização), *The New Law and Economic Development: A Critical Appraisal* (2006), Cambridge: Cambridge University Press;

TUCCI, José Rogério Cruz; Azevedo, Luís Carlos de – *Lições de história do processo civil romano* (2001), São Paulo: Revista dos Tribunais;

TWINING, William – *Blackstone's Tower: The English Law School* (1994), London: Stevens & Sons;

REFERÊNCIAS

UGAS, Anna Paola – *Il negozio giuridico come fonte di qualificazione e disciplina di fatti* (2002), Torino: Giappichelli;

ULLMANN, Walter – *The Growth of Papal Government in the Middle Ages* (1955), London: Methuen;

UNGER, Roberto Mangabeira – *The Critical Legal Studies Movement* (1983; 1986), Cambridge: Harvard University Press;

— – *What Should Legal Analysis Become?* (1996), London: Verso;

VARELA, João de Matos Antunes – *Das obrigações em geral*, vol. II (1974; 2ª ed., 1997), Coimbra: Almedina;

VARRONE, Claudio – *Ideologia e dogmatica nella teoria del negozio giuridico* (1972), Napoli: Jovene;

VENÂNCIO FILHO, Alberto – *Das Arcadas ao bacharelismo* (1977; 2ª ed., 2011), São Paulo: Perspectiva;

VERNEY, Luis Antonio – *Verdadeiro método de estudar para ser útil à República, e à Igreja. Proporcionado ao estilo, e necesidade de Portugal*, vol. II (1746), Valensa: Oficina de Antonio Valle;

VIANNA, Francisco José de Oliveira – *Problemas de direito corporativo* (1938), Rio de Janeiro: José Olympio;

VIGNALI, Giovanni – *Corpo del diritto*, vol. VIII (*Codice*, vol. I) (1860), Napoli: Achille Morelli;

VILLELA, João Baptista – *Contrato de doação: pouca luz e muita sombra*, in Antonio Jorge Pereira Júnior e Gilberto Haddad Jabur (organização), *Direito dos contratos* (2006), São Paulo: Quartier Latin;

VILLEY, Michel – *Essor et decadence du volontarisme juridique* (1954), in *Leçons d'histoire de la philosophie du droit* (1957), Paris: Dalloz;

— – *La formation de la pensée juridique moderne* (1968), Paris [edição privada];

VINCENT-JONES, Peter – *Relational Contract and Social Learning in Hybrid Organization*, in David Campbell, Linda Mulcahy e Sally Wheeler (organização), *Changing Concepts of Contract. Essays in Honour of Ian Macneil* (2013), New York: Palgrave;

VINCENTI, Umberto – *Diritto senza identità* (2007), Bari: Laterza;

VITUCCI, Paolo – *Parte generale e parte speciale nella disciplina dei contratti*, in Vvaa, *La civilistica italiana dagli anni '50 ad oggi tra crisi dogmatica e riforme legislative* (1991), Milano: Cedam;

VOGENAUER, Stefan – *An Empire of Light? II: Learning and Lawmaking* in *Germany Today*, in *Oxford Journal of Legal Studies* 26 (2006);

VOLANTE, Raffaele – *Il sistema contrattuale del diritto comune classico* (2001), Milano: Giuffrè;

WEBER, Max – *Die römische Agrargeschischte in ihrer Bedeutung für das Staats- und Privatrecht* (1891), tradução de Richard I. Frank, *Roman Agrarian History* (2008), Claremont: Regina;

— – *Wirtschaft und Gesellschaft* (1910-1921), tradução de Guenther Roth e Claus Wittich, *Economy and Society*, vol. II (1978), Berkeley: University of California Press;

— – *Zur Geschichte der Handelsgesellschaften im Mittelalter* (1889), tradução de Lutz Kaelber, *The History of Commercial Partnerships in the Middle Ages* (2003), Lanham: Rowman & Littlefield;

WEINRIB, Ernest J. – *Legal Formalism: On the Immanent Rationality of Law*, in *The Yale Law Journal* 97 (1988);

— – *The Idea of Private Law* (1995/2012), Oxford: Oxford University Press;

WEST, Glenn D. – *That Pesky Little Thing Called Fraud: An Examination of Buyers' Insistence Upon (and Sellers' Too Ready Acceptance of) Undefined "Fraud Carve--Outs" in Acquisition Agreements*, in *The Business Lawyer* 69 (2014);

WESTERMAN, Pauline – *Open or autonomous: The debate on legal methodology as a reflection of the debate on law*, in Mark van Hoecke (organização), *Methodologies of Legal Research: Which Kind of Method for What Kind of Discipline?* (2011), Oxford: Hart Publishing;

WESTWOOD, Howard C. – *The Law Review Should Become the Law School*, in *Virginia Law Review* 31 (1945);

WHEELER, Sally – *Contracts and Corporations*, in Peter Cane e Herbert Kritzer (organização), *The Oxford Handbook of Empirical Legal Research* (2012), Oxford: Oxford University Press;

WHITMAN, James Q. – *Historical Vision and Legal Change* (1990), Princeton: Princeton University Press;

WIEACKER, Franz – *Contractus und Obligatio im Naturrecht zwischen Spätscholastik und Aufklärung*, in Paolo Grossi (organização), *La seconda scolastica nella formazione del diritto privato moderno* (1972), Milano: Giuffrè;

— – *Privatrechtsgeschichte der Neuzeit unter besonderer Berücksichtigung der deutschen Entwicklung* (1952), trad. (da 2ª ed., 1967) de António Manuel Botelho

REFERÊNCIAS

Hespanha, *História do Direito Privado moderno* (1980; 3ª ed., 2004), Lisboa: Calouste Gulbenkian;

WILHELMSSON, Thomas – *Critical Studies in Private Law. A Treatise on Need-Rational Principles in Modern Law* (1992), Dordrecht: Kluwer;

WILHELMSSON, Thomas – *Questions for a Critical Contract Law – and a Contradictory Answer: Contract as Social Cooperation*, in Thomas Wilhelmson (organização), *Perspectives of Critical Contract Law* (1993), Aldershot: Dartmouth;

WILKINS, John R. – *Hans Kelsen at Boalt Hall: A Personal Impression*, in *California Law Review* 59 (1971);

WILLIAMSON, Oliver E. – *Comparative Economic Organization: The Analysis of Discrete Structural Alternatives*, in *Administrative Science Quarterly* 36 (1991);

— – *Contract Analysis: The Transaction Cost Approach*, in Paul Burrows e Cento G. Veljanovski, *The Economic Approach to Law* (1981), London: Butterworths;

— – *Markets and Hierarchies: Analysis and Antitrust Implications* (1975), New York: Free Press;

— – *The Economic institutions of Capitalism* (1985), New York: Free Press;

— – *Transaction Cost Economics Meets Posnerian Law and Economics*, in *Journal of Institutional and Theoretical Economics* 149 (1993);

WILSON, Lyman P. – *The Law Schools, the Law Reviews, and the Courts*, in *Cornell Law Quarterly* 30 (1945);

WINDSCHEID, Bernhard – *Wille und Willenserklärung. Eine Studie*, in *Archiv für die civilistische Praxis* 63 (1880);

WINROTH, Anders – *The Making of Gratian's Decretum* (2000), Cambridge: Cambridge University Press;

WOLKMER, Antonio Carlos (organização) – *Fundamentos do humanismo jurídico no Ocidente* (2005), Barueri: Manole;

WOOD, Diane P. – *Legal Scholarship for Judges*, in *Yale Law Journal* 124 (2015);

WOODWARD, Jr., William J. – *Neoformalism in a Real World of Forms*, in *Wisconsin Law Review* [s.n.] (2001);

XAVIER, José Roberto – *Algumas notas teóricas sobre a pesquisa empírica em direito*, in *Fgv Direito SP Research Paper Series* 122 (2015);

ZANETTI, Cristiano de Souza – *Direito contratual contemporâneo* (2008), São Paulo: Método;

ZANITELLI, Leandro Martins – *Direito privado, justiça distributiva e o argumento da dupla distorção: uma revisão da literatura*, in *Revista Brasileira de Políticas Públicas* 5 (2015);

ZHENG, Jurong; Roehrich, Jens K.; Lewis, Michael A. – *The dynamics of contractual and relational governance: Evidence from long-term public–private procurement arrangements*, in *Journal of Purchasing and Supply Management* 14 (2008);

ZIMMERMANN, Reinhard – *Law Reviews: A Foray Through a Strange World*, in *Emory Law Journal* 47 (1998);

— – *Roman Law, Contemporary Law, European Law. The Civilian Tradition Today* (2001; 2004), Oxford: Oxford University Press;

— – *Roman-Dutch Jurisprudence and Its Contribution to European Private Law*, in *Tulane Law Review* 66 (1992);

— – *The Law of Obligations. Roman Foundations of the Civilian Tradition* (1990; 1996), Oxford: Clarendon;

ZWEIGERT, Konrad; Kötz, Hein – *Einführung in die Rechtsvergleichung* (1977; 3ª ed., 1998), tradução de Tony Weir, *An Introduction to Comparative law* (1998), Oxford: Oxford University Press.

ÍNDICE REMISSIVO

Aarnio, Aulis 223, 256

abuso
    de dependência econômica 34
    de direito 181-182

adimplemento 48, 50, 68, 73 244

análise econômica do direito 28, 166, 175, 188-194, 265

antropologia 195, 229, 233

anulabilidade (ver validade)

arbitragem 31-32, 61, 243

Aquino, Tomás de 71, 87, 90, 91, 94-95, 110, 118, 150, 272

Aristóteles 18, 26, 44, 71, 90-95, 110, 118, 182, 272

Atias, Christian 27, 223, 227, 267

Atiyah, Patrick 257

ato jurídico 143, 155, 180

autonomia 5-6, 48, 98, 99, 148, 190

Azevedo, Antônio Junqueira de 71, 104, 143, 151, 254, 267-268

Bártolo 19, 60, 64, 70, 71, 77, 82-83, 87, 95, 111, 253, 272

Betti, Emilio 72, 98, 157, 159, 256

Bevilaqua, Clóvis 124, 158, 179, 180, 186-187

Blackstone, William 15, 70, 73, 165

blockchain 7

boa-fé 133, 156, 246

Breviário de Alarico (*Lex Romana Visigothorum*) 58

Calabresi, Guido 189-192

Canaris, Claus-Wilhelm 91, 102, 160, 251

capacidade 33, 100, 180

casamento 53, 152-153, 180

casos difíceis (*hard cases*) 132, 269

causa 20, 34, 51, 70-73, 77-78, 84, 95, 272

Cícero, Marco Túlio 44-45, 54, 79, 90, 109, 146

ciência política 195, 217

Cimbali, Enrico 158-159, 173, 179

cláusula
    de boa-fé (ver boa-fé)
    de exclusividade 34
    de *hardship* 75
    de melhores esforços 75, 269-270
    geral 32, 268
    penal 194

coação 100, 264, 272

Coase, Ronald 189-192, 199-200

Cogliolo, Pietro 158-159, 173, 179

colonialismo 22, 99, 250, 253

common law 21, 23, 72-73, 132, 163, 199, 251, 268

condição

suspensiva e resolutiva 74, 138, 150-151, 244

parágrafo (como em suspensiva e resolutiva: é espécie de condição) (*condition precedent*) 258

consenso 20, 50, 51, 67-69, 74, 93-95, 101-106, 152

consequencialismo jurídico 189-190, 234, 249-250

conservadorismo 15, 233, 274

consideration 70-73

contrato

aleatório 74-75

atípico 6, 33, 45, 50, 243, 246, 254

conteúdo do 31, 97, 106, 150, 152, 266

de adesão 35

de compra e venda 65, 95

de comodato 50

de depósito 50

de doação (ver doação)

de franquia 266

de locação 50, 67, 94, 151

de mandato 50, 67

de mútuo 49, 94, 97

de penhor 50

de sociedade (*societas*)

de trabalho 152-153

eficácia do (ver negócio)

dolo, erro, lesão no (ver negócio)

per relationem 31

relacional 168, 196-198

social 152

violação positiva do 133

Convenção de Viena (CISG) 240, 254

coronation cases 151

Corpus Iuris Civilis 36, 61, 64-65, 76-77, 89, 112

Couto e Silva, Clóvis do (ver Silva)

covenant 72, 129

critical legal studies (CLS) 164-165

culpa in contrahendo, 102, 133, 179

custos de transação, 191, 194, 197, 200, 206

declaração de vontade (ver vontade)

Decretum (Graciano) 59, 76-79

Demogue, René 181-182

desigualdade 164, 245, 253

dinheiro 49, 79, 94

direito

ambiental 34

antitruste 34, 98, 197, 215

civil-constitucional 174

das relações domésticas 34, 153

do consumidor 28, 198

e tecnologia 7, 245

penal 31, 230, 254

societário 33, 154, 258

subjetivo 122, 220

tributário 34, 161, 230, 237, 249

urbanístico 34, 61

dívida 48, 68

doação 71, 95, 101, 149

Domat, Jean 72, 89, 96, 117, 120, 121-131, 146, 272

ÍNDICE REMISSIVO

Duguit, Léon 180, 188, 241

Dworkin, Ronald 21, 178, 188, 220, 234, 245, 262-269

eficiência 97, 161, 190-194, 200, 264

encargo 74

Escola da Exegese 117, 128-131, 223, 252

Escola Histórica 117, 139

escravidão 17, 48, 66, 68, 99, 138

escritura pública 78, 100

Estado 6, 24-25, 35, 63, 78, 97, 99-102, 135, 160, 253

estado de perigo 100

execução específica 50-51, 194

Falzea, Angelo 101

feminismo 153, 188, 179-180

Ferraz Junior, Tercio Sampaio 24, 28-29, 40, 212, 225, 228-230, 232, 234

finalidade 157, 174, 182

Flume, Werner 89, 98

fraude

à lei 100

contra credores 100

Freitas, Augusto Teixeira 124, 128, 134, 137-138, 164, 185, 228

Fried, Charles 166, 266

Fuller, Lon 98, 103-105

Gaio 19, 43, 47-56, 71, 90, 114

garantias 74-75, 221

Geny, François 39, 173, 180

gestão de negócios 149

Gierke, Otto von 180

Gomes, Orlando 174, 180-181, 232, 252, 266

Grócio, Hugo 20, 71, 89, 118-120, 124-125, 253, 272

Grossi, Paolo 18, 25, 69, 84, 159, 179, 181

Hart, Herbert 176, 230, 269

Hayek, Friedrich 198

Heck, Phillip 173, 177-178

Hegel, Friedrich 110, 129, 133, 157, 184

Hobbes, Thomas 97-100, 152, 246

Holmes, Jr., Oliver Wendell 173-176, 191

incapacidade (ver capacidade)

igualdade (ver desigualdade)

injustiça (ver justiça)

interesse contratual (positivo e negativo) 102, 179

interpretação

do direito 79, 83, 109, 111, 195, 236-237, 262-263, 269

do negócio jurídico 163-164

da vontade 150

Irnério 19, 62, 171, 272

Irti, Natalino 97, 150, 188, 225

Jamin, Christophe 19, 23, 27, 120-121, 123-124, 137-138, 180, 224

Jhering, Rudolf von 76, 102, 158, 173-179

Josserand, Louis 173, 181-182

Junqueira de Azevedo (ver Azevedo)

Jurisprudência dos Conceitos 136-139, 174, 178

Jurisprudência dos Interesses 178

jusnaturalismo 20, 37, 71, 89, 91, 115,

115, 117-126, 131, 148, 173, 184, 252-253, 272

justiça 7
administração da 46
comutativa 20, 71-75, 91-100, 149, 160, 251, 272-273
corretiva (ver justiça comutativa)
distributiva 91-100, 160
e liberalidade (ver liberalidade)
ideais de 201
geral e particular 131
social 200, 267

Justiniano 36, 43, 52-56, 58, 60-61, 78, 89, 111-112, 122, 171

justo preço 20, 51, 65-66, 73

Kahneman, Daniel 192

Kant, Immanuel 5, 44, 133-134, 184, 209

Kantorowicz, Hermann 63-64, 173, 182

Kelsen, Hans 24, 129, 132, 170, 210-211

Kennedy, Duncan 26, 39, 99, 125, 149, 165, 189, 257

Kronman, Anthony 160, 166, 194

Langdell, Christopher Columbus 254-255

Larenz, Karl 151, 156, 164, 176, 179, 183, 205, 252

law in action 33, 173, 210

Lei da Boa Razão 60, 84

Leibniz 88, 121, 133, 150

Leme, Lino de Morais 186-187

Lex Poetelia 48-49

Leyes de Toro 91

lex mercatoria 61

liberalidade 70-75, 92-96

liberalismo 5-6, 15, 28, 99, 110, 126, 207, 210

liberdade 246
contratual 6, 28, 98-100, 125, 266
de ação 216, 246
de contratar (ver liberdade contratual)

Llewellyn, Karl 177-178

Lopes, José Reinaldo de Lima 22, 114, 164, 169, 174, 179, 219, 225, 231-232

Macaulay, Stewart 196-197, 221, 250

Macneil, Ian 196-198, 221-222

Martins-Costa, Judith 15, 75, 228, 232-237

Marx, Karl 155, 189, 227

Mehren, Arthur von 51, 72-73, 187

metodologia 21-22, 33, 40, 53, 66, 91, 95, 110 131, 138, 145, 172-179, 187, 190, 195, 201, 205, 205-207, 215, 220, 224-237, 251-253, 259
ceticismo [metodológico] 129
da história 27
de pesquisa empírica 170, 200, 209-210, 250
inovação [metodológica] 90
pluralismo [metodológico] 16-18, 219-224, 234, 271
sincretismo [metodológico] 39, 90, 274

Mill, John Stuart 110, 129

Miranda, Francisco Cavalcanti Pontes de 75, 133, 144, 174, 210, 250 modo (ver encargo)

moralidade 5-6, 77, 90, 92, 166

Moreira Alves, José Carlos 45, 53, 75, 138, 144

naturalismo jurídico 24, 44, 158, 174, 179, 183, 186

negócio jurídico 47, 100, 106, 143-144, 150, 155-159, 251, 256, 265

    base do (*Geschäftsgrundlage*) 151

    conteúdo do (ver contrato)

    dolo no 68, 100, 272

    eficácia do 45-46, 101

    erro no 20, 73-74, 123-124, 156-157, 219, 272

    interpretação do (ver interpretação)

    lesão (*laesio enormis*) 65, 100, 219

    simulado (ver simulação)

nulidade (ver validade)

obligatio 43, 47-56, 93, 97

onerosidade excessiva superveniente 80, 101

Pandectística 136-144, 174, 201

parol evidence rule 163

Peczenik, Aleksander 223-224, 242, 256

Pereira, Caio Mário da Silva 36, 247

Planiol, Marcel 182

Pontes de Miranda (ver Miranda)

Portalis, Jean-Étienne-Marie 127

positivismo jurídico 7, 64, 97, 115, 141, 175, 179, 253, 273

Posner, Richard 189-197, 218

Pothier, Joseph-Robert 72-75, 89, 114, 117, 120-131, 272

Pound, Roscoe 33, 173, 183

preço justo (ver justo preço)

pressuposição (*Voraussetzung*) 150

Princípios Unidroit 240

promissory estoppel 73, 129

propriedade 25, 30, 24

psicologia 155-156, 212, 251, 273

Pufendorf, Samuel 20, 71, 89, 115, 118-124

racismo 17, 138

Radbruch, Gustav 180

Rawls, John 152, 160, 245

Raz, Joseph 104-105, 166-167, 262

Reale, Miguel 19, 27, 40, 54, 113, 133, 211, 225-232

realismo jurídico 188, 202

religião 76, 88, 90-91, 115, 117, 145, 182

Renner, Karl 180

Restatement (Second) of Contracts 73

Ricoeur, Paul 17-18, 26-27, 213, 231

Ripert, Georges 182

Roppo, Enzo 68, 256

Sacco, Rodolfo 81, 126, 144, 241-242

salário mínimo 78, 100

Saleilles, Raymond 155

salvação 99

Savigny, Karl Friedrich von 26, 37, 39, 47, 130-148, 155-158, 172, 252-253, 272-273

Schuartz, Luís Fernando 178, 190, 201, 211, 234, 250

Searle, John 31-31, 211, 245

Sen, Amartya 98, 192
Siete Partidas 91
Silva, Clóvis do Couto e 60, 70, 103, 151-152, 165
Silveira, Alípio 183
simulação 100
sinalagma (*synallagma*) 93
Skinner, Quentin 24-25, 91-95, 100, 246
Sociologia 182-183, 195, 211-212, 219, 229-235, 249-251, 261
Spencer, Herbert 154, 179, 210
statuliber 138
Sunstein, Cass 192, 241, 263-270
supressio 129
tecnologia 7, 182, 212, 245
Teixeira de Freitas (ver Freitas)
teoria social 30, 217
termo 74
Tomás de Aquino (ver Aquino)
Troplong, Raymond-Théodore 128

Ulpiano 19, 46, 54-44, 65, 69, 72, 90, 114, 170, 182

Unger, Roberto Mangabeira 30, 165
usucapião 83

validade 34-35, 78, 100, 124, 155, 157, 207, 264, 270, 146, 148
requisitos de 246
e normatividade 144-147, 270
vontade 6, 20, 106, 117, 143, 148-150, 155-160, 167, 251, 265, 272-273
declaração de 48, 97, 144, 148, 152, 156-157
dogma da 143-144, 148
real e declarada 150
vícios da 100, 148

Weber, Max 26, 154
Williamson, Oliver 197-199
Wilhelmson, Thomas 163-167, 198, 269
Windscheid, Bernhard 135, 136, 140, 144, 149-152, 155-158

Zimmermann, Reinhard 82, 119-120, 125, 127, 139-141, 159, 176, 186-187, 220, 256